독일어 끝내기

220 문법

612 텍스트 예문

DEUT SCH LAND

GUTEN TAG!

지은이 김백기

독일어 끝내기

220 문법

612 텍스트 예문

HU:iNE

이 책은 2018년도 한국외국어대학교 교내학술연구비 지원에 의하여 이루어진 것임.

머리말

학생들에게 독일어를 가르치는 이른바 "독일어 선생"의 삶을 살아온 지 정말 오랜 세월이 지나갔다. 남들에 비해 상대적으로 더 많이 독일어를 공부한 덕분에 이제는 "독일어를 잘 아는" 전문가로서 주위로부터 인정받고 있으며, 스스로 판단해도 "최소한 필요한 만큼은 독일어를 잘 알고 있다"고 자부할 수 있는 입장이 되었다. 하지만 오래전에는 "독일어를 제대로 알지 못하는" 학생 신분으로서 한창 독일어를 배우고 익히던 시기가 있었음은 당연하다. 이 시기를 되돌아보면 독일어를 공부하는 과정에서 겪었던 힘들고 어려웠던 기억들이 생생하게 떠오른다.

그중에서 무엇보다 ...

(특수한 교육 여건을 전제로 하는 실용 회화나 청해 등의 영역은 차치하더라도) 단지 열심히 노력하기만 하면 극복할 수 있으리라 자신하던 문법과 독해 영역에서 늘 고전을 면치 못하던 아픈 기억은 지금도 여전히 억울하고 약이 오른다.

힘들여 외우고 연습하였음에도 문법 공부는 늘 부족하고 어긋난 느낌이었다. 낱말이 어떤 형태를 취하고, 서로 어떻게 모여서 문장을 구성하며, 문장들이 어떤 방식으로 연결되어 텍스트를 이루게 되는지 등등, 정돈된 설명이나 요긴한 정보는 좀체 접할 수 없었다.

많은 시간을 할애한 독해 공부 역시 결과는 늘 허탈하고 원망스러웠다. 주로 문학 작품들을 막연하게 해석해보는 단조로운 과정이 반복되었을 뿐, 소통의 맥락에 따른 텍스트의 다양한 언어적 실현 및 전개 방식 등에 관한 적절하고 생산적인 논의는 전혀 다루어본 적이 없었다.

나름대로 최선을 다해 열심히 노력했지만 늘 불안하며 자신감이 없었고, 그렇기에 늘 불만이 가득했었다.

예전에 비해 이제는 훨씬 상황이 나아진 듯한데, 여전히 비슷한 어려움과 문제를 안고 있는 학생들이 적지 않은 듯하여 안타까운 마음이다.

열심히 문법 규칙들을 공부했지만 명료하게 이해하지 못하여 이것저것 혼동되기 일쑤이며, 완전하게 정복했다고 자신하던 문법 지식이었건만 막상 실제의 언어 사용을 위해 적용하여 텍스트를 이해해 보려니 막막하기만 해서 실망하는 학생들의 고민을 흔치 않게 듣곤 한다.

이들에게 작은 도움, 혹은 조그만 위안이나마 주고자 하는 절실한 마음으로 이 책을 쓰게 되었다.

"독일어 끝내기"는 어느 정도 독일어를 공부한 중급 학습자들을 위한 책이다.

특히 문법 지식과 독해 능력을 심화하고 체계적으로 정리해 보려는 학습자들을 지향하고 있다.

이러한 의도와 목적은 다음 두 가지 구성적 특성을 통해 명료하게 보인다.

첫째, 독일어의 실용적 쓰임에 요긴하게 적용될 수 있는 220 개의 개별 문법 사항들이 선정되어 독립적인 주제로 다루어진다. 주제마다 일상 언어의 간단한 문장 안에서 그 쓰임새에 대한 구체적 설명이 제시됨으로써 학습자의 명료한 이해를 도모하고 있다.

둘째, 주제로 선정된 각 문법 사항은 그 쓰임새의 유형이 분류되고 이에 따른 실제의 텍스트 용례들이 제시된다. (총 612 텍스트 예문!) 이를 통해 학습자는 자신의 문법 지식을 텍스트 이해 과정에서 적절히 적용할 수 있는 실질적 독해 능력을 얻을 수 있다.

"독일어는 울고 들어가서 웃고 나온다"는 말이 과거에 회자되곤 하였다. 독일어를 처음 배우는 초급 단계의 어려움과 이에 비해 상대적으로 수월하게 진행되는 중급 단계의 특징을 비유적으로 일컫는 일종의 우스개 코멘트이다. 아무쪼록 이 책을 통해 중급 단계의 독일어 학습 과정을 진정으로 "수월하게" 진행할 수 있고, 그래서 '... 웃고 나온다'는 그 의도와 뜻을 제대로 공감할 수 있게 된다면 참 좋겠다.

2019년 초여름

저자

독일어 끝내기

220 문법

612 텍스트 예문

차 례

---

1. 명사 1격 (1) : 문장의 주어

Der Mann kommt heute. '그 남자는 오늘 온다.'
↓
남성명사 **1격** ⇒ 현재 시제 동사 komm*t*의 주어, 즉 이 문장의 주어

---

1 [...] **Die Vorfahren** des Menschen waren affenähnliche Tiere. **Diese Botschaft** der darwinschen Evolutionstheorie löste selbst bei aufgeklärten Europäern ein Gefühl des Unbehagens aus. [...]

인간의 조상들은 원숭이 비슷한 동물들이었다. 다윈 진화론의 이 메시지는 계몽되어 있는 유럽인들에게서 조차 불편한 느낌을 유발하였다.

- Die Vorfahren ... waren ...

복수명사 Vorfahre**n**의 **1격** ⇒ 동사 sein의 과거 시제 war*en*의 주어

※ 복수 **1격** 정관사 Di**e**가 앞에 옴.

- Dies**e** Botschaft ... löste ... *aus*

여성명사 Botschaft의 **1격** ⇒ 분리동사 *aus*lösen의 과거 시제 "löste ... *aus*"의 주어

※ 지시대명사 **dies-** : 여성 **1격** 정관사 di**e** 어미변화 하여 Dies**e** ☞ 161

2 In Monaco steht **die nächste königliche Hochzeit** an: **Andrea Casiraghi**, Prinzessin Carolines ältester Sohn, hat sich mit der Millionenerbin Tatiana Santo Domingo verlobt. **Ein Termin** für die Trauung wurde jedoch nicht bekannt gegeben. [...]

모나코에서는 왕가의 다음 번 결혼식이 확정되어 있다 : Andrea Casiraghi, 즉 Caroline 공주의 장남이 수백만 재산의 상속녀인 Tatiana Santo Domingo와 약혼했다. 그런데 결혼식의 날짜는 발표되지 않았다.

- ... steht di**e** nächst**e** königlich**e** Hochzeit *an* : ...

여성명사 Hochzeit의 **1격** ⇒ 분리동사 *an*stehen의 현재 시제 "steh*t* ... *an*"의 주어

※ (1) 여성 **1격** 정관사 di**e**가 앞에 옴.
(2) 「여성 **die** + 형용사 **-e**」 : **die** nächst**e** königlich**e** ... ☞ 38

- Andrea Casiraghi ... hat sich ... verlobt

고유명사 (사람 이름) Andrea Casiraghi의 **1격**
⇒ 4격 재귀동사 sich verloben의 현재완료 시제 "hat sich ... verlobt"의 주어

▸ Ein Termin ... wurde ... bekannt gegeben

남성명사 Termin의 1격 ⇒ 수동태 과거 시제 “wurde ... bekannt gegeben”의 주어

※ 남성 1격 부정관사 Ein_이 앞에 옴.

3 [...] Er war schon 13 Jahre alt, als **seine Wirbelsäule** zum ersten Mal untersucht wurde. **Die Röntgenaufnahmen** ergaben, dass **sein Rundrücken** bereits krankhaft ist. [...]

그의 척주가 처음으로 진찰되었을 때, 그는 이미 13 세였다. 엑스선 촬영의 결과는 그의 곱사등이 이미 병리적이라는 것이었다.

▸ ... , als seine Wirbelsäule ... untersucht wurde

여성명사 Wirbelsäule의 1격 ⇒ 수동태 과거 시제 “... untersucht wurde”의 주어

※ 소유대명사 sein- : 여성 1격 부정관사 eine 어미변화 하여 seine ☞ 30

▸ [1]Die Röntgenaufnahmen ergaben, dass [2]sein Rundrücken ... ist

1. 복수명사 Röntgenaufnahmen의 1격 ⇒ 동사 ergeben의 과거 시제 ergab*en*의 주어

   ※ 복수 1격 정관사 Die가 앞에 옴.

2. 남성명사 Rundrücken의 1격 ⇒ 동사 sein의 현재 시제 ist의 주어

   ※ 소유대명사 sein- : 남성 1격 부정관사 ein_ 어미변화 하여 sein_ ☞ 30

4 [...] Allerdings dürfen nicht **alle Mitarbeiter** des öffentlichen Dienstes bei den Streiks mitmachen. **Die Lehrer** zum Beispiel, die dürfen zum Großteil nicht streiken. Auch **Polizisten** nicht. Denn sie sind Beamte im öffentlichen Dienst.

물론 공공 업무 종사자들 모두가 파업에 동참해도 되는 것은 아니다. 예를 들면 교사들인데, 이들은 많은 경우 파업을 해서는 안 된다. 경찰들 역시 안 된다. 왜냐 하면 이들은 공공 업무를 맡은 공무원들이기 때문이다.

▸ ... dürfen ... alle Mitarbeiter ... *mit*machen

복수명사 Mitarbeiter의 1격 ⇒ 화법조동사 현재 시제 dürf*en*의 주어

※ 부정수사 all- : 복수 1격 정관사 die 어미변화 하여 alle ☞ 171

▸ Die Lehrer ... , die dürfen ... streiken

복수명사 Lehrer의 1격 ⇒ 뒤에 오는 화법조동사 현재 시제 dürfen의 실질적인 주어

※ 복수 1격 정관사 Die가 앞에 옴.

▸ Auch Polizisten (**dürfen**) nicht (streiken)

복수명사 Polizisten의 1격 ⇒ 생략된 화법조동사 현재 시제 dürf*en*의 주어

2. 명사 1격 (2) : 동사 sein, werden 등의 주격 보어

Er ist **ein** Kind. '그는 아이이다.'

↓

중성명사 **1격** ⇒ 동사 ist의 **주격** 보어

---

5 „Corod-Exo-7b" ist **der Name** eines Planeten, den Forscher jetzt entdeckt haben. Er liegt außerhalb unseres Sonnensystems. Solche Planeten nennt man auch „Exoplaneten". Corod-Exo-7b ist **der kleinste Exoplanet**, der bisher gefunden wurde. [...]

"Corod-Exo-7b"은 연구자들이 최근 발견한 행성의 이름이다. 그것은 우리들의 태양계 밖에 위치하고 있다. 이러한 행성들을 사람들은 "외계 행성"이라고도 칭한다. Corod-Exo-7b"은 지금까지 발견된 가장 작은 외계 행성이다.

▸ ... ist **der** Name ...

남성명사 Name의 **1격** ⇒ 동사 sein의 현재 시제 ist의 **주격** 보어

※ **남성 1격** 정관사 der가 앞에 옴.

▸ ... ist **der** kleinst**e** Exoplanet ...

남성명사 Exoplanet의 **1격** ⇒ 동사 sein의 현재 시제 ist의 **주격** 보어

※ (1) **남성 1격** 정관사 der가 앞에 옴.

(2) 「남성 **der** + 형용사 **-e**」 : **der** kleinst**e** ... ☞ 38

6 평생을 독신으로 지냈던 영국 여왕 엘리자베스 1세의 개인 생활을 기술한 글에서 :

[...] Er stand im Verdacht, **ein Liebhaber** der Königin zu sein. Doch er heiratete eine andere Frau, ohne Elisabeth zu fragen. Nachdem er mehrere Schlachten in Irland verloren hatte, wurde er in England unter Hausarrest gestellt. [...]

그는 여왕의 애인이라는 의심을 받고 있었다. 하지만 그는 엘리자베스에게 물어보지도 않고 다른 여자와 결혼했다. 그는 아일랜드에서 벌어진 몇 차례의 전투에서 지고 난 뒤 영국에서 가택 연금에 처해졌다.

▸ ... , **ein** Liebhaber ... zu sein

남성명사 Liebhaber의 **1격** ⇒ zu-부정사의 동사 원형 sein의 **주격** 보어

※ **남성 1격** 부정관사 ein_이 앞에 옴.

3. 명사 4격 (1) : 타동사의 목적어

Er liebt **eine** Frau. '그는 한 여자를 사랑한다.'

↓

여성명사 4격

⇒ 타동사 lieben의 현재 시제 liebt의 4격 목적어

---

7 [...] Außerdem hat das Kabinett **einen Gesetzentwurf** zur Bekämpfung von Kinderehen auf den Weg gebracht. Alle Ehen von Jugendlichen unter 16 Jahren sind unwirksam. Grundsätzlich soll erst ab 18 eine Heirat erlaubt sein.

그 밖에도 정부는 어린이 혼인의 퇴치를 위한 법률안을 실현시켰다. 16 세 미만 청소년들의 결혼은 모두 무효이다. 기본적으로 18 세부터 비로소 결혼이 허용되게 된다.

▸ ... hat ... ei**nen** Gesetzentwurf ... auf den Weg gebracht

남성명사 Gesetzentwurf의 4격

⇒ 타동사 bringen의 현재완료 시제 "hat ... gebracht"의 4격 목적어

※ 남성 4격 부정관사 ei**nen**이 앞에 옴.

8 [...] Am häufigsten entsteht Smog, wenn es kalt ist. Kalte Luft sackt nach unten, die wärmere steigt nach oben und bildet so etwas wie **einen Deckel** aus Dunst. **Diese Schicht** aus warmer Luft können Autoabgase und Rauch aus den Schornsteinen nicht durchdringen. [...]

가장 빈번하게 스모그가 발생하는 것은 날씨가 차가울 경우이다. 차가운 공기는 아래로 내려앉고, 이보다 더운 공기는 위로 올라가서 마치 수증기 덮개 같은 그런 것을 형성하게 된다. 이 더운 공기층은 자동차 배기가스 및 굴뚝 연기가 뚫고 나가지 못한다.

▸ ... und bildet ... etwas wie ei**nen** Deckel ...

남성명사 Deckel의 4격

⇒ 바로 앞의 etwas와 연계됨. 타동사 bilden의 현재 시제 bildet의 실질적인 4격 목적어

※ 남성 4격 부정관사 ei**nen**이 앞에 옴.

▸ Dies**e** Schicht ... können ... durchdringen

여성명사 Schicht의 4격

⇒ 화법조동사 können과 함께 오는 타동사 원형 durchdringen의 4격 목적어

※ 지시대명사 **dies-** : 여성 4격 정관사 die 어미변화 하여 Dies**e** ☞ 161

9 Wir wollen **unsere Kunden** begeistern. Um das zu erreichen, geben wir uns **Grundsätze**, mit denen die Ziele und Voraussetzungen klar definiert werden. Das gilt für alle Mitarbeiter und Mitarbeiterinnen. [...]

우리는 우리의 고객들이 열광하게 만들려고 한다. 이에 도달하기 위해서 우리는 우리 스스로를 위한 기본 원칙들을 마련하였는데, 이것에 의해 목표와 전제조건들이 분명하게 정의된다. 그것은 남자 및 여자 동료 직원들 모두에게 적용된다.

▸ ... wollen unsere Kunden begeistern

복수명사 Kunde**n**의 **4격**

⇒ 화법조동사 wollen과 함께 오는 타동사 원형 begeistern의 **4격** 목적어

※ 소유대명사 **unser-** : **복수 4격** 정관사 di**e** 어미변화 하여 unser**e** ☞ 31

▸ ... , geben wir uns Grundsätze, ...

복수명사 Grunds**ä**tz**e**의 **4격**

⇒ 3격 재귀동사 「sich³ etw. geben」 의 현재 시제 "geben uns ..."의 **4격** 목적어

♣ ... Grundsätze, ¹mit **denen** ... ²definiert **werden**

1. **복수 3격** 관계대명사 **denen** ⇒ **복수**명사 Grunds**ä**tz**e**가 선행사, **3격** 전치사 mit의 목적어임. ☞ 140
2. 타동사 definieren의 **수동태 현재** 시제 "**werden** ... definiert"가 **관계대명사** 부문장 안에서 **후치**됨 :
   "... definiert **werden**" ☞ 154

10 James Holmes라는 청년이 저지른 무차별 총격 사건에 관한 보도에서 :

[...] Die Familie des 24-jährigen Amokläufers zeigt sich bestürzt und bittet **die Medien** um Zurückhaltung. Die Mutter von James Holmes hat sich offenbar schon länger Sorgen um ihren Sohn gemacht.

24세인 그 무차별 살인범의 가족은 망연자실한 모습을 보이고 있으며, 언론에게 자제를 부탁하고 있다. 아마도 James Holmes의 어머니는 이미 비교적 오랫동안 자신의 아들을 염려하고 있었던 것 같다.

▸ ... und bittet die Medien ...

복수명사 Medie**n**의 **4격**

⇒ 타동사 bitten의 현재 시제 bitte*t*의 **4격** 목적어

※ **복수 4격** 정관사 di**e**가 앞에 옴.

4. 명사 4격 (2) : 4격 전치사의 목적어

Das ist für den Mann. '이것은 그 남자를 위한 것이다.'
↓
남성명사 4격 ⇒ 4격 전치사 für의 목적어

---

11 [...] Das Spiel gegen **Italien** wird für **die deutsche Nationalmannschaft** die wohl schwierigste Aufgabe bei der EM. Bundestrainer und Spieler wissen um **die Qualitäten** des Gegners, geben sich aber demonstrativ siegessicher. [...]

이탈리아와의 경기는 독일 국가대표 팀에게 아마도 유럽선수권대회에서 가장 어려운 임무가 될 것이다. 연방 대표 팀 감독과 선수들은 상대 팀의 높은 능력을 숙지하고 있지만, 마치 과시라도 하듯 승리를 자신하는 태도를 보이고 있다.

▸ Das Spiel **gegen** [1]Italien ... **für** [2]die deutsche Nationalmannschaft ...

1. 고유명사 (국가 이름) Italien의 4격 ⇒ 4격 전치사 **gegen**의 목적어
2. 여성명사 Nationalmannschaft의 4격 ⇒ 4격 전치사 **für**의 목적어

※ (1) 여성 4격 정관사 die가 앞에 옴.
(2) 「여성 die + 형용사 -e」 : für die deutsche ... ☞ 38

▸ ... um die Qualitäten ...

복수명사 Qualitäten의 4격 ⇒ 4격 전치사 **um**의 목적어

※ 복수 4격 정관사 die가 앞에 옴.

12 [...] Viele Sterne und Galaxien verstecken sich hinter dichten Vorhängen aus Staub und Gas. Das fliegende Teleskop aber arbeitet mit einer neuen Technik, die es möglich macht, durch **diese kosmischen Wolken** hindurchzusehen. [...]

많은 별들과 은하들이 먼지와 가스로 이루어진 두꺼운 장막 뒤에 숨어 있다. 하지만 이 비행하는 망원경은 이러한 우주의 구름들을 가로질러 꿰뚫어 보는 것을 가능하게 하는 새로운 기술을 지니고 작동한다.

▸ ... **durch** diese kosmischen Wolken ...

복수명사 Wolken의 4격 ⇒ 4격 전치사 **durch**의 목적어

※ (1) 지시대명사 **dies-** : 복수 4격 정관사 die 어미변화 하여 diese ☞ 161
(2) 「복수 die + 형용사 -en」 : durch diese kosmischen ... ☞ 45

5. 명사 4격 (3) : 3 · 4격 전치사의 4격 목적어

Ich gehe in **das** Zimmer. '나는 방으로 들어간다.'

↓

중성명사 Zimmer의 **4격** ⇒ 3 · 4격 전치사 in의 **4격** 목적어

13 [...] Wenn es regnet, muss was Ordentliches auf **den Tisch**. Unser Koch schlägt feine Keule und frische Nudeln vor. [...]

비가 올 경우에는 그에 맞는 뭔가가 식탁 위로 와야만 한다. 우리의 요리사는 고급의 넓적다리 부위 고기 요리와 신선한 누들을 제안한다.

▸ ... , muss ... **auf** den Tisch

남성명사 Tisch의 **4격** ⇒ 3 · 4격 전치사 auf의 **4격** 목적어

※ 남성 **4격** 정관사 **den**이 앞에 옴.

※ 화법조동사 **muss**와 함께 와야 할 동사 원형이 생략 ☞ 77

♣ Wenn es [1]regnet, ... [2]was Ordentliches ...

1. 동사 regnen의 현재 시제 : 동사 reg**n**en은 어간 끝이 **-gn**이므로 **-e-**가 첨가되어 regn*e*t ☞ 84
   ('날씨'를 뜻하는 동사 regnen ⇒ 주어는 항상 비인칭대명사 **es** ☞ 203)
2. 부정대명사 **etwas** 및 **was**를 수식하는 형용사 ⇒ 뒤에 위치하며, 어미 **-es** (대문자 표기!) ☞ 176

14 Ganze Nächte lang redete er mit Marlene Dietrich*, zuerst als junger Schauspieler in Hollywood, später als Filmregisseur in Paris: Maximilian Schell erinnert sich an **seine Begegnungen** mit dem Star. [...]

여러 날 밤을 그는 Marlene Dietrich와 이야기했는데, 처음엔 할리우드의 젊은 배우로서, 후에는 파리에서 활동하는 영화감독으로서였다 : Maximilian Schell은 그 스타와의 만남을 기억하고 있다.

* Marlene Dietrich : 독일 출신의 배우, 가수

▸ ... erinnert sich **an** seine Begegnung ...

여성명사 Begegnung의 **4격** ⇒ 3 · 4격 전치사 an의 **4격** 목적어

※ **4격** 재귀동사 sich an etw.[4] erinnern의 현재 시제 ☞ 63

※ 소유대명사 **sein-** : 여성 **4격** 부정관사 eine 어미변화 하여 seine ☞ 30

6. 명사 3격 (1) : 동사의 간접목적어 '...에게'

Wir geben der Frau ein Buch. '우리는 그 여자에게 책을 한 권 준다.'

↓

여성명사 Frau의 3격 ⇒ 동사 geben의 간접목적어 ('그 여자에게')

---

15 [...] Der Arbeitskampf wird auch nicht mehr für Verhandlungen unterbrochen; für Gespräche gibt die Gewerkschaft **dem Arbeitgeber** nur noch einmal zwölf Stunden lang Zeit. [...]

이 노동쟁의는 협상을 위한 일시적 중지마저도 이제 더 이상 없다. 대화를 위해서 노동조합은 고용주에게 오로지 한 번 더 12 시간을 제공한다.

▸ ... gibt ... dem Arbeitgeber ...

남성명사 Arbeitgeber의 **3격** ⇒ 현재 시제 동사 gib*t*의 간접 목적어 ('고용주에게')

※ 남성 **3격** 정관사 **dem**이 앞에 옴.

※ 동사 geben의 현재 시제 ⇒ 어간 모음 e → **i** 변화하여 gib*t* ☞ 89

16 [...] Spiele selbst den Lehrer, der **dem ahnungslosen Schüler** etwas zu erklären versucht! Wer den Stoff **einer anderen Person** so erklären kann, dass diese ihn kapiert, der hat ihn selbst verstanden! [...]

(그것에 대해) 알지 못하는 학생에게 뭔가를 설명하려고 시도하는 교사 역할을 스스로 행해 보아라. 그 내용을 다른 사람에게 설명함으로써 그 사람이 그것을 이해하도록 할 수 있는 자, 그런 자는 스스로가 그것을 이해한 것이리라!

▸ ... , der dem ahnungslosen Schüler ... zu erklären ...

남성명사 Schüler의 **3격** ⇒ zu-부정사의 동사 원형 erklären의 간접 목적어 ('... 학생에게')

※ (1) 남성 **3격** 정관사 **dem**이 앞에 옴.

(2) 남성 **3격** 「**dem**, ein**em** + 형용사 **-en**」 : **dem** ahnungslos**en** ... ☞ 42

▸ Wer ... einer anderen Person ... erklären kann, ...

여성명사 Person의 **3격**

⇒ 화법조동사 kann과 함께 오는 동사 원형 erklären의 간접 목적어 ('... 사람에게')

※ (1) 여성 **3격** 정관사 **der**가 앞에 옴.

(2) 여성 **3격** 「**der**, ein**er** + 형용사 **-en**」 : **der** ander**en** ... ☞ 42

7. 명사 3격 (2) : 3격 목적어를 요구하는 동사 및 형용사의 목적어

Wir helfen **dem** Mann. ‘우리는 그 남자를 돕는다.’

↓

남성명사 Mann의 **3격** ⇒ **3격** 요구 동사 helfen의 목적어

Er ist **seiner** Mutter ähnlich. ‘그는 그의 어머니와 비슷하다.’

↓

여성명사 Mutter의 **3격** ⇒ **3격** 요구 형용사 ähnlich의 목적어

---

17 [...] Er sprang aus seinem Wagen und rannte winkend **dem Zug** entgegen, um ihn zum Bremsen zu bewegen. [...]

그는 자신의 자동차로부터 뛰쳐나왔고, 기차가 멈추도록 하기 위해 손짓 신호를 보내면서 기차를 향해 마주보고 달려갔다.

▸ ... und rannte ... **dem** Zug *entgegen*, ...

남성명사 Zug의 **3격**

⇒ 분리동사 & **3격** 요구 동사 *entgegen*rennen의 과거 시제 “rannte ... *entgegen*”의 목적어

※ 남성 **3격** 정관사 **dem**이 앞에 옴.

♣ ... rannte winken**d** ... *entgegen*, ...

동사 winken의 현재분사 winken**d** ⇒ 동사 “rannte ... *entgegen*”을 수식하는 부사적 용법! ☞ 50

18 [...] Mit ihm stand 1969 die ganze Menschheit auf dem Mond. Nun ist Neil Armstrong tot. Er folgte stets **seiner inneren Stimme**, die ihn eher zufällig Astronaut werden ließ. [...]

1969년 그와 함께 전 인류가 달 위에 서 있었다. 이제 Neil Amstrong은 죽었다. 그는 늘 자신의 내적인 목소리에 따랐는데, 그것은 오히려 우연에 의해 그로 하여금 우주인이 되도록 했다.

▸ ... folgte ... sein**er** inner**en** Stimme, ...

여성명사 Stimme의 **3격** ⇒ **3격** 요구 동사 folgen의 과거 시제 folgte의 목적어

※ (1) 소유대명사 **sein-** : 여성 **3격** 부정관사 ein**er** 어미변화 하여 sein**er** ☞ 30

(2) 여성 **3격** 「der, einer + 형용사 **-en**」 : sein**er** inner**en** ... ☞ 44

♣ ... Stimme, [1]**die** ihn ... [2]werden **ließ**

1. 여성 1격 관계대명사 **die** : 여성명사 Stimme가 선행사, 부문장 안의 주어 ☞ 138
2. 「lassen + 4격 ... 동사 원형」 '*4격*이 ...하도록 하다' ☞ 130
   (동사 lassen의 과거 시제 "**ließ** ... werden"이 관계대명사 부문장 안에서 후치됨 : "... werden **ließ**")

19 [...] Zum Jahresende allerdings konnte sich auch Deutschland **dem negativen Trend** nicht mehr entziehen. Das Bruttoinlandsprodukt schrumpfte im vierten Quartal um 0,6 Prozent [...]

물론 연말에 이르러서는 독일마저도 그 부정적 경향을 더 이상 피할 수 없었다. 국내총생산이 4/4 분기에는 0.6%만큼 축소되었다.

▸ ... konnte sich ... dem negativen Trend ... entziehen

남성명사 Trend의 3격 ⇒ 4격 재귀동사 & 3격 요구 동사 「sich etw.[3] entziehen」의 목적어

※ 1. 남성 3격 정관사 de**m**이 앞에 옴.
   2. 남성 3격 「de**m**, ein**em** + 형용사 **-en**」 : de**m** negativ**en** ... ☞ 44

20 [...] Es gibt eine aktuelle Studie zu der Frage, ob es einen Zusammenhang zwischen Schulerfolg und Medienkonsum gibt. Sie hat ergeben, dass die Dauerberieselung durchs Fernsehen **unserer Hirntätigkeit** eher abträglich ist. [...]

학업 성과와 미디어 소비 사이에 관련이 있을지 여부를 묻는 질문에 대하여 최신 연구가 하나 있다. 그것은 TV를 통해 지속적으로 영향을 받는 것이 우리의 두뇌 활동에 오히려 유해하다는 결론을 내었다.

▸ ... , dass ... unser**er** Hirntätigkeit ... abträglich ist

여성명사 Hirntätigkeit의 3격 ⇒ 3격 요구 형용사 abträglich의 목적어

※ 소유대명사 **unser-** : 여성 3격 부정관사 ein**er** 어미변화 하여 unser**er** ☞ 30

♣ [1]**Es** gibt ... , ob [2]**es** ... gibt

1. 비인칭주어 **es**의 관용적 형식 Es gibt etw.[4] '*무엇*이 있다' ☞ 205
2. 비인칭주어 **es**의 관용적 형식 "Es **gibt** ..."가 종속접속사 **ob**-부문장 안에서 후치됨 : "es ... **gibt**"
   ☞ 133, 205

♣ Sie hat ergeben, [1]**dass** ... [2]**durchs** Fernsehen ... ist

1. 종속접속사 **dass**-부문장 ⇒ 동사 ergeben의 현재완료 "hat ... ergeben"의 4격 목적어 ☞ 133
2. 4격 전치사 durch의 축약형 durch**s** ("durch **das**") ⇒ 「durch**s** + 중성명사」 ☞ 28

8. 명사 3격 (3) : 3격 전치사의 목적어

Er kommt mit **dem** Bus. '그는 버스를 타고 온다.'

↓

남성명사 Bus의 **3격** ⇒ **3격** 전치사 mit의 목적어

---

21 [...] Seine Großeltern stammen aus **Berlin**; sie flohen in den 30er-Jahren nach Palästina. Der Enkel weiß, dass sie nach **dem Krieg** noch oft nach **Deutschland und Österreich** reisten. Was er nicht wusste, ist, dass sie den Kontakt zu **einem Ehepaar** in Deutschland pflegten, das, um es milde auszudrücken, mit **einer gewissen Nazivergangenheit** belastet war. [...]

그의 조부모는 베를린 출신인데, 이들은 30년대에 팔레스타인으로 피신했다. 이 손자는 그들이 전쟁 후에도 계속 독일과 오스트리아를 자주 방문했다는 것을 알고 있다. 그가 알지 못했던 것은 그들이 독일에 있는 한 부부와의 관계에 신경 썼다는 점인데, 이 부부는, 유연하게 표현하자면, 그 어떤 나치 관련 과거 일의 부담 속에 있었다.

▸ ... stammen **aus** Berlin

고유명사 (도시 이름) Berlin의 **3격** ⇒ **3격** 전치사 aus의 목적어

▸ ... , dass ... nach [1]dem Krieg ... **nach** [2]Deutschland und Österreich reisten

1. 남성명사 Krieg의 **3격** ⇒ **3격** 전치사 nach의 목적어
2. 고유명사 (국가 이름) Deutschland 및 Österreich의 **3격** ⇒ **3격** 전치사 nach의 목적어

▸ ... Kontakt **zu** [1]einem Ehepaar ... **mit** [2]einer gewissen Nazivergangenheit ...

1. 중성명사 Ehepaar의 **3격** ⇒ **3격** 전치사 zu의 목적어
2. 여성명사 Nazivergangenheit의 **3격** ⇒ **3격** 전치사 mit의 목적어

※ (1) 여성 3격 부정관사 ein**er**가 앞에 옴.
(2) 여성 3격 「d**er**, ein**er** + 형용사 **-en**」 : mit ein**er** gewiss**en** ... ☞ 42

22 [...] Ohne Angabe von Gründen ist er von **seiner Position** als Vorstandsvorsitzender zurückgetreten.

이유를 언급하지 않은 채 그는 이사회 의장이라는 자신의 직위로부터 물러났다.

▸ ... **von** seiner Position ...

여성명사 Position의 **3격** ⇒ **3격** 전치사 von의 목적어

※ 소유대명사 **sein-** : 여성 3격 부정관사 ein**er** 어미변화 하여 sein**er** ☞ 30

9. 명사 3격 (4) : 3 · 4격 전치사의 3격 목적어

Die Bank ist neben **der** Post. '그 은행은 우체국 옆에 있다.'

↓

여성명사 Post의 **3격** ⇒ 3 · 4격 전치사 neben의 **3격** 목적어

---

23 [...] Vor **einem Jahr** wurde an **einer Schule** in **Hamburg** ein 14-jähriger Junge über Monate beleidigt und bedroht, am **Ende** gewürgt und geschlagen, weil er Jude ist. Traumatisiert und deprimiert wechselte der Junge die Schule. [...]

1년 전에 함부르크에 있는 한 학교에서 14 세의 한 소년이 몇 개월에 걸쳐 모욕을 받고 위협 당했으며, 마지막에는 목이 조이고 구타를 당했는데, 왜냐 하면 그가 유대인이기 때문이다. 정신적으로 상처받고 좌절하여 그 소년은 학교를 옮겼다.

▸ **Vor** [1]einem Jahr ... **an** [2]einer Schule **in** [3]Hamburg ... **am** [4]Ende

1. 중성명사 Jahr의 **3격** ⇒ 3 · 4격 전치사 vor의 **3격** 목적어

   ※ 중성 **3격** 부정관사 ein**em**이 앞에 옴.

2. 여성명사 Schule의 **3격** ⇒ 3 · 4격 전치사 an의 **3격** 목적어

   ※ 여성 **3격** 부정관사 ein**er**가 앞에 옴.

3. 고유명사 (도시 이름) Hamburg의 **3격** ⇒ 3 · 4격 전치사 in의 **3격** 목적어

4. 중성명사 Ende의 **3격** ⇒ 3 · 4격 전치사 an의 축약형 am과 함께 옴.

24 Manche Schriftsteller haben vor **Hitler** und **seinen brutalen Anhängern** gewarnt oder sich über die Nazis mit ihren blöden Sprüchen lustig gemacht. Dazu gehört auch Erich Kästner*. [...]

몇몇 작가들은 히틀러와 그의 잔인한 추종자들에 대해 경고했거나, 아니면 자신들의 우스꽝스런 문장들로써 나치를 조롱했다. Erich Kästner 역시 이들에 속한다.

* Erich Kästner : 독일의 소설가, 시인

▸ ... haben **vor** [1]Hitler und [2]seinen brutalen Anhängern gewarnt ...

1. 고유명사 (사람 이름) Hitler의 **3격** ⇒ 3 · 4격 전치사 vor의 **3격** 목적어

2. 복수명사 Anhänger의 **3격** ⇒ 3 · 4격 전치사 vor의 **3격** 목적어

   ※ (1) 소유대명사 **sein-** : 복수 **3격** 정관사 **den** 어미변화 하여 sein**en** ☞ 30

   (2) 복수 **3격** 「**den** + 형용사 **-en**」 : vor ... sein**en** brutal**en** ... ☞ 41, 42

   (3) 복수 **3격**의 형태는 **-n**이어야 함. ⇒ Anhänger**n** ☞ 15

10. 명사 2격 (1) : 바로 앞 명사 수식

Wo ist der Vater des Kindes? '그 아이의 아버지는 어디 계시니?'

↓

중성명사 Kind의 2격 ⇒ 바로 앞 명사 Vater를 수식

---

25 Der Bundesverkehrsminister forderte nach der Streikandrohung **der Gewerkschaft** Verhandlungen zur Vermeidung **eines Arbeitskampfes**. [...]

연방교통장관은 노동조합의 파업 위협 후에 노동쟁의를 피하기 위한 협상을 요구했다.

▸ ... Streikandrohung [1]der Gewerkschaft ... zur Vermeidung [2]eines Arbeitskampfes

1. 여성명사 Gewerkschaft의 2격 ⇒ 바로 앞 명사 Streikandrohung을 수식

※ 여성 2격 정관사 der가 앞에 옴.

2. 남성명사 "...kampf"의 2격 ⇒ 바로 앞 명사 Vermeidung을 수식

※ 남성 2격 부정관사 eines가 앞에 옴. (남성 2격이므로 -es가 붙어 "...kampfes")

♣ Der Bundesverkehrsminister forderte ...

동사 forder*n*의 과거 시제 : 주어 "...minister"는 er에 해당함. ⇒ forderte_ ☞ 94

26 [...] Mit einer knappen Mehrheit stimmte das Parlament am Abend für die Abschaffung **des Krankenversicherungssystems**. [...]

의회는 저녁 때 약간의 표 차이로 그 의료보험 체계의 폐지를 가결했다.

▸ ... Abschaffung des Krankenversicherungssystems

중성명사 "...system"의 2격 ⇒ 바로 앞 명사 Abschaffung을 수식

※ 중성 2격 정관사 des가 앞에 옴. (중성 2격이므로 -s가 붙어 "...systems")

♣ ... stimmte das Parlament ...

동사 stimme*n*의 과거 시제 : 주어 "das Parlament"는 es에 해당함. ⇒ stimmte_ ☞ 94

27 Die größte Herausforderung **der heutigen Biologie** liegt in der Synthese **der Erkenntnisse ihrer Spezialgebiete**. [...]

오늘날의 생물학이 마주하고 있는 가장 큰 도전은 자신의 특수 영역들이 도달한 인식들을 종합하는 것에 있다.

▸ ... Herausforderung der heutigen Biologie ...

여성명사 Biologie의 2격 ⇒ 바로 앞 명사 Herausforderung을 수식

※ (1) 여성 2격 정관사 der가 앞에 옴.

(2) 여성 2격 「der, einer + 형용사 -en」 : ... der heutigen ... ☞ 43

▸ ... in der Synthese [1]der Erkenntnisse [2]ihrer Spezialgebiete

1. 복수명사 Erkenntnisse의 2격 ⇒ 바로 앞 명사 Synthese를 수식

※ 복수 2격 정관사 der가 앞에 옴.

2. 복수명사 "...gebiete"의 2격 ⇒ 바로 앞 명사 Erkenntnisse를 수식

※ 소유대명사 ihr- : 여성 2격 부정관사 einer 어미변화 하여 ihrer

♣ ... liegt in der Systhese ...

3 · 4격 전치사 in이 자동사 liegen과 함께 옴. ⇒ 3격 ☞ 27

28 [...] Die Ministerin wies darauf hin, dass allein in den ersten zwei Monaten **dieses Jahres** 280.000 Cyber-Attacken gegen die Bundeswehr festgestellt wurden. Dabei gehe es um einfache Spionage, aber auch um Datenzerstörung oder Manipulation. Die Cyber-Einheit der Bundeswehr soll solche Angriffe abwehren, aber auch eigene unternehmen können.

그 여자 장관은 불과 금년의 첫 2 개월 동안에 280,000 차례에 걸친 연방군에 대한 사이버 공격이 확인되었다는 점을 지적했다. 이들에 있어서는 단순한 첩보 활동이 관건인 경우도 있지만, 그 밖에도 데이터 파괴 혹은 조작이 관건인 경우도 있다고 말한다. 연방군의 사이버 부대는 이러한 공격들을 방어할 수 있어야 하겠지만, 아울러 자신의 공격도 수행할 수 있어야 한다.

▸ ... Monaten dieses Jahres ...

중성명사 Jahr의 2격 ⇒ 바로 앞 명사 Monaten을 수식

※ 지시대명사 dies- : 중성 2격 정관사 des 어미변화 하여 dieses (중성 2격이므로 -es가 붙어 Jahres)

♣ Die Ministerin [1]wies [2]darauf *hin*, dass ... [3]festgestellt wurde

1. 분리동사 *hin*weisen의 과거 시제 : 주어 "... Ministerin"은 여성의 sie ⇒ "wies_ ... *hin*" ☞ 55, 95

2. 「da(*r*)- + 전치사」 형태 da*r*auf ⇒ 뒤에 오는 dass-부문장을 지시함. ☞ 169

3. 타동사&분리동사 *fest*stellen의 수동태 과거 「wurde ... p.p」 : "wurde ... *fest*gestellt"

⇒ 종속접속사 dass-부문장 안에서 후치됨 : "... *fest*gestellt wurde" ☞ 135, 150

♣ ... gehe es um ...

비인칭 대명사 es의 관용적 용법 Es geht um etw. '*무엇*에 관한 문제이다, *무엇*이 핵심이다'

간접화법으로서 동사 gehen은 접속법 I 형태 : 비인칭주어 es가 주어 ⇒ gehe ☞ 205, 207

11. 명사 2격 (2) : 고유명사의 2격

Er ist Peters Bruder. '그는 Peter의 남자 형제이다.'

↓

고유명사 Peter의 **2격** ⇒ 뒤에 오는 명사 Bruder를 수식

Wo ist die Heimat **von** Peter. 'Peter의 고향은 어디 있니?'

↓

고유명사 Peter의 **2격** ⇒ 앞에 온 명사 Heimat를 수식

---

29 [...] In der literarischen Biografie erzählt sie die Geschichte ihrer Mutter, die als junge Frau den Untergang ihrer Adelsfamilie im Terror **Stalins** erlebte und sich nach dem Zweiten Weltkrieg das Leben nahm. [...]

이 문학적 전기에서 그녀는 자신의 어머니의 이야기를 기술하고 있는데, 그 어머니는 젊은 여자 시절에 스탈린의 테러 속에서 그녀의 귀족 가문이 몰락하는 것을 체험했고, 2차 세계대전 후에 스스로 목숨을 끊었다.

▸ ... Terror Stalin**s** ...

고유명사 (사람 이름) Stalin의 **2격** ⇒ 바로 앞 명사 Terror를 수식

♣ ... ihrer Mutter, [1]**die** ... [2]**erlebte** und sich ... das Leben [3]**nahm**

1. 여성 **1격** 관계대명사 **die** : 여성명사 "... Mutter"가 선행사, 부문장 안의 주어로서 **1격** ☞ 138
2. 동사 erleb*en*의 과거 시제 : 주어가 관계대명사 **die** ⇒ erleb**te**_ ☞ 94
3. **3격** 재귀동사 sich[3] das Leben nehmen의 과거 시제 : 주어가 관계대명사 **die** ⇒ **nahm_** ☞ 95

30 [...] Nach Angaben der südkoreanischen Regierung wurde die Rakete in der Nähe **von Sinpo** an der Ostküste des Landes abgefeuert. [...]

남한 정부의 언급에 의하면 이 미사일은 그 나라의 동쪽 해안에 있는 신포 근처에서 발사되었다.

▸ ... Nähe **von** Sinpo ...

고유명사 (지역 이름) Sinpo의 **2격** ⇒ 앞에 있는 명사 Nähe를 수식

♣ ... **wurde** ... *ab*gefeuert

타동사&분리동사 *ab*feuern의 수동태 과거 「**wurde** ... p.p」 : "**wurde** ... *ab*gefeuert" ☞ 150

12. 명사 2격 (3) : 2격 전치사의 목적어

Wegen des Regens bleibe ich zu Hause. '비 때문에 나는 집에 머무른다.'

↓

남성명사 Regen의 **2격** ⇒ **2격** 전치사 **wegen**의 목적어

---

31 [...] Die Renovierung wird statt **der geplanten rund 240 Millionen Euro** am Ende wohl mehr als 400 Millionen Euro kosten. [...]

아마도 그 수리작업은 계획되었던 2억 4천만 유로 대신 마지막에는 4억 유로 이상의 비용이 들 것이다.

▸ ... **statt** der geplanten rund 240 Millionen Euro ...

복수명사 Million**en**의 **2격** ⇒ **2격** 전치사 **statt**의 목적어

※ (1) 복수 **2격** 정관사 d**er**가 앞에 옴.

(2) 복수 **2격** 「d**er** + 형용사 **-en**」 : statt d**er** geplant**en** ... ☞ 43

32 Immer lauter wird die Kritik an Bundeskanzlerin Angela Merkel wegen **ihrer Rüstungsexportpolitik**. SPD*, Grüne und Linkspartei prangern die zunehmende Zahl von Waffenausfuhren an Länder außerhalb **der NATO**** und **der EU***** an. [...]

그녀의 무기 수출 정책 때문에 연방수상 Angela Merkel에 대한 비판의 목소리가 점점 더 커지고 있다. 독일사회민주당, 녹색당, 그리고 좌파당은 NATO와 EU 밖에 있는 국가들을 향한 무기 수출 숫자가 증가하고 있는 것을 비난한다.

* SPD (= "Sozialdemokratische Partei Deutschlands") : 독일의 정당 "독일사회민주당"

** NATO (= "North Atlantic Treaty Organization") : 북대서양 조약 기구

*** EU (= "Europäische Union") : 유럽연합

▸ ... **wegen** ihrer Rüstungsexportpolitik

여성명사 "...politik"의 **2격** ⇒ **2격** 전치사 **wegen**의 목적어

※ 소유대명사 **ihr-** : 여성 **2격** 부정관사 ein**er** 어미변화 하여 ihr**er** ☞ 30

▸ ... **außerhalb** der NATO und der EU ...

여성명사 NATO 및 EU의 **2격** ⇒ **2격** 전치사 **außerhalb**의 목적어

※ 여성 **2격** 정관사 d**er**가 각각 앞에 옴.

13. 명사 2격 (4) : 2격 목적어를 요구하는 동사의 목적어

2격 요구 동사 : gedenken, bedürfen ...

〈참고〉 2격 요구 동사는 극소수이다!

---

33 [...] Vor zwei Jahren starben zehntausende Menschen bei einer Erdbeben- und Tsunami-Katastrophe. Die Japaner gedenken heute **der Opfer**. [...]

2년 전 수만 명의 사람들이 지진과 해일로 인한 재앙에서 목숨을 잃었다. 일본인들은 오늘 그 희생자들을 추모한다.

▸ ... **gedenken** ... **der** Opfer

복수명사 Opfer의 **2격** ⇒ **2격** 요구 동사 **gedenken**의 목적어

※ 복수 **2격** 정관사 **der**가 앞에 옴.

♣ ... **starben** zehntausende Menschen ...

동사 sterben의 과거 시제 : 주어 "... Menschen"은 복수의 **sie** ⇒ **starben** ☞ 95

34 Um in einer sich wandelnden Welt bestehen zu können, bedarf es **der fachlichen Kompetenz** und **des beharrlichen Willens**, stetig bessere Lösungen zu verwirklichen. [...]

변화하는 세상 속에서 생존할 수 있기 위해서는 전문적인 능력, 그리고 끊임없이 더 나은 해결을 실현시키고자 하는 지속적인 의지를 필요로 한다.

▸ ... , **bedarf** ... [1]**der** fachlich**en** Kompetenz und [2]**des** beharrlich**en** Willen**s**, ...

1. 여성명사 Kompetenz의 **2격** ⇒ **2격** 요구 동사 **bedarf**의 목적어

   ※ (1) 여성 **2격** 정관사 **der**가 앞에 옴.

   (2) 여성 **2격** 「**der**, ein**er** + 형용사 **-en**」 : **der** fachlich**en** ... ☞ 43

2. 남성명사 Wille의 **2격** ⇒ **2격** 요구 동사 **bedarf**의 목적어

   ※ (1) 남성 **2격** 정관사 **des**가 앞에 옴. (명사 Wille는 불규칙적으로 **-ns**가 붙어 Willen**s**)

   (2) 남성 **2격** 「**des**, ein**es** + 형용사 **-en**」 : **des** beharrlich**en** ... ☞ 43

♣ [1]**Um** ... bestehen **zu** können, ... Willens, ... [2]**zu** verwirklichen

1. 화법조동사 문장 "**können** ... bestehen"의 **zu**-부정사 형식 「**um** ... **zu** 동사 원형」 ☞ 122
2. 동사 verwirklichen의 **zu**-부정사 ⇒ 앞에 온 명사 Willens를 수식하는 형용사적 용법 ☞ 121

14. 복수명사 (1) : 명사 복수의 형태

복수명사의 유형들 :

Lehrer ; Äpfel ; Hunde ; Gäste ; Kinder ; Bücher ; Straßen ; Frauen ; ...

---

35 [...] Insbesondere vor dem Sommerurlaub ist die Gefahr von **Terrornanschlägen** hoch. Mögliche **Ziele** für **Attacken** sind **Einkaufszentren**, **Regierungseinrichtungen**, **Hotels**, **Parks** und **Flughäfen**.

특히나 여름휴가를 앞 둔 시기에 테러 공격의 위험성이 높다. 가능성 있는 공격 목표들은 쇼핑센터들, 정부 시설들, 호텔들, 공원들, 그리고 공항들이다.

▸ ... von [1]Terrornanschlägen ... [2]Ziele für [3]Attacken sind [4]Einkaufszentren, [5]Regierungseinrichtungen, [6]Hotels, [7]Parks und [8]Flughäfen.

1. **der** ...anschlag ⇒ **die** ...anschläge
2. **das** Ziel ⇒ **die** Ziele
3. **die** Attacke ⇒ **die** Attacken
4. **das** ...zentrum ⇒ **die** ...zentren
5. **die** ...einrichtung ⇒ **die** ...einrichtungen
6. **das** Hotel ⇒ **die** Hotels
7. **der** Park ⇒ **die** Parks
8. **der** ...hafen ⇒ **die** ...häfen

36 Gut fünf **Wochen** vor dem Evangelischen Kirchentag suchen die **Organisatoren** noch 2.500 **Unterkünfte** für die **Besucher** in Berlin. Bis zum Monatsende wollen die **Organisatoren** das Ziel von 12.000 **Betten** in **Häusern** und **Wohnungen** für auswärtige **Besucher** des Kirchentags erreichen, sagte ein Sprecher. [...]

개신교 교회 총회가 열리기까지 5주 조금 넘게 남은 시기에 행사 주최자들은 베를린 방문객들을 위해서 2,500 명의 숙박시설을 더 구하고 있다. 행사 주최자들은 이번 달 말까지는 교회 총회의 외래 방문객들을 위해서 주택들과 아파트들 안에 설치된 침대 12,000개를 마련하려는 목표에 도달하고자 한다고 한 대변인이 말했다.

▸ ... fünf [1]Wochen ... die [2]Organisatoren ... 2.500 [3]Unterkünfte für die [4]Besucher ...
... von 12.000 [5]Betten in [6]Häusern und [7]Wohnungen ...

1. **die** Woche ⇒ **die** Wochen
2. **der** Organisator ⇒ **die** Organisatoren
3. **die** Unterkunft ⇒ **die** Unterkünfte
4. **der** Besucher ⇒ **die** Besucher
5. **das** Bett ⇒ **die** Betten
6. **das** Haus ⇒ **die** Häuser
7. **die** Wohnung ⇒ **die** Wohnungen

15. 복수명사 (2) : 복수 3격의 형태 -n

Er kommt **mit** seinen Kinder**n**. '그는 자신의 아이들과 함께 온다.'

↓

복수 3격 ⇒ 복수형 Kinder에 추가로 어미 **-n**이 붙어 Kinder**n**

---

37 [...] Der neue US-Präsident hat versprochen, dass er besser mit anderen **Ländern** zusammenarbeiten will als sein Vorgänger. Und er will auch was gegen die Wirtschaftskrise tun. [...]

새로운 미국 대통령은 다른 국가들과의 협력을 그의 전임자보다 더 잘 하겠다고 약속했다. 그리고 그는 경제 위기에 맞서서 뭔가를 행하려고 한다.

▸ ... mit ander**en** Länder**n** ...

복수명사 Länder의 **3격** ⇒ 추가로 **-n**이 붙어 Länder**n**

※ 형용사 ander- 앞에 (부)정관사 없음. ⇒ **복수 3격** 정관사 d**en** 어미변화 하여 mit ander**en** ... ☞ 46

♣ ... [1]**hat** versprochen, dass ... [2]**anderen** Länder [3]*zusammen*arbeiten **will** als ...

1. 타동사 versprechen의 현재완료 「**haben** ... p.p」 : "**hat** ... versprochen" ☞ 103
   (동사 **ver**sprechen은 접두어 **ver-**를 지님. ⇒ p.p형은 **-ge-** 없이 **ver**sprochen ☞ 101)
2. 비교급 비교에 상응하는 형식 「**ander-** ... **als** A」 'A와 다른 ...' ☞ 198
3. 화법조동사 문장 "**will** ... *zusammen*arbeiten" ⇒ 종속접속사 **dass**-부문장 안에서 후치됨 :
   "... *zusammen*arbeiten **will**" ☞ 79, 134

38 [...] Besonders beliebt ist das Café bei **Jugendlichen**, **Studenten**, **Angestellten** oder **Müttern** mit **Babys**. [...]

이 카페가 특히나 사랑받는 것은 청소년들, 대학생들, 고용인들 혹은 아기를 데리고 있는 엄마들에게서 이다.

▸ ... bei [1]Jugendliche**n**, [2]Studente**n**, [3]Angestellte**n** oder [4]Mütter**n** mit [5]Babys

1. 형용사 jugendlich의 명사화 (복수 3격) : Jugendliche**n** ⇒ 자체의 형태가 **-n**
2. 복수명사 Studente**n**의 **3격** ⇒ 복수형 자체의 형태가 **-n**
3. 과거분사&형용사 an*ge*stell*t*의 명사화 (복수 3격) : Angestellte**n** ⇒ 자체의 형태가 **-n**
4. 복수명사 Mütter의 **3격** ⇒ 추가로 **-n**이 붙어 Mütter**n**
5. 복수명사 Baby**s**의 **3격** ⇒ 복수형이 **-s**인 외래어로서 예외적으로 복수 3격이 **-n** 아님.

16. 약변화 명사 : 복수형이 -n 혹은 -en인 남성명사의 특성

Ich habe einen Kollegen. '나는 동료가 한 명 있다.'

↓

남성명사 Kollege는 복수형이 -n인 약변화 명사 :

타동사 habe의 목적어로서 단수 4격 ⇒ 단수이지만 복수형과 동일한 형태 Kollegen

---

39 [...] Er wird offiziell zum neuen **Präsidenten** der USA ernannt. Das deutsche Fernsehen ist live dabei. Da die USA einer der mächtigsten Staaten der Welt sind, ist der **Präsident** dieses Landes auch einer der mächtigsten Männer der Welt.

그는 공식적으로 미국의 새 대통령으로 임명된다. 독일 TV는 생중계로 함께 한다. 미국은 세계에서 가장 강력한 나라들 중의 하나이기 때문에, 이 나라의 대통령은 세계에서 가장 강력한 남자들 중의 한 명이 된다.

▸ ... zum neuen Präsidenten ...

남성명사 Präsident는 복수형이 -en인 약변화 명사 :

3격 전치사 축약형 zum과 결합한 단수 3격 ⇒ 단수이지만 복수형과 동일한 형태 Präsidenten

※ 3격 전치사 축약형 「am, im, beim, vom, zum, zur + 형용사 -en」 : zum neuen ... ☞ 28, 42

▸ ... ist der Präsident ...

약변화 명사이긴 하지만 여기서는 단수 주어이므로 Präsident (즉, Präsidenten 아님!)

※ 남성 1격 정관사 der가 앞에 옴.

♣ ... wird ... ernannt

타동사 ernennen의 수동태 현재 「werden ... p.p」 : "wird ... ernannt" ☞ 149
(동사 ernennen은 접두어 er-를 지님. ⇒ p.p형은 -ge- 없이 ernannt ☞ 101)

40 [...] Der Schuss des **Polizisten** traf den Mann in den Bauch. Er wurde anschließend im Krankenhaus behandelt. [...]

그 경찰관이 발사한 총알은 그 남자의 복부에 맞았다. 이어서 그는 병원에서 치료 받았다.

▸ ... Schuss des Polizisten ...

남성명사 Polizist는 복수형이 -en인 약변화 명사 :

바로 앞 명사 Schuss를 수식하는 단수 2격 ⇒ 단수이지만 복수형과 동일한 형태 Polizisten

※ 남성 2격 정관사 des가 앞에 옴.

♣ ... wurde ... behandelt

타동사 behandeln의 수동태 과거 「wurde ... p.p」: "wurde ... behandelt" ☞ 150
(동사 behandeln은 접두어 be-를 지님. ⇒ p.p형은 -ge- 없이 behandelt ☞ 101)

41 [...] Außenminister Gabriel hat den türkischen Behörden dafür gedankt, dass deutsche Botschaftsvertreter den inhaftierten deutschen **Journalisten** besuchen dürfen. [...]

외무장관 Gabriel은 수감되어 있는 그 독일 언론인을 독일 대사관 대표자들이 방문하도록 허락된 것에 대하여 터키 당국에게 감사를 표했다.

▸ ... den inhaftierten deutschen Journalisten besuchen ...

남성명사 Journalist는 복수형이 -en인 약변화 명사 :
타동사 besuchen의 목적어로서 단수 4격 ⇒ 단수이지만 복수형과 동일한 형태 Journalisten
※ (1) 남성 4격 정관사 den이 앞에 옴.
(2) 「den, einen + 형용사 -en」: den inhaftierten deutschen ... ☞ 40

♣ ... [1]hat ... [2]dafür gedankt, dass ... [3]besuchen dürfen

1. 자동사 danken의 현재완료 「haben ... p.p」: "hat ... gedankt" ☞ 104
2. 「da(r)- + 전치사」 형태 dafür ⇒ 뒤에 오는 dass-부문장을 지시함. ☞ 169
3. 화법조동사 문장 "dürfen ... besuchen"이 dass-부문장 안에서 후치됨 : "... besuchen dürfen" ☞ 79, 134

42 [...] Den Preis für das beste Kinderbuch bekommt Paula Fox* für „Ein Bild von Ivan". Das Buch handelt von einem elfjährigen **Jungen**, der kein einfaches Leben hat. [...]

가장 우수한 아동서적에 대한 상은 "아이반의 그림"이라는 작품을 통해 Paula Fox가 받는다. 이 책은 단순한 삶을 지니지 못하는 11 세 소년을 주제로 다룬다.

* Paula Fox : 미국의 소설가

▸ ... von einem elfjährigen Jungen ...

남성명사 Junge는 복수형이 -n인 약변화 명사 :
3격 전치사 von의 목적어로서 단수 3격 ⇒ 단수이지만 복수형과 동일한 형태 Jungen
※ (1) 남성 3격 부정관사 einem이 앞에 옴.
(2) 남성 3격 「dem, einem + 형용사 -en」: von einem elfjährigen ... ☞ 42

♣ ... Jungen, der ... hat

남성 1격 관계대명사 der : 남성명사 Junge가 선행사, 부문장 안의 주어로서 1격 ☞ 138

17. 4격 전치사 (1) : 동사, 형용사 등과 필수적 결합인 경우

Wir danken Ihnen **für** die Hilfe. '저희는 당신에게 그 도움에 대해 감사드려요.'

↓

4격 전치사 **für** ⇒ 동사 danken과 필수적으로 결합 :

「j-m **für** etw. danken」 '*누구*에게 *무엇*에 대해 감사하다'

---

43 "아이반의 그림 (Ein Bild von Ivan)"이라는 아동 소설을 소개한 문화 기사에서 :

[...] Sein Vater ist ständig verreist, seine Mutter ist seit vielen Jahren tot. Nur die Haushälterin Giselle kümmert sich **um** ihn. Doch alles ändert sich, als der Vater ein Bild von Ivan malen lassen will. Dabei lernt Ivan sich selbst erst richtig kennen. [...]

그의 아버지는 끊임없이 여행 다녔고, 그의 어머니는 세상을 떠난 지 여러 해 지났다. 유일하게 여자 집사 Giselle만이 그를 돌본다. 그러나 아버지가 Ivan의 그림이 그려지도록 하려 할 때 모든 것이 변화한다. 이 때 비로소 Ivan은 자기 자신을 제대로 알게 된다.

▸ ... kümmert sich ... **um** ihn

4격 전치사 **um** ⇒ 동사 kümmern과 필수적으로 결합 :

4격 재귀동사 「sich **um** etw. kümmern」 '*무엇*을 돌보다'

※ **ihn** ⇒ er의 4격 형 ☞ 34

44 [...] Der Ökonom ist berühmt **für** seine Arbeit zu Finanzkrisen. Wie sieht er die Welt, zehn Jahre nachdem die große Finanzkrise 2008/2009 die Welt fast in den Abgrund gerissen hat? [...]

이 경제학자는 재정 위기에 대한 연구로 유명하다. 2008년과 2009년에 걸친 대규모 재정 위기가 세계를 파괴하여 거의 깊은 수렁 속에 빠뜨리고 난 후 10년 되었는데, 그는 세계를 어떻게 바라보고 있을까?

▸ ... ist berühmt **für** seine Arbeit ...

4격 전치사 **für** ⇒ 형용사 berühmt와 필수적으로 결합 :

「**für** etw. berühmt sein」 '*무엇*으로 유명하다'

※ 소유대명사 **sein-** : 여성 4격 부정관사 ein**e** 어미변화 하여 sein**e** ☞ 30

18. 4격 전치사 (2) : 동사, 형용사 등과 필수적 결합이 아닌 경우

Wir sitzen **um** den Tisch. '우리는 탁자 주위에 빙 둘러 앉아 있다.'
↓
4격 전치사 **um** ⇒ 동사 sitzen과 **임의적**으로 결합

---

45 [...] Energie brauchen wir zum Beispiel, um Autos anzutreiben, um den Computer mit Strom zu versorgen und **für** eine warme Heizung. [...]

에너지를 우리는 필요로 하는데, 예를 들면 자동차를 작동시키기 위해서, 컴퓨터에 전기를 공급하기 위해서, 그리고 따뜻한 난방을 위해서이다.

▸ ... brauchen ... **für** eine warm**e** Heizung

4격 전치사 **für** ⇒ 동사 brauchen과 **임의적**으로 결합

※ (1) **여성 4격** 부정관사 eine가 앞에 옴.
(2) 「eine + 형용사 **-e**」 : für eine warme ... ☞ 38

♣ ... , **um** ... *an***zu**treiben, ...

분리동사 *an*treiben의 **zu-부정사** 형식 「**um** ... **zu** 동사 원형」 ☞ 58, 122

46 Hormone sind nicht sichtbar, man kann sie weder riechen noch schmecken. Im menschlichen Körper übernehmen sie aber lebenswichtige Aufgaben. Wachstum, Stoffwechsel und Immunsystem werden **durch** sie ebenso gesteuert wie die Sexualentwicklung und das psychische Verhalten. [...]

호르몬들은 눈에 보이지 않으며, 우리는 그것들을 냄새 맡을 수도, 맛을 볼 수도 없다. 하지만 인간의 신체에서 그것들은 생명을 위해 중요한 임무들을 떠맡는다. 성장, 신진대사, 그리고 면역 체계는 성적 발달과 심리적 태도처럼 똑같이 이것들에 의해 조종된다.

▸ ... werden **durch** sie ... gesteuert ...

4격 전치사 **durch** ⇒ 수동태 "werden ... gesteuert"와 **임의적**으로 결합

※ **sie** ⇒ 복수의 sie의 **4격** 형 ☞ 34

♣ ... **ebenso** ... **wie** ...

원급 비교 형식 「**so** ... **wie** ...」 ☞ 195

19. 4격 전치사 (3) : 「bis + 전치사」

Wir fahren **bis zur** Kreuzung. '우리는 교차로까지 간다.'

↓

「bis **zur** + 여성명사 **3격**」 '...에 이르기까지'

---

47 Wer liebt sie und ihre Bücher nicht? Astrid Lindgren* hat mit ihren Büchern Millionen von Kindern begeistert, vom ersten Buch an **bis zum** letzten. [...]

누가 그녀와 그녀의 책들을 사랑하지 않겠는가? Astrid Lindgren은 자신의 책들을 가지고 수백만의 어린이들이 열광하도록 만들었다. 첫 번째 책으로부터 시작하여 마지막 책에 이르기까지.

* Astrid Lindgren : 스웨덴의 동화 작가

▸ ... **bis zum** letzten (Buch)

「bis **zum** + 남성, 중성명사 **3격**」 '...에 이르기까지'

※ **3격** 전치사 축약형 「**am**, **im**, **beim**, **vom**, **zum**, **zur** + 형용사 **-en**」 : bis **zum** letzten ... ☞ 28, 42

48 In der „Champions League" spielen die besten Mannschaften aus ganz Europa und um den „UEFA Pokal" spielen die Mannschaften, die es nicht ganz **bis in** die Champions League geschafft haben oder frühzeitig aus der Champions League rausgeflogen sind. [...]

챔피언스리그에서는 유럽 전체로부터 온 최고의 팀들이 경기를 벌이며, 챔피언스리그 안으로까지는 완전히 도달하지 못했거나, 아니면 이른 시기에 챔피언스리그로부터 탈락한 팀들은 UEPA 트로피를 쟁취하기 위해 경기를 벌인다.

▸ ... **bis in** die Champions League ...

「bis **in** + **4격**」 '... 안으로까지'

♣ ... die Mannschaften, [1]**die** ... [2]geschafft **haben** oder ... [3]*raus*geflogen **sind**

1. 복수 **1격** 관계대명사 **die** : 복수명사 "... Mannschaft**en**"이 선행사, 부문장 안의 주어로서 **1격** ☞ 138
2. 타동사 schaffen의 현재완료 「**haben** ... p.p」 : "**haben** ... geschafft" ☞ 103
   ⇒ 관계대명사 부문장 안에서 후치됨 : "... geschafft **haben**" ☞ 136
3. '장소 이동' 자동사&분리동사 *raus*fliegen의 현재완료 「**sein** ... p.p」 : "**sind** ... *raus*geflogen" ☞ 107
   ⇒ 관계대명사 부문장 안에서 후치됨 : "... *raus*geflogen **sind**" ☞ 136

20. 3격 전치사 (1) : 동사, 형용사 등과 필수적 결합인 경우

Er gehört zu unserer Gruppe. ‘그는 우리의 그룹에 속한다.’

↓

3격 전치사 **zu** ⇒ 동사 gehören과 필수적으로 결합 :

「**zu** etw. gehören」 ‘*무엇*에 속하다’

---

49 [...] Eigentlich ist die so genannte Spieltheorie ein Instrument von Wirtschaftswissenschaftlern, etwa um das Verhalten von Konsumenten vorherzusagen. Es geht dabei immer um Situationen, in denen der Erfolg des Einzelnen nicht nur **vom** eigenen Handeln abhängt, sondern auch **von** den Aktionen anderer. [...]

이른바 “게임 이론”이라는 것은 원래 경제학자들의 도구, 이를테면 소비자들의 태도를 예측하기 위한 도구이다. 여기에는 언제나 개인의 성과가 자기 자신의 행동에 의존할 뿐만 아니라 또한 타인들의 행위에도 의존하는 그런 상황들이 핵심이다.

▸ ... nicht nur [1]**vom** eigen**en** Handeln *abhängt*, sondern auch [2]**von den** Aktionen ...

1. 3격 전치사 축약형 **vom** ⇒ 분리동사 *ab*häng*t*와 필수적으로 결합 :

   「**von** etw. *ab*hängen」 ‘*무엇*에 의존하다, *무엇*에 달려 있다’

   ※ 3격 전치사 축약형 「**am**, **im**, **beim**, **vom**, **zum**, **zur** + 형용사 **-en**」 : **vom** eigen**en** ... ☞ 28, 42

2. 3격 전치사 **von** ⇒ 분리동사 *ab*häng*t*와 필수적으로 결합.

   ※ 복수명사 Aktion**en**이 3격 전치사 von의 목적어 ⇒ 복수 3격 정관사 d**en**이 앞에 옴.

50 [...] Wir sind jedoch gerade nach eher einfachen Kaufentscheidungen besonders zufrieden **mit** dem Ergebnis, wenn wir ausführlich darüber nachgedacht hatten. [...]

그러나 만약 우리가 사전에 그에 대해 상세하게 숙고했었을 경우라면, 우리는 다름 아니라 오히려 단순하게 이루어진 구매 결정 이후에 그 결과에 대해서 특히나 만족하게 된다.

▸ ... zufrieden **mit dem** Ergebnis ...

3격 전치사 **mit** ⇒ 형용사 zufrieden과 필수적으로 결합 :

「**mit** etw. zufrieden sein」 ‘*무엇*에 만족하다’

※ 중성명사 Ergebnis가 3격 전치사 mit의 목적어 ⇒ 중성 3격 정관사 d**em**이 앞에 옴.

21. 3격 전치사 (2) : 동사, 형용사 등과 필수적 결합이 아닌 경우

Ich reise mit meiner Familie. '나는 나의 가족과 함께 여행한다.'

↓

3격 전치사 mit ⇒ 동사 reise와 임의적으로 결합

---

51 [...] Auch Europa steckt in der Krise: Griechenland muss seine öffentlichen Haushalte sanieren und spart hart, gleiches gilt für Portugal. Irlands Banken haben große Probleme. Alle drei kommen nur **mit** Hilfe der wohlhabenden EU-Mitglieder über die Runden.

유럽 역시 위기에 처해 있다 : 그리스는 공적 예산을 개선해야 하고, 힘겹게 긴축하고 있으며, 포르투갈도 마찬가지이다. 아일랜드의 은행들은 큰 문제들을 안고 있다. 이들 세 나라 모두는 오로지 부유한 EU 국가들의 도움에 의해서만 재정적 어려움을 벗어날 수 있다.

▸ ... kommen ... mit Hilfe ...

3격 전치사 **mit** ⇒ 동사 kommen과 임의적으로 결합

52 [...] Dort sind gegenwärtig 43 Plätze noch unbesetzt. Noch größer ist der Bedarf in Hamburg, wo zwischen 400 und 500 junge Männer gesucht werden, die **bei** der Betreuung von Behinderten und anderen Hilfsbedürftigen eingesetzt werden. [...]

그곳은 현재 43 개의 자리가 아직 채워지지 않고 있다. (이보다도) 더 크게 부족한 곳은 함부르크인데, 여기서는 장애인들과 그 밖의 도움이 필요한 사람들을 돌보는 데에 투입될 400 명에서 500 명 사이의 젊은 남자들을 구하고 있다.

▸ ... , die bei der Betreuung ... eingesetzt werden

3격 전치사 **bei** ⇒ 수동태 "... *ein*gesetzt **werden**"과 임의적으로 결합

※ 타동사&분리동사 *ein*setzen의 수동태 현재 "**werden** ... *ein*gesetzt"
⇒ 관계대명사 부문장 안에서 후치됨 : "... *ein*gesetzt **werden**" ☞ 149, 135

♣ ... Betreuung von Behinderten und anderen Hilfsbedürftigen ...

(1) 형용사 behindert 및 hilfsbedürftig의 명사화 (복수 3격)
⇒ 복수 3격 정관사 d**en** 어미변화, 대문자 표기 : **B**ehindert**en** / **H**ilfsbedürftig**en** ☞ 46, 47

(2) 형용사 ander- ⇒ 복수 3격 정관사 d**en** 어미변화 하여 ander**en** ☞ 46

22. 3 · 4격 전치사 (1) : '위치' ⇒ 3격

Er ist **in** sein**em** Zimmer. '그는 자신의 방 안에 있다.'

↓

3 · 4격 전치사 **in** :

동사 ist와 함께 '방 안에 있다'를 뜻함. ⇒ '위치'로서 **3격**!

---

53 **An** der Ostküste Australiens kämpfen die Menschen gegen eine schlimme Ölpest. Bei einem Schiffsunglück sind rund 230.000 Liter Treibstoff ins Meer geflossen. [...]

호주의 동부 해안에서는 사람들이 심각한 기름 오염과 싸우고 있다. 한 선박 사고에서 대략 23 만 리터의 연료가 바다로 흘러들어갔다.

▸ **An der** Ostküste ... kämpfen ...

3 · 4격 전치사 **an** :

동사 kämpfen과 함께 '동부 해안에서 싸우다'를 뜻함. ⇒ '위치'로서 **3격**!

※ 여성명사 Ostküste가 3 · 4격 전치사 an의 **3격** 목적어 ⇒ 여성 **3격** 정관사 d**er**가 앞에 옴.

54 Zahlreiche asiatische Länder befinden sich seit Jahren **auf** dem Sprung nach ganz oben **in** der Weltwirtschaft. Die Zahl der Milliardäre nimmt immer weiter zu. [...]

수많은 아시아 국가들이 몇 년 전부터 세계 경제에서 매우 높은 위치를 향한 도약 중에 있다. 억만장자들의 숫자가 계속 증가한다.

▸ ... befinden sich ... [1]**auf** d**em** Sprung ... [2]**in** d**er** Weltwirtschaft

1. 3 · 4격 전치사 **auf** :

   4격 재귀동사 sich befinden과 함께 '도약 위에 있다'를 뜻함. ⇒ '위치'로서 **3격**!

   ※ 남성명사 Sprung이 3 · 4격 전치사 auf의 **3격** 목적어 ⇒ 남성 **3격** 정관사 d**em**이 앞에 옴.

2. 3 · 4격 전치사 **in** :

   부사어 "nach ganz oben"과 함께 '세계 경제에서 매우 위로'를 뜻함. ⇒ '위치'로서 **3격**!

   ※ 여성명사 Weltwirtschaft가 3 · 4격 전치사 in의 **3격** 목적어 ⇒ 여성 **3격** 정관사 d**er**가 앞에 옴.

♣ ... nimm*t* ... zu

분리동사 *zu*nehmen의 **현재** 시제 : 기본 동사 nehmen ⇒ 어간 모음 e → **i** 변화하여 n**i**mm*t* ☞ 89

23. 3 · 4격 전치사 (2) : 바로 앞 명사 수식 ⇒ 3격

Die Blumen auf dem Tisch sind schön. '탁자 위에 있는 꽃들은 아름답다.'

↓

3 · 4격 전치사 **auf** :

바로 앞 명사 Blumen을 수식 ('... 위에 있는 꽃들') ⇒ **3격**!

55

> Der Tarifkonflikt **in** der Sicherheitsbranche bleibt ungelöst. Um zusätzlichen Druck auf die Arbeitgeber auszuüben, legt das Sicherheitspersonal am Flughafen Düsseldorf am Montag die Arbeit nieder. [...]

경비 업무 분야에서의 임금 투쟁이 미해결인 채로 머물러 있다. 고용자들에게 추가의 압박을 실행하기 위해서 뒤셀도르프 공항의 경비 직원들은 월요일에 업무를 중지한다.

▸ ... Tarifkonflikt in der Sicherheitsbranche ...

3 · 4격 전치사 **in** : 바로 앞 명사 Tarifkonflikt를 수식 ('... 안에서의 임금 투쟁') ⇒ **3격**!

※ in der Sicherheitsbranche : 여성 **3격** 정관사 der가 옴.

56

> Bei einem Treffen **in** Jerusalem sprach der Bundespräsident von einem starken Bündnis **zwischen** den beiden Ländern. Auf der Basis dieser Freundschaft könnten und sollten Stürme überstanden werden. [...]

예루살렘에 도착했을 때에 연방대통령은 두 나라 사이의 강력한 동맹 관계를 언급했다. 이러한 우정의 기반 위에서 폭풍우들이 극복될 수 있을 것이며, 극복되어야 할 것이라고 말했다.

▸ ... Treffen [1]in Jerusalem ... Bündnis [2]zwischen den beiden Ländern

1. 3 · 4격 전치사 **in** : 바로 앞 명사 Treffen을 수식 ('... 안에의 도착') ⇒ **3격**!
2. 3 · 4격 전치사 **zwischen** : 바로 앞 명사 Bündnis를 수식 ('... 사이의 동맹') ⇒ **3격**!

※ 복수명사 Länder가 3 · 4격 전치사 zwischen의 **3격** 목적어 ⇒ 복수 **3격**

(1) 복수 **3격** 정관사 den이 앞에 옴.

(2) 복수 **3격** 「den + 형용사 -en」 : zwischen den beiden ... ☞ 41, 42

(3) 복수 **3격** 명사의 형태는 -n이어야 함. ⇒ 복수형 Länder에 -n을 추가하여 Ländern ☞ 15

♣ ... könnten und sollten ... überstanden werden

화법조동사 **können** 및 **sollen**의 접속법 **II** 형태 ☞ 212

24. 3 · 4격 전치사 (3) : 시간적 의미 ⇒ 3격

An dem Tag war ich hier. '그 날 나는 여기 있었다.'

↓

3 · 4격 전치사 **an** : 명사 Tag과 결합하여 시간적 의미를 지님. ⇒ **3격**!

---

57 [...] Schon **an** diesem Samstagabend schickt ein Tiefdruckgebiet aus Norden erste Schneefälle, und am Sonntag schneit es weiter.

이미 이번 토요일 저녁에 북쪽으로부터 온 한 저기압이 첫 눈을 보내줄 것이며, 일요일에도 계속 눈이 내릴 것이다.

▸ ... **an** dies**em** Samstagabend ...

3 · 4격 전치사 **an** : 명사 Samstagabend와 결합하여 시간적 의미를 지님. ⇒ **3격**!

※ 지시대명사 **dies-** : 남성 **3격** 정관사 **dem** 어미변화 하여 dies**em** ☞ 161

58 [...] Die israelische Führung zeigt sich entschlossen, Irans Atomprogramm **in** den kommenden Wochen militärisch zu stoppen. Doch bei so einem Schlag verlässt sich Israel nur auf sich selbst und misstraut seinem Partner USA. [...]

이스라엘 지도부는 이란의 핵무기 프로그램을 다가오는 몇 주일 동안에 군사적 방법에 의해 정지시키기로 결정한 듯한 태도를 취한다. 하지만 그런 공격이 이루어질 경우 이스라엘은 오로지 자기 자신만을 신뢰하게 될 뿐이며, 자신의 파트너인 미국을 불신하는 것이 된다.

▸ ... **in den** kommend**en** Wochen ...

3 · 4격 전치사 **in** : 명사 Woche와 결합하여 시간적 의미를 지님. ⇒ **3격**!

※ 복수명사 Wochen이 3 · 4격 전치사 in의 **3격** 목적어 ⇒ 복수 **3격**

(1) 복수 **3격** 정관사 **den**이 앞에 옴.

(2) 복수 **3격** 「**den** + 형용사 **-en**」 : in **den** kommend**en** ... ☞ 41, 42

(3) 복수 **3격** 명사의 형태는 **-n**이어야 함. ⇒ 복수형 Woche**n**은 자체의 형태가 **-n** ☞ 15

♣ ... (dazu) entschlossen, ... **zu** stoppen

동사 stoppen의 **zu-부정사** "... **zu** stoppen" ⇒ 잠재적으로 올 수 있는 **dazu**의 목적어 ☞ 118

25. 3 · 4격 전치사 (4) : '방향' ⇒ 4격

Wir gehen **in die Stadt**. '우리는 시내로 간다.'

↓

3 · 4격 전치사 **in** :

동사 gehen과 함께 '...안**으로** 간다'를 뜻함. ⇒ '방향'으로서 **4격**!

---

59 Manche Menschen fahren im Urlaub gern immer wieder **an** den gleichen Ort, andere wechseln das Reiseziel regelmäßig. [...]

일부 사람들은 휴가 시에 계속 반복해서 같은 장소로 가기를 좋아하며, 또 다른 일부 사람들은 여행 목적지를 규칙적으로 교체한다.

▸ ... fahren ... **an den gleichen Ort** ...

3 · 4격 전치사 **an** : 동사 fahr*en*과 함께 '...**로** 간다'를 뜻함. ⇒ '방향'으로서 **4격**!

※ **남성**명사 Ort가 3 · 4격 전치사 an의 **4격** 목적어 ⇒ **남성 4격**

(1) **남성 4격** 정관사 **den**이 앞에 옴.

(2) **남성 4격** 「**den**, ein**en** + 형용사 **-en**」 : an **den** gleich**en** ... ☞ 40

♣ **Manche** Menschen fahren ... , **andere** wechseln ...

연계 형식 「**manche** ... , **andere** ...」 ☞ 220

60 Experten warnen davor, dass die Chemikalien den Orientierungssinn der Bienen stören können, sodass sie nicht mehr den Weg **in** ihre Bienenstöcke zurückfinden. [...]

화학물질들이 꿀벌의 방향 감각을 방해할 수 있고, 그 결과 이들은 자신들의 꿀벌 상자로 가는 길을 더 이상 찾아내지 못하게 된다는 점에 대해 전문가들이 경고한다.

▸ ... Weg **in ihre Bienenstöcke** ...

3 · 4격 전치사 **in** : 바로 앞 명사 Weg과 함께 '...**로** 가는 길'을 뜻함. ⇒ '방향'으로서 **4격**!

※ **복수**명사 "...stöcke"가 3 · 4격 전치사 in의 **4격** 목적어 ⇒ **복수 4격**

소유대명사 **ihr-** : **복수 4격** 정관사 **die** 어미변화 하여 ihr**e**

♣ ... [1]**davor**, dass ... [2]stören **können**, ...

1. 「da(*r*)- + **전치사**」 형태 **davor** ⇒ 뒤에 오는 종속접속사 **dass-부문장**을 지시함. ☞ 169

2. 화법조동사 **können** 문장 "**können** ... stören" ⇒ 종속접속사 **dass**-부문장 안에서 **후치**됨 :

"... stören **können**" ☞ 79, 134

26. 3 · 4격 전치사 (5) : 관용적 3격 및 4격

Wir nehmen **an** dem Seminar teil. '우리는 그 세미나에 참가합니다.'

↓

3 · 4격 전치사 **an** : 분리동사 "nehmen ... *teil*"과 함께 옴. ⇒ 관용적으로 **3격**!

「**an** etw.[3] *teil*nehmen」 '*무엇*에 참여하다'

Seine Antwort **auf** die Frage ist richtig. '그 질문에 대한 그의 대답은 옳다.'

↓

3 · 4격 전치사 **auf** : 명사 Antwort와 함께 옴. ⇒ 관용적으로 **4격**!

「eine Antwort **auf** etw.[4]」 '*무엇*에 대한 대답'

---

61 [...] Sie übt deutliche Kritik **an** der deutschen Wirtschafts- und Sozialpolitik. „Von 2008 bis 2014 hat die Bundesregierung in hohem Maße dazu beigetragen, die Armut zu vergrößern", sagte die polnische Politikerin [...]

그녀는 독일 경제 및 사회 정책에 관한 분명한 비판을 행하고 있다. "2008 년부터 2014 년까지 연방 정부는 가난을 확대시키는 데에 기여한 정도가 높다"고 그 폴란드 여자 정치가는 말했다.

▸ ... Kritik **an der deutschen** Wirtschafts- und Sozialpolitik

3 · 4격 전치사 **an** : 명사 Kritik과 함께 옴. ⇒ 관용적으로 **3격**!

「Kritik **an** etw.[3]」 '*무엇*에 대한 비판'

※ 여성명사 "...politik"이 3 · 4격 전치사 an의 **3격** 목적어 ⇒ 여성 **3격**

(1) 여성 **3격** 정관사 d**er**가 앞에 옴.

(2) 여성 **3격** 「d**er**, ein**er** + 형용사 **-en**」 : an d**er** deutsch**en** ... ☞ 42

62 [...] Elf Tage lang haben Umweltexperten aus über 170 Ländern bei der Klimakonferenz der Vereinten Nationen zusammengesessen und **über** Wege nachgedacht, wie man in den nächsten Jahren unser Klima schützen kann. [...]

11일 동안 170 개 이상의 국가들로부터 온 환경 전문가들이 UN의 기후 회의에 함께 모였고, 어떻게 하면 다음 여러 해 동안 우리의 기후를 보호할 수 있을지 방법들에 관해 숙고했다.

▸ ... **über** Wege *nachgedach*t, ...

3 · 4격 전치사 **über** : 분리동사 *nach*denken와 함께 옴. ⇒ 관용적으로 **4격**!

분리동사 「**über** etw.[4] *nach*denken」 '*무엇*에 관해 숙고하다'

63 [...] Mit dem Abschuss eines türkischen Kampfflugzeugs durch syrische Truppen haben sich die Spannungen in der Region verschärft. Ankara will den Vorfall untersuchen und mit „notwendigen Schritten" reagieren. Die Angst **vor** einer weiteren Eskalation der Lage in Syrien wächst.

시리아 군에 의해서 터키 전투기 한 대가 격추됨으로써 그 지역 안의 긴장이 고조되었다. 앙카라는 이 사건을 조사해서 "필수적인 조치들"로써 반응하려고 한다. 시리아 안의 상황이 더욱 더 악화되리라는 걱정이 커지고 있다.

▸ ... Angst **vor einer weiteren** Eskalation ...

3 · 4격 전치사 **vor** : 명사 Angst와 함께 옴. ⇒ 관용적으로 **3격**!

「Angst **vor** etw.[3]」 '*무엇*에 대한 두려움'

※ 여성명사 Eskalation이 3 · 4격 전치사 vor의 **3격** 목적어 ⇒ **여성 3격**

(1) **여성 3격** 부정관사 ein**er**가 앞에 옴.

(2) **여성 3격** 「d**er**, ein**er** + 형용사 **-en**」 : vor ein**er** weiter**en** ... ☞ 42

64 Italiens Regierungschef Monti hat gelassen **auf** die hohen Schuldenwerte seines Landes reagiert. Er verweist **auf** steigende Steuereinnahmen, die Italien entlasten sollen. [...]

이탈리아의 정부 수반인 Monti는 자기 나라의 높은 부채 가치에 대하여 느긋하게 반응했다. 그는 증가하고 있는 세입을 제시하는데, 이것이 이탈리아의 부담을 감해줄 것으로 기대한다.

▸ ... **auf die hohen** Schuldenwerte ... reagiert

3 · 4격 전치사 **auf** : 동사 reagieren과 함께 옴. ⇒ 관용적으로 **4격**!

「**auf** etw.[4] reagieren」 '*무엇*에 반응하다'

※ 복수명사 "...werte"가 3 · 4격 전치사 auf의 **4격** 목적어 ⇒ **복수 4격**

(1) **복수 4격** 정관사 di**e**가 앞에 옴.

(2) **복수 1, 4격** 「di**e** + 형용사 **-en**」 : auf di**e** hoh**en** ... ☞ 41

▸ ... verweist **auf steigende** Steuereinnahmen ...

3 · 4격 전치사 **auf** : 동사 verweisen과 함께 옴. ⇒ 관용적으로 **4격**!

「**auf** etw.[4] verweisen」 '*무엇*을 지시하다'

※ 복수명사 "...einnahme**en**"이 3 · 4격 전치사 auf의 **4격** 목적어 ⇒ **복수 4격**

현재분사&형용사 steigen**d** ⇒ 바로 뒤 명사 Steuereinnahmen을 수식하는 **부가어적** 용법 :

steigen**d** 앞에 (부)정관사 **없음**. ⇒ **복수 4격** 정관사 di**e** 어미변화 하여 steigend**e** ☞ 49

27. 3 · 4격 전치사 (6) : 특정 자동사 및 타동사 ⇒ 3격 및 4격

Er sitzt auf dem Sofa. '그는 소파 위에 앉아 있다.'

↓

3 · 4격 전치사 **auf** : 자동사 sitzen과 함께 옴. ⇒ **3격**!

〈참고〉 자동사 sitzen, stehen, liegen, hängen ...과 함께 오는 경우 ⇒ **3격**!

Er setzt das Baby auf das Sofa. '그는 그 아기를 소파 위에 앉힌다.'

↓

3 · 4격 전치사 **auf** : 타동사 setzen과 함께 옴. ⇒ **4격**!

〈참고〉 타동사 setzen, stellen, legen, hängen ...과 함께 오는 경우 ⇒ **4격**!

---

65 [...] Wenn man gefragt wird, was man von Politikern erwartet, dann steht der Punkt „Unsere Umwelt schützen" meist ziemlich weit oben **auf** der Liste.

정치가들로부터 무엇을 기대하고 있는지에 대해 질문 받을 경우, 대부분은 "우리의 환경을 보호하는 것"이라는 점이 (답변) 목록에서 상당히 멀리 윗 부분에 자리잡게 된다.

▸ ... steht ... auf der Liste

3 · 4격 전치사 **auf** : 자동사 stehen과 함께 옴. ⇒ **3격**!

※ 여성명사 Liste가 3 · 4격 전치사 auf의 **3격** 목적어 ⇒ 여성 **3격** 정관사 **der**가 앞에 옴.

66 [...] Papst Franziskus hat in einem Gefängnis in Rom zwölf Häftlingen die Füße gewaschen. **In** den Mittelpunkt seiner Predigt stellte er dabei die Nächstenliebe. Der Papst sagte, jeder habe schon einmal Fehler und Unzulänglichkeiten begangen. [...]

프란치스코 교황은 로마에 있는 한 교도소에서 12명 죄수들의 발을 닦아주었다. 여기서 그는 자신의 설교 중심에 이웃 사랑을 두었다. 교황은 모든 이가 이미 한번은 실수 및 부적절함을 저질렀다고 말했다.

▸ In den Mittelpunkt ... stellte ...

3 · 4격 전치사 **in** : 타동사 stellen과 함께 옴. ⇒ **4격**!

※ 남성명사 "...punkt"가 3 · 4격 전치사 in의 **4격** 목적어 ⇒ 남성 **4격** 정관사 **den**이 앞에 옴.

♣ ... sagte, jeder habe ... begangen

간접화법 : 현재완료 「haben ... p.p」 의 접속법 **I** 형태 "jeder habe ... begangen" ☞ 207

67 In der 2. Fussball-Bundesliga hat Union Berlin am Abend das Spitzenspiel bei Eintracht Braunschweig mit 1:3 verloren. Die Berliner liegen damit **auf** dem vierten Tabellenplatz und haben mit sechs Punkten Rückstand nur noch theoretische Chancen auf den Aufstieg.

축구 분데스리가 2부 리그에서 Union Berlin 팀은 저녁 시간에 벌어진 Eintracht Braunschweig 팀과의 선두 다툼 경기를 1 : 3으로 패했다. 이로써 베를린 팀 선수들은 팀 순위 4위에 놓여 있으며, 승점 6점이 뒤쳐짐으로써 (1부 리그로) 진출할 기회가 오로지 이론적으로만 가능하다.

▸ ... liegen ... **auf dem** vier**ten** Tabellenplatz ...

3 · 4격 전치사 **auf** : 자동사 liegen과 함께 옴. ⇒ **3격**!

※ 남성명사 "...platz"가 3 · 4격 전치사 auf의 **3격** 목적어 ⇒ 남성 **3격**

(1) 남성 **3격** 정관사 **dem**이 앞에 옴.

(2) 서수 viert-는 형용사 어미변화 함 ☞ 200 :

남성 **3격** 「d**em**, ein**em** + 형용사 **-en**」 : auf d**em** viert**en** ... ☞ 42

68 소설 "Gullivers Reisen 걸리버 여행기"의 내용을 간략히 소개한 글에서 :

[...] So landet er auf der Insel Liliput, für deren winzige Bewohner er ein furchterregender „Menschenberg" ist. Im Reich Brobdingnag, wo die Riesen leben, wird Gulliver dagegen **in** eine Puppenwiege gelegt und auf dem Jahrmarkt ausgestellt. [...]

그렇게 그는 Liliput 섬에 도착하게 되는데, 그 섬의 왜소한 주민들에게 그는 두려움을 일으키는 "(거대한) 인간 산"이 된다. 이에 반해 거인들이 살고 있는 Brobdingnag 제국에서는 걸리버가 인형의 침대에 뉘어지고, 연례적으로 열리는 큰 시장에서 전시된다.

▸ ... **in** eine Puppenwiege gelegt ...

3 · 4격 전치사 **in** : 타동사 legen의 수동태 "**wird** ... gelegt"와 함께 옴. ⇒ **4격**!

※ 여성명사 "...wiege"가 3 · 4격 전치사 in의 **4격** 목적어 ⇒ 여성 **4격** 부정관사 ein**e**가 앞에 옴.

♣ ... auf der Insel ... , für **deren** winzige Bewohner ... ist

여성 **2격** 관계대명사 **deren** : 여성명사 Insel이 선행사, 뒤의 명사 Bewohner를 수식하는 **2격** ☞ 141

♣ ... Brobdingnag, **wo** ... leben, ...

'장소'의 관계부사 **wo** ⇒ 고유명사 (지역 이름) "Brobdingnag"이 선행사 ☞ 148

28. 전치사 축약형

Ich gehe zum Arzt. '나는 의사에게로 간다.'
↓
3격 전치사 축약형 **zum** ⇒ 「zum + 남성 · 중성 3격」

〈참고〉 3격 전치사 축약형 : **beim** ("bei dem"), **vom** ("von dem"), **zum** ("zu dem"), **zur** ("zu der")

Hast du Brot fürs Frühstück. '너는 아침식사를 위한 빵이 있니?'
↓
4격 전치사 축약형 **fürs** ⇒ 「fürs + 중성 4격」

〈참고〉 4격 전치사 축약형 : **fürs** ("für das") ; **ums** ("um das")

Er ist im Büro. '그는 사무실에 있다.'
↓
3 · 4격 전치사 축약형 **im** ⇒ 「im + 남성 · 중성 3격」

〈참고〉 3 · 4격 전치사 축약형 : **am** ("an dem"), **ans** ("an das"), **im** ("in dem"), **ins** ("in das")

---

69 [...] Ich hoffe sehr, dass der Wille **zur** Zusammenarbeit, der sich am Ende des vergangenen Jahres gezeigt hat, auch in diesem Jahr **zum** Ausdruck kommt. [...]

지난 해 말에 보였던 그런 협력에 대한 의지가 금년에도 역시 나타나게 되기를 저는 매우 희망합니다.

▸ ... der Wille zur Zusammenarbeit ...

3격 전치사 축약형 **zur** ("zu der") ⇒ 「zur + 여성 3격」 : "**zur** Zusammenarbeit"

▸ ... zum Ausdruck kommt

3격 전치사 축약형 **zum** ("zu dem") ⇒ 「zum + 남성, 중성 3격」 : "**zum** Ausdruck"

70 Rund 1000 Menschen haben **beim** Ostermarsch in Berlin für Abrüstung und Frieden demonstriert. Die Veranstaltung startete am Kaiser-Wilhelm-Platz in Schöneberg. [...]

대략 1000 명의 사람들이 베를린에서 열린 부활절 행진에서 군비 축소와 평화를 위해 시위를 벌였다. 이 행사는 쇠네베르크 지역에 있는 카이저 빌헬름 광장에서 출발했다.

▸ ... haben beim Ostermarsch ... demonstriert

3격 전치사 축약형 **beim** ("bei dem") ⇒ 「**beim** + 남성, 중성 3격」 : "**beim** Ostermarsch"

71 [...] Die deutsche Marine teilte mit, dass sie gestern fast 1.200 Flüchtlinge **im** Mittelmeer gerettet und nach Italien gebracht hat.

독일 해군은 어제 지중해에서 거의 1,200 명에 달하는 난민들을 구조해서 이탈리아로 데려갔다는 소식을 전했다.

▸ ... **im** Mittelmeer gerettet (hat) und ...

3 · 4격 전치사 축약형 **im** ("in dem") ⇒ 「**im** + **남성, 중성 3격**」 : "**im** Mittelmeer"

72 미국에서 개최되는 영화 예술 시상식 "오스카상"을 소개한 글에서 :

[...] Vor 80 Jahren steckte die Filmindustrie gerade in einer Krise. Die Menschen gingen nicht mehr so oft **ins** Kino. Um den Film wieder aufzuwerten und auch um die Verantwortlichen zu motivieren, bessere Filme zu drehen, wurde der Filmpreis **am** 12. Februar 1929 **ins** Leben gerufen. [...]

80 년 전 영화 산업은 막 위기에 처해 있었다. 더 이상은 사람들이 그리 자주 영화관으로 가지 않았다. 영화의 가치를 다시 향상시키기 위해서, 아울러 (영화) 책임자들에게 더 좋은 영화들을 만들도록 동기 부여하기 위해서, 1929년 2월 12일에 이 영화상이 창립되었다.

▸ ... gingen ... **ins** Kino

3 · 4격 전치사 축약형 **ins** ("in das") ⇒ 「**ins** + **중성 4격**」 : "**ins** Kino"

▸ ... [1]**am** 12. ... [2]**ins** Leben gerufen

1. **3 · 4격** 전치사 축약형 **am** ("an dem") ⇒ 「**am** + **남성, 중성 3격**」 : "**am** 12."
   ※ 서수 zwölft-는 형용사 어미변화 함. ☞ 200
   3격 전치사 축약형 「**am, im, beim, vom, zum, zur** + 형용사 **-en**」 : **am** zwölften ... ☞ 42
2. **3 · 4격** 전치사 축약형 **ins** ("in das") ⇒ 「**ins** + **중성 4격**」 : "**ins** Leben"

♣ ... steckte ... **in** einer Krise

3 · 4격 전치사 **in** : 자동사 stecken과 함께 옴. ⇒ 3격! ☞ 27

♣ ... **um** ... (**dazu**) [1]**zu** motivieren, ... [2]**zu** drehen, ...

1. 동사 motivieren의 **zu-부정사** ⇒ 부사적 용법 「**um** ... **zu** 동사 원형」 ☞ 122
2. 동사 drehen의 **zu-부정사** ⇒ 잠재적으로 올 수 있는 「da(*r*)- + 전치사」 형태 **dazu**의 목적어 ☞ 118

29. 2격 전치사

Er bleibt zu Hause **wegen** einer Krankheit. '그는 병 때문에 집에 있다.'

↓

2격 전치사 **wegen** ⇒ 뒤에 오는 명사가 2격 : "... ein**er** Krankheit"

〈참고〉 2격 전치사 : **wegen** '... 때문에', **trotz** '...에도 불구하고', **statt** '... 대신에' ...

---

73 [...] Mit diesem Preis werden Persönlichkeiten geehrt, die **aufgrund** ihrer Erfolge, ihrer Fairness und ihres Engagements Vorbild für junge Sportler sind. [...]

그들의 성공, 그들의 공정한 태도, 그리고 그들의 사회참여 의식에 근거하여 젊은 스포츠맨들에게 모범이 되는 유명 인물들이 이 상으로써 시상된다.

▸ ... **aufgrund** [1]ihr**er** Erfolge, [2]ihr**er** Fairness und [3]ihr**es** Engagement**s** ...

2격 전치사 **aufgrund** '...에 근거하여, ... 때문에' ⇒ 뒤에 오는 명사가 2격 :

"... ihr**er** Erfolge, ihr**er** Fairness und ihr**es** Engagement**s**"

※ 1. 복수명사 Erfolge가 2격 전치사 aufgrund의 목적어 ⇒ 복수 2격
소유대명사 **ihr-** : 복수 2격 정관사 d**er** 어미변화 하여 ihr**er** ☞ 31
2. 여성명사 Fairness가 2격 전치사 aufgrund의 목적어 ⇒ 여성 2격
소유대명사 **ihr-** : 여성 2격 부정관사 ein**er** 어미변화 하여 ihr**er** ☞ 30
3. 중성명사 Engagement이 2격 전치사 aufgrund의 목적어 ⇒ 중성 2격
소유대명사 **ihr-** : 중성 2격 부정관사 ein**es** 어미변화 하여 ihr**es** ☞ 30
(중성 2격 ⇒ 명사에 **-s**가 붙어 Engagement**s** ☞ 10)

74 In der Affäre um illegale Wahlkampfspenden in Frankreich ist der ehemalige Präsident Nicolas Sarkozy ins Visier der Ermittler geraten. Diese durchsuchten seine Wohnung **während** seiner Abwesenheit. [...]

프랑스에서 발생한 불법적인 선거 후원금을 둘러 싼 사건에서 전직 대통령 Nicolas Sarkozy는 수사관들의 시야에 들어오게 되었다. 이들 수사관들은 그가 없는 동안에 그의 집을 수색하였다.

▸ ... **während** sein**er** Abwesenheit ...

2격 전치사 **während** '... 동안에' ⇒ 뒤에 오는 명사가 2격 : "... sein**er** Abwesenheit"

※ 소유대명사 **sein-** : 여성 2격 부정관사 ein**er** 어미변화 하여 sein**er** ☞ 30

30. 소유대명사 (1) : 단수 ⇒ 부정관사 ein- 어미변화

Er liebt seine Frau. '그는 그의 아내를 사랑한다.'

↓

소유대명사 **sein-** ⇒ 단수일 때 부정관사 **ein-** 어미변화 :

여성명사 Frau가 타동사 lieb*t*의 **4격** 목적어 ⇒ 여성 **4격** ein**e** 어미변화 하여 sein**e**

---

75 [...] Eines der berühmtesten Gebäude der Welt, der Taj Mahal in Indien, hat **seinen** Ursprung in einer Liebesgeschichte mit tragischem Ende. [...]

세계에서 가장 유명한 건물들 중의 하나, 즉 인도의 타지마할은 비극적으로 끝나는 한 사랑 이야기에 기원을 두고 있다.

▸ ... hat sein**en** Ursprung ...

소유대명사 **sein-** ⇒ 단수일 때 부정관사 **ein-** 어미변화 :

남성명사 Ursprung이 타동사 hat의 **4격** 목적어 ⇒ 남성 **4격** ein**en** 어미변화 하여 sein**en**

♣ [1]Ein**es** [2]d**er** berühmtest**en** Gebäude [3]d**er** Welt ... hat ...

부정대명사 **ein-** 형식「**ein-** + 복수 **2격**」'... 중의 하나'

1. 뒤에 오는 중성명사 Gebäude를 지시하며, 뒤에 오는 동사 hat의 주어 ⇒ 중성 **1격** ein**es** ☞ 177
2. 복수명사 Gebäude가 **2격**이어야 함. ⇒ 복수 **2격** :
   (1) 복수 **2격** 정관사 d*er*가 앞에 옴.
   (2) 최상급 형용사 bekannt*est* ⇒ 복수 2격「d**er** + 형용사 **-en**」: d**er** bekannt*est***en** ... ☞ 43, 193
3. 여성명사 Welt가 최상급 비교의 관련 범위로서 **2격** ⇒ 여성 **2격** 정관사 d*er*가 옴. ☞ 122, 125

76 [...] Unterstützen Sie die positive Einstellung **Ihres** Kindes zum Internet. Surfen Sie selbst, um **Ihrem** Kind interessante, möglichst werbefreie Seiten zeigen zu können. [...]

당신의 아이가 인터넷에 대하여 갖고 있는 긍정적인 태도를 뒷받침하십시오. 흥미진진하며, 가능한 한 광고가 없는 사이트들을 당신의 아이에게 보여줄 수 있도록 스스로 검색하십시오.

▸ ... Einstellung Ihr**es** Kind**es** ...

소유대명사 **Ihr-** ⇒ 단수일 때 부정관사 **ein-** 어미변화 :

중성명사 Kind가 바로 앞 명사 Einstellung을 수식하는 **2격**

⇒ 중성 **2격** ein**es** 어미변화 하여 Ihr**es** (중성 2격 ⇒ 명사 어미 **-es**가 붙어 Kind**es**)

▸ ... Ihrem Kind ... zeigen ...

소유대명사 **Ihr-** ⇒ 단수일 때 부정관사 **ein-** 어미변화 :

중성명사 Kind가 동사 zeigen의 **3격** 목적어 ⇒ 중성 **3격** ein**em** 어미변화 하여 Ihr**em**

♣ ... , **um** ... zeigen **zu** können

화법조동사 문장 "**können** ... zeigen"의 **zu-부정사** : "**um** ... zeigen **zu können**" ☞ 122, 125

77 [...] Die erste Sprache, die wir in **unserem** Leben lernen, ist **unsere** Muttersprache. Wir wachsen damit auf. [...]

우리가 우리의 일생에서 배우게 되는 첫 번째 언어는 우리의 모국어이다. 우리는 이것과 함께 성장한다.

▸ ... in unserem Leben lernen, ...

소유대명사 **unser-** ⇒ 단수일 때 부정관사 **ein-** 어미변화 :

중성명사 Leben이 3 · 4격 전치사 in의 **3격** 목적어 ⇒ 중성 **3격** ein**em** 어미변화 하여 unser**em**

▸ ... ist unsere Muttersprache

소유대명사 **unser-** ⇒ 단수일 때 부정관사 **ein-** 어미변화 :

여성명사 "...sprache"가 동사 ist의 주격 보어 ⇒ 여성 **1격** ein**e** 어미변화 하여 unser**e**

♣ ... Wir [1]wachs*en* [2]**damit** *auf*

1. 분리동사 *auf*wachsen의 현재 시제 ⇒ 분리전철 *auf*-는 분리되어 문장 맨 뒤에 옴. ☞ 55
2. 「da(*r*)- + 전치사」 형태 da**mit** ⇒ 앞에 나온 낱말 "... Muttersprache"를 지시함. ☞ 166

78 [...] Der dreimalige Olympiasieger beendet **seine** Karriere als Profisportler. Er will sich künftig mehr Zeit für **seine** Familie nehmen.

그 세 차례에 걸친 올림픽 우승자는 직업 선수로서의 자신의 경력을 끝마친다. 그는 앞으로 자신의 가족을 위해 더 많은 시간을 가지려고 한다.

▸ ... beendet seine Karriere ...

소유대명사 **sein-** ⇒ 단수일 때 부정관사 **ein-** 어미변화 :

여성명사 Karriere가 타동사 beend*et*의 **4격** 목적어 ⇒ 여성 **4격** ein**e** 어미변화 하여 sein**e**

▸ ... für seine Familie ...

소유대명사 **sein-** ⇒ 단수일 때 부정관사 **ein-** 어미변화 :

여성명사 Familie가 **4격** 전치사 für의 목적어 ⇒ 여성 **4격** ein**e** 어미변화 하여 sein**e**

♣ Der dreimalige Olympiasieger beend*et* ...

동사 beenden의 현재 시제 :

주어 "Der ...sieger"는 **er**에 해당 ⇒ beenden의 어간 끝이 **-d**이므로 **-e-**가 추가되어 beend*et* ☞ 84

31. 소유대명사 (2) : 복수 ⇒ 정관사 d- 어미변화

Sie liebt ihre Kinder. ‘그녀는 그녀의 아이들을 사랑한다.’

↓

소유대명사 **ihr-** ⇒ **복수**일 때 복수 정관사 **d-** 어미변화 :

복수명사 Kinder가 타동사 lieb*t*의 **4격** 목적어 ⇒ **복수 4격** di**e** 어미변화 하여 ihr**e**

---

79 Der Druck auf deutsche Steuersünder steigt. Zwei Schweizer Banken verlangen künftig von **ihren** deutschen Kunden Beweise, dass diese **ihre** Kontos auch tatsächlich bei den Finanzbehörden gemeldet haben. [...]

독일인 탈세자들에 대한 압박이 강화된다. 두 개의 스위스 은행이 앞으로는 그들의 독일인 고객들에게 이들이 자신들의 계좌들 역시 실제로 세무 당국에 신고했다는 증명서를 요구하게 된다.

▸ ... von ihr**en** deutsch**en** Kunden ...

소유대명사 **ihr-** ⇒ **복수**일 때 복수 정관사 **d-** 어미변화 :

복수명사 Kunde**n**이 **3격** 전치사 von의 목적어 ⇒ **복수 3격** **den** 어미변화 하여 ihr**en**

※ (1) **복수 3격** 「**den** + 형용사 **-en**」 : von ihr**en** deutsch**en** ... ☞ 41, 42

(2) **복수 3격** 명사의 형태는 **-n**이어야 함. ⇒ 복수형 Kunde**n**은 자체의 형태가 **-n** ☞ 15

▸ ... , dass ... ihr**e** Kontos ... gemeldet haben

소유대명사 **ihr-** ⇒ **복수**일 때 복수 정관사 **d-** 어미변화 :

복수명사 Kontos가 타동사 p.p형 gemeldet의 **4격** 목적어 ⇒ **복수 4격** di**e** 어미변화 하여 ihr**e**

80 [...] Der Herrscher wurde von einem **seiner** Söhne entmachtet. Zwei Jahre danach starb er und wurde neben seiner Frau beigesetzt.

그 통치자는 자신의 아들들 중 한 명에 의해 권력을 박탈당했다. 그런 뒤 2 년 지나서 그는 사망했고, 자신의 아내 옆에 묻혔다.

▸ ... von einem sein**er** Söhne ...

소유대명사 **sein-** ⇒ **복수**일 때 복수 정관사 **d-** 어미변화 :

복수명사 Söhne가 부정대명사 einem을 수식하는 **2격** ⇒ **복수 2격** **der** 어미변화 하여 sein**er**

♣ ... von ein**em** seiner Söhne ...

부정대명사 **ein-** 형식 「**ein-** + **복수 2격**」 ‘... 중의 하나’

뒤에 오는 **남성**명사 Sohn을 지시하며, **3격** 전치사 von의 목적어 ⇒ **남성 3격** ein**em** ☞ 177

32. 소유대명사 (3) : 부정대명사 kein-

Ich habe keinen Hund. '나는 개를 가지고 있지 않다.'

↓

부정대명사 **kein-** ⇒ **단수**일 때 부정관사 **ein-** 어미변화 :

남성명사 Hund가 타동사 habe의 **4격** 목적어 ⇒ **남성 4격** einen 어미변화 하여 keinen

Er hat keine Freunde. '그는 친구들이 없다.'

↓

부정대명사 **kein-** ⇒ **복수**일 때 정관사 **d-** 어미변화 :

복수명사 Freunde가 타동사 hat의 **4격** 목적어 ⇒ **복수 4격** die 어미변화 하여 keine

---

81 Die Angst ist zunächst ein sehr wirksamer Mechanismus, um in gefährlichen Situationen das Überleben zu sichern. Wer **keine** Angst hat, dessen Überlebenschancen sind vermindert, weil er nicht aus Gefahren lernt und unnötige Risiken eingeht. [...]

두려움은 우선 위험한 상황에서 생존을 보장하는 매우 효과적인 장치이다. 두려움이 없는 사람의 생존 가능성은 적은데, 왜냐 하면 그는 위험들로부터 학습하지 못하고, 불필요한 모험을 감행하기 때문이다.

▸ ... keine Angst hat ...

부정대명사 **kein-** ⇒ **단수**일 때 부정관사 **ein-** 어미변화 :

여성명사 Angst가 타동사 hat의 **4격** 목적어 ⇒ **여성 4격** eine 어미변화 하여 keine

82 건강 전문가와의 인터뷰 기사에서 :

Erschwert Sport am Abend das Einschlafen? -

Nein, es gibt **keine** Studien, die das belegen, auch wenn es eine verbreitete Ansicht ist. [...]

스포츠가 밤에 잠드는 것을 어렵게 만드나요? -

아니오, 그것을 증명해주는 그 어떤 연구도 없습니다. 비록 그것이 널리 퍼져 있는 견해이기는 하지만요.

▸ ... , es gibt keine Studien ...

부정대명사 **kein-** ⇒ **복수**일 때 정관사 **d-** 어미변화 :

복수명사 Studien이 동사 gibt의 **4격** 목적어 ⇒ **복수 4격** die 어미변화 하여 keine

33. 인칭대명사 (1) : 인칭대명사 1격의 용법

Bist **du** krank? - Ja, **ich** bin erkältet. '너 아프니? - 응, 나는 감기 걸렸어.'

↓ 인칭대명사 1격 형 **du** ⇒ 동사 Bist의 주어

↓ 인칭대명사 1격 형 **ich** ⇒ 동사 bin의 주어

---

83 [...] **Ich** hoffe, dass die Leute in meine Konzerte gehen, um mir zuzuhören, nicht, um mich anzusehen. [...]

나는 사람들이 나의 연주를 경청하기 위해서 내 콘서트에 오는 것을 희망하지, 나를 관람하기 위해 오는 것을 희망하지 않는다.

▸ **Ich** hoffe ...

인칭대명사 1격 형 **ich** ⇒ 동사 hoffe의 주어

♣ ... , um [1]**mir** *zu*zuhören, ... , um [2]**mich** *an*zusehen

1. 인칭대명사 3격 **mir** ⇒ zu-부정사의 동사 원형인 분리동사 *zu*hören의 3격 목적어 ☞ 35
2. 인칭대명사 4격 **mich** ⇒ zu-부정사의 동사 원형인 분리동사 *an*sehen의 4격 목적어 ☞ 34

84 Viele Menschen leiden unter Nackenschmerzen, deren Ursprung sich nicht immer genau bestimmen lässt. **Wir** zeigen Ihnen, wie **Sie** die Probleme mit ein paar einfachen Übungen bekämpfen können. [...]

많은 사람들이 목덜미 부위 통증으로 고생하시는데, 그 원인이 항상 정확하게 규정될 수 있는 것은 아닙니다. 저희는 여러분들에게 어떻게 하면 여러분들이 단지 몇몇 간단한 연습 동작만으로 이 문제를 해결할 수 있는지를 보여주겠습니다.

▸ [1]**Wir** zeigen ... , wie [2]**Sie** ... können

1. 인칭대명사 1격 형 **wir** ⇒ 동사 zeigen의 주어
2. 인칭대명사 1격 형 **Sie** ⇒ 후치되어 문장 뒤에 온 화법조동사 können의 주어

♣ ... Nackenschmerzen, [1]**deren** Ursprung sich ... [2]bestimmen **lässt**

1. 복수 2격 관계대명사 **deren** :
   복수명사 "...schmerz**en**"이 선행사, 바로 뒤 명사 Ursprung을 수식하는 2격 ☞ 141
2. 동사 **lassen**의 형식 「lassen sich ... 타동사 원형」 '...될 수 있다' : "**lässt** sich ... bestimmen"
   ⇒ 관계대명사 부문장 안에서 후치됨 : "sich ... bestimmen **lässt**" ☞ 130
   (동사 lassen의 현재 시제 : 어간 모음 a → **ä** 변화하여 lä*sst* ☞ 90)

34. 인칭대명사 (2) : 인칭대명사 4격의 용법

Liebst du **mich**? '너는 나를 사랑하니?'

↓

인칭대명사 ich의 **4격** 형 **mich** ⇒ 타동사 Lieb*st*의 **4격** 목적어

Das ist für **ihn**. '그것은 그를 위한 것이다.'

↓

인칭대명사 er의 **4격** 형 **ihn** ⇒ **4격** 전치사 für의 목적어

Ich warte auf **dich**. '그는 너를 기다리고 있어.'

↓

인칭대명사 du의 **4격** 형 **dich** ⇒ 3 · 4격 전치사 auf의 **4격** 목적어

---

85 Wer seinen Tee nicht ein wenig abkühlen lässt und **ihn** am liebsten kochend heiß trinkt, hat Wissenschaftlern zufolge ein deutlich größeres Risiko, an Speiseröhrenkrebs zu erkranken. [...]

자신의 차를 약간 식혀지도록 하지 않고, 그것을 끓는 상태로 뜨겁게 마시는 것을 가장 좋아하는 사람은 학자들의 말에 의할 경우 식도암을 앓게 될 위험이 뚜렷하게 더 크다.

▸ ... und **ihn** ... trinkt ...

인칭대명사 er의 **4격** 형 **ihn** ⇒ 타동사 trink*t*의 **4격** 목적어

♣ [1]**Wer** seinen Tee ... [2]*ab*kühlen **lässt** und ...

1. 관계대명사 **wer** '...인 사람' ⇒ 부문장 안의 주어로서 **1격** 형 **wer** ☞ 143, 181
2. 동사 **lassen**의 형식 「lassen + 4격 ... 타동사 원형」 '...되도록 하다' : "**lässt** seinen Tee ... *ab*kühlen"
   ⇒ **관계대명사** 부문장 안에서 **후치**됨 : "seinen Tee ... *ab*kühlen **lässt**" ☞ 130

♣ ... hat ... [1]**ein** deutlich größer**es** Risiko, ... [2]**zu** erkranken

1. **중성**명사 Risiko가 타동사 hat의 **4격** 목적어 ⇒ **중성 4격** :
   (1) **중성 4격** 부정관사 **ein**이 앞에 옴.
   (2) 형용사 groß의 **비교급** **größer** ⇒ **중성 1**, **4격** 「**ein_** + 형용사 **-es**」 : **ein** ... **größer**es ... ☞ 39
2. 동사 erkranken의 **zu-부정사** ⇒ 앞에 나온 명사 Risiko를 수식 (**형용사적** 용법) ☞ 121

86 방송국 스튜디오 무단 침입 사건을 보도한 기사에서 :

[...] Zwei Sicherheitsleuten gelang es, den Eindringling zu überwältigen. Es stellte sich heraus, dass gegen **ihn** bereits ein Haftbefehl wegen Betruges aus Bayern vorlag. [...]

두 명의 경비원이 그 침입자를 제압하는 데 성공했다. 그에게는 사기죄로 인해 이미 바이에른 주로부터 체포영장이 발부되어 있음이 드러났다.

▸ ... gegen **ihn** ...

인칭대명사 er의 **4격** 형 **ihn** ⇒ **4격** 전치사 gegen의 목적어

♣ ... gelang [1]**es**, ... [2]**zu** überwältigen

1. **비인칭**대명사 **es**는 동사 gelang의 **형식적인** 주어 ⇒ 뒤에 오는 **zu-부정사**를 가리킴. ☞ 202
2. 동사 überwältigen의 **zu-부정사** ⇒ 동사 gelang의 **실질적인** 주어 ☞ 120
   동사 **über**wältigen은 접두어 **über-**를 지님. ⇒ **zu** **über**wältigen (즉, "**überzu**wältigen" 아님!) ☞ 60

87 Die Haut ist das größte menschliche Organ. Ihre Aufgaben sind vielfältig. Sie hält den Körper zusammen, schützt **uns** vor Stößen, wehrt Schmutz und Chemikalien ab und: Unsere Haut macht uns schön! [...]

피부는 인간의 가장 위대한 신체 기관이다. 그것의 임무는 다양하다. 그것은 육체를 유지해주며, 우리를 부딪침으로부터 보호하고, 오염물과 화학물질을 물리치며, 그리고 : 우리의 피부는 우리로 하여금 외모가 아름답도록 만들어 준다!

▸ ... schützt **uns** ...

인칭대명사 wir의 **4격** 형 **uns** ⇒ 타동사 schütz*t*의 **4격** 목적어

♣ Sie h**ä**l*t* ... *zusammen*, ...

분리동사 *zusammen*halten의 **현재** 시제 : 기본 동사 halten ⇒ 어간 모음 a → **ä** 변화하여 h**ä**lt ☞ 90
(분리전철 *zusammen-* ⇒ 분리되어 **문장 맨 뒤**에 옴. ☞ 55)

88 Auf einer Art „schwarzer Liste" sollen künftig Firmen stehen, die in der Vergangenheit Rechtsverstöße begangen haben. Behörden können zwar schon jetzt entsprechende Firmen ausschließen. Bisher ist es für **sie** allerdings schwierig zu prüfen, ob ein Unternehmen schon einmal auffällig wurde. [...]

앞으로는 과거에 위법을 저질렀던 회사들이 일종의 "블랙리스트"에 오르도록 되어 있다. 물론 정부 당국은 이에 해당하는 회사들을 지금이라도 벌써 배제할 수는 있다. 하긴 어떤 한 회사가 이미 전에 특이점이 있었는지 여부를 확인하는 것이 지금까지는 정부 당국에게 어려운 일이기는 하지만.

▸ ... für **sie** ...

인칭대명사 sie('그것들')의 **4격** 형 **sie** ⇒ 4격 전치사 für의 **목적어**임.

35. 인칭대명사 (3) : 인칭대명사 3격의 용법

Ich helfe **dir**. '내가 너를 돕겠어.'
↓
인칭대명사 du의 **3격** 형 **dir** ⇒ 동사 helf*e*의 **3격** 목적어

Wer kommt mit **ihr**? '누가 그녀와 함께 오니?'
↓
인칭대명사 sie('그녀')의 **3격** 형 **ihr** ⇒ **3격** 전치사 mit의 목적어

Er sitzt hinter **mir**. '그는 나의 뒤에 앉아 있다.'
↓
인칭대명사 ich의 **3격** 형 **mir** ⇒ 3 · 4격 전치사 hinter의 **3격** 목적어

---

89 Bundeskanzlerin Merkel hat die Landesregierung von Nordrhein-Westfalen heftig angegriffen. Sie sagte, NRW* brauche eine Führung, die die Menschen fördere und **ihnen** Mut mache, anstatt sie zu bremsen. [...]

연방수상 메르켈은 노르트라인베스트팔렌 주 정부를 강하게 공격했다. 노르트라인베스트팔렌 주는 사람들에게 제동을 거는 대신 이들을 지원해주고 용기를 북돋워 줄 지도부를 필요로 한다고 그녀는 말했다.

* NRW (= "**N**ord**r**hein-**W**estfalen") : 독일의 노르트라인베스트팔렌 주

▸ ... **ihnen** Mut mache ...
인칭대명사 sie('그들')의 **3격** 형 **ihnen** ⇒ 동사 machen의 **3격** 목적어

♣ Sie sagte, ... Führung, die ... [1]fördere und ... [2]mache, ...
1 ~ 2. **간접화법**으로서 동사 förder*n* 및 mach*en*의 **접속법 I** 형태 : förder**e** 및 mach**e** ☞ 207

90 [...] Sie servieren im Café, putzen Büros oder räumen Regale im Supermarkt ein. Fast fünf Millionen Menschen haben ausschließlich einen oder zwei Minijobs, mehr als zwei Drittel von **ihnen** sind Frauen. [...]

그들은 카페에서 서비스를 행하거나, 사무실들을 청소하거나, 아니면 슈퍼마켓의 진열대들을 정리한다. 거의 5 백만 명에 달하는 사람들이 오로지 하나 혹은 두 개의 파트타임 직업을 가지고 있는데, 이들 중의 2/3 이상은 여자들이다.

▸ ... von **ihnen** ...

인칭대명사 sie('그들')의 **3격** 형 **ihnen** ⇒ **3격** 전치사 von의 목적어

91 Josef Bierbichler*, den alle nur „Sepp“ nennen, ist keiner, der tut, was man **ihm** sagt - mit einem „schlechtgelaunten Zirkuslöwen“ hat ihn der Regisseur Hans Steinbichler verglichen. [...]

Josef Bierbichler는, 그를 모두가 단순히 "Sepp"이라고 칭하는데, 사람들이 그에게 말하는 것을 행하는 그런 사람이 아니다. - 영화감독인 Hans Steinbichler는 그를 "기분이 언짢은 서커스 사자"에 비유했다.

* Josef Bierbichler : 독일의 배우, 작가

▸ ... **ihm** sagt ...

인칭대명사 er의 **3격** 형 **ihm** ⇒ 동사 sag*t*의 **3격** 목적어

♣ Josef Bierbichler, [1]**den** ... nennen, ist keiner, [2]**der** tut, [3]**was** ... sagt - ...

1. **남성 4격** 관계대명사 **den** : **남자** 이름 "Josef ..."가 선행사, 동사 nennen의 **4격** 목적어 ☞ 138
2. **남성 1격** 관계대명사 **der** : 부정대명사 **남성** 1격 kein**er**가 선행사, 동사 tut의 주어로서 **1격** ☞ 138
3. 관계대명사 **was** '...인 것' ⇒ 앞에 나온 동사 tu*t*의 4격 **목적어** ☞ 144

92 Unsere Erinnerungen sind ein wichtiger Teil von **uns**. Sie helfen **uns** zu begreifen, wer wir sind, wo wir stehen und was uns mit anderen verbindet. Nimmt man uns unser Gedächtnis, dann nimmt man **uns** unsere Identität. [...]

우리의 기억들은 우리의 중요한 부분이다. 그것들은 우리가 누구이며, 우리가 어디에 서 있으며, 무엇이 우리를 다른 이들과 연결시켜 주는지를 파악하도록 우리를 돕는다. 만약 우리로부터 우리의 기억을 빼앗는다면, 그것은 우리로부터 우리의 정체성을 빼앗는 것이다.

▸ ... Teil von **uns**

인칭대명사 wir의 **3격** 형 **uns** ⇒ **3격** 전치사 von의 목적어

▸ ... helfen **uns** ...

인칭대명사 wir의 **3격** 형 **uns** ⇒ 동사 helfen의 **3격** 목적어

▸ ... nimmt ... **uns** ...

인칭대명사 wir의 **3격** 형 **uns** ⇒ 동사 nimm*t*의 **3격** 목적어

♣ ... zu begreifen, [1]**wer** ... sind, [2]**wo** ... stehen und [3]**was** ... verbindet

1 ~ 3 모두 **의문사** 부문장 ⇒ 앞에 나온 타동사 begreifen의 4격 **목적어** ☞ 186

36. 인칭대명사 (4) : 인칭대명사의 위치

Heute besucht **mich** ein alter Freund. '오늘 한 오랜 친구가 나를 방문한다.'

↓

인칭대명사 mich ⇒ 명사 주어 "ein alter Freund"보다 앞에 옴.

Ich schenke **es** dir. '나는 그것을 너에게 선물하겠어.'

↓

인칭대명사 **4격** es ⇒ 인칭대명사 **3격** dir보다 앞에 옴.

---

93 [...] Wissenschaftler und Erfinder berichten immer wieder davon, dass **ihnen** die Lösung eines Problems erst eingefallen ist, nachdem sie sich etwas anderem zugewandt haben. [...]

학자들과 발명가들은 자신들이 다른 뭔가에 관심을 돌리고 난 후에야 비로소 어떤 문제의 해결점이 자신들의 머리 속에 퍼뜩 떠올랐다는 것에 대해 줄곧 반복해서 보고하고 있다.

▸ ... , dass **ihnen** die Lösung eines Problems ... eingefallen ist, ...

인칭대명사 3격 ihnen ⇒ 명사 주어 "die Lösung eines Problems"보다 앞에 옴.

94 알츠하이머를 앓는 남편(Paul H.)과 그의 아내(Paula H.)의 생활을 취재한 기사에서 :

[...] Paul H. kam erst in die Psychiatrie, später in eine Pflegeeinrichtung. „Wo ist denn meine Frau?", fragte er Paula H. oft. Die antwortete: „Deine Frau kommt später, aber jetzt bin ich da." Das konnte er akzeptieren. „Diese Krankheit hat **ihn mir** weggenommen", sagt sie heute.

Paul H.는 처음에는 정신과 병원으로, 나중에는 요양 시설로 갔다. "내 아내는 어디 있지?"라고 그는 Paula H.에게 자주 질문했다. 그녀는 대답하기를 "네 아내는 나중에 올 거야. 하지만 지금은 내가 있어." 이를 그는 받아들일 수 있었다. "이 병이 그를 나에게서 빼앗아 갔답니다."라고 오늘 그녀는 말한다.

▸ ... hat **ihn** mir ... *weggenommen* ...

인칭대명사 **4격** ihn ⇒ 인칭대명사 **3격** mir보다 앞에 옴.

37. 형용사의 세 가지 용법 : 서술적, 부사적, 부가어적

Das ist schnell. '그것은 빠르다.'
↓
동사 ist의 형용사 보어 ⇒ 서술적 용법

Er arbeitet schnell. '그는 빨리 일한다.'
↓
동사 arbeitet를 수식 ⇒ 부사적 용법

Wir haben ein schnelles Auto. '우리는 빠른 자동차를 가지고 있다.'
↓
뒤에 오는 명사 Auto를 수식 ⇒ 부가어적 용법

---

95 [...] Der See ist **riesengroß** - 36 Kilometer lang und anderthalb Kilometer breit. Und außerdem so tief, dass sich die Experten darüber streiten, ob es nun 230 oder sogar mehr als 300 Meter **tief** sind. [...]

그 호수는 거대하다. - 길이가 36 km이며, 폭이 1.5 km이다. 그리고 이 밖에도 깊이가 230 m인지, 혹은 심지어 300 m가 넘는지 여부를 놓고 전문가들이 논쟁을 벌일 정도로 그렇게 깊다.

- ... ist riesengroß
형용사 riesengroß : 동사 ist의 보어 ⇒ 서술적 용법

- ... , ob ... tief sind
형용사 tief : 동사 sind의 보어 ⇒ 서술적 용법

96 [...] Das Schlafverhalten einer Mutter wirkt sich auf das Wohlbefinden ihrer Kinder aus. Ruht der **weibliche** Elternteil **schlecht**, hat das **negative** Folgen für den Nachwuchs. Ist der Vater **unausgeschlafen**, ist das für die Sprösslinge dagegen **völlig gleichgültig**. [...]

어머니의 수면 방식은 그 아이들의 웰 빙에 영향을 준다. 부모의 모계 쪽이 휴식을 잘 취하지 못할 경우, 이는 그 자녀에게 부정적인 결과를 미치게 된다. 그에 반해 아버지가 충분치 않은 수면을 취했을 경우, 이는 그의 자식들에게 전혀 중요하지 않다.

- Ruht der [1]weibliche Elternteil [2]schlecht, ... [3]negative Folgen ...
1. 형용사 weiblich : 뒤에 오는 명사 Elternteil을 수식 ⇒ 부가어적 용법
2. 형용사 schlecht : 동사 Ruht를 수식 ⇒ 부사적 용법

3. 형용사 negativ : 뒤에 오는 명사 Folgen을 수식 ⇒ 부가어적 용법

▸ Ist ... [1]**unausgeschlafen**, ist ... [2]**völlig** [3]**gleichgültig**

1. 과거분사&형용사 unausgeschlafen : 문장 맨 앞 동사 Ist의 보어 ⇒ 서술적 용법
2. 형용사 völlig : 바로 뒤 형용사 gleichgültig를 수식 ⇒ 부사적 용법
3. 형용사 gleichgültig : 앞에 나온 동사 ist의 보어 ⇒ 서술적 용법

97 [...] Berlin ist **brutal direkt** und **gnadenlos ehrlich**. Wer es hier aushält, dem graut es vor nichts mehr auf der Welt.

베를린은 잔인하게 직선적이며, 무자비하게 솔직하다. 이곳에서 체류하는 사람, 그에게 더 큰 섬뜩함을 느끼게 하는 것은 이 세상에 없다.

▸ ... ist [1]**brutal** [2]**direkt** und [3]**gnadenlos** [4]**ehrlich**

1. 형용사 brutal : 바로 뒤 형용사 direkt를 수식 ⇒ 부사적 용법
2. 형용사 direkt : 앞에 나온 동사 ist의 보어 ⇒ 서술적 용법
3. 형용사 gnadenlos : 바로 뒤 형용사 ehrlich를 수식 ⇒ 부사적 용법
4. 형용사 ehrlich : 앞에 나온 동사 ist의 보어 ⇒ 서술적 용법

98 [...] **Unbestreitbar** ist Langeweile in erster Linie ein **unangenehmes**, ja **verhasstes** Gefühl mit **unerfreulichen** Begleiterscheinungen. So sind **gelangweilte** Menschen **häufiger depressiv**. Allerdings ist nicht **klar**, ob Depressionen durch Langeweile entstehen oder umgekehrt.

논란의 여지없이 지루함은 무엇보다 불쾌한 느낌, 정말이지 즐겁지 않은 동반 현상들을 지닌 혐오스런 느낌이다. 그래서 지루함을 느끼는 사람들이 의기소침해 있는 경우들이 빈번하다. 물론 의기소침이 지루함을 통해서 발생하는지 아니면 그 반대인지 여부가 분명한 것은 아니지만.

▸ [1]**Unbetreitbar** ist ... ein [2]**unangenehmes**, ... [3]**verhasstes** Gefühl mit [4]**unerfreulichen** Begleiterscheinungen

1. 형용사 unbestreibar : 문장 전체 내용을 수식 ⇒ 부사적 용법
2. ~ 3. 형용사 unangenehm 및 verhasst : 뒤의 명사 Gefühl을 수식 ⇒ 부가어적 용법
4. 형용사 unerfreulich : 뒤의 명사 Begleiterscheinungen을 수식 ⇒ 부가어적 용법

▸ ... sind [1]**gelangweilte** Menschen [2]**häufiger** [3]**depressiv**

1. 과거분사&형용사 gelangweilt : 바로 뒤 명사 Menschen을 수식 ⇒ 부가어적 용법
2. 비교급 형용사 häufig*er* : 바로 뒤 형용사 depressiv를 수식 ⇒ 부사적 용법
3. 형용사 depressiv : 앞에 나온 동사 sind의 보어 ⇒ 서술적 용법

▸ ... ist ... **klar** ...

형용사 klar : 동사 ist의 보어 ⇒ 서술적 용법

38. 형용사 어미변화 (1) : 단수 「der, das, die, eine + 형용사 -e」

Der alte Mann lebt allein. '그 늙은 남자는 혼자 산다.'

↓

남성 1격 「der + 형용사 -e」 : Der alte ...

Wem gehört das schöne Auto hier? '여기 이 멋진 자동차는 누구 것이니?'

↓

중성 1, 4격 「das + 형용사 -e」 : das schöne ...

Die nette Frau ist Ärztin. '그 친절한 여자는 의사야.'

↓

여성 1, 4격 「die + 형용사 -e」 : die nette ...

Er hat eine große Familie. '그는 대가족을 가지고 있어.'

↓

여성 1, 4격 「eine + 형용사 -e」 : eine große ...

---

99 [...] Es gibt verschiedene Orte, die man aufsuchen kann, wenn man spüren will, warum ich Freiburg so sehr mag. Der **erste** ist der Wochenmarkt auf dem Münsterplatz. [...]

무슨 이유로 내가 프라이부르크를 그렇게 많이 좋아하는지를 느껴보고자 할 경우 방문할 수 있는 장소는 여럿 있다. 첫 번째는 뮌스터 광장에서 매주 열리는 시장이다.

▸ Der erste (Ort) ist ...

남성 1격 「der + 형용사 -e」 : Der erste ...

※ 서수 erst- ⇒ 형용사 어미변화 함. ☞ 200

※ 생략된 명사 Ort는 남성이며, 주어로서 1격 ⇒ 남성 1격 정관사 der가 앞에 옴.

♣ ... , die ... [1]*auf*suchen **kann**, wenn ... [2]spüren **will**, warum ... [3]**mag**

1. 화법조동사 **können**의 구문 "**kann** ... *auf*suchen"이 관계대명사 die 부문장 안에서 후치됨. ☞ 79
2. 화법조동사 **wollen**의 구문 "**will** ... spüren"이 종속접속사 **wenn**-부문장 안에서 후치됨. ☞ 79, 134
3. 타동사 **mögen** : 주어가 ich일 때 **mag** ☞ 78 ⇒ 의문사 **warum**-부문장 안에서 후치됨. ☞ 186

100 [...] Noch heute gehört das Buch zu den Klassikern für Kinder, die man unbedingt lesen sollte: Man kann darin so wunderbar in die **kleine** Welt der Tiere eintauchen, dass man sie nie mehr vergisst. [...]

이 책은 오늘날에도 여전히 아이들을 위한 고전에 속하는 것으로서, 이를 우리는 반드시 읽어보아야 할 것이다 : 우리는 그 안에서 동물들의 작은 세계 속으로 너무나도 경이롭게 침잠해 들어갈 수 있게 됨으로써 그것을 우리는 결코 잊지 못하게 된다.

▸ ... in die kleine Welt ... *eintauchen*, ...

여성 1, 4격 「die + 형용사 -e」 : in die kleine ...

※ 3 · 4격 전치사 in은 동사 *ein*tauchen와 함께 '... 안으로 침잠하다' ⇒ '방향'을 뜻하여 4격 ☞ 25
여성명사 Welt가 3 · 4격 전치사 in의 4격 목적어 ⇒ 여성 4격 정관사 die가 앞에 옴.

♣ ... kann [1]darin [2]so wunderbar ... *ein*tauchen, dass ...

1. 「da(*r*)- + 전치사」 형태 da*r*in ⇒ 앞에 나온 낱말 "das Buch"를 지시함. ☞ 166
2. 연계 형식 「so ... , dass ...」 ☞ 220

101 [...] Die Inflation in Deutschland ist auch im Februar wieder gesunken. Die jährliche Rate sank von 1,7 Prozent im Januar auf 1,5 Prozent, teilte das **Statistische** Bundesamt mit. Das ist der niedrigste Stand seit Dezember 2010.

독일의 인플레이션은 2월에도 다시 감소하였다. 연간 비율이 1월의 1.7%로부터 1.5%로 줄어들었다고 연방통계청이 보고했다. 이것은 2010년 이후 가장 낮은 상태이다.

▸ ... , teilte das Statistische Bundesamt *mit*

중성 1, 4격 「das + 형용사 -e」 : das Statistische ...

※ Statistische ... ⇒ 고유명사이므로 형용사를 대문자 표기

※ 중성명사 "...amt"가 분리동사 "teilte ... *mit*"의 주어로서 1격 ⇒ 중성 1격 정관사 das가 앞에 옴.

♣ ... ist ... gesunken

'장소 이동' 자동사 sinken의 현재완료 「sein ... p.p」 ☞ 107

102 Tollwut ist eine **schwere** Krankheit, die in den meisten Fällen tödlich endet, weil sie das Gehirn angreift und schwer beschädigt. Seit gestern gilt Deutschland offiziell als tollwutfrei. [...]

광견병은 뇌를 공격하여 심하게 훼손하기 때문에 대부분의 경우 사망에 이르게 하는 심각한 질병이다. 어제 이후로 독일은 광견병이 없는 것으로서 공식적으로 인정된다.

▸ ... ist eine schwere Krankheit, ...

여성 1, 4격 「eine + 형용사 -e」 : eine schwere ...

※ 여성명사 Krankheit가 동사 ist의 주격 보어로서 1격 ⇒ 여성 1격 부정관사 eine가 앞에 옴.

39. 형용사 어미변화 (2) : 남성 1격 「ein + 형용사 -er」; 중성 1, 4격 「ein + 형용사 -es」

Er ist ein guter Freund. '그는 좋은 친구이다.'

↓

남성 1격 「ein + 형용사 -er」 : ein guter ...

Ich habe ein neues Auto. '나는 새 자동차가 있어.'

↓

중성 1, 4격 「ein + 형용사 -es」 : ein neues ...

---

103 [...] Er hat schon damals, vor gut 30 Jahren, gerne Märchen erzählt. Die waren allerdings auch schon ziemlich abgedreht, zum Beispiel die Geschichte von einer Prinzessin, die ihren Fön küsst, weil er ihr sagt, dass er ein **verzauberter** Prinz ist. [...]

그는 그 당시 이미, 즉 30년 조금 더 넘는 과거에 이미 동화들을 즐겨 이야기했다. 물론 이것들 역시 상당히 괴팍했는데, 예를 들면 한 공주에 관한 이야기로서, 그녀는 그녀의 헤어드라이어에게 키스를 하는데, 왜냐 하면 그것이 그녀에게 자신은 마법에 걸린 왕자라고 말했기 때문이다.

▸ ... , dass ... ein verzauberter Prinz ist

남성 1격 「ein + 형용사 -er」 : ein verzauberter ...

※ 남성명사 Prinz가 동사 ist의 주격 보어로서 1격 ⇒ 남성 1격 부정관사 ein_이 앞에 옴.

104 [...] Die Olympischen Spiele sind ein **gigantisches** Renovierungsprojekt: Im Wettkampf der Metropolen bietet Olympia die große Chance, in kürzester Zeit Infrastruktur und Image zu modernisieren. [...]

올림픽 대회는 거대한 쇄신 프로젝트이다 : 대도시들 간의 경쟁에서 올림픽은 매우 짧은 시기에 사회간접자본과 이미지를 현대화 할 수 있는 큰 기회를 제공한다.

▸ ... sind ein gigantisches Renovierungsprojekt: ...

중성 1, 4격 「ein + 형용사 -es」 : ein gigantisches ...

※ 중성명사 "...projekt"가 동사 sind의 주격 보어로서 1격 ⇒ 중성 1격 부정관사 ein_이 앞에 옴.

40. 형용사 어미변화 (3) : 남성 4격 「den, einen + 형용사 -en」

Wer kennt den alten Mann? '누가 그 늙은 남자를 알고 있지?'

↓

남성 4격 「den + 형용사 -en」 : den alten ...

Er hat einen kleinen Sohn. '그는 작은 아들이 하나 있다.'

↓

남성 4격 「einen + 형용사 -en」 : einen kleinen ...

---

105 [...] Die genauen Ursachen für das ansteckende Gähnen unter Menschen sind noch unbekannt. Während einige Wissenschaftler es für einen **angeborenen** Mechanismus halten, führen die meisten es auf erlerntes Mitgefühl zurück.

사람들 사이에서 하품이 전염되는 것의 정확한 원인들은 아직 알려져 있지 않다. 몇몇 학자들은 그것을 선천적으로 타고난 구조로 간주하는 반면, 대부분은 그것을 후천적으로 습득된 공감에 기인하는 것으로 본다.

▸ ... für einen angeboren Mechanismus ...

남성 4격 「einen + 형용사 -en」 : für einen angeborenen ...

※ 남성명사 Mechanismus가 4격 전치사 für의 목적어 ⇒ 남성 4격 부정관사 einen이 앞에 옴.

106 [...] Der Italiener Fabiano Caruana ist der Überraschungssieger beim Schachturnier in Dortmund. Mit 6,0 Punkten aus neun Partien verwies der 19-jährige den punktgleichen Russen Sergej Karjakin auf den **zweiten** Platz. [...]

이탈리아 선수 Fabiano Caruana는 도르트문트에서 열린 체스경기대회의 깜짝 우승자이다. 19 세의 그는 9 차례 경기로부터 승점 6.0을 획득함으로써 동일한 점수의 러시아 선수 Sergej Karjakin을 2위 자리로 몰아냈다.

▸ ... verwies ... auf den zweiten Platz

남성 4격 「den + 형용사 -en」 : auf den zweiten ...

※ 서수 zwei*t*- ⇒ 형용사 어미변화 ☞ 200

※ 3 · 4격 전치사 **auf**는 과거 시제 동사 verwies와 함께 '...로 내몰다' ⇒ '방향'으로서 **4격** ☞ 25
남성명사 Platz가 3 · 4격 전치사 auf의 4격 목적어 ⇒ 남성 4격 정관사 den이 앞에 옴.

41. 형용사 어미변화 (4) : 복수 「die, den + 형용사 -en」

Die netten Leute helfen uns. '그 친절한 사람들이 우리를 도와준다.'

↓

복수 1격 「die + 형용사 -en」 : Die netten ...

Er spielt mit den kleinen Kindern. '그는 그 작은 아이들과 함께 놀고 있다.'

↓

복수 3격 「den + 형용사 -en」 : mit den kleinen ...

---

107 [...] Die Politiker versuchen schon seit Jahren, die **einzelnen umweltbezogenen** Gesetze zu einem eigenen Umweltgesetzbuch *zusammen*zufassen und zu vereinfachen. [...]

이미 몇 년 전부터 정치인들은 개개의 환경 관련 법률들을 하나의 독자적인 환경법전으로 종합하여 단순화하려고 추구하고 있다.

▸ ... , die einzelnen umweltbezogen Gesetze ... *zusammen*zufassen und ...

복수 4격 「die + 형용사 -en」 : die einzelnen umweltbezogenen ...

※ 복수명사 Gesetze가 zu-부정사의 분리동사 *zusammen*fassen의 4격 목적어
⇒ 복수 4격 정관사 die가 앞에 옴.

108 미국의 민간인 총기 소지 문제를 다룬 기사에서 :

[...] In den **meisten** Bundesstaaten ist es erlaubt, Schusswaffen offen sichtbar zu tragen. Die Staaten unterscheiden sich hingegen in der Frage, wer Waffen verdeckt führen, sie also unter der Kleidung oder im Gepäck verbergen darf. [...]

총기를 외부에 노출된 상태로 지니는 것은 대부분의 연방 주에서 허용되고 있다. 이에 반해 누가 무기를 감추어진 상태로 지참해도 되는지, 이를테면 누가 그것을 옷 안이나 혹은 가방 안에 감추어도 되는가라는 질문에 있어서는 연방 주들의 입장이 구분된다.

▸ In den meisten Bundesstaaten ist ... erlaubt ...

복수 3격 「den + 형용사 -en」 : In den meisten ...

※ 3 · 4격 전치사 in은 '...에서 허용되다'를 뜻함. ⇒ '위치'로서 3격 ☞ 22
복수명사 "...staaten"이 3 · 4격 전치사 in의 3격 목적어 ⇒ 복수 3격 정관사 den이 앞에 옴.

42. 형용사 어미변화 (5) : 「3격 (부)정관사 + 형용사 -en」

Er redet mit dem alten Mann. '그는 그 늙은 남자와 이야기 한다.'

↓

남성 3격 「dem, einem + 형용사 -en」 : mit dem alten ...

Er erzählt von einer schönen Stadt. '그는 한 예쁜 도시에 관해 이야기한다.'

↓

여성 3격 「der, einer + 형용사 -en」 : von einer schönen ...

---

109 [...] Sein Film „360“ ist eine Verfilmung von Schnitzlers* „Reigen“ in globaler Perspektive: Es geht um die Vielfalt der Liebe und ihre Kollisionen mit der ziemlich **komplizierten** Gegenwart. [...]

그의 영화 "360"은 Schnitzler의 작품 "윤무"를 글로벌 관점에서 영화화 한 것이다 : 사랑의 다양성, 그리고 상당히 복잡한 현재와의 그것의 충돌이 주제이다.

* Arthur Schnitzler : 오스트리아의 극작가, 소설가

▸ ... mit der ziemlich komplizierten Gegenwart

여성 3격 「der, einer + 형용사 -en」 ⇒ mit der ... komplizierten ...

※ 여성명사 Gegenwart가 3격 전치사 mit의 목적어 ⇒ 여성 3격 정관사 der가 앞에 옴.

110 Aristoteles wurde 384 v. Chr. in Stageira, einem **kleinen** Ort im Nordosten Griechenlands, als Sohn des mazedonischen Hofarztes Nikomachos geboren. Nach dem Tod des Vaters übersiedelte er im Jahre 367 nach Athen, um bei dem mehr als vierzig Jahre **älteren** Platon zu studieren. [...]

아리스토텔레스는 기원 전 384년 스타게이라에서, 즉 그리스의 북동쪽에 있는 한 작은 마을에서 마케도니아의 궁정의사였던 니코마코스의 아들로 태어났다. 부친의 사망 후 367년에 그는 아테네로 이주하였는데, 이는 나이가 40 살 이상 더 많은 플라톤에게서 공부하기 위해서였다.

▸ ... wurde ... in Stageira, einem kleinen Ort ... geboren

남성 3격 「dem, einem + 형용사 -en」 : einem kleinen ...

※ 3 · 4격 전치사 in은 "wurden ... geboren"과 함께 '...에서 태어났다'를 뜻함. ⇒ '위치'로서 3격 ☞ 22
남성명사 Ort는 바로 앞의 Stageira와 동격으로서 3격 ⇒ 남성 3격 부정관사 einem이 앞에 옴.

▸ ... bei dem ... älteren Platon ...

남성 3격 「dem, einem + 형용사 -en」 : bei dem ... älteren ...

※ 남자 인물을 지칭하는 고유명사 Platon이 3격 전치사 bei의 목적어 ⇒ 남성 3격 정관사 dem이 앞에 옴.

※ 형용사 alt의 비교급 älter ⇒ 뒤에 오는 명사를 수식하는 부가어적 용법이므로 어미변화 함. ☞ 187

111 [...] Die Wahrscheinlichkeit, dass künftig in einer **bestimmten** Region mehr als ein Drittel der Bevölkerung älter als 60 Jahre sein wird, ist ein wichtiger Indikator für den Grad der zu erwartenden Alterung. Derzeit ist dieser Wert noch in keiner Weltregion erreicht : [...]

미래에 특정 지역에서 그 인구의 1/3이 넘는 숫자가 60 세 이상이 될 확률은 예견될 수 있는 노령화 정도를 보여주는 중요한 지표가 된다. 현재로서는 세계의 그 어떤 지역에서도 아직은 이 수치에 도달한 곳이 없다.

▸ ... , dass ... in einer bestimmten Region ... sein wird, ...

여성 3격 「der, einer + 형용사 -en」 : in einer bestimmten ...

※ 3 · 4격 전치사 in은 문맥상 '...에서 ...일 것이다'로 해석됨. ⇒ '위치'로서 3격 ☞ 22
여성명사 Region이 3 · 4격 전치사 in의 3격 목적어 ⇒ 여성 3격 부정관사 einer가 앞에 옴.

♣ ... , dass ... sein wird, ...

미래 시제 "wird ... sein"이 dass-부문장 안에서 후치됨. ☞ 114, 133

112 [...] Den Italienern stehen harte Sparmaßnahmen im Gesundheitsbereich und im **öffentlichen** Dienst bevor. 26 Milliarden Euro will die Regierung von Ministerpräsident Monti in den **kommenden** drei Jahren einsparen.

머지않아 이탈리아 사람들은 보건 분야와 공공 업무에서 강력한 긴축 조치를 직면하게 된다. Monti 총리의 정부는 다가오는 3 년 동안 260억 유로를 절약하려고 한다.

▸ ... im öffentlichen Dienst ...

전치사 축약형 im ("in dem") ⇒ 「im + 남성, 중성 3격」

남성 3격 「dem, einem + 형용사 -en」 : im öffentlichen ...

▸ ... in den kommenden drei Jahren ...

복수 3격 「den + 형용사 -en」 : in den kommenden ...

※ 3 · 4격 전치사 in은 시간적 의미 ⇒ 3격 ☞ 24
(1) 복수명사 Jahre가 3 · 4격 전치사 in의 3격 목적어 ⇒ 복수 3격 정관사 den이 앞에 옴.
(2) 복수 3격 명사의 형태는 -n이어야 함. ⇒ 추가로 어미 -n이 붙어 Jahren ☞ 15

43. 형용사 어미변화 (6) : 「2격 (부)정관사 + 형용사 -en」

Ich kenne den Sohn des alten Mannes. '나는 그 늙은 남자의 아들을 안다.'

↓

남성 2격 「des, eines + 형용사 -en」 : ... des alten ...

Er ist der Chef einer großen Firma. '그는 한 큰 회사의 사장이다.'

↓

여성 2격 「der, einer + 형용사 -en」 : ... einer großen ...

---

113 [...] Acht von zehn Bundesbürgern wünschen sich angesichts der **europaweiten** Krise eine neue Wirtschaftsordnung. Dies ergab die Umfrage eines **privaten** Meinungsforschungsinstituts, die im Auftrag der Bertelsmann-Stiftung durchgeführt wurde. [...]

독일 주민 10명 가운데 8명이 유럽 전역의 위기와 관련하여 새로운 경제 질서를 원하고 있다. 이는 Bertelsmann 재단의 의뢰 하에 수행된 한 민간 여론연구기관의 설문조사가 보여준 결과이다.

▸ ... angesichts der europaweiten Krise ...

여성 2격 「der, einer + 형용사 -en」 : angesichts der europaweiten ...

▸ ... Umfrage eines privaten Meinungsforschungsinstituts ...

중성 2격 「des, eines + 형용사 -en」 : ... eines privaten ...

114 [...] Wegen der **bevorstehenden** Pensionierungen vieler Angestellter aus der Generation der **so genannten** Babyboomer droht ein Zusammenbruch der **öffentlichen** Verwaltung. [...]

이른바 베이비붐 세대 출신의 많은 노동자들이 은퇴를 앞두고 있는 이유 때문에 공공 행정이 붕괴의 위협을 받고 있다.

▸ [1]Wegen der bevorstehenden Pensionierung ... Generation [2]der so genannten Babyboomer ... Zusammenbruch [3]der öffentlichen Verwaltung

1. 여성 2격 「der, einer + 형용사 -en」 : Wegen der bevorstehenden ...
2. 복수 2격 「der + 형용사 -en」 : ... der so genannten ...
3. 여성 2격 「der, einer + 형용사 -en」 : ... der öffentlichen ...

44. 형용사 어미변화 (7) : 「소유대명사 + 형용사」

Das ist für meine kleine Tochter. '이것은 나의 작은 딸을 위한 것이야.'

↓

소유대명사 **mein-** ⇒ 단수일 경우 부정관사 **ein-** 어미변화 :

여성 4격 「eine + 형용사 **-e**」 ⇒ meine kleine ...

Meine alten Freunde sind nett. '나의 오랜 친구들은 친절하다.'

↓

소유대명사 **mein-** ⇒ 복수일 경우 정관사 **d-** 어미변화 :

복수 1격 「die + 형용사 **-en**」 ⇒ Meine alten ...

---

115 [...] Unser **gemeinsames** Ziel ist es, 2013 die schwarz-gelbe Regierung* abzulösen. Für dieses Ziel brauchen wir unsere **gesamte** Energie. [...]

우리의 공동 목표는 2013년에 흑-황 연립정부를 교체하는 것이다. 이 목표를 위해 우리는 우리의 모든 에너지를 필요로 한다.

* Schwarz-gelbe Regierung : 독일의 두 보수 정당 CDU/CSU와 자유주의 정당 FDP의 연립정부
(CDU/CSU를 상징하는 흑색과 FDP를 상징하는 황색을 조합한 표현!)

▸ Unser gemeinsames Ziel ist ...

남성 1격 「**ein_** + 형용사 **-es**」 ⇒ Unser_ gemeinsames ...

※ 소유대명사 **unser-** : 중성명사 Ziel이 문장의 주어로서 **1격**
⇒ 남성 **1격** 부정관사 ein_ 어미변화 하여 Unser_ ☞ 30

▸ ... brauchen ... unsere gesamte Energie

여성 4격 「eine + 형용사 **-e**」 ⇒ Unsere gesamte ...

※ 소유대명사 **unser-** : 여성명사 Energie가 타동사 brauchen의 **4격** 목적어
⇒ 여성 **4격** 부정관사 eine 어미변화 하여 unsere ☞ 30

116 [...] Intelligenz hat auch Nachteile, stellt eine amerikanische Studie fest. Demnach irren sich kluge Menschen deutlich häufiger, weil sie ihrem **eigenen** Hochmut erliegen.

영리함은 단점도 지닌다고 미국의 한 연구에서 규정한다. 그에 따르면 영리한 사람들은 그들 자신의 오만함에 지배당하기 때문에 두드러지게 더 빈번히 오류를 범한다.

▸ ... ihrem eigenen Hochmut erliegen

남성 3격 「ein**em** + 형용사 **-en**」 ⇒ ihr**em** eigen**en** ...

※ 소유대명사 **ihr-** : 남성명사 Hochmut이 동사 erliegen의 **3격** 목적어
⇒ **남성 3격** 부정관사 ein**em** 어미변화 하여 ihr**em** ☞ 30

117 [...] In keinem **anderen europäischen** Land haben Mediziner so wenig Zeit für ihre Patienten wie in Deutschland. Aber das ist nicht das einzige Problem. [...]

유럽의 다른 그 어느 국가에서도 독일만큼 그렇게 의사들이 자신의 환자들을 위한 시간을 적게 지니지는 않는다. 하지만 이것만이 유일한 문제점인 것은 아니다.

▸ In kein**em** ander**en** europäisch**en** Land haben ...

중성 3격 「ein**em** + 형용사 **-en**」 ⇒ In kein**em** ander**en** europäisch**en** ...

※ 3 · 4격 전치사 **in**은 문맥상 '...에서 ...이다'로 해석됨. ⇒ '위치'로서 **3격**! ☞ 22
부정어 **kein-** : 중성명사 Land가 3 · 4격 전치사 in의 **3격** 목적어
⇒ **중성 3격** 부정관사 ein**em** 어미변화 하여 kein**em** ☞ 32

118 [...] Die Gangster waren noch da, als Udo Jürgens* nach Hause kam. Sie flohen mit seiner **wertvollen** Uhrensammlung. Nun hofft der Star, das wichtigste Stück zurückzubekommen: die Taschenuhr seines **verstorbenen** Großvaters. [...]

그 악한들은 Udo Jürgen이 집으로 왔을 때도 여전히 있었다. 그들은 그의 소중한 시계 수집품들을 가지고 달아났다. 인기 스타인 그는 지금 (그 가운데) 가장 중요한 물품을 되돌려 받기를 희망하고 있다 : 돌아가신 그의 할아버지의 호주머니 시계.

* Udo Jürgens : 오스트리아의 가수 겸 작곡가

▸ ... mit sein**er** wertvoll**en** Uhrensammlung

여성 3격 「ein**er** + 형용사 **-en**」 ⇒ mit sein**er** wertvoll**en** ...

※ 소유대명사 **sein-** : 여성명사 "...sammlung"이 **3격** 전치사 mit의 목적어
⇒ **여성 3격** 부정관사 ein**er** 어미변화 하여 sein**er** ☞ 30

▸ ... Taschenuhr sein**es** verstorben**en** Großvater**s**

남성 2격 「ein**es** + 형용사 **-en**」 ⇒ ... sein**es** verstorben**en** ...

※ (1) 소유대명사 **sein-** : 남성명사 Großvater가 바로 앞 명사를 수식하는 **2격**
⇒ **남성 2격** 부정관사 ein**es** 어미변화 하여 sein**es** ☞ 30
(2) 남성명사 **2격** ⇒ 어미 **-s**가 붙어 Großvater**s** ☞ 10

45. 형용사 어미변화 (8) : 「지시대명사, 부정수사 + 형용사」

Dieser alte Mann ist Arzt. '이 늙은 남자는 의사이다.'

↓

지시대명사 **dies-** ⇒ 정관사 **d-** 어미변화 :

남성 1격 「**der** + 형용사 **-e**」 ⇒ Dies**er** alt**e** ...

---

119 어린 아기들의 행동을 연구한 보고서에서 :

[...] Einer Geste scheint dabei eine ganz besondere Bedeutung zuzukommen: dem Fingerzeig. Wissenschaftler konzentrieren sich seit einiger Zeit auf diese zunächst sehr simpel **erscheinende** und für Kleinkinder **typische** Geste. [...]

이러한 점에서 한 가지 (특정) 동작에 아주 특별한 의미가 부여되는 것 같다 : 손가락 지시 동작. 우선적으로 아주 단순해 보이면서, 어린 아이들에게 전형적인 이 동작에 대해 얼마 전부터 학자들은 집중하고 있다.

▸ ... konzentriert sich ... auf dies**e** ... erscheinend**e** und ... typisch**e** Geste

여성 4격 「**die** + 형용사 **-e**」 ⇒ auf dies**e** ... erscheinend**e** und ... typisch**e** ...

※ 4격 재귀동사 sich **auf** etw.[4] konzentrieren ⇒ 3 · 4격 전치사 **auf**는 **관용적**으로 **4격**! ☞ 26

지시대명사 **dies-** : **여성**명사 Geste가 3 · 4격 전치사 auf의 **4격** 목적어

⇒ **여성 4격** 정관사 **die** 어미변화 하여 dies**e** ☞ 161

120 [...] In Niedersachsen arbeiten noch immer mehr Menschen in der Landwirtschaft als in der Autoindustrie. Jedes **zweite** Huhn in Deutschland kommt von hier, ebenso jedes **dritte** Schwein. Die Landwirtschaft ist einer der wichtigsten Wirtschaftszweige.

니더작센에서는 여전히 자동차 산업보다는 농업 분야에서 더 많은 사람들이 일을 한다. 독일의 닭 1/2이 이곳에서 나오며, 마찬가지로 돼지의 1/3이 그렇다. 농업은 가장 중요한 경제 분야들 가운데 하나이다.

▸ Jed**es** zweit**e** Huhn ... kommt ...

중성 1격 「**das** + 형용사 **-e**」 ⇒ Jed**es** zweit**e** ...

※ 부정수사 **jed-** : **중성**명사 Huhn이 문장의 주어로서 **1격**

⇒ **중성 1격** 정관사 **das** 어미변화 하여 Jed**es** ☞ 172

▸ ... , ebenso jed**es** dritt**e** Schwein

중성 1격 「das + 형용사 -e」 ⇒ jedes dritte ...

※ 부정수사 jed- : 중성명사 Schwein이 문장의 주어로서 1격
⇒ 중성 1격 정관사 das 어미변화 하여 jedes ☞ 172

121 [...] Der Mensch verhält sich auf der Erde ja nicht grundsätzlich anders als jedes **beliebige** Bakterium, jede Ameise oder jeder Vogel. Wir nutzen alle **verfügbaren** Ressourcen, um möglichst gut und zahlreich zu überleben. So machen das alle Lebewesen auf der Erde. [...]

지구상에서 인간은 임의의 모든 박테리아들이나 모든 개미들, 아니면 모든 새들과 정말 근본적으로 다르지 않게 행동한다. 우리는 가능한 한 온전하게, 그리고 가능한 한 많이 살아남기 위해 (우리에게) 주어진 모든 자원들을 이용한다. 그렇게 동일한 것을 지구상의 모든 생명체들이 행한다.

▸ Der Mensch ... anders als jedes beliebige Bakterium ...

중성 1격 「das + 형용사 -e」 ⇒ jedes beliebige ...

※ 부정수사 jed- : 중성명사 Bakterium이 주어 "Der Mensch"의 비교대상이므로 동일하게 1격
⇒ 중성 1격 정관사 das 어미변화 하여 Jedes ☞ 172

▸ ... nutzen alle verfügbaren Ressourcen

복수 1격 「die + 형용사 -en」 ⇒ alle verfügbaren ...

※ 부정수사 all- : 복수명사 Ressourcen이 타동사 nutzen의 4격 목적어
⇒ 복수 4격 정관사 die 어미변화 하여 alle ☞ 171

122 사람의 이름이 주는 느낌 혹은 선입견을 기고한 글에서 :

[...] Weniger einfach ist die Zuordnung bei Namen, deren Beliebtheit andauert: „Susanne" und „Andreas" sind solche **zeitlosen** Klassiker. Modern – und damit attraktiv und intelligent – klingen etwa „Leonie" und „David". [...]

그렇게 규정하기가 비교적 간단하지 않은 경우로서는 그 선호도가 지속되고 있는 이름들을 들 수 있다 : "Susanne" 및 "Andreas"가 그러한 영원한 고전에 해당된다. 현대적인 - 그래서 매력적이고 총명한 - 느낌을 주는 이름으로서는 이를테면 "Leonie"와 "David"가 있다.

▸ ... sind solche zeitlosen Klassiker

복수 1격 「die + 형용사 -en」 ⇒ solche zeitlosen ...

※ 지시대명사 solch- : 복수명사 Klassiker가 동사 sind의 주격 보어로서 1격
⇒ 복수 1격 정관사 die 어미변화 하여 solche ☞ 163

46. 형용사 어미변화 (9) : (부)정관사 없이 형용사 홀로 오는 경우

Wir haben heute schönes Wetter. '오늘은 날씨가 좋다.'

↓

형용사 schön이 (부)정관사 없이 홀로 옴. ⇒ 형용사 자체가 정관사 d- 어미변화!

중성 4격 das 어미변화 : schönes ...

---

123 [...] Seit es Geld gibt, wird es auch gefälscht. Als **erstes bekanntes** Falschgeld gelten Knochen, Jade und Steine, mit denen in China vor 4000 Jahren Muscheln nachgemacht wurden, die als Zahlungsmittel gebraucht wurden.

돈이 존재하게 된 이후 그것은 또한 위조되고 있다. 알려진 최초의 위조 화폐로서는 뼈, 비취, 그리고 돌이 인정되는데, 이들을 재료로 하여 4000 년 전 중국에서는 (당시에) 지불 수단으로서 이용되던 조개가 모방되어 만들어졌다.

▸ Als erstes bekanntes Falschgeld gelten ...

서수 erst- 및 형용사 bekannt가 (부)정관사 없이 홀로 옴.

⇒ 중성 1격 정관사 das 어미변화 : Als erstes bekanntes ...

※ 중성명사 "...geld"가 동사 gelten의 주어에 일치하여 1격 ⇒ 중성 1격

♣ ... Knochen, Jade und Steine, [1]mit denen ... Muscheln ... wurde, [2]die ... wurden

1. 복수 3격 관계대명사 denen : 3 가지 대상 "Knochen, Jade und Steine", 즉 복수가 선행사이며, 3격 전치사 mit의 목적어 ☞ 140
2. 복수 1격 관계대명사 die : 복수명사 Muscheln이 선행사, 부문장 안의 주어로서 1격 ☞ 138

124 [...] Natürlich ist die Wahrnehmung eines Objektes als schön oder überhaupt als Kunstwerk stark geprägt von **individuellen** Faktoren: **Soziale**, **psychologische**, **philosophische**, **historische** Aspekte spielen eine wichtige Rolle. [...]

어떤 대상을 아름답다고 인식하거나, 또는 (그것을) 예술 작품으로서 인식하게 되는 것은 당연히 개인적 요소들에 의해 크게 영향을 받는다 : 사회적, 심리적, 철학적, 역사적 관점들이 중요한 역할을 행하게 된다.

▸ ... von individuellen Faktoren : ...

형용사 individuell이 (부)정관사 없이 홀로 옴.

⇒ 복수 3격 정관사 den 어미변화 : von individuellen ...

※ 복수명사 Faktoren이 3격 전치사 von의 목적어 ⇒ 복수 3격

▸ ... : Soziale, psychologische, philosophische, historische Aspekte spielen ...

형용사 sozial 등이 (부)정관사 **없이** 홀로 옴.

⇒ **복수 1격** 정관사 die 어미변화 : Soziale, psychologische, philosophische, historische ...

※ 복수명사 Aspekte가 문장의 주어로서 **1격** ⇒ **복수 1격**

♣ ... spielen eine wichtige Rolle

여성 4격 「eine + 형용사 -e」 : eine wichtige ... ☞ 38

(여성명사 Rolle가 타동사 spielen의 **4격** 목적어 ⇒ **여성 3격** 부정관사 eine가 앞에 옴.)

125 [...] **Teures** Benzin, **hohe** Betriebskosten: Wer Auto fährt, muss derzeit tief in die Tasche greifen. Viele steigen deshalb auf die Bahn um oder denken über Ökoautos nach. [...]

값비싼 기름, 높은 운행비용 : 차를 타는 사람은 요즈음 주머니가 얄팍해지고 있다. 그런 까닭에 많은 사람들이 전차로 갈아타거나, 아니면 친환경 자동차를 고려하고 있다.

▸ [1]Teures Benzin, [2]hohe Betriebskosten : ...

1. 형용사 teur-가 (부)정관사 **없이** 홀로 옴. ⇒ **중성 1격** 정관사 das 어미변화 : Teures ...

   ※ 중성명사 Benzin이 문장의 주제 규정으로서 **1격** ⇒ **중성 1격**

   ※ 형용사 원형 **teuer** ⇒ 어미변화 할 경우 **teur-** (즉, teuer- 아님!)

2. 형용사 hoh-가 (부)정관사 **없이** 홀로 옴. ⇒ **복수 1격** 정관사 die 어미변화 : hohe ...

   ※ 복수명사 Kosten 역시 앞의 "... Benzin"과 동일한 역할로서 **1격** ⇒ **복수 1격**

   ※ 형용사 원형 **hoch** ⇒ 어미변화 할 경우 **hoh-** (즉, hoch- 아님!)

126 [...] Ernährungsexperten warnen nicht nur vor **üppigem** Essen an den Festtagen. Wichtig ist auch, dass man sich Zeit zum Genießen lässt. Ein Grund: Wer langsam isst, merkt rechtzeitig, wenn er satt ist. [...]

영양 전문가들은 명절에 풍성하게 식사하는 것만을 경고하지는 않는다. 즐기기 위한 시간적 여유를 갖는 것 역시 중요한 점이다. 한 가지 이유로서 : 천천히 식사하는 사람은 배가 부르게 될 경우 제때에 알아채게 된다.

▸ ... warnen ... vor üppigem Essen ...

형용사 üppig가 (부)정관사 **없이** 홀로 옴.

⇒ **중성 3격** 정관사 dem 어미변화 : üppigem ...

※ 동사 vor etw.[3] warnen ⇒ 3 · 4격 전치사 **vor**는 **관용적**으로 **3격**! ☞ 26

중성명사 Essen이 3 · 4격 전치사 vor의 **3격** 목적어 ⇒ **중성 3격**

47. 형용사 어미변화 (10) : 형용사의 명사화

Die Reichen sind nicht immer glücklich. '부유한 사람들이 늘 행복한 것은 아니다.'

↓

형용사 reich의 **명사화** ⇒ 형용사를 **대문자** 표기하며 **어미변화**!

복수 1격 「die + 형용사 **-en**」 : **die** Reich**en** '부유한 사람**들**'

---

127 웃음에 관한 연구 내용을 보도한 기사에서 :

[...] So begrüßen wir **Bekannte** und auch **Fremde** häufig mit einem Lächeln und stecken sie mit unserem lauten Lachen manchmal sogar an.

그래서 우리는 아는 사람들에게, 그리고 낯선 사람들에게도 마찬가지로 미소를 지으며 인사하는 경우들이 자주 있으며, 심지어 이들에게 우리의 큰 소리 웃음을 전염시키기조차 하는 경우들도 간혹 있다.

▸ ... begrüßen ... [1]Bekannte und ... [2]Fremde ...

1. 형용사 bekannt의 **명사화** : 형용사 bekannt가 앞에 (부)정관사 **없이** 홀로 옴.

   ⇒ **복수 4격** 정관사 **die** 어미변화 : **B**ekannt**e** '아는 사람**들**'

   ※ '... 사람**들**'을 뜻하기 위해 **복수**이어야 하며, **4격** 요구 동사 grüßen의 목적어 ⇒ **복수 4격**

2. 형용사 fremd의 **명사화** : 형용사 fremd가 앞에 (부)정관사 **없이** 홀로 옴.

   ⇒ **복수 4격** 정관사 **die** 어미변화 : **F**remd**e** '낯선 사람**들**'

   ※ 앞의 1과 동일한 근거에 의해 **복수 4격**

♣ ... **mit** unser**em** laut**en** Lachen ...

중성명사 Lachen이 **3격** 전치사 mit의 목적어 ⇒ **중성 3격**

(1) 소유대명사 **unser-** : **중성 3격** 부정관사 ein**em** 어미변화 하여 unser**em** ☞ 30

(2) **중성 3격** 「ein**em** + 형용사 **-en**」 ⇒ unser**em** laut**en** ... ☞ 42

128 [...] Zur Zeit ist es bitterkalt in Deutschland. Es kann für die **Obdachlosen** sogar lebensgefährlich sein, draußen zu schlafen.

현재 독일은 매섭게 춥다. 노숙자들에게는 밖에서 잠자는 것이 심지어 생명을 위협하는 일이 될 수 있다.

▸ ... für **die** **O**bdachlos**en** ...

형용사 obdachlos의 **명사화** : **복수 4격** 「**die** + 형용사 **-en**」 : **O**bdachlos**en** '노숙자**들**'

※ '... 사람**들**'을 뜻하기 위해 **복수**이어야 하며, **4격** 전치사 für의 목적어 ⇒ **복수 4격**

48. 「zu + 형용사 (부사)」

Das Zimmer ist **zu klein** für mich. '그 방은 나에게 너무 작다.'

↓

「**zu** + 형용사」 : **zu** klein '너무 작은' ⇒ 동사 ist의 보어 (서술적 용법)

---

129 [...] Die EU ist **zu groß**. Wirtschaftlich **zu schwache** und demokratisch **zu wenig** gefestigte Staaten wurden **zu früh** aufgenommen. Die Idee, ausgerechnet über eine gemeinsame Währung die politische Integration voranzutreiben, hat sich als falsch erwiesen. [...]

유럽연합은 지나치게 규모가 크다. 경제적으로 너무나 허약하고, 민주적으로 너무나 덜 기반이 다져진 국가들이 너무나도 일찍 받아들여졌다. 다름 아닌 공동의 화폐를 통해서 정치적인 통합을 추진하려던 생각은 잘못 된 것으로서 입증되었다.

▸ ... ist **zu** groß

「**zu** + 형용사 groß」 ⇒ 동사 ist의 보어 (서술적 용법)

▸ ... [1]**zu** schwach**e** und ... [2]**zu** wenig gefestigte Staaten wurden [3]**zu** früh *auf*genommen

1. 「**zu** + 형용사 schwach」 ⇒ 뒤에 오는 명사 Staaten을 수식 (부가어적 용법)

   ※ 복수명사 **Staaten**이 수동태 과거 "wurden ... *auf*genommen"의 주어로서 1격 ⇒ 복수 1격 형용사 schwach는 (부)정관사 없이 홀로 옴. ⇒ 복수 1격 die 어미변화 하여 zu schwach**e** ☞ 46

2. 「**zu** + 부정수사 wenig」 ⇒ 바로 뒤의 과거분사&형용사 gefestigt를 수식 (부사적 용법)
3. 「**zu** + 형용사 früh」 ⇒ 수동태 과거 "**wurden** ... *auf*genommen"을 수식 (부사적 용법)

♣ ... und demokratisch zu wenig gefestigt**e** Staaten wurden ... *auf*genommen

과거분사&형용사 gefestigt는 (부)정관사 없이 홀로 옴. ⇒ 복수 1격 die 어미변화 하여 gefestigt**e** ☞ 46

130 [...] Deutschland ist nicht das einzige Land mit diesem Problem. Auch in Griechenland, Italien und Österreich gibt es **zu wenige** Kinder. [...]

독일은 이 문제를 안고 있는 유일한 국가가 아니다. 그리스와 이탈리아, 그리고 오스트리아 역시 아이들의 수가 너무나도 적다.

▸ ... gibt es **zu** wenig**e** Kinder

「**zu** + 부정수사 wenig」 ⇒ 뒤에 오는 명사 Kinder를 수식 (부가어적 용법)

※ 「wenig**e** + 복수명사」 ☞ 174

49. 현재분사 (1) : 현재분사의 부가어적 용법

Er sucht eine singende Puppe für seine kleine Tochter.

↓

동사 singen '노래하다' ⇒ 현재분사 singen**d** '노래하는'

부가어적 용법 : 뒤에 오는 명사 Puppe를 수식 ⇒ 형용사 어미변화!

'그는 자신의 작은 딸을 위해 노래하는 인형을 찾고 있다.'

---

131 [...] Der seit Jahren an Krebs **leidende** ehemalige Apple-Chef Steve Jobs ist tot. Seine Familie erklärte, der 56-Jährige sei friedlich im Kreis seiner Familie verstorben. [...]

몇 년 전부터 암으로 고통 받고 있던 전임 애플 회사 사장 Steve Jobs가 사망했다. 그의 가족이 공식적으로 이야기한 바로는, 56 세였던 그는 자신의 가족에 둘러싸여 평화롭게 숨졌다고 했다.

▸ Der ... leiden**de** ... Apple-Chef ...

동사 leiden '고통 받다' ⇒ 현재분사 leiden**d** '고통 받는'

부가어적 용법 : 뒤에 오는 명사 "Apple-Chef"를 수식 ⇒ 형용사 어미변화!

※ 남성명사 "Apple-Chef"이 주어로서 **1격** ⇒ **남성 1격** 정관사 **Der**가 앞에 옴.

남성 1격「der + 형용사 -e」: Der ... leiden**de** ... ☞ 38

132 [...] An allen wichtigen asiatischen Aktienmärkten trennten sich die Investoren von Aktien und flüchteten in als sicherer **geltende** Anlagen wie Gold oder Staatsanleihen. Händler sprachen von einer spürbar erhöhten Risikoscheu. [...]

아시아의 중요한 주식 시장들 전체에서 투자자들이 주식으로부터 떨어져 나와, 금이나 국채와 같이 보다 안전한 것으로서 인정받는 투자들로 피신했다. 증권 판매자들은 눈에 띄게 고조된 모험 기피 현상이라고 말했다.

▸ ... flüchteten in ... gelten**de** Anlagen ...

동사 gelten '인정받다' ⇒ 현재분사 gelten**d** '인정받는'

부가어적 용법 : 뒤에 오는 명사 Anlagen을 수식 ⇒ 형용사 어미변화!

※ 3 · 4격 전치사 in은 동사 flüchteten과 함께 '... 안으로 피신했다' ⇒ '방향'을 뜻하여 **4격**! ☞ 25

복수명사 Anlagen이 3 · 4격 전치사 in의 **4격** 목적어 ⇒ **복수 4격**

gelten**d**가 (부)정관사 없이 홀로 옴. ⇒ **복수 4격**「die + 형용사 -e」: in ... gelten**de** ... ☞ 46

50. 현재분사 (2) : 현재분사의 부사적 용법

Ein Mädchen steht weinen**d** da. '한 소녀가 저기 울면서 서 있다.'

↓

동사 weinen '울다' ⇒ 현재분사 weinen**d** '우는'

부사적 용법 : 동사 steh*t*를 수식

---

133 [...] Eine Gruppe renommierter Wirtschaftsexperten sieht Europa vor dem Abgrund. „Europa steuert **schlafwandelnd** auf eine Katastrophe von unabsehbaren Ausmaßen zu“, heißt es in einem Gutachten von 17 europäischen Ökonomen. [...]

저명한 경제 전문가들의 한 그룹은 유럽이 파멸을 앞두고 있는 것으로 본다. "유럽은 몽유병처럼 방황하면서 가늠할 수 없는 규모의 재앙을 향해 나아가고 있다"라고 17 명의 유럽 경제학자들의 평가 보고서에서 언급되고 있다.

▸ ... steuert schlafwandeln**d** ... *zu*, ...

동사 schlafwandeln '몽유병으로 방황하다' ⇒ 현재분사 schlafwandeln**d** '몽유병처럼 방황하는'

부사적 용법 : 분리동사 "steuert ... *zu*"를 수식

134 Der Skirennfahrer Matthias Lanzinger soll, nach seinem Sturz schwer verletzt auf der Piste **liegend**, erst einmal nach einem Mobiltelefon verlangt haben, um seinem Zimmerkollegen Georg Streitberger zum Sieg im Super-G* zu gratulieren. [...]

알파인 스키 선수인 Matthias Lanzinger는 추락사고 후 심하게 부상을 입고 스키활주로 위에 누운 채로 우선 먼저 휴대폰을 요청했다고 하는데, 이는 방을 함께 사용하는 자신의 동료 Georg Streitberger에게 Super-G에서의 승리를 축하하기 위해서였다고 한다.

* Super-G (= "**S**uper **G**iant Slalom") : 알파인 스키 경기의 한 분야

▸ ... soll, ... auf der Piste liegen**d**, ... verlangt haben ...

동사 liegen '놓여 있다' ⇒ 현재분사 liegen**d** '놓여 있는'

부사적 용법 : 해당 문장 전체를 수식

♣ ... schwer **verletzt** auf der Piste liegend, ...

과거분사 *ver*letz**t** ⇒ 부사적 용법 : 뒤에 오는 현재분사 liegen**d**를 수식 ☞ 53

51. 현재분사 (3) : 현재분사의 명사화

Die Lernenden müssen wissen, was sie lernen.

↓

동사 lernen '배우다' ⇒ 현재분사 lernend '배우는'

현재분사의 명사화 ⇒ 대문자 표기 및 형용사 어미변화!

복수 1격 「die + 형용사 -en」 : die Lernenden '배우는 사람들'

'배우는 사람들은 자신들이 무엇을 배우는지를 알아야만 한다.'

---

135 [...] In Düsseldorf kamen am Freitag über 10.000 **Streikende** zu einer großen Kundgebung zusammen: Sie fordern von der Landesregierung mehr Geld. [...]

뒤셀도르프에서는 금요일에 10,000 명이 넘는 파업 가담자들이 대규모 시위를 위해 함께 모였다 : 이들은 주 정부로부터 더 많은 돈을 요구하고 있다.

▸ ... kamen ... über 10.000 Streikende ...

동사 streiken '파업하다' ⇒ 현재분사 streikend '파업하는'

현재분사의 명사화 ⇒ 대문자 표기 및 형용사 어미변화 : Streikende '파업하는 사람들'

※ '... 사람들'을 뜻하기 위해 복수이어야 하며, 과거 시제 동사 kam*en*의 주어로서 1격 ⇒ 복수 1격
Streikend-가 (부)정관사 없이 홀로 옴. ⇒ 복수 1격 정관사 die 어미변화 하여 Streikende ☞ 46

136 백상아리에 대한 두려움을 갖게 되는 이유 4 가지를 기술한 글에서 :

[...] Zum ersten schleicht sich dieser Fisch lautlos von unten an den Schwimmer heran oder löst mit seiner deutlich sichtbaren Rückenflosse Panik aus. Zum zweiten gibt es die Berichte, dass nach Schiffsuntergängen Haie die **Überlebenden** angegriffen hätten. [...]

한 편으로 이 물고기는 소리 없이 아래로부터 수영하는 사람에게 살며시 다가가거나, 아니면 분명하게 눈에 보이는 자신의 등지느러미를 가지고 공포를 야기한다. 둘째로는 이른바 선박 침몰 이후 상어들이 생존자들을 공격했다고 하는 보도들이 있다.

▸ ... , dass ... die Überlebenden *an*gegriffen ...

동사 überleben '살아남다' ⇒ 현재분사 überlebend '살아남은'

현재분사의 명사화 ⇒ 대문자 표기 및 형용사 어미변화 : die Überlebenden '살아남은 사람들'

※ '... 사람들'을 뜻하기 위해 복수이어야 하며, 타동사 p.p형 *an*gegriffen의 4격 목적어 ⇒ 복수 4격
복수 4격 「die + 형용사 -en」 ⇒ die Überlebenden ☞ 41

52. 과거분사 (1) : 과거분사의 부가어적 용법

Wir brauchen gekochtes Wasser. '우리는 끓여진 물이 필요하다.'

↓

동사 kochen '...을 끓이다' ⇒ 과거분사 gekocht '끓여진'

부가어적 용법 : 뒤에 오는 명사 Wasser를 수식 ⇒ 형용사 어미변화!

137

> [...] Diese Ergebnisse stehen in einem gewissen Widerspruch zu Erkenntnissen eines 2003 von Forschern der Universität Glasgow **unternommenen** Experiments. [...]

이 결과들은 2003년에 Glasgow 대학교의 연구자들에 의해 수행된 실험의 결과들과 그 어떤 모순을 이루고 있다.

▸ ... zu Erkenntnissen **eines** ... unter**nommen**en Experiments

동사 unternehmen '...을 수행하다' ⇒ 과거분사 **unternommen** '수행된'

부가어적 용법 : 뒤에 오는 명사 Experiment를 수식 ⇒ 형용사 어미변화!

※ 중성명사 Experiment가 바로 앞 명사 Erkenntnissen을 수식하는 **2격** ⇒ **중성 2격** 부정관사 eine**s**가 옴.

중성 2격 「eines + 형용사 **-en**」 : ... ein**es** ... **unternommen**en ... ☞ 43

(중성명사 **2격** ⇒ 명사 어미 **-s**가 붙어 Experiment**s** ☞ 10)

138

> [...] Vor 70 Jahren, am Abend des 19. Dezember 1938, schrieb Otto Hahn* in Berlin einen Brief an seine vor den Nationalsozialisten nach Schweden **geflohene** Mitarbeiterin Lise Meitner. [...]

70 년 전, 다시 말해 1938년 12월 19일 저녁에 베를린에 있던 Otto Hahn은 나치 당원들을 피해 스웨덴으로 피신한 그의 여자 동료 Lise Meitner에게 편지를 써 보냈다.

* Otto Hahn : 독일의 화학자

▸ ... einen Brief an seine ... **geflohen**e Mitarbeiterin ...

동사 fliehen '피신하다' ⇒ 과거분사 **geflohen** '피신한'

부가어적 용법 : 뒤에 오는 명사 Mitarbeiterin을 수식 ⇒ 형용사 어미변화!

※ 3 · 4격 전치사 **an**은 명사 "... Brief"와 함께 '편지의 수신자'를 뜻함. ⇒ 관용적으로 **4격**! ☞ 26

여성명사 Mitarbeiterin이 3 · 4격 전치사 an의 **4격** 목적어 ⇒ **여성 4격**

(1) 소유대명사 **sein-** : **여성 4격** 부정관사 eine 어미변화 하여 seine ☞ 30

(2) **여성 4격** 「eine + 형용사 **-e**」 ⇒ an seine ... **geflohene** ... ☞ 38

53. 과거분사 (2) : 과거분사의 부사적 용법

Ehrlich gesagt habe ich kein Geld. '솔직히 말해서 나는 돈이 없어.'

↓

동사 sagen '...을 말하다' ⇒ 과거분사 **gesagt** '말해진'

부사적 용법 : 해당 문장 전체를 수식

---

139 [...] Nach Angaben der Organisatoren besuchten in den vergangenen 19 Jahren **zusammengerechnet** fast eine halbe Million Menschen das Fest.

행사 주최자들의 언급에 따르면 지난 19 년 동안 모두 합산해서 거의 50 만 명에 달하는 사람들이 이 축제를 방문했다.

▸ ... *zusammen*ge*rechnet* fast eine halbe Million ...

분리동사 *zusammen*rechnen '...을 합산하다' ⇒ 과거분사 *zusammen***ge**rechn**et** '합산된'

부사적 용법 : 해당 문장 전체를 수식

♣ ... besuch**ten** ... fast eine halbe Million Menschen ...

동사 besuchen의 과거 시제 : 주어 "... Menschen"은 복수의 **sie** ⇒ besuch**ten** ☞ 94

140 [...] Neue Forschungsergebnisse legen nahe, dass Ohnmacht genetisch bedingt ist. Bei einer Ohnmacht verliert der Betroffene vorübergehend das Bewusstsein, **ausgelöst** etwa durch den Anblick von Blut oder durch Stress. [...]

기절하는 것은 유전적 조건에 의해 결정된다는 점을 새로운 연구 결과들이 암시하고 있다. 기절이 일어날 경우 관련자는 일시적으로 의식을 잃게 되는데, 이른바 피를 봄으로써, 혹은 스트레스를 통해 유발되어 그렇게 된다.

▸ Bei einer Ohnmacht ... das Bewusstsein, *aus*ge*löst* ...

분리동사 *aus*lösen '...을 유발하다' ⇒ 과거분사 *aus***ge**lös**t** '유발된'

부사적 용법 : 앞에서 언급된 문장 전체 "Bei einer Ohnmacht ... das Bewusstsein"을 수식

♣ ... verliert [1]der Betroffene [2]vorübergehend ...

1. 동사 betreffen '...에 관련하다' ⇒ 과거분사 **betroffen** '관련된'
   과거분사 betroffen의 명사화 : **der** Betroffen**e** '관련된 남자' ☞ 54
2. 분리동사 *vorüber*gehen '지나가다' ⇒ 현재분사 *vorüber*gehen**d** '지나가는, 임시의'
   현재분사&형용사 *vorüber*gehen**d** ⇒ 부사적 용법 : 동사 verlier*t*를 수식 ☞ 50

54. 과거분사 (3) : 과거분사의 명사화

Alle **Eingeladenen** kamen zur Party. ‘초대된 사람들 모두가 파티에 왔다.’

↓

분리동사 *ein*laden ‘...을 초대하다’ ⇒ 과거분사 *ein*geladen ‘초대된’

과거분사 *ein*geladen의 명사화 ⇒ 대문자 표기 및 형용사 어미변화!

복수 1격 「die + 형용사 -en」 ⇒ alle Eingeladenen ‘초대된 사람들 모두’

---

141 Nach dem Urlaub sind die meisten **Beschäftigten** kurzfristig weniger leistungsfähig. [...]

휴가 후에는 대부분의 고용 노동자들이 단기적으로 업무 능력이 감소된다.

▸ ... sind die ... Beschäftigten ...

동사 beschäftigen ‘...을 고용하다’ ⇒ 과거분사 beschäftigt ‘고용된’

과거분사의 명사화 ⇒ 대문자 표기 및 형용사 어미변화 : die Beschäftigten ‘고용된 사람들’

※ ‘... 사람들’을 뜻하여 복수이어야 하며, 동사 sind의 주어로서 1격 ⇒ 복수 1격 정관사 die가 앞에 옴.
복수 1격 「die + 형용사 -en」 : die Beschäftigten ☞ 41

142 Immer wieder gibt es **Verletzte**, manchmal sogar Tote, wenn Kühe ihre Kälber beschützen wollen. Besonders heikel ist es, den neu geborenen Kälbern die amtlich vorgeschriebenen Ohrmarken anzuknipsen, wenn eine Kuh das partout nicht will. [...]

암소들이 자신의 새끼 송아지를 보호하려고 할 때, 줄곧 계속해서 부상자들이 발생하고 있으며, 심지어 사망자들마저 때때로 발생한다. 특히나 어려운 점은 새로 태어난 송아지들에게 행정적으로 규정된 귀 표시를 부착하는 것인데, 이를 암소가 무조건적으로 원하지 않을 경우 그렇다.

▸ ... gibt es Verletzte ...

동사 verletzen ‘...을 다치게 하다’ ⇒ 과거분사 verletzt ‘다친, 부상 입은’

과거분사의 명사화 ⇒ 대문자 표기 및 형용사 어미변화 : Verletzte ‘부상 입은 사람들’

※ ‘... 사람들’을 뜻하여 복수이어야 하며, 「es gibt ...」의 4격 목적어 ⇒ 복수 4격
과거분사 Verletzt- 앞에 (부)정관사 없음. ⇒ 복수 4격 정관사 die 어미변화 하여 Verletzte ☞ 46

♣ ..., [1]den ... geborenen Kälbern [2]die ... *vor*geschriebenen Ohrmarken *an*zuknipsen

1. 과거분사 geboren ⇒ 부가어적 용법 : 복수 3격 den ... geborenen ... ☞ 42
2. 과거분사 *vor*geschrieben ⇒ 부가어적 용법 : 복수 4격 die ... *vor*geschriebenen ... ☞ 41

55. 분리동사 (1) : 분리전철이 분리되어 문장 맨 뒤에 오는 경우

Ich **stehe** morgen früh ***auf***. '나는 내일 일찍 기상한다.'
↓
분리동사 *auf*stehen ⇒ 분리전철 *auf*-는 분리되어 문장 맨 뒤에 옴.

---

143 Mitten in Europa **gibt** ein Land das Prinzip des Rechtsstaats **auf**: Ungarn entmachtet sein Verfassungsgericht. Premier Orbán **baut** seinen Einfluss massiv **aus**, und Bürgerrechte werden eingeschränkt.

유럽의 한복판에서 한 나라가 법치국가의 원칙을 포기한다 : 헝가리는 헌법재판소의 권한을 박탈하고 있다. Orbán 수상은 자신의 영향력을 급격하게 확대하고 있으며, 시민권들이 제한되고 있다.

▸ ... **gibt** ein Land ... ***auf***

분리동사 *auf*geben ⇒ 분리전철 *auf*-는 분리되어 문장 맨 뒤에 옴.

※ 동사 geben의 현재 시제 : 주어 "ein Land"는 **es**에 해당 ⇒ 어간 모음 e → **i** 변화하여 gib*t* ☞ 89

▸ ... **baut** ... ***aus***, ...

분리동사 *aus*bauen ⇒ 분리전철 *aus*-는 분리되어 문장 맨 뒤에 옴.

144 [...] Ein Eisbär **steckt** sich mit einem Herpes-Erreger **an**, der normalerweise bei Zebras und Pferden auftritt. Die Viren führten bei dem Bären zu einer tödlichen Gehirnentzündung. [...]

한 북극곰이 헤르페스 병원균에 전염되었는데, 이 병원균은 일반적으로 얼룩말들이나 말들에게서 나타나는 것이다. 이 바이러스들은 이 북극곰의 경우 생명을 빼앗는 치명적인 두뇌 염증으로 이끌어졌다.

▸ ... **steckt** ... ***an***, ...

분리동사 *an*stecken ⇒ 분리전철 *an*-은 분리되어 문장 맨 뒤에 옴.

♣ ... mit einem Herpes-Erreger ... , [1]der ... [2]*auf*tritt

1. 남성 **1격** 관계대명사 **der** : 남성명사 "...-Erreger"가 선행사, 부문장 안의 주어로서 **1격** ☞ 138
2. 분리동사 *auf*treten의 현재 시제 :
   주어가 관계대명사 **der** ⇒ 기본 동사 treten의 어간 모음 e → **i** 변화하여 tritt ☞ 89
   (관계대명사 부문장 안에서 후치됨. ⇒ 분리전철 *auf*-는 분리되지 않음 : "... *auf*tritt" ☞ 57)

145 [...] Nirgends auf der Welt gibt es so viele Sorten von Brot und Brötchen wie in der Bundesrepublik. Diese Vielfalt gerät allerdings zunehmend in Gefahr. Denn die klassische Traditionsbäckerei **stirbt aus**.

세계 그 어디에도 (독일)연방공화국에서 만큼 그렇게 많은 종류의 빵과 하드롤빵이 있는 곳은 없다. 물론 이러한 다양성이 점점 위험 속에 빠져들고 있기는 하다. 왜냐 하면 고전적인 전통 빵집이 사라지고 있기 때문이다.

▸ ... **stirbt** ***aus***

분리동사 *aus*sterben ⇒ 분리전철 *aus*-는 분리되어 문장 맨 뒤에 옴.

※ 분리동사 *aus*sterben의 현재 시제 : 주어 "... Traditionsbäckerei"는 여성의 **sie**에 해당함.
⇒ 기본 동사 sterben의 어간 모음 e → **i** 변화하여 stirb*t* ☞ 89

146 Manchmal **kommt** man ja in der Küche um die Dose Thunfisch nicht **herum**. **Sieht** man sich die Packungen **an**, dann ist da viel von „delfinfreundlichem Fang" die Rede. Das heißt aber noch lange nicht, dass er wirklich auch aus einem intakten Bestand stammt und man mit seinem Kauf nicht zur Überfischung beigetragen hat. [...]

때때로 우리는 부엌에서 참치 통조림을 피해가지 못하는 것이 사실이다. 그 포장들을 쳐다보면, 거기에는 "참치 친화적 조업"에 관해 많은 언급이 이루어지고 있다. 하지만 그런 언급이, 정말로 이 참치 역시 온전한 존재 개체수로부터 온 것이며, 이를 구입함으로써 우리가 과잉 조업에 기여한 것은 아니라는 사실을 뜻하는 것은 단연코 아니다.

▸ ... **kommt** ... ***herum***

분리동사 *herum*kommen ⇒ 분리전철 *herum*-은 분리되어 문장 맨 뒤에 옴.

▸ **Sieht** ... ***an***, ...

분리동사 *an*sehen ⇒ 분리전철 *an*-은 분리되어 문장 맨 뒤에 옴.

※ 분리동사 *an*sehen의 현재 시제 :
주어 man은 **er**에 일치 ⇒ 기본 동사 sehen의 어간 모음 e → **ie** 변화하여 sieh*t* ☞ 91

♣ [1]Sieht **man** [2]**sich** ... *an*, dann ...

1. 도치 「동사 + 주어 ...」에 의한 조건문 : Sieht man ... *an* = Wenn man ... *an*sieht ☞ 137
2. 3격 재귀동사 & 분리동사 sich[3] etw. *an*sehen '무엇을 구경하다' ☞ 66

♣ ... , dass ... *bei*getragen **hat**

분리동사 *bei*tragen의 p.p형 ***beigetragen*** ☞ 56
(현재완료 "**hat** ... *bei*getragen"가 **dass**-부문장 안에서 후치됨 : "... beigetragen **hat**" ☞ 104, 136)

56. 분리동사 (2) : 분리동사의 p.p형

Er ist früh ***auf*gestanden**. '그는 일찍 기상했다.'

↓

분리동사 *auf*stehen의 p.p형 :

기본 동사 stehen의 p.p형 **gestanden**이 분리전철 *auf*-의 뒤에 붙음.

---

147 Er galt als Hoffnungsträger seiner Partei. Jetzt hat er alle seine Parteiämter **niedergelegt** und ist aus der Partei **ausgetreten**.

그는 그의 정당의 기대주로 인정되었다. 이제 그는 자신의 모든 당직들을 내려놓았으며, 당으로부터 탈퇴하였다.

▸ ... hat ... [1]***nieder*gelegt** und ist ... [2]***aus*getreten**

1. 분리동사 *nieder*legen의 p.p형 :

   기본 동사 legen의 p.p형 **gelegt**가 분리전철 *nieder*-의 뒤에 붙음.

   ※ 분리동사 *nieder*legen은 타동사 ⇒ 현재완료 「**haben** ... p.p」 : "**hat** ... *nieder*gelegt" ☞ 103

2. 분리동사 *aus*treten의 p.p형 :

   기본 동사 treten의 p.p형 **getreten**이 분리전철 *aus*-의 뒤에 붙음.

   ※ 분리동사 *aus*treten은 '장소 이동' 자동사 ⇒ 현재완료 「**sein** ... p.p」 : "**ist** ... *aus*getreten" ☞ 107

148 Er kündigte an, 2013 für einen Platz im Bundestag kandidieren zu wollen. Bisher hatte er solche Ambitionen immer **ausgeschlossen**.

그는 연방의회 안의 한 자리를 위해 2013년에 출마하려 한다고 공표하였다. 지금까지 그는 이러한 야망들을 항상 배제했었다.

▸ ... hatte ... ***aus*geschlossen**

분리동사 *aus*schließen의 p.p형 :

기본 동사 schließen의 p.p형 **geschlossen**이 분리전철 *aus*-의 뒤에 붙음.

※ 분리동사 *aus*schließen은 타동사 ⇒ 과거완료 「**hatte** ... p.p」 : "**hatte** ... *aus*geschlossen" ☞ 112

♣ ... kündigte *an*, ...

분리동사 *an*kündigen의 과거 시제 ⇒ 분리전철 *an*-은 분리되어 문장 맨 뒤에 옴. ☞ 55

♣ ... , ... kandidieren **zu wollen**

화법조동사 구문 "**wollen** ... kandidieren"의 zu-부정사 : "... kandidieren **zu wollen**" ☞ 125

149 Der Mond kreist seit Urzeiten um die Erde herum und ist uns Menschen ein ständiger Begleiter. Nachts, wenn es dunkel wird, leuchtet er. Allerdings nicht von sich aus - der Mond wird von der Sonne **angestrahlt** und wirft das Licht zurück auf die Erde.

달은 아주 오랜 옛날부터 지구의 주위를 돌고 있으며, 우리 인간들에게는 영원한 동반자이다. 밤마다, 날이 어두워지면 그것은 빛을 낸다. 물론 자체로부터 빛을 내는 것은 아니긴 해도 - 달은 태양에 의해 빛이 비추어지고, 그 빛을 다시 지구로 보낸다.

▸ ... wird ... *an***ge**strahl**t**

분리동사 *an*strahlen의 p.p형 :

기본 동사 strahlen의 p.p형 **ge**strahl**t**가 분리전철 *an*-의 뒤에 붙음.

※ 분리동사 *an*strahlen의 수동태 현재 「**werden** ... p.p」 : "**wird** ... *an*gestrahlt" ☞ 149

♣ ... kreis*t* ... *herum*

분리동사 *herum*kreisen의 현재 시제 ⇒ 분리전철 *herum*-은 분리되어 문장 맨 뒤에 옴. ☞ 55

150 Pakistan ist ein instabiler, vom Zerfall bedrohter Staat, der von islamistischen Extremisten **heimgesucht** wird. Das wird sich nicht so schnell ändern. Wir – und vor allem die Pakistaner selber – werden weiter mit einer sehr konkreten nuklearen Gefahr leben müssen.

파키스탄은 이슬람 극단주의자들에 의해 피해를 입는 국가로서, 불안정하고, 파멸의 위협을 받고 있는 국가이다. 이러한 점은 그리 쉽게 변하지 않을 것이다. 우리는 - 그리고 누구보다도 파키스탄 사람들 자신은 - 앞으로도 계속 아주 구체적인 핵의 위험을 지닌 채 살아가야만 할 것이다.

▸ ... , der ... *heim***ge**such**t** wird

분리동사 *heim*suchen의 p.p형 :

기본 동사 suchen의 p.p형 **ge**such**t**가 분리전철 *heim*-의 뒤에 붙음.

※ 분리동사 *heim*suchen의 수동태 현재 「**werden** ... p.p」 : "**wird** ... *heim***ge**sucht"
⇒ 관계대명사 부문장 안에서 후치됨 : "... *heim***ge**sucht **wird**" ☞ 154

♣ ... **wird** ... ändern

동사 ändern의 미래 시제 「**werden** ... 동사 원형」 : "**wird** ... ändern" ☞ 114

♣ ... **werden** ... leben müssen

화법조동사 구문 "müssen ... leben"의 미래 시제 「**werden** ... 동사 원형」 :
"**werden** ... leben müssen" ☞ 114

57. 분리동사 (3) : 분리전철이 분리되지 않는 경우

Ich **kann** nicht früh *auf*stehen. ‘나는 일찍 기상하지 못한다.’

↓

분리동사 *auf*stehen이 화법조동사 **kann**과 함께 원형으로 옴.

⇒ 분리전철 *auf*-는 분리되지 **않음**!

Ich hoffe, **dass** er bald *zurück*kommt. ‘나는 그가 곧 돌아오기를 희망한다.’

↓

분리동사 *zurück*kommen이 종속접속사 **dass**-부문장 안에서 **후치**됨.

⇒ 분리전철 *zurück*-은 분리되지 **않음**!

---

151 Der 10-jährige Junge hat auf einer Baustelle gespielt und ist in ein großes Loch gefallen. Dabei hat er sich schwer am Kopf verletzt. Der Junge konnte wochenlang nicht mehr **mitspielen**.

10 살 된 그 소년은 한 공사장에서 놀다가 커다란 구멍 안으로 떨어졌다. 이 때 그 아이는 머리에 심하게 부상을 입었다. 그 소년은 몇 주일 동안이나 더 이상 함께 놀 수 없었다.

▸ ... konnte ... ***mit*spielen**

분리동사 *mit*spielen이 화법조동사 **konnte**와 함께 원형으로 옴.

⇒ 분리전철 *mit*-은 분리되지 **않음** : “... ***mit***spielen”

152 Eltern haben die Aufsichtspflicht für ihre Kinder. Das heißt: Eltern müssen auf ihre Kinder **aufpassen**, damit sie sich oder anderen Menschen nicht schaden. Wenn doch etwas passiert, dann können die Eltern dafür verantwortlich gemacht werden.

부모는 자신의 아이들에 대한 감독의 의무를 지닌다. 이것이 뜻하는 바는 : 부모는 자신의 아이들에 대하여 주의를 기울여야만 하는데, 이는 아이들이 자기 자신에게 혹은 다른 사람들에게 피해를 끼치지 않도록 하기 위해서이다. 그럼에도 만약 뭔가가 발생하게 된다면, 그 부모에게 그에 대한 책임이 지워질 수 있다.

▸ ... müssen ... ***auf*passen**, ...

분리동사 *auf*passen이 화법조동사 **müssen**과 함께 원형으로 옴.

⇒ 분리전철 *auf*-는 분리되지 **않음** : “... ***auf***passen”

♣ ... können ... gemacht **werden**

타동사 machen의 **수동태** “**werden** ... gemacht”가 화법조동사 **können**과 함께 옴. ☞ 74

153 한 노동조합의 파업 선언을 다룬 기사에서 :

[...] „Ich erwarte von allen Beteiligten, dass sie unverzüglich wieder die Gespräche **aufnehmen**“, sagte der Bundesverkehrsminister. [...]

“저는 모든 관련자들이 즉각 다시 대화에 임할 것을 이들로부터 기대하고 있습니다.” 라고 연방교통장관은 말했다.

▸ ... , dass ... ***auf*nehmen**, ...

분리동사 *auf*nehmen이 종속접속사 **dass**-부문장 안에서 **후치**됨.

⇒ 분리전철 *auf*-는 분리되지 **않음** : “... ***auf***nehmen”

♣ ... **von** all**en** **Beteiligten**, ...

타동사 beteiligen의 **과거분사** beteilig**t**의 **명사화** ⇒ **대문자** 표기 및 형용사 **어미변화** ☞ 54

‘... 사람들’을 뜻하여 **복수**이어야 하며, **3격** 전치사 von의 목적어 ⇒ **복수 3격**

복수 3격 「**den** + 형용사 **-en**」 ⇒ von all**en** **Beteiligten** ☞ 41, 42

154 „Suckers' Rally“, so nennen Börsenhändler einen Aktienboom, der vor allem unerfahrene Anleger **anlockt**. Eine „Aufholjagd der Trottel“: Wenn die Blase platzt, müssen vor allem Laien, die zu spät eingestiegen sind, Verluste in ihrem Aktiendepot **hinnehmen**.

“바보들의 랠리”, 무엇보다 경험 없는 투자자들을 유혹하는 주식 붐을 가리켜 증권 거래 상인들이 그와 같이 칭한다. “바보들이 행하는 일종의 만회를 위한 추격”이다 : 만약 거품이 꺼지게 되면, 무엇보다 너무 늦게 승차했던 아마추어들이 자신들의 주식 창고에서 손실을 감수해야만 한다.

▸ ... , der ... ***an*lockt**

분리동사 *an*locken이 **관계대명사** 부문장 안에서 **후치**됨.

⇒ 분리전철 *an*-은 분리되지 **않음** : “... ***an***lockt”

▸ ... , müssen ... ***hin*nehmen**

분리동사 *hin*nehmen이 화법조동사 **müssen**과 함께 원형으로 옴.

⇒ 분리전철 *hin*-은 분리되지 **않음** : “... ***hin***nehmen”

♣ ... , die ... *ein***gestiegen** sind, ...

(1) **분리동사** *ein*steigen의 p.p형 ***ein*gestiegen** ☞ 56

(2) 분리동사 *ein*steigen은 ‘**장소 이동**’ **자동사** ⇒ **현재완료** 「**sein** ... p.p」 : “**sind** ... *ein*gestiegen”

⇒ **관계대명사** 부문장 안에서 **후치**됨 : “... *ein*gestiegen **sind**” ☞ 107

58. 분리동사 (4) : 분리동사의 zu-부정사 형식

Er versucht, früh *auf***zu**stehen. '그는 일찍 기상하려고 노력한다.'

↓

분리동사 *auf*stehen의 **zu-부정사** 형식

⇒ **zu**가 분리전철 *auf-*와 기본 동사 stehen 사이에 옴 : "... *auf***zu**stehen"

---

155 Im Wahlkampf hat er seinen Anhängern versprochen, aus dem Abkommen **auszusteigen**.

선거전에서 그는 자신의 지지자들에게 그 협정으로부터 탈퇴하기로 약속했다.

▸ ... versprochen, ... *aus***zu**steigen

분리동사 *aus*steigen의 **zu-부정사** 형식

⇒ zu가 분리전철 *aus-*와 기본 동사 steigen 사이에 옴 : "... *aus***zu**steigen"

※ **zu-부정사** "... *aus***zu**steigen" ⇒ **명사적** 용법 : 앞에 나온 동사 versprochen의 목적어 ☞ 116

156 Offenbar fällt es uns schwer, unserer Wut und unserem Frust ohne Schimpfworte Ausdruck zu verleihen. Und zwar trotz aller Bemühungen von Eltern und Pädagogen, dem Nachwuchs **beizubringen**, nicht zu fluchen.

우리의 분노와 우리의 좌절을 욕설 없이 명확하게 표현한다는 것이 아마도 우리에게는 어려운 일인 듯하다. 더욱이 욕하지 말 것을 자녀들에게 가르치는 부모와 교육자들의 그 모든 노력에도 불구하고.

▸ ... Bemühungen ... , ... *bei***zu**bringen, ...

분리동사 *bei*bringen의 **zu-부정사** 형식

⇒ zu가 분리전철 *bei-*와 기본 동사 bringen 사이에 옴 : "... *bei***zu**bringen"

※ **zu-부정사** "... *bei***zu**bringen" ⇒ **형용사적** 용법 : 앞에 나온 명사 Bemühungen을 수식 ☞ 121

♣ ... [1]fäll*t* [2]**es** ... , ... zu verleihen

1. 동사 f**a**llen의 현재 시제 : 주어가 **es** ⇒ 어간 모음 a → **ä** 변화하여 f**ä**ll*t* ☞ 90
2. 비인칭대명사 **es** ⇒ 뒤에 오는 **zu-부정사** "... **zu** verleihen"을 가리킴. ☞ 120, 202

♣ ... *bei***zu**bringen, ... **zu** fluchen

zu-부정사 "... **zu** fluchen"

⇒ **명사적** 용법 : 앞에 온 zu-부정사 "*bei***zu**bringen"의 분리동사 원형 *bei*bringen의 목적어 ☞ 116

59. 분리동사 (5) : 분리동사처럼 분리되는 특성을 지닌 동사들

Er **ging** im Wald ***verloren***. '그는 숲 속에서 사라졌다.'
↓
동사 *verloren* gehen '사라지다'
⇒ 마치 분리전철처럼 *verloren*이 분리되어 문장 맨 뒤에 옴.

〈참고〉 *bekannt* geben '...을 공표하다', *spazieren* gehen '산책하다'

---

157 Im Rahmen der Frankfurter Buchmesse 2005, als Korea Gastland war, **lernte** er den koreanischen Dichter persönlich **kennen**. Der 1933 geborene Universitätsprofessor ist einer der wichtigsten koreanischen Schriftsteller und Dichter der Gegenwart. Er hatte bisher weit über 100 Veröffentlichungen, die auch in viele Sprachen übersetzt wurden.

그는 한국이 특별 초청국이었던 2005년 프랑크푸르트 도서 박람회와 관련되어 이 한국의 시인을 개인적으로 알게 되었다. 1933년 출생의 대학교수인 이 사람은 현 시대 한국에서 가장 중요한 작가 겸 시인들 중의 한 명이다. 그는 그 당시까지 100 편이 훨씬 넘는 발표 작품들을 가지고 있었으며, 이들은 또한 많은 언어들로 번역되었다.

‣ ... lern**te** er ... *kennen*

동사 *kennen* lernen의 과거 시제 ⇒ 마치 분리전철처럼 *kennen*이 분리되어 문장 맨 뒤에 옴.

※ *kennen* lernen의 과거 시제 : 주어가 **er** ⇒ 기본 동사 과거형 lern**te**는 추가 어미 없이 lern**te**_ ☞ 94

158 [...] **Gehen** Sie einfach **spazieren**! Wenn Sie nämlich nur wenige Stunden pro Woche **spazieren gehen**, so schenkt Ihnen diese einfache Maßnahme mindestens neun gesundheitliche Vorteile. [...]

단순히 산책을 하십시오. 왜냐 하면 만약 당신이 일주일 당 불과 몇 시간만이라도 산책을 하게 되면 이 간단한 조치가 적어도 아홉 가지 건강상의 이점을 당신에게 선사하게 되기 때문입니다.

‣ ... Gehen Sie ... *spazieren!*

동사 *spazieren* gehen의 **Sie-명령문** 형식 ⇒ *spazieren*이 분리되어 문장 맨 뒤에 옴.

‣ Wenn ... *spazieren* gehen, so ...

동사 *spazieren* gehen이 종속접속사 **wenn**-부문장 안에서 후치됨 : "... *spazieren* gehen"

60. 분리동사 (6) : 분리되지 않는 접두어를 지닌 동사

Ich **ver**stehe dich nicht. '나는 너를 이해하지 못하겠어.'

↓

동사 **ver**stehen의 접두어 **ver-**는 분리되지 **않음**.

〈참고〉 분리되지 **않는** 접두어 :

(1) **be-**, **ver-**, **er-**, **ge-**, **ent-**, **zer-**, **miss-**, **emp-**

(2) **über-**, **unter-** ...

---

159 [...] Die Demonstranten **verlangten** auch, die Auslandseinsätze der Bundeswehr zu **beenden**.

그 시위자들은 또한 연방군의 외국 파병을 중지할 것도 요구했다.

▸ Die Demonstranten **ver**langten ...

동사 **ver**langen의 접두어 **ver-**는 분리되지 **않음**.

※ 동사 verlangen의 **과거** 시제 :

주어 "... Demonstranten"은 **복수**의 **sie** ⇒ 과거형 verlang**te**에 추가 어미 **-n**이 붙어 verlang**ten** ☞ 94

▸ ... verlangten , ... zu **be**enden

동사 **be**enden의 **zu-부정사** "... **zu** **be**enden"

⇒ **zu**가 접두어 **be-**와 기본 동사 enden 사이에 오지 **않음**. (즉, "... **bezu**enden" **아님**!)

※ **zu-부정사** "... **zu** beenden" ⇒ **명사적** 용법 : 앞에 나온 동사 verlangten의 **목적어** ☞ 116

160 Wenn Krebs frühzeitig **erkannt** wird, lässt er sich in den meisten Fällen gut **behandeln**. Das Tückische: Gerade im Anfangsstadium treten meist keine Beschwerden auf, sodass die Krankheit oft zu spät **entdeckt** wird.

만약 암이 이른 시기에 인지된다면 그것은 대부분의 경우 잘 치료될 수 있다. 위험한 점은 다음과 같다 : 바로 이 초기 단계에는 대부분 통증이 나타나지 않으며, 그 결과 이 질병이 너무 늦게 발견되는 경우가 빈번하다.

▸ Wenn ... [1]**er**kannt wird, lässt ... sich ... [2]**be**handeln

1. 동사 **er**kennen의 p.p형 **er**kannt

⇒ 기본 동사 kennen의 p.p형 **ge**kannt의 **ge-**가 **생략** (즉, "**erge**kannt" **아님**!)

※ 타동사 **er**kennen의 **수동태 현재** 「**werden** ... p.p」 : "**wird** ... erkannt"

⇒ 종속접속사 **wenn-**부문장 안에서 **후치**됨 : "... erkannt **wird**" ☞ 154

2. 동사 **be**handeln의 원형 ⇒ 접두어 **be-**는 분리되지 **않음**!

※ 「lassen sich ... 타동사 원형」 '... 될 수 있다' ☞ 130

▸ ... , sodass ... **ent**deckt wird

동사 **ent**decken의 p.p형 **ent**deckt

⇒ 기본 동사 decken의 p.p형 **ge**deckt에서 **ge-**가 **생략**됨 (즉, "**ent**gedeckt" **아님**!)

※ 타동사 **ent**decken의 **수동태 현재** 「**werden** ... p.p」 : "**wird** ... entdeckt"

⇒ 종속접속사 **sodass**-부문장 안에서 **후치**됨 : "... entdeckt **wird**" ☞ 154

161 Er hat nie Abi gemacht, hat keinen Uniabschluss - trotzdem **unterrichtete** ein Elektriker aus Rheinland-Pfalz dank gefälschter Urkunden als Gymnasiallehrer. Erst nach fünf Jahren flog der Schwindel auf. [...]

그는 결코 아비투어를 치른 적도 없고, 대학 졸업도 하지 않았다. - 그럼에도 불구하고 라인란트팔츠 출신의 한 전기 기술자는 위조된 자격증 덕분에 김나지움 교사로서 수업을 행했다. 5년 후에 비로소 이 사기 행위가 발각되었다.

▸ ... **unter**richtete ein Elektriker ...

동사 **unter**richten의 접두어 **unter-**는 분리되지 **않음**!

※ 동사 **unter**richten의 **과거** 시제 :

(1) 동사 unterrichten은 어간 끝이 **-t** ⇒ 과거형은 **-e-**가 첨가되어 unterricht**ete** ☞ 94

(2) 주어 "... Elektriker"는 **er**에 해당함.

⇒ 과거형 unterricht**ete**에 추가 어미 없이 unterricht**ete**_ ☞ 94

162 Hormone sind nicht sichtbar, man kann sie weder riechen noch schmecken. Im menschlichen Körper **übernehmen** sie aber lebenswichtige Aufgaben. Wachstum, Stoffwechsel und Immunsystem werden durch sie ebenso gesteuert wie die Sexualentwicklung und das psychische Verhalten.

호르몬들은 눈에 보이지 않으며, 우리는 이들을 냄새 맡을 수도 없으며, 맛볼 수도 없다. 하지만 인간의 신체에서 이들은 생명에 중요한 과제들을 떠맡고 있다. 성장, 신진대사, 그리고 면역 체계는 정확히 성적 발달 및 심리적 특성의 경우와 똑같이 이들을 통해서 조종된다.

▸ ... **über**nehmen ...

동사 **über**nehmen의 접두어 **über-**는 분리되지 **않음**!

61. 재귀대명사 & 재귀동사 (1) : 재귀대명사가 '... 자신'을 뜻하는 경우

Ich liebe mich selbst. '나는 나 자신을 사랑한다.'

↓

주어 ich의 4격 재귀대명사 mich ⇒ 타동사 lie*be*의 4격 목적어

('나 자신'을 뜻하며, selbst와 함께 옴.)

Ich bin mit mir selbst nicht zufrieden. '나는 나 자신에게 만족하지 못한다.'

↓

주어 ich의 3격 재귀대명사 mir ⇒ 3격 전치사 mit의 목적어

('나 자신'을 뜻하며, selbst와 함께 옴.)

---

163 Was sieht der Mensch, wenn er **sich** selbst im Spiegel betrachtet? Die Spiegelung der Welt ist sehr viel komplexer, als man auf den ersten Blick wahrnimmt - eine zweidimensionale Abbildung, die jedoch vom Gehirn als dreidimensionale interpretiert wird.

만약 거울 안의 자기 자신을 바라볼 경우 인간은 무엇을 보게 될까? 세계가 거울 안에 비추어지는 것은 우리가 처음 바라볼 때 지각하는 것보다 아주 많이 더 복잡하다. - 2 차원적인 복사체이지만, 이는 두뇌에 의해 3 차원적인 것으로서 해석된다.

▸ ... , wenn er sich selbst ... betrachtet

주어 er의 4격 재귀대명사 sich ⇒ 타동사 betrachte*t*의 4격 목적어

('그 자신'을 뜻하며, selbst와 함께 옴.)

♣ ... komplex*er*, als ... *wahr*nimmt - ...

형용사 komplex의 비교급 비교 ☞ 187

(비교급 접속사 als-부문장 안에서 분리동사 *wahr*nehmen의 현재 시제 *wahr*nimm*t*가 후치됨. ☞ 189)

164 [...] „Wir müssen die Entwicklungshilfe sofort und komplett stoppen", fordert der 37-jährige kenianische Ökonom. „Wir können **uns** selbst helfen." Entwicklungshilfe, so lautet seine Argumentation, hat Afrika ärmer und korrupter gemacht und Bürokratie und Abhängigkeit gefördert.

“우리는 이 개발 원조를 즉각적이며 완전하게 중단해야 합니다.” 라고 그 37세의 케냐 경제인은 요구한다. “우리는 우리 자신을 도울 수 있습니다.” 개발 원조는 - 이는 그의 주장인데 - 아프리카를 더욱 가난하고 더욱 부패하게 만들었으며, 관료주의와 종속성을 부추겼다.

▸ Wir können uns selbst helfen

주어 **wir**의 **3격** 재귀대명사 **uns** ⇒ **3격** 요구 동사 helfen의 **3격 목적어**

('우리 자신'을 뜻하며, **selbst**와 함께 옴.)

165 Zwar steht der Konzern immer noch vergleichsweise gut da. Doch er muss sich nun wieder um **sich** selbst kümmern. [...]

그 대기업은 여전히 비교적 좋은 상태에 있긴 하다. 하지만 이제는 다시 자기 자신을 돌보아야만 한다.

▸ ... er muss sich ... um **sich** selbst kümmern

주어 **er**의 **4격** 재귀대명사 **sich** ⇒ **4격** 전치사 um의 목적어

('그 자신'을 뜻하며, **selbst**와 함께 옴.)

♣ ... er muss **sich** ... um ... kümmern

4격 재귀동사 **sich** um etw. kümmern '*무엇을* 돌보다'

주어 **er**의 4격 재귀대명사 **sich** ⇒ 여기서는 '그 자신'으로 해석되지 않음. ☞ 63

♣ **Zwar** ... **Doch** ...

연계 형식 「**zwar** ... **aber** ...」 ☞ 220

166 Wer häufig mit **sich** selbst spricht, ist nicht verrückt – ganz im Gegenteil. Wenn Sie mit **sich** selbst redet, kann das sogar auf eine positive Eigenschaft hindeuten [...]

빈번히 자기 자신과 이야기 하는 사람은 미친 것이 아니다. - 완전히 그 정반대이다. 만약 당신이 당신 자신과 대화하다면, 이는 심지어 긍정적인 특성을 암시할 수 있다.

▸ Wer ... mit **sich** selbst spricht, ...

주어인 관계대명사 **wer**의 **3격** 재귀대명사 **sich** ⇒ **3격** 전치사 mit의 목적어!

('그 자신'을 뜻하며, **selbst**와 함께 옴.)

♣ 1 **Wer** ... 2 spricht , (der) ist ...

1. 관계대명사 **wer** '...인 사람' ☞ 143
2. 동사 sprechen의 현재 시제 :
   주어인 관계대명사 wer는 **er**에 해당함. ⇒ 어간 모음 e → **i** 변화하여 spricht ☞ 89

▸ Wenn Sie mit **sich** selbst redet, ...

주어 Sie('당신')의 **3격** 재귀대명사 **sich** ⇒ **3격** 전치사 mit의 목적어!

('당신 자신'을 뜻하며, **selbst**와 함께 옴.)

62. 재귀대명사 & 재귀동사 (2) : 4격 재귀동사 유형 "sich ändern"

Er ändert sich. '그는 변화한다.'

↓

타동사 etw. ändern '*무엇을* 변화시키다'

⇒ **4격 재귀동사** sich ändern ('자기 자신을 변화시키다', 즉) '변화하다'

---

167 Der deutsche Markt für Luxuswaren **entwickelt sich** prächtig. Einer Studie zufolge wuchs er im vergangenen Jahr um 16 Prozent, deutlich stärker als noch im Jahr zuvor.

호화 품목들에 대한 독일 시장이 눈부시게 발전하고 있다. 한 연구에 따를 때 이 시장은 작년에 16% 성장함으로써, 그 이전 해보다 뚜렷하게 더 많이 성장했다.

▸ Der deutsche Markt ... entwickelt **sich** ...

타동사 etw. entwickeln '*무엇을* 발전시키다'

⇒ **4격 재귀동사** sich entwickeln ('자기 자신을 발전시키다', 즉) '발전하다'

※ 주어 "... Markt"는 **er**에 해당함. ⇒ 4격 재귀대명사 **sich**

♣ ... **ent**wickelt sich ...

동사 **ent**wickeln의 접두어 **ent-**는 분리되지 **않음**. ☞ 60

♣ ... **wuchs** er ...

동사 wachsen의 **과거** 시제 : 주어가 **er** ⇒ 과거형 **wuchs**는 추가 어미 없이 **wuchs_** ☞ 95

168 Nach einem Schiffsunfall hat **sich** vor der spanischen Urlaubsinsel „Gran Canaria" ein Ölteppich **gebildet**.

한 선박 사고 후에 스페인의 휴양 섬 "그란 카나리아" 앞에 기름띠가 형성되었다.

▸ ... hat **sich** ... gebildet

타동사 etw. bilden '*무엇을* 형성시키다'

⇒ **4격 재귀동사** sich bilden ('자기 자신을 형성시키다', 즉) '형성되다'

※ 주어 "... Ölteppich"는 **er**에 해당함. ⇒ 4격 재귀대명사 **sich**

♣ ... hat **sich** ... ein Ölteppich gebildet

어순 : 재귀**대명사** sich ⇒ **명사** 주어 "ein Ölteppich"보다 **앞에** 옴. ☞ 68

♣ ... hat ... vor der spanischen Urlaubsinsel „Gran Canaria" **ein** Ölteppich gebildet

어순 : **부정관사** 주어 "**ein** Ölteppich" ⇒ **부사어** "vor der spanischen ..." 보다 **뒤에** 옴. ☞ 216

169 Ein Tag, das ist die Zeit, die unsere Erde braucht, um **sich** einmal um sich selbst zu **drehen**.

하루, 이것은 우리의 지구가 자기 자신을 축으로 하여 한번 회전하기 위해 필요로 하는 시간이다.

▸ ... , die unsere Erde ... , um **sich** ... zu drehen

타동사 etw. drehen '*무엇을* 돌리다'

⇒ **4격 재귀동사** sich drehen ('**자기 자신**을 돌리다', 즉) '돌다'

※ 주어 "unsere Erde"는 여성 **sie**에 해당함. ⇒ 4격 재귀대명사 **sich**

♣ ... die Zeit, [1]**die** ... braucht, **um** ... um [2]**sich** selbst [3]**zu** drehen

1. **여성 4격** 관계대명사 **die** : **여성**명사 Zeit가 선행사, 부문장 안의 동사 brauch*t*의 **4격** 목적어 ☞ 138
2. '... **자신**'을 뜻하는 4격 재귀대명사 **sich** selbst ☞ 61
3. **zu-부정사** 형식 「**um** ... **zu** 동사 원형」 '...하기 위해' : "**um** ... **zu** drehen" ☞ 122

170 In Nord- und Ostdeutschland müssen **sich** die Menschen warm **anziehen**: Anfang kommender Woche wird es dort kalt wie in der Tiefkühlschrank mit klirrendem Frost bis minus 20 Grad. Später zieht die Kälte aus der Arktis auch nach Süden.

북부 및 동부 독일에서는 사람들이 따뜻하게 옷을 입어야만 한다 : 다음 주 초에 그곳은 영하 20도까지 꽁꽁 얼어붙는 추위를 지닌 냉동고 안처럼 날씨가 차가워진다. 북극으로부터 찾아온 이 추위는 그 이후 남쪽으로도 이동한다.

▸ ... müssen **sich** die Menschen ... *an*ziehen : ...

타동사&분리동사 j-n *an*ziehen '*누구*를 옷 입히다'

⇒ **4격 재귀동사**&분리동사 sich *an*ziehen ('**자기 자신**을 옷 입히다', 즉) '옷 입다'

※ 주어 "... Mensch**en**"은 **복수**의 **sie** ⇒ 4격 재귀대명사 **sich**

♣ ... müssen ... ***an***ziehen: ...

분리동사 *an*ziehen이 화법조동사 **müssen**과 함께 옴. ⇒ 분리전철 *an*-이 분리되지 **않음**. ☞ 57

♣ ... müssen **sich** die Menschen ... *an*ziehen: ...

어순 : 재귀**대명사** sich ⇒ **명사** 주어 "die Menschen"보다 **앞에** 옴. ☞ 68

♣ ... **mit** klirren**dem** Frost ...

동사 klirren ⇒ **현재분사** klirren**d** : 뒤에 오는 명사 Frost를 **수식**하는 **부가어적** 용법 ☞ 49

남성명사 Frost가 **3격** 전치사 mit의 목적어 ⇒ **남성 3격**

현재분사 klirren**d** 앞에 (부)정관사 **없음** : **남성 3격** 정관사 **dem** 어미변화 하여 klirren**dem** ☞ 46

63. 재귀대명사 & 재귀동사 (3) : 4격 재귀동사 유형 "sich über etw.⁴ freuen"

Er freut **sich** über den Besuch. '그는 그 방문에 대하여 기뻐한다.'

↓

타동사 j-n. freuen '*누구*를 기쁘게 만들다'

⇒ 4격 재귀동사 sich über etw.[4] freuen

('*무엇*에 대해 자기 자신을 기쁘게 만들다', 즉) '*무엇*에 대해 기뻐하다'

---

171 Der Bundestag muss **sich** schnell auf eine neue Regelung **einigen**.

연방 의회는 신속하게 하나의 새로운 규정에 합의해야만 한다.

▸ ... muss **sich** ... auf eine neue Regelnung einigen

타동사 etw. einigen '*무엇*을 일치시키다'

⇒ 4격 재귀동사 sich auf etw.[4] einigen

('*무엇*에 대하여 자기 자신을 일치시키다', 즉) '*무엇*에 대하여 합의하다'

※ 주어 "Der Bundestag"은 **er**에 해당함. ⇒ 4격 재귀대명사 **sich**

172 유럽 시장에서 성공한 한국의 패션디자이너들을 평가하고 있는 기사에서 :

[...] „Ich habe **mich** immer darüber **gewundert**, dass nur so wenige koreanische Designer den Weg in den Westen finden. Jetzt ändert sich das", sagt er lächelnd. [...]

"나는 오로지 그렇게 적은 숫자의 한국의 디자이너들만이 서구로 들어가는 길을 발견하고 있다는 사실에 대해 항상 놀라고 있었다. 이제는 달라지고 있다." 라고 그는 미소를 지으면서 말한다.

▸ ... habe **mich** ... darüber gewundert, ...

타동사 j-n wundern '*누구*를 놀라게 하다'

⇒ 4격 재귀동사 sich über etw.[4] wundern

('*무엇*에 대하여 자기 자신을 놀라게 하다' →) '*무엇*에 대하여 놀라다'

※ 주어가 **ich** ⇒ 4격 재귀대명사 **mich**

♣ ... **ändert** **sich** ...

타동사 etw. ändern '*무엇*을 변화시키다'

⇒ 4격 재귀동사 sich ändern ('자기 자신을 변화시키다', 즉) '변화하다' ☞ 62

♣ ... sagt er lächelnd ...

동사 lächeln의 현재분사 lächelnd ⇒ 부사적 용법 : 동사 sag*t*를 수식 ☞ 50

173 Seit 16 Monaten **zeigt sich** die UN-Diplomatie unfähig, die Krise in Syrien zu beeinflussen.

16 개월 전부터 UN 외교부는 시리아의 위기에 영향을 줄 능력이 없는 것으로 보인다.

▸ ... zeigt **sich** ... unfähig, ...

타동사 etw. zeigen '*무엇*을 보여주다'

⇒ 4격 재귀동사 sich ... zeigen

('...인 것으로 자기 자신을 보여주다', 즉) '...인 것으로 보이다'

※ 주어 "die UN-Diplomatie"는 여성의 **sie**에 해당함. ⇒ 4격 재귀대명사 **sich**

♣ ... (da**zu**) unfähig, ... **zu** beeinflussen

동사 beeinflussen의 **zu-부정사** "... **zu** beeinflussen" ⇒ 잠재적으로 올 수 있는 da**zu**의 목적어 ☞ 118

174 Warum **interessiert sich** der Mensch für Sprache? Wenn man Sprachwissenschaftler fragt, warum sie sich mit der Sprache als Forschungsgegenstand beschäftigen, kann man natürlich, wie bei jeder Wissenschaft, jedem Beruf und jedem Hobby, hören, dass es manche Leute einfach interessiert oder ihnen Spaß macht. [...]

왜 인간은 언어에 흥미를 가질까? 만약 우리가 언어학자들에게 왜 언어를 연구 대상으로서 다루고 있는지를 질문할 경우, 당연히 우리는 - 모든 학문, 모든 직업, 그리고 모든 취미의 경우 그렇듯이 - 그것이 일부 사람들에게는 그냥 흥미를 느끼도록 한다거나, 아니면 이들에게 재미를 준다고 하는 말을 들을 수 있다.

▸ ... interessiert **sich** ... für Sprache?

타동사 j-n interessieren '*누구*를 흥미 갖도록 만들다'

⇒ 4격 재귀동사 sich für etw. interessieren

('*무엇*에 대해 자기 자신을 흥미 갖도록 만들다', 즉) '*무엇*에 대해 흥미 갖다'

※ 주어 "der Mensch"는 **er**에 해당함. ⇒ 4격 재귀대명사 **sich**

♣ ... , warum ... **sich** mit der Sprache ... beschäftigen, ...

타동사 j-n mit etw. beschäftigen '*누구*를 *무엇*에 몰두하도록 하다'

⇒ 4격 재귀동사 sich mit etw. beschäftigen

('자기 자신을 *무엇*에 몰두하도록 하다', 즉) '*무엇*에 몰두하다' ☞ 62

♣ ... , dass es manche Leute ... **interessiert** ...

타동사 j-n interessieren '*누구*를 흥미 갖도록 만들다' ⇒ es는 주어이며, "mache Leute"는 4격 목적어임.

64. 재귀대명사 & 재귀동사 (4) : 4격 재귀동사 유형 “sich erkälten”

Er erkältet **sich** leicht. ‘그는 쉽게 감기 걸린다.’

↓

4격 재귀동사 sich erkälten ‘감기 걸리다’ (타동사 erkälten은 없음!)

---

175 [...] Inzwischen hat sich die Zahl der Toten auf fünf erhöht. Nach Polizeiangaben erlag am Abend ein 75-jähriger Mann seinen Verletzungen. Weitere Menschen **befinden sich** noch in kritischem Zustand.

그 사이에 사망자 숫자는 5 명으로 증가했다. 경찰의 언급에 따르면 저녁에 75 세의 한 남자가 자신의 부상을 이겨내지 못했던 것이다. 그 밖의 사람들은 아직 심각한 상태에 있다.

▸ ... befinden **sich** ... in kritischem Zustand

4격 재귀동사 sich ... befinden ‘...에 있다, 소재하다’ (타동사 befinden은 없음!)

※ 주어 “Weitere Menschen”은 복수의 **sie** ⇒ 4격 재귀대명사 **sich**

♣ ... befinden sich ... **in** kritisch**em** Zustand

3 · 4격 전치사 **in**은 4격 재귀동사 sich befinden과 함께 ‘...에 있다’를 뜻함. ⇒ ‘위치’로서 **3격**! ☞ 22
남성명사 Zustand가 3 · 4격 전치사 in의 **3격** 목적어 ⇒ **남성 3격**
형용사 kritisch 앞에 (부)정관사 없음. ⇒ **남성 3격** 정관사 **dem** 어미변화 하여 kritisch**em** ☞ 46

♣ ... hat **sich** ... erhöht

타동사 etw. erhöhen ‘*무엇*을 올리다’
⇒ **4격 재귀동사** sich erhöhen (‘자기 자신을 올리다’, 즉) ‘올라가다’ ☞ 62
(주어 “die Zahl ...”은 여성의 **sie**에 해당함. ⇒ 4격 재귀대명사 **sich**)

176 Auf der Kölner Allee hat **sich** am frühen Morgen ein schwerer Unfall **ereignet**. Ein Auto fuhr gegen einen Baum und **überschlug sich**.

쾰른 거리에서 이른 아침에 큰 사고가 발생했다. 차량 한 대가 나무에 부딪히고 전복되었다.

▸ ... hat **sich** ... ereignet

4격 재귀동사 sich eignen ‘(사건 등이) 발생하다, 일어나다’ (타동사 ereignen은 없음!)

※ 주어 “ein schwerer Unfall”은 **er**에 해당함. ⇒ 4격 재귀대명사 **sich**

▸ ... und überschlug **sich**

4격 재귀동사 sich überschlagen ‘뒤집어지다’ (타동사 überschlagen은 재귀동사와 무관한 의미!)

※ 주어 “Ein Auto”는 **es**에 해당함. ⇒ 4격 재귀대명사 **sich**

♣ Ein Auto [1]**fuhr** ... und [2]**überschlug** sich ...

1. 동사 fahren의 **과거** 시제 : 주어 "Ein Auto"는 **es**에 해당함. ⇒ **fuhr_** ☞ 95
2. 동사 überschlagen의 **과거** 시제 : 주어 "Ein Auto"는 **es**에 해당함. ⇒ über**schlug_** ☞ 60, 95

177 외국 관광지에서 추태를 부리는 독일인 관광객들을 비판하는 칼럼에서 :

Sie sind laut, spießig und unverschämt - sie sind unsere Reisebegleiter. Manchmal muss man **sich** im Ausland **schämen**, ebenfalls ein Tourist zu sein. [...]

그들은 시끄럽고 소시민적이며 파렴치하다. - 그들은 우리의 여행 동행자들이다. 때때로 우리는 외국에서 우리들 역시 관광객이라는 점이 창피하지 않을 수 없다.

▸ ... muss ... **sich** ... schämen ...

4격 재귀동사 sich schämen '창피하다' (**타동사** schämen은 **없음**!)

※ 주어 man은 **er**에 일치함. ⇒ 4격 재귀대명사 **sich**

178 Tod, Krankheit, Terror – das sind die Dinge, vor denen **sich** die Menschen weltweit am meisten **fürchten**. Die Schweden und Griechen **sorgen sich** am meisten um die Umwelt. [...]

죽음, 질병, 테러 - 이것들은 전 세계적으로 사람들이 가장 많이 두려워하는 것들이다. 스웨덴과 그리스 사람들은 환경을 가장 많이 걱정한다. [...]

▸ ... , vor denen **sich ...** fürchten

4격 재귀동사 sich vor etw.[3] fürchten '*무엇을* 두려워하다'

(**타동사** fürchten은 재귀동사와 **무관**한 의미!)

※ 주어 "die Menschen"은 **복수**의 **sie**에 해당함. ⇒ 4격 재귀대명사 **sich**

♣ ... die Dinge, [1]vor **denen** ... [2]**am meisten** fürchten

1. **복수 3격** 관계대명사 **denen** : **복수**명사 "... Dinge"가 선행사, 전치사 vor의 **3격** 목적어 ☞ 140
2. **최상급** 비교 형식 「**am** + 최상급 **-en**」 : "**am meisten**" ⇒ **부사적** 용법 : 문장의 동사를 수식 ☞ 194

▸ ... sorgen **sich** ... um die Umwelt

4격 재귀동사 sich um etw. sorgen '*무엇을* 걱정하다 (**타동사** sorgen은 **없음**!)

※ 주어 "Die Schweden und Griechen"은 **복수**의 **sie**에 해당함. ⇒ 4격 재귀대명사 **sich**

65. 재귀대명사 & 재귀동사 (5) : 3격 재귀동사 유형 "sich³ etw. kaufen"

Ich kaufe mir ein Auto. '나는 차를 한 대 산다.'

↓

타동사 j-m etw. kaufen '*누구*에게 *무엇*을 사주다'

⇒ **3격 재귀동사** sich³ etw. kaufen

('자기 자신에게 *무엇*을 사주다', 즉) '(자신을 위해) *무엇*을 사다'

---

179 [...] Als junger Mann träumte der Künstler davon, ein Segelflugzeug zu fliegen. Heute **wünscht** er **sich**, noch möglichst lange mit seiner Frau zusammen sein zu können.

젊은 남자로서 그 예술가는 글라이더를 타고 날아가는 것을 꿈꾸었다. 오늘날 그는 가능한 한 오랫동안 계속 그의 아내와 함께 할 수 있기를 소원한다.

▸ ... wünscht ... **sich**, ...

타동사 j-m etw. wünschen '*누구*에게 *무엇*을 소원하다'

⇒ **3격 재귀동사** sich³ etw. wünschen

('자기 자신에게 *무엇*을 소원하다', 즉) '(자신을 위해) *무엇*을 소원하다'

※ 주어가 **er** ⇒ 3격 재귀대명사 **sich**

♣ ... wünscht ... sich, ... sein zu können

화법조동사 구문 "**können** ... sein"의 **zu-부정사** : "... sein **zu können**" ☞ 125

⇒ zu-부정사의 명사적 용법 : 3격 재귀동사 sich etw.³ wünschen의 **4격 목적어** ☞ 116

180 [...] Wie aber gelingt es den Tieren, ihre Ziele zu finden? Die gleiche Frage **stellen sich** Biologen auch, wenn sie beobachten, wie Ameisen ihr Nest, Bienen ihren Stock und Fledermäuse ihre Höhle nach weiten Ausflügen wiederfinden. [...]

그런데 이 동물들에게 자신들의 목적지를 발견하는 것이 성공적으로 이루어지는 것은 어떻게 해서일까? 어떻게 개미들이 자신들의 둥지를, 꿀벌들이 자신들의 꿀벌상자를, 그리고 박쥐들이 자신들의 동굴을 멀리 나들이 한 후에 다시 찾게 되는지를 관찰하게 될 경우, 생물학자들 역시 스스로에게 동일한 질문을 던지게 된다.

▸ Die gleiche Frage stellen **sich** ...

타동사 j-m eine Frage stellen '*누구*에게 질문을 던지다'

⇒ 3격 재귀동사 sich[3] eine Frage stellen ('자기 자신에게 질문을 던지다', 즉) '자문하다'

※ 주어 "Biologen"은 복수의 **sie**에 해당함. ⇒ 3격 재귀대명사 **sich**

♣ ... beobachten, [1]**wie** ... [2]*wieder*finden

1. 의문사 **wie**-부문장 ⇒ 앞에 나온 타동사 beobachten의 목적어 ☞ 186
2. 분리동사 *wieder*finden ⇒ 의문사 **wie**-부문장 안에서 후치됨. (분리전철은 분리되지 않음.) ☞ 57

181 Nach dem Abitur begann er, Kunst zu studieren. Nebenbei **verdiente** er **sich** ein bisschen Geld **dazu**, indem er mit seiner Band auftrat. [...]

아비투어 시험 후에 그는 미술을 공부하기 시작했다. 이와 더불어 그는 자신의 음악 밴드와 함께 (방송 등에) 출연함으로써 약간의 돈을 추가로 벌었다.

▸ ... verdiente ... **sich** ein bisschen Geld *dazu* ...

타동사&분리동사 etw. *dazu*verdienen '*무엇*을 추가로 벌다'

⇒ 3격 재귀동사&분리동사 sich[3] etw. *dazu*verdienen '(자신을 위해) *무엇*을 추가로 벌다'

※ 주어가 **er** ⇒ 3격 재귀대명사 **sich**

※ 분리동사 *dazu*verdienen의 과거 시제 ⇒ 분리전철 *dazu*-가 분리되어 문장 맨 뒤에 옴. ☞ 55

♣ ... , indem er ... ***auf***trat

분리동사 *auf*treten의 과거 시제 : 주어가 **er** ⇒ 과거형 *auftrat*가 추가 어미 없이 *auftrat_* ☞ 95
(종속접속사 **indem**-부문장 안에서 후치됨. ⇒ 분리전철은 분리되지 않음 : "... *auftrat*" ☞ 57)

182 한 등산객이 조난 사고를 당하고 며칠 뒤에 구조된 사건을 다룬 기사에서 :

[...] Um nicht zu verdursten, sammelte er Tauwasser in einer Flasche. Um nicht ununterbrochen stehen zu müssen, **baute** er **sich** aus seinen Wanderstöcken einen Sitz. Tagsüber schrie er um Hilfe, nachts versuchte er, nicht einzuschlafen. [...]

목이 말라 죽지 않도록 하기 위해 그는 이슬 물을 병 안에 모았다. 계속 서 있어야 할 필요가 없도록 하기 위해 그는 자신의 등산지팡이들로부터 의자를 만들어 세웠다. 낮 동안에는 도와달라고 외쳤으며, 밤에는 잠들지 않으려고 노력했다.

▸ ... , baute ... **sich** ... einen Sitz

타동사 etw. bauen '*무엇*을 짓다, 세우다'

⇒ 3격 재귀동사 sich[3] etw. bauen '(자신을 위해) *무엇*을 짓다, 세우다'

※ 주어가 **er** ⇒ 3격 재귀대명사 **sich**

♣ **Um** ... stehen **zu** müssen, ...

화법조동사 문장 "**müssen** ... stehen"의 **zu**-부정사 형식 「**um** ... **zu** 동사 원형」 ☞ 122, 125

66. 재귀대명사 & 재귀동사 (6) : 3격 재귀동사 유형 "sich³ etw. ansehen"

Du bildest **dir** das *ein*. '너는 그것을 잘못 상상하고 있어.'
↓
3격 재귀동사 sich³ etw. *ein*bilden '*무엇을* (잘못) 상상하다' (**타동사** *ein*bilden은 **없음**)

---

183 Hast du **dir** schon mal **vorgestellt**, wie es wäre, unsichtbar zu sein? So wie Harry Potter mit seinem Tarnumhang überall hingehen zu können, ohne dass man gesehen und erwischt wird?

눈에 보이지 않는 것이 어떨지를 너는 한번 상상해 본 적이 있느냐? 위장 망토를 걸친 해리포터처럼 그렇게 눈에 보여 붙잡히게 되지 않고 이곳저곳 모든 곳으로 갈 수 있는 것 말이야?

▸ Hast ... **dir** ... *vor*gestellt, wie es wäre, ...

3격 재귀동사 sich³ etw. *vor*stellen '*무엇을* 생각하다, 상상하다'

(**타동사** *vor*stellen은 재귀동사와 연관 **없음** : j-m etw. *vor*stellen '*무엇을* 소개하다')

※ 주어가 **du** ⇒ 3격 재귀대명사 **dir**

※ 의문사 **wie**-부문장 "wie es wäre" ⇒ 3격 재귀동사 sich³ etw. *vor*stellen의 4격 **목적어** ☞ 186
(동사 w*ä*re ⇒ 동사 sein의 **접속법 II** 형태 ☞ 209)

184 Wie viele Menschen arbeitslos sind, das schwankt auch je nach Jahreszeit. Im Sommer gibt es weniger, im Winter mehr Arbeitslose. Wenn man **sich** die Arbeitslosenzahlen **ansieht**, muss man also immer das Wetter im Blick haben.

얼마나 많은 사람들이 실업자인지, 이는 계절에 따라서도 변동한다. 여름에는 더 적은 수의 실업자들이 있고, 겨울에는 더 많은 실업자들이 있다. 따라서 만약에 실업자의 숫자를 주시한다면 항상 날씨를 시야에서 놓치지 않아야만 한다.

▸ Wenn ... **sich** die Arbeitslosenzahlen *an*sieht, ...

3격 재귀동사 sich³ etw. *an*sehen '*무엇을* 바라보다, 관람하다'

(**타동사** *an*sehen은 재귀동사와 연관 **없음** : j-m etw. *an*sehen '*누구*에게서 *무엇을* 알아채다')

※ 주어 man은 **er**에 일치함. ⇒ 3격 재귀동사 **sich**

※ 분리동사 *an*sehen의 **현재** 시제 : 기본 동사 sehen의 어간 모음 e → **ie** 변화하여 *ansieht* ☞ 91
(종속접속사 **wenn**-부문장 안에서 **후치**됨. ⇒ 분리전철 *an*-은 분리되지 **않음**. ☞ 57)

67. 재귀대명사 & 재귀동사 (7) : 「전치사 + 재귀대명사」

Ich nehme es auf **mich**. '나는 그것을 감수한다.'

↓

etw. **auf** sich[4] nehmen '*무엇을* 감수하다'

Die Idee an **sich** ist nicht schlecht. '그 아이디어 자체는 나쁘지 않다.'

↓

etw. **an** sich[3] '*무엇* 그 자체'

---

185 Die Forderung nach hundertprozentiger Offenheit und Ehrlichkeit ist einer der Hauptirrtümer über die Liebe. Völlige Ehrlichkeit ist weder möglich noch erstrebenswert. Denn oft ist es besser für die Beziehung, wenn die Partner ihre Meinung **für sich** behalten.

100%의 정직함과 솔직함을 요구하는 것은 사랑에 관한 주된 오류들 중의 하나이다. 완벽하게 솔직한 것은 가능하지도 않으며, 노력할만한 가치가 있는 것도 아니다. 왜냐 하면 연인들이 자신의 생각을 홀로 간직할 경우, 이것이 그 관계를 위해 더 유익할 때가 빈번하기 때문이다.

▸ ... , wenn ... für **sich** behalten

für sich[4] '혼자, 홀로'

186 Südkorea hat in der Bildungspolitik eine beachtliche Entwicklung **hinter sich**. 1960 entsprach die Wirtschaftsleistung des Landes der Afghanistans. Heute ist Korea eine Hochtechnologie-Ökonomie und auf dem dritten Platz der OECD beim Bildungsstand der 25- bis 34-Jährigen. Diese Dynamik ist das Ergebnis massiver Investitioen.

남한은 교육정책에서 눈에 띄는 성장을 겪었다. 1960년 이 나라의 경제적 성과는 아프가니스탄의 그것에 일치했었다. 오늘날 한국은 첨단기술 경제이며, 25세부터 34세까지의 교육 수준에서는 OECD의 세 번째 위치에 있다. 이러한 동력은 강력한 투자들의 결과이다.

▸ ... hat ... eine beachtliche Entwicklung hinter **sich**

etw. **hinter** sich[3] haben '*무엇을* (이미) 경험하다, 겪다'

68. 재귀대명사 & 재귀동사 (8) : 재귀대명사의 위치

Darüber haben sich viele Leute gefreut. '그것에 대해 많은 사람들이 기뻐했다.'
↓
어순 : 4격 재귀대명사 sich ⇒ 명사 주어 "viele Leute"보다 앞에 옴.
(4격 재귀동사 sich über etw.[4] freuen '*무엇*에 대해 기뻐하다')

Das stelle ich mir anders vor. '그것을 나는 다르게 생각하고 있다.'
↓
어순 : **3격** 재귀대명사 mir ⇒ 대명사 주어 ich보다 뒤에 옴.
(3격 재귀동사&분리동사 sich[3] etw. *vor*stellen '*무엇*을 생각하다')

---

187 [...] Sein Werk umfasst insgesamt mehr als 25 Sachbücher und Romane. Darin hat er **sich** häufig scharfzüngig mit der amerikanischen Politik auseinandergesetzt. [...]

그의 작품은 총 25 편이 넘는 논픽션 서적들과 소설들을 포함하고 있다. 이 안에서 빈번히 그는 신랄하게 비판하며 미국 정치에 몰두했다.

▸ ... hat er **sich** ... *auseinander*gesetzt

어순 : 4격 재귀대명사 sich ⇒ 대명사 주어 er보다 뒤에 옴.

(4격 재귀동사 & 분리동사 sich mit etw. *auseinander*setzen '*무엇*에 몰두하다')

※ 재귀동사 & 분리동사 *auseinander*setzen의 현재완료 「**haben** ... p.p」 ☞ 103

188 [...] Bislang hielten **sich** die britischen Zeitungen noch zurück. Doch nun kündigt das Revolverblatt „Sun" an, die Nacktbilder von Prinz Harry abdrucken zu wollen. [...]

지금까지는 영국의 신문들이 계속 자제했었다. 그러나 이제는 Harry 왕자의 나체 사진들을 인쇄하려 한다고 통속적 저널인 "Sun"이 공표하고 있다.

▸ ... hielten **sich** die britischen Zeitung ... *zurück*

어순 : 4격 재귀대명사 sich ⇒ 명사 주어 "die ... Zeitungen"보다 앞에 옴.

(4격 재귀동사&분리동사 sich *zurück*halten '소극적이다, 자제하다')

※ 분리동사 *zurück*halten의 과거 시제 :
주어 "... Zeitung**en**"은 복수의 **sie** ⇒ halten의 과거형 **hielt**에 추가로 어미 **-en**이 붙어 **hielten** ☞ 95
(분리전철 *zurück*-이 분리되어 문장 맨 뒤에 옴. ☞ 55)

69. 재귀대명사 & 재귀동사 (9) : 재귀대명사가 '서로'를 뜻하는 경우

Wir verstehen **uns** gut. '우리는 서로를 잘 이해하고 있다.'

↓

주어 wir는 **복수** ⇒ 4격 **재귀대명사** uns는 '서로서로'를 뜻함.

Die Leute helfen **sich** gegenseitig. '그 사람들은 서로 돕고 있다.'

↓

주어 "Die Leute"는 **복수** ⇒ 3격 **재귀대명사** sich는 '서로서로'를 뜻함.

(**3격** 재귀대명사가 '서로서로'를 뜻할 경우 ⇒ 보통 **gegenseitig** 혹은 **einander**와 함께 옴.)

---

189 [...] Als die Mauer 27 Jahre später, am 9. November 1989, geöffnet wurde, war die Freude groß. Die Menschen, die so lange voneinander getrennt waren, nahmen **sich** weinend in die Arme und feierten die Wiedervereinigung von Berlin und von ganz Deutschland.

그 장벽이 27 년 뒤에, 즉 1989년 11월 9일에 열렸을 때, 그 기쁨은 컸다. 그렇게 오랫동안 서로 헤어져 있었던 사람들은 울면서 서로 품에 안았고, 베를린과 독일 전체의 재통일을 축하했다.

▸ Die Menschen ... nahmen **sich** ...

주어 "Die Menschen"은 **복수** ⇒ 4격 **재귀대명사** sich는 '서로서로'를 뜻함.

190 In einigen Ländern, vor allem in den USA und in Großbritannien, ist der 14. Februar der Tag der Liebenden. Auch in Deutschland feiern heute viele Menschen ihre Liebe und schenken **sich** gegenseitig Schokolade, Blumen oder Gedichten.

몇몇 국가들, 특히 미국과 영국에서는 2월 14일이 사랑하는 사람들의 날이다. 독일에서도 요즈음은 많은 사람들이 그들의 사랑을 축하하면서, 서로에게 초콜릿이나 꽃, 혹은 시를 선물한다.

▸ ... viele Leute ... und schenken **sich** gegenseitig ...

주어 "viele Leute"는 **복수** ⇒ 3격 **재귀대명사** sich는 '서로서로'를 뜻함.

(**3격** 재귀대명사 sich가 '서로서로'를 뜻함. ⇒ **gegenseitig**와 함께 옴.)

70. '서로서로'를 뜻하는 상호대명사 einander

Wir lieben **einander**. '우리는 서로를 사랑한다.'

↓

j-n lieben '누구를 사랑하다' ⇒ **einander** lieben '서로를 사랑하다'

즉, 상호대명사 **einander**는 타동사 lieben의 4격 목적어

Die beiden reden oft mit**einander**. '그 둘은 자주 서로 대화한다.'

↓

mit **j-m** '누구와 함께' ⇒ mit**einander** '서로(와) 함께'

즉, 상호대명사 **einander**는 3격 전치사 mit의 목적어

(상호대명사 **einander**와 전치사는 붙여서 표기 : mit**einander**)

---

191 Wenn Sie in der Kirche heiraten, so feiern Sie, dass Sie **einander** kennen gelernt und sich entschieden haben, in schönen und schweren Stunden gemeinsam durchs Leben zu gehen.

만약 당신들이 교회에서 결혼식을 올린다면, 당신들은 서로를 사귀었고, 그래서 아름다운 시간들과 어려운 시간들에 함께 인생을 헤쳐 나가기로 결심하였음을 축하하게 되는 것이다.

▸ ... , dass ... **einander** *kennen* gelernt (haben) und ...

j-n *kennen* lernen '누구를 사귀다' ⇒ **einander** *kennen* lernen '서로(를) 사귀다'

즉, 상호대명사 **einander**는 타동사 *kennen* lernen의 **4격 목적어**

※ 동사 *kennen* lernen ⇒ 분리동사처럼 분리되는 특성을 지님. ☞ 59

※ 타동사 *kennen* lernen의 현재완료 "**haben** ... *kennen* **ge**lern**t**"

⇒ 종속접속사 **dass**-부문장 안에서 후치됨 : "... *kennen* **ge**lern**t** (**haben**) und ..." ☞ 136

♣ ... , dass ... *kennen* gelernt und [1]sich entschieden **haben**, ... [2]**zu** gehen

1. **4격 재귀동사** sich entscheiden의 현재완료 "**haben** sich entschieden"

⇒ 종속접속사 **dass**-부문장 안에서 후치됨 : "sich entschieden **haben**" ☞ 136

2. 동사 gehen의 **zu-부정사** "... **zu** gehen" ⇒ 잠재적으로 올 수 있는 da**für**의 목적어 :

"sich (da**für**) entscheiden, ... **zu** gehen" ☞ 118

192 Verliebt sein ist schön. Und noch schöner ist es, wenn zwei Menschen **ineinander** verliebt sind.

사랑에 빠지는 것은 아름다운 일이다. 그리고 더욱 더 아름다운 일은, 두 사람이 서로서로 사랑에 빠지는 경우이다.

▸ ... , wenn ... ineinander verliebt sind

in **j-n** verliebt '*누구*와 사랑에 빠져 있다'

⇒ in**einander** verliebt sein '서로(와) 사랑에 빠져 있다'

즉, 상호대명사 **einander**는 3 · 4격 전치사 in의 **4격** 목적어

※ 4격 재귀동사 sich in j-n verlieben '*누구*와 사랑에 빠지다'
⇒ 상태 수동 in j-n verliebt sein '*누구*와 사랑에 빠져 있다' ☞ 156

193 In einer überfüllten S-Bahn hocken viele Menschen dicht **beieinander**, die sich gegenseitig infizieren können.

꽉 찬 전차 안에서는 많은 사람들이 서로서로 옆에 밀착하여 웅크리고 앉아 있는데, 이들은 서로에게 병을 전염시킬 수 있다.

▸ ... hocken ... beieinander ...

bei **j-m** hocken '*누구* 옆에 웅크리고 앉다' ⇒ bei**einander** hocken '서로 옆에 웅크리고 앉다'

즉, 상호대명사 **einander**는 **3격** 전치사 bei의 목적어

♣ ... , die sich gegenseitig infizieren können

주어가 복수 관계대명사 **die** ⇒ 4격 재귀대명사 sich는 '서로서로'를 뜻함. ☞ 69

194 Im Laufe der Jahrhunderte ist um den Valentinstag ein richtiges Wirrwarr entstanden. Die Ereignisse und Geschichten haben sich alle **miteinander** vermischt und sind heute kaum mehr **auseinander** zu halten.

수백 년이 흐르는 가운데 발렌타인데이를 둘러싸고 진정한 혼란이 발생했다. 사건들과 이야기들 모두가 서로서로 함께 섞여서, 오늘날 더 이상은 좀체 서로 분리될 수 없다.

▸ ... haben sich ... miteinander vermischt und ...

sich mit **etw.** vermischen '*무엇*과 섞이다' ⇒ sich mit**einander** vermischen '서로(와) 섞이다'

즉, 상호대명사 **einander**는 **3격** 전치사 mit의 목적어

※ 타동사 etw. mit etw. vermischen '*무엇*을 *무엇*과 섞다'
⇒ 4격 재귀동사 **sich** mit etw. vermischen ('자기 자신을 *무엇*과 섞다, 즉) '*무엇*과 섞이다' ☞ 62

▸ ... auseinander zu halten

aus **etw.** '*무엇*으로부터' ⇒ aus**einander** '서로로부터'

즉, 상호대명사 **einander**는 **3격** 전치사 aus의 목적어

♣ ... und **sind** ... auseinander **zu** halten

zu-부정사의 관용적 형식「**sein** ... **zu** 타동사 원형」'... 될 수 있다' ☞ 123

71. 화법조동사 (1) : 현재 시제

Ich **kann** nicht gut singen. '나는 노래를 잘 하지 못한다.'
↓
화법조동사 **können**의 현재 시제 : 주어 ich는 단수 ⇒ 불규칙 변화 형태 **kann**

Müssen wir jetzt beginnen? '우리는 지금 시작해야 하나?'
↓
화법조동사 **müssen**의 현재 시제 : 주어 wir는 복수 ⇒ 규칙 변화 형태 müss*en*

---

195 [...] Der Franzose **will** im Juli mit einem ultraschnellen Segelboot den Pazifik in Rekordzeit überqueren. Ein gefährliches Unterfangen, mit dem er den Segelsport revolutionieren **will**.

그 프랑스인은 7월에 극도로 빠른 요트를 타고 태평양을 기록적인 시간으로 횡단하려고 한다. 위험한 시도로서, 이를 통해 그는 요트 스포츠에 혁명을 일으키려고 한다.

▸ Der Franzose **will** ... überqueren

화법조동사 **wollen**의 현재 시제 : 주어 "Der Franzose"는 단수 ⇒ 불규칙 변화 형태 **will**

▸ ... , mit dem er ... revolutionieren **will**

화법조동사 **wollen**의 현재 시제 : 주어 er는 단수 ⇒ 불규칙 변화 형태 **will**

※ 화법조동사 문장 "**will** ... revolutionieren" ⇒ 관계대명사 부문장 안에서 후치됨 :
"... revolutionieren **will**" ☞ 79

♣ Ein gefährliches Unterfangen, mit **dem** ... revolutionieren will

중성 **3격** 관계대명사 **dem** : 중성명사 "... Unterfangen"이 선행사, **3격** 전치사 mit의 목적어 ☞ 139

196 [...] Wer den Erfolg im Job sucht, **muss** die Konsequenzen kennen. Erst wenn man weiß, welche Opfer Karriere fordert, **kann** man abschätzen, ob man sie **will**.

직업에서 성과를 추구하는 사람은 그 필연적 결과를 알아야만 한다. 경력이 어떤 희생을 요구하는지를 알아야만 비로소 자신이 그 경력을 원하는지 여부를 평가할 수 있다.

▸ Wer ... sucht, **muss** ... kennen

화법조동사 **müssen**의 현재 시제 : 주어 "Wer ... sucht"는 단수 ⇒ 불규칙 변화 형태 **muss**

▸ ... , **kann** man ... *ab*schätzen, ...

화법조동사 **können**의 현재 시제 : 주어 man은 단수 er에 일치 ⇒ 불규칙 변화 형태 **kann**

※ 분리동사 *ab*schätzen이 화법조동사 kann과 함께 문장 맨 뒤에 원형으로 옴.
⇒ 분리전철 *ab*-은 분리되지 않음. ☞ 57

♣ ... , ob man ... **will**

타동사인 **wollen**의 현재 시제 : 주어 man은 단수 er에 일치 ⇒ 불규칙 변화 형태 **will** ☞ 78

197 미국 Denver의 한 대학교에서 벌어진 총격 사건에 관한 기사에서 :

Wenige Wochen nach dem Attentat von Denver entbrennt an der Universität des Attentäters eine Diskussion: **Darf** ein Dozent sein Seminar beenden, weil ein Student eine Waffe trägt?

덴버 시의 살해 사건 이후 몇 주일 지나지 않아서 그 살해자의 대학교에서는 한 토론이 불붙고 있다 : 어떤 학생이 무기를 소지하고 있다는 이유 때문에 강사가 자신의 세미나를 끝내도 될까?

▸ ... : **Darf** ein Dozent ... beenden, ...?

화법조동사 **dürfen**의 현재 시제 : 주어 "ein Dozent"는 단수 ⇒ 불규칙 변화 형태 **darf**

198 Der Unterricht läuft immer dann besonders gut, wenn sich die Schüler einem Thema ganz nach ihren individuellen Fähigkeiten nähern **können**. Damit das gelingt, **müssen** wir ihnen möglichst viele verschiedene Möglichkeiten eröffnen und eine vielfältige Lernumgebung bieten.

만약 학생들이 완전히 자신의 개인적 능력에 따라 한 주제에 다가갈 수 있게 되면, 그러면 항상 그 수업은 특별히 잘 진행된다. 이것이 성공적으로 이루어지도록 우리는 그들에게 가능한 한 여러 가지 많은 가능성들을 열어주고, 다양한 학습 환경을 제공해야만 한다.

▸ ... , wenn ... die Schüler ... nähern **können**

화법조동사 **können**의 현재 시제 : 주어 "die Schüler"는 복수 ⇒ 규칙 변화 형태 könn*en*

※ 화법조동사 문장 "**können** ... nähern" ⇒ **wenn**-부문장 안에서 후치됨 : "... nähern **können**" ☞ 79

♣ ... , wenn **sich** ... einem Thema ... **nähern** können

4격 재귀동사 sich etw.[3] nähern '*무엇*에 접근하다' (타동사 nähern은 거의 사용되지 않음.) ☞ 64

▸ ... , **müssen** wir ... eröffnen und ... bieten

화법조동사 **müssen**의 현재 시제 : 주어 wir는 복수 ⇒ 규칙 변화 형태 müss*en*

72. 화법조동사 (2) : 과거 시제

Er **konnte** das Buch lesen. '그는 그 책을 읽을 수 있었다.'
↓
화법조동사 **können**의 과거 시제 : 주어가 **er** ⇒ 과거형 **konnte**가 어미 없이 그대로 **konnte_**

Wir **wollten** nach Hause gehen. '우리는 집으로 가려고 했다.'
↓
화법조동사 **wollen**의 과거 시제 : 주어가 **wir** ⇒ 과거형 **wollte**에 어미 **-n**이 붙어 **wollten**

---

199 Der bayerische Filmemacher **wollte** mit „Bavaria" einen Liebesfilm über seine Heimat drehen. Es ist ihm gründlich missglückt.

그 바이에른의 영화 제작자는 "바바리아"를 통해 자신의 고향에 관한 애정 영화를 찍으려고 했다. 이것이 그에게 완전히 실패로 끝났다.

▸ Der bayerische Filmemacher **wollte** ... drehen : ...

화법조동사 **wollen**의 과거 시제 : 주어 "... Filmemacher"는 **er**에 해당함. ⇒ **wollte_**

200 [...] Eigentlich **wollten** sie Fische fangen, dann **mussten** sie sich selbst aus dem Teich angeln lassen: Zwei Männer sind im oberfränkischen Hof so tief im Schlamm eines abgelassenen Gewässers versunken, dass die Feuerwehr sie mit einem Seil herausziehen **musste**.

원래 그들은 물고기들을 잡으려고 했는데, 그들은 자신들 스스로가 연못으로부터 낚여져야만 했다 : 두 명의 남자가 오버프랑켄의 호프 지역에서 한 외떨어진 자연 습지의 진흙 안에 아주 깊이 빠져서 소방대가 그들을 밧줄로 끌어내어야만 했다.

▸ ... [1]**wollten** sie ... fangen, ... [2]**mussten** sie ... lassen : ...

1. 화법조동사 **wollen**의 과거 시제 : 주어가 복수의 **sie** ⇒ **wollten**
2. 화법조동사 **müssen**의 과거 시제 : 주어가 복수의 **sie** ⇒ **mussten**

▸ ... , dass die Feuerwehr ... *heraus*ziehen **musste**

화법조동사 **müssen**의 과거 시제 : 주어 "... Feuerwehr"는 여성의 **sie** ⇒ **musste_**

※ "**musste** ... *heraus*ziehen" ⇒ **dass**-부문장 안에서 후치됨 : "... *heraus*ziehen **musste**" ☞ 79

※ 분리동사 *heraus*ziehen이 화법조동사 **musste**와 함께 문장 맨 뒤에 원형으로 옴.
⇒ 분리전철 *heraus*-는 분리되지 않음! ☞ 57

73. 화법조동사 (3) : 현재완료 및 과거완료 시제

Er **hat** das Buch lesen **können**. '그는 그 책을 읽을 수 있었다.'

↓

화법조동사 **können**의 **현재완료** 시제 「**haben** ... p.p」 :

동사 원형 lesen이 **있음**. ⇒ p.p형은 **원형** 형태 **können**

Wir **hatten** nach Hause gehen **wollen**. '우리는 집으로 가려고 했었다.'

↓

화법조동사 **wollen**의 **과거완료** 시제 「**hatte** ... p.p」 :

동사 원형 gehen이 **있음**. ⇒ p.p형은 **원형** 형태 **wollen**

〈주의〉 동사 원형이 **없을** 경우 ⇒ p.p형은 **ge-t** 형태 : Wir **haben** nach Hause **gewollt**.

---

201 Die Mannschaft **hat** am 31. Spieltag der Basketball-Bundesliga eine klare Niederlage hinnehmen **müssen**.

그 팀은 농구 연방 리그의 31번 째 경기 날에 명백한 패배를 겪어야만 했다.

▸ ... **hat** ... *hin*nehmen **müssen**, ...

화법조동사 **müssen**의 **현재완료** 시제 「**haben** ... p.p」 :

동사 원형 *hin*nehmen이 **있음**. ⇒ p.p형은 **원형** 형태 **müssen**

※ **분리동사** *hin*nehmen이 화법조동사 **müssen**과 함께 옴. ⇒ 분리전철 *hin*-은 분리되지 **않음**. ☞ 57

202 [...] Ende März **hatten** russische Behörden mehrere deutsche politische Stiftungen durchsuchen **wollen**, was hierzulande auf Empörung stieß. [...]

3월 말 러시아 당국은 독일의 정치적 재단들 몇몇을 수색하려고 했었고, 이는 여기 국내에서 분노에 접하였다.

▸ ... **hatten** russische Behörden ... durchsuchen **wollen**, was ... stieß

화법조동사 **wollen**의 **과거완료** 시제 「**hatte** ... p.p」 :

동사 원형 durchsuchen이 **있음**. ⇒ p.p형은 **원형** 형태 **wollen**

※ 주어 "... Behörd**en**"은 **복수**의 **sie** ⇒ 과거완료 조동사 **hatte**에 어미 **-n**이 붙어 **hatten** ☞ 97

※ **과거완료** 시제 : 뒤에 오는 문장 "was ... **stieß**"(= **과거** 시제)보다 **시간적으로 앞선** 사건 ☞ 112, 113

♣ Ende März hatten ... durchsuchen wollen, **was** ... stieß

관계대명사 **was** ⇒ 밑줄 친 **앞 문장 전체**의 내용을 선행사로 받음. ☞ 146

74. 화법조동사 (4) : 함께 오는 동사 원형 ⇒ 수동태 형식

Das **muss** gleich gestoppt **werden**. '그것은 곧 중단되어야만 한다.'

↓

타동사 stoppen의 수동태 "**werden** ... gestoppt"가 화법조동사 **muss**와 함께 옴.

⇒ 조동사 **werden**은 문장 맨 뒤에 원형으로 옴 : "... gestoppt **werden**"

---

203 한 병원에서 발생한 화재 사건을 다룬 기사에서 :

[...] Drei Patienten aus Nachbarzimmern **konnten** in Sicherheit **gebracht werden**, atmeten aber ebenfalls giftigen Rauch ein und **mussten behandelt werden**.

이웃 병실에 소속된 3 명의 환자는 안전하게 대피시킬 수 있었지만, 마찬가지로 독성의 연기를 흡입했고, 그래서 치료 받아야만 했다.

▸ ... **konnten** ... gebracht **werden**, ...

타동사 bringen의 수동태 "**werden** ... gebracht"가 화법조동사 **konnten**과 함께 옴.

⇒ 조동사 **werden**은 문장 맨 뒤에 원형으로 옴 : "... gebracht **werden**"

▸ ... und **mussten** behandelt **werden**

타동사 behandeln의 수동태 "**werden** ... behandelt"가 화법조동사 **mussten**과 함께 옴.

⇒ 조동사 **werden**은 문장 맨 뒤에 원형으로 옴 : "... behandelt **werden**"

204 [...] Viele Eltern fürchten schädliche Nebenwirkungen, wenn ihr Säugling mit Antibiotika **behandelt werden muss**. Doch manchmal sind die Medikamente unerlässlich. Bei der Verabreichung sollte man aber Vorsicht walten lassen.

만약 자신들의 젖먹이 아기가 항생제로 치료 받아야만 할 경우, 많은 부모들은 해로운 부작용들을 염려하게 된다. 그러나 간혹 그 약품들은 절대적으로 필요하다. 그러나 약품을 주입할 경우 주의 깊게 이루어지도록 해야 할 것이다.

▸ ... , wenn ... behandelt **werden muss**

타동사 behandeln의 수동태 "**wird** ... behandelt"가 화법조동사 **muss**와 함께 옴.

⇒ 조동사 **wird**은 문장 맨 뒤에 원형으로 옴 : "**muss** ... behandelt **werden**"

⇒ 종속접속사 **wenn**-부문장 안에서 후치됨 : "... behandelt **werden muss**"

75. 화법조동사 (5) : 함께 오는 동사 원형 ⇒ 완료 형식

Er **soll** es gemacht **haben**. '그가 그것을 행했다고들 한다.'

↓

「**sollen** ... **완료** 형식」 (소문) '...하였다고 하다'

동사 machen의 **완료** 형태 "**hat** ... gemacht"가 화법조동사 **soll**과 함께 옴.

⇒ 조동사 **hat**은 문장 맨 뒤에 **원형**으로 옴 : "... gemacht **haben**"

Der Mann **will** zu Hause geblieben **sein**. '그 남자는 집에 머물렀다고 주장한다.'

↓

「**wollen** ... **완료** 형식」 (주장) '...하였다고 주장하다'

동사 bleiben의 **완료** 형태 "**ist** ... geblieben"이 화법조동사 **will**과 함께 옴.

⇒ 조동사 **ist**는 문장 맨 뒤에 **원형**으로 옴 : "... geblieben **sein**"

---

205 Jahr für Jahr pilgern Millionen Gläubige in den kleinen französischen Ort Lourdes. Vor vielen Jahren **soll** hier Bernadette Soubirous die Mutter Gottes **gesehen haben**. [...]

해마다 수백만의 신앙인들이 프랑스의 작은 지역인 Lourdes로 성지순례를 간다. 여러 해 전에 여기에서 Bernadette Soubirous가 성모를 보았다고들 한다.

▸ ... **soll** ... Bernadette Soubirous ... gesehen **haben**

동사 sehen의 **완료** 형태 "**hat** ... gesehen"이 화법조동사 **soll**과 함께 옴.

⇒ 조동사 **hat**은 문장 맨 뒤에 **원형**으로 옴 : "... gesehen **haben**"

※ 화법조동사 **sollen**의 **현재** 시제 :
주어 "Bernadette Soubirous"는 **여성**의 **sie** ⇒ **불규칙** 변화 형태 **soll** ☞ 71

206 Kaspar Hauser* **soll** fast völlig isoliert **aufgewachsen sein**. 1828 tauchte er plötzlich in Nürnberg auf. Es gab immer die Vermutung, dass er der Sohn des badischen Großherzogs Karl Ludwig Friedrich war.

카스파 하우저는 거의 완전하게 고립된 채로 성장했다고들 한다. 1823년 그는 갑자기 뉘른베르크에 출현했다. 그가 바덴 지역의 대공인 칼 루트비히 프리드리히의 아들이라는 추측이 항상 있었다.

* Kaspar Hauser : 1823년 독일에 갑자기 나타난 괴소년. 그의 삶과 죽음은 많은 논란을 일으킴

▸ Kaspar Hauser **soll** ... *auf*gewachsen **sein**

분리동사 *auf*wachsen의 **완료** 형태 "**ist** ... *auf*gewachsen"이 화법조동사 **soll**과 함께 옴.

⇒ 조동사 **ist**는 문장 맨 뒤에 **원형**으로 옴 : "... *auf*gewachsen **sein**"

※ 화법조동사 **wollen**의 현재 시제 :
주어 "Kaspar Hauser"는 **er**에 해당함. ⇒ 불규칙 변화 형태 **will** ☞ 71
※ 분리동사 *auf*wachsen은 '상태 변화' 자동사 ⇒ 완료 형식 「**sein** ... p.p」 ☞ 108

♣ ... **isoliert** *auf*gewachsen sein

동사 isolieren의 과거분사 isolier**t** ⇒ 부사적 용법 : 뒤에 오는 "*auf*gewachsen sein"을 수식 ☞ 53

♣ **Es** gab ... die Vermutung, ...

비인칭 대명사 **es**의 관용적 형식 「**es** gibt + 4격」의 과거 시제 : "Es **gab**_ ..." ☞ 205

207 Menschenrechtler streiten über die Rolle Bergoglios* zur Zeit der Militärdiktatur. Der neue Papst **will** das Ausmaß des Terrors nicht **gekannt haben**. [...]

인권운동가들은 군사 독재 당시의 Bergoglio의 역할에 대하여 논쟁하고 있다. 새 교황인 그는 그 테러의 규모를 알지 못했다고 주장한다.

* Jorge Mario Bergoglio : 프란치스코 교황의 개인 이름

▸ Der neue Papst **will** ... gekannt **haben**

동사 kennen의 완료 형태 "**hat** ... gekannt"가 화법조동사 **will**과 함께 옴.
⇒ 조동사 **hat**은 문장 맨 뒤에 원형으로 옴 : "... gekannt **haben**"
※ 화법조동사 **wollen**의 현재 시제 : 주어 "... Papst"는 **er**에 해당함. ⇒ 불규칙 변화 형태 **will** ☞ 71

208 Die türkische Armee hat offenbar damit begonnen, ihre Präsenz an der Grenze zu Syrien zu verstärken. Zusätzliche Panzereinheiten **sollen** ins Grenzgebiet **verlegt worden sein**. [...]

아마도 터키 군대는 시리아로 향하는 국경에 자신들이 주둔하고 있는 것을 강화하기 시작한 것으로 보인다. 추가의 탱크 부대들이 국경 지역으로 이동되었다고 한다.

▸ Zusätzliche Panzereinheiten **sollen** ... verlegt worden **sein**

타동사 verlegen의 수동태 완료 형태 "**sind** ... verlegt **worden**"이 화법조동사 **sollen**과 함께 옴.
⇒ 조동사 **sind**는 문장 맨 뒤에 원형으로 옴 : "... verlegt **worden sein**"
※ 화법조동사 **sollen**의 현재 시제 :
주어 "... Panzereinheit**en**"은 복수의 sie ⇒ 규칙 변화 형태 soll*en* ☞ 71
※ 수동태 형식 「**werden** ... p.p」 ☞ 149 ; 수동태 완료 형식 「**sein** ... p.p **worden**」 ☞ 151

♣ ... hat ... **damit** begonnen, ... zu verstärken

「da(*r*)- + 전치사」 형태 **damit** ⇒ 뒤에 오는 **zu-부정사** "... **zu** verstärken"을 지시함. ☞ 168

76. 화법조동사 (6) : 함께 오는 동사 원형 ⇒ 화법조동사 형식

Er **muss** es tun **können**. '그는 그것을 행할 수 있어야만 한다.'

↓

화법조동사 구문 "Er **kann** ... tun"이 화법조동사 **muss**와 함께 옴.

⇒ 화법조동사 **kann**은 문장 맨 뒤에 원형으로 옴 : "... tun **können**"

---

209 Ein bekannter indischer Schauspieler hat sein ganzes Geld gespendet, das er bei seinem letzten Film verdient hatte. Mehr Kinder in Indien **sollen** jetzt Geburtsurkunden bekommen **können**.

인도의 한 유명한 배우가 자신의 마지막 영화에서 벌었었던 돈을 모두 기부했다. (그가 원하는 바로서) 이제는 더 많은 인도 아이들이 출생증명서를 받을 수 있어야 한다.

▸ Mehr Kinder ... **sollen** ... bekommen **können**

화법조동사 구문 "Mehr Kinder ... **können** ... bekommen"이 화법조동사 **sollen**과 함께 옴.

⇒ 화법조동사 **können**은 문장 맨 뒤에 원형으로 옴 : "... bekommen **können**"

※ 화법조동사 **sollen**의 현재 시제 : 주어 "... Kinder"는 복수의 **sie** ⇒ 규칙 변화 형태 **sollen** ☞ 71

210 TV 연속극 장기 출연 배우의 인터뷰에서 :

[...] Man darf sich niemals auf der Routine ausruhen. Man **muss** sich selbst immer wieder überraschen **können**. Ich möchte auf gute Geschichten für meine Fernsehfigur hoffen und weiter versuchen, tolle, spannende Folgen zu produzieren. [...]

우리는 결코 익숙함에 안주해서는 안 된다. 우리는 줄곧 계속해서 우리 자신을 놀라게 할 수 있어야만 한다. 나는 나의 TV 극중 인물에게 알맞은 좋은 이야기들을 희망하고 싶으며, 멋지고 흥미진진한 연속 편들을 제작하려고 계속 노력하고 싶다.

▸ Mann **muss** ... überraschen **können**

화법조동사 구문 "Man **kann** ... überraschen"이 화법조동사 **muss**와 함께 옴.

⇒ 화법조동사 **kann**은 문장 맨 뒤에 원형으로 옴 : "... überraschen **können**"

※ 화법조동사 **müssen**의 현재 시제 : 주어 man은 단수인 **er**에 일치 ⇒ 불규칙 변화 형태 **muss** ☞ 71

♣ Man ... **sich** selbst ... überraschen ...

sich는 주어 man의 **4격** 재귀대명사 ⇒ 타동사 überraschen의 **4격** 목적어

('... 자신'을 뜻하며 **selbst**와 함께 옴. ☞ 61)

77. 화법조동사 (7) : 동사 원형이 생략되는 경우

Ich **kann** nicht nach Hause (gehen). '나는 집으로 갈 수 없다.'

↓

앞에 '방향' 부사어 nach Hause('집으로')가 옴.

⇒ '장소 이동' 동사 원형 gehen은 생략 가능!

---

211 Am 6. Mai 1994 wurde der Eurotunnel eröffnet - eine unterirdische Verbindung zwischen England und Frankreich. Bevor der Tunnel eröffnet wurde, war es so: Wer von England nach Frankreich **wollte** oder umgekehrt, musste ein Schiff nehmen, hinüber fliegen oder sehr gut schwimmen können.

1994년 5월 6일 유로터널(= "채널 터널")이 개통되었다. - 영국과 프랑스 사이의 지하 연결이다. 이 터널이 개통되기 전에는 다음과 같았다 : 영국으로부터 프랑스로 혹은 그 역 방향으로 가려고 했던 사람은 배를 타든지, 비행기로 날아서 건너가든지, 아니면 아주 잘 수영할 수 있어야만 했다.

▸ ... : Wer ... nach Frankreich **wollte** ... , musste ...

'방향' 부사어 nach Frankreich('프랑스로')가 있음. ⇒ '장소 이동' 동사 gehen, fahren ... 생략!

♣ Wer ... , [1]**musste** ... nehmen, ... fliegen oder ... [2]schwimmen **können**

1. 화법조동사 **müssen**의 과거 시제 : 주어인 관계대명사 wer는 **er**에 일치 ⇒ **musste_** ☞ 72
   (화법조동사 musste는 세 개의 동사 원형과 함께 옴 : nehmen 및 fliegen, 그리고 können)
2. "**kann** ... schwimmen"이 화법조동사 **müsste**와 함께 옴 : "... schwimmen **können**" ☞ 76

212 [...] Nach dem Spiel ist er direkt nach München zurückgefahren. „Viele von uns haben gleich wieder zur Arbeit **gemusst**", hat der treue Fan des FC-Bayern München gesagt. [...]

그 경기 후 그는 곧바로 뮌헨으로 되돌아갔다. "우리들 중 많은 이들이 곧 다시 일하러 가야만 했거든요." 라고 그 충실한 FC 바이에른 뮌헨의 팬은 말했다.

▸ ... haben ... zur Arbeit **gemusst ...**

'방향' 부사어 zur Arbeit('직장으로')가 있음. ⇒ '장소 이동' 동사 gehen, fahren ... 생략!

※ 화법조동사 구문 "**müssen** ... zur Arbeit"의 현재완료 시제 : "**haben** ... zur Arbeit **ge**musst"
동사 원형이 없음. ⇒ müssen의 p.p형은 **ge**musst (즉, 원형 형태 **müssen** 아님!) ☞ 73

78. 화법조동사 (8) : 화법조동사 형태의 일반 타동사

Er **will** das Geld. '그는 그 돈을 원한다.'
↓
타동사 etw. **wollen** '*무엇*을 원하다'
("das Geld" ⇒ 타동사 will의 4격 목적어!)

Er **will** das Geld haben. '그는 그 돈을 갖기를 원한다.'
↓
화법조동사 「**wollen** ... 동사 원형」 '... 하려고 하다, ...하기를 원하다'
("das Geld" ⇒ 타동사 **haben**의 4격 목적어)

---

213 음식점, 주점의 전면 금연에 대한 논평에서 :

[...] Wer seinen Schnaps trinkt, **kann** das in aller Ruhe, bis er umfällt. Wenn er nicht gerade randaliert oder zu falsch singt, stört das nicht weiter. Wenn er nur eine Zigarette raucht, werden alle anderen Menschen im Raum belästigt und gefährdet. [...]

자신의 소주를 마시는 사람은 쓰러지기 전까지 그것을 편안하게 할 수 있다. 그가 난동을 부린다거나, 아니면 지나치게 잘못 노래한다거나 하지만 않는다면, 그것은 그 이상 방해가 되지 않는다. 만약 그가 단 한 개라도 담배를 피운다면, 그 공간 안에 있는 다른 사람들 모두가 짜증나게 되고 위험해진다.

▸ Wer ... , **kann** das ...

타동사 etw. **können** '*무엇*을 할 수 있다, *무엇*이 가능하다' ("das"는 타동사 kann의 **4격 목적어**)

※ 타동사 **können**의 **현재** 시제 : 주어인 관계대명사 wer는 **er**에 일치 ⇒ **불규칙** 변화 형태 **kann** ☞ 71

214 Das menschliche Gehirn ist faul. Deshalb **mag** es neue Dinge nicht, denn die sind anstrengender zu verarbeiten. [...]

인간의 두뇌는 게으르다. 그러므로 그것은 새로운 것들을 좋아하지 않는데, 왜냐 하면 이들은 비교적 힘들게 가공될 수 있기 때문이다.

▸ ... **mag** es neue Dinge ...

타동사 etw. **mögen** '*무엇*을 좋아하다' ("neue Dinge"는 타동사 mag의 **4격 목적어**)

※ 타동사 **mögen**의 **현재** 시제 : 주어 es는 **단수** ⇒ **불규칙** 변화 형태 **mag** ☞ 71

79. 화법조동사 (9) : 화법조동사 문장이 후치될 경우

Ich weiß, **dass** er gut singen **kann**. '나는 그가 노래를 잘 한다는 것을 안다.'

↓

화법조동사 구문 "**kann** ... singen"

⇒ 종속접속사 **dass**-부문장 안에서 **후치**됨 : "... singen **kann**"

---

215 Nicht alles, was man neu im Geschäft **kaufen kann**, ist ungefährlich. In manchen Sachen stecken Schadstoffe, die die Gesundheit **gefährden können**.

가게에서 새로 구입하는 것이 모두 다 위험하지 않은 것은 아니다. 몇몇 물건들 안에는 건강을 위협할 수 있는 해로운 물질들이 숨어있다.

▸ ... , was ... kaufen **kann** , ...

화법조동사 구문 "**kann** ... kaufen" ⇒ **관계대명사** was 부문장 안에서 **후치**됨 : "... kaufen **kann**"

♣ ... alles, **was** ...

선행사 **alles**를 받는 관계대명사 **was** ☞ 145

▸ ... , die ... gefährden **können**

화법조동사 구문 "**können** ... gefährden" ⇒ **관계대명사** die 부문장 안에서 **후치**됨 :

"... gefährden **können**"

216 [...] Bei den Zusammenstößen zwischen Christen, Muslimen und Sicherheitskräften sind mehr als 197 Menschen verletzt worden, so dass sie in Krankenhäusern **behandelt werden mussten**. Mehr als 150 weitere Menschen sollen leicht verletzt worden sein.

기독교인들과 이슬람교인들, 그리고 치안 병력 간의 충돌에서 197 명 이상의 사람들이 부상을 입었고, 그 결과로 그들은 치료되어야만 했다. 이 밖의 150 명 이상의 사람들이 가볍게 부상당했다고 한다.

▸ ... , so dass ... behandelt werden **mussten**

화법조동사 **과거** 시제 구문 "**mussten** ... behandelt werden"

⇒ **so dass**-부문장 안에서 **후치**됨 : "... behandelt werden **mussten**"

※ 타동사 behandeln의 **수동태** "**werden** ... behandelt" ⇒ 화법조동사 **과거** 시제 형태 **müssten**과 함께 옴 :

"**mussten** ... behandelt **werden**"

80. 화법조동사 (10) : **müssen vs. sollen**

Er hat keine Wahl. Er **muss** es tun. '선택의 여지가 없어. 그는 그것을 해야 해.'
↓
müssen (강요, 필연) '... 해야 하다'
⇒ '(반드시) ... 해야만 하다' ; '... 하지 않으면 안 되다'

Sag ihm, er **soll** auf mich warten! '나를 기다려야 한다고 그에게 말해 줘.'
↓
sollen (지시, 바램) '...해야 하다'
⇒ '... 하기를 바라다' ; '...하는 것이 좋다'

---

217 [...] Um das Preisgeld von rund 840.000 Euro behalten zu dürfen, **muss** er noch die traditionelle Nobelpreis-Vorlesung halten. [...]

대략 84만 유로의 상금을 유지할 수 있기 위해서는 그는 전통적인 노벨상 연설도 해야만 한다.

▸ ... , **muss** ... halten

노벨상 수상자로서 수행해야 할 의무 사항 : '(반드시) ... 해야만 하다'

♣ **Um** ... behalten **zu dürfen**, muss er ...

화법조동사 구문 "**dürfen** ... behalten"의 **zu-부정사** 형식 「**um** ... **zu** 동사 원형」 ☞ 122, 125

218 Die Europäische Union hat endlich einen Plan aufgestellt, wie das Aussterben der Haie verhindert werden kann. Vor allem **sollen** die Meeresgebiete, wo die Haiweibchen ihre Jungen zur Welt bringen, für die Fischerboote gesperrt werden.

드디어 유럽 연합은 어떻게 하면 상어들의 멸종이 저지될 수 있을지 계획을 세웠다. 무엇보다 상어 암컷들이 자신들의 새끼들을 낳는 해양 지역들은 어업 선박들에게 차단되도록 되어 있다.

▸ ... , **sollen** ... gesperrt werden

유럽 공동체의 계획에 포함된 규정 혹은 조항 : '... 하도록 되어 있다'

※ 타동사 sperren의 수동태 형식 「**werden** ... p.p」 : "**werden** ... gesperrt"
⇒ 화법조동사 **sollen**과 함께 옴 : "**sollen** ... gesperrt **werden**" ☞ 74

♣ ... die Meeresgebiete, **wo** ... bringen, ...

'장소'의 관계부사 **wo** ⇒ 앞의 "die Meeresgebiete"를 선행사로 받음. ☞ 148

219 [...] Kurz nach dem Unglück sagte die britische Band das Konzert ab und forderte ihre Fans auf, nicht zum Veranstaltungsort zu kommen. Ob das Konzert verschoben wird oder ganz ausfallen **muss**, war zunächst unklar. [...]

그 사고 후 곧바로 그 영국 밴드는 콘서트를 취소했고, 자신의 팬들에게 행사 장소로 오지 말라고 요청했다. 이 콘서트가 연기될지, 아니면 완전히 취소되어야만 할지가 처음에는 불투명했다.

▸ Ob ... *aus*fallen **muss**, war ...

콘서트 기획자로서 하지 않을 수 없는 **필연**적 결정 : '(반드시) ... 해야만 하다'

※ 화법조동사 **muss**가 분리동사 *aus*fallen과 함께 옴 : "**muss** ... *aus*fallen"
⇒ 종속접속사 **ob**-부문장 안에서 **후치**됨 : "... *aus*fallen muss" ☞ 79

♣ **Ob** ... *aus*fallen muss, **war** ...

종속접속사 **ob**-부문장 "Ob ... muss" ⇒ 뒤에 오는 **과거** 시제 동사 war의 **주어** ☞ 133
(동사 sein의 **과거** 시제 : 주어인 ob-부문장은 **es**에 해당함. ⇒ 과거형 **war**의 형태는 **war_** ☞ 96)

220 In Trient* rief der Bischof zum Kampf gegen übermäßigen Konsum auf. Dort **sollen** die Gläubigen sonntags auf ihr Auto verzichten. In Venedig** wiederum **sollen** die Katholiken sich mit Leitungswasser begnügen, anstatt Mineralwasser zu trinken. [...]

트렌토에서 그 주교는 지나친 소비에 대한 투쟁을 호소했다. 여기서는 교인들이 일요일에는 자신들의 차량을 포기하도록 되어 있다. 다른 한 편으로 베네치아에서는 가톨릭 교인들이 광천수를 마시는 것 대신에 수돗물에 만족하도록 되어 있다.

* Trient : 이탈리아의 도시 "트렌토" / ** Venedig : 이탈리아의 도시 "베네치아"

▸ ... **sollen** ... verzichten

주교의 호소, 즉 트렌토의 교인들이 이와 같이 행하여 주었으면 하는 주교의 **바램** :
'...하도록 되어 있다'

▸ ... **sollen** ... sich ... begnügen, ...

주교의 호소, 즉 베네치아의 가톨릭 교인들이 행하여 주었으면 하는 주교의 **바램** :
'...하도록 되어 있다'

※ **4격 재귀동사** sich mit etw. begnügen '*무엇*에 만족하다' (타동사 begnügen은 **없음**!) ☞ 64

81. 화법조동사 (11) : dürfen, müssen의 부정문

Er **muss** das Auto **nicht** waschen. '그는 그 자동차를 닦을 필요가 없다.'

↓

화법조동사 **müssen**의 부정문 ⇒ (불필요) '... 할 필요 없다'

Er **darf** heute **kein** Wasser trinken. '그는 오늘 물을 마시면 안 된다.'

↓

화법조동사 **dürfen**의 부정문 ⇒ (금지) '... 해서는 안 되다'

---

221 [...] Menschen, die gerne Fisch essen, **müssen** wegen der Überfischung aber **nicht** auf Fisch verzichten. Sie sollten beim Einkauf aber darauf achten, keine vom Aussterben bedrohten Sorten zu kaufen.

생선을 즐겨 먹는 사람들은 과잉 조업 때문에 생선을 포기할 필요까지는 없다. 하지만 이들은 멸종의 위협에 처해진 종류들을 구입하지 않도록 주의하는 것이 바람직하다.

▸ ... , **müssen** ... **nicht** ... verzichten

화법조동사 **müssen**의 부정문 : '...할 필요 없다'

♣ Menschen, **die** ... essen, ...

복수 1격 관계대명사 **die** : 복수명사 **Menschen**이 선행사, 부문장 안의 주어로서 1격 ☞ 138

222 [...] Im Jugendschutzgesetz steht, dass Kinder unter 16 Jahren **kein** Bier und **keine** Zigaretten und unter 18 **keinen** Alkohol kaufen **dürfen**. Wer Alkohol oder Zigaretten an Kinder verkauft, der macht sich strafbar.

청소년보호법 안에는 16 세 미만의 아이들은 맥주와 담배를, 그리고 18 세 미만은 술을 구입해서는 안 된다는 것이 적혀 있다. 술이나 담배를 아이들에게 판매하는 사람은 범법 행위를 저지르는 것이다.

▸ ... , dass ... **kein** Bier und **keine** Zigaretten und ... **keinen** Alkohol kaufen **dürfen**

화법조동사 **dürfen**의 부정문 : '...해서는 안 되다'

※ 부정어 **kein-** ⇒ 소유대명사 mein-, dein- ...과 동일한 어미변화 ☞ 32

(1) kein_ Bier : 중성 4격 부정관사 ein_ 어미변화 ⇒ kein_ ...

(2) keine Zigaretten : 복수 4격 정관사 die 어미변화 ⇒ keine ...

(3) keinen Alkohol : 남성 4격 부정관사 einen 어미변화 ⇒ keinen ...

82. 현재 시제 (1) : 동사의 3 기본형 - "원형"

현재 시제 ⇒ 동사 원형이 사용됨.

동사 원형의 형태는 **-en : leben, kommen, machen ...**

〈주의〉 어간이 **-er**, **-el**인 동사의 원형은 **-n** : kümmern, handeln ...

---

223 Die Demonstranten in Venezuela **fordern** Neuwahlen und die Absetzung des Sozialisten Maduro*. Sie **werfen** ihm unter anderem Machtmissbrauch und Misswirtschaft **vor**.

베네수엘라의 시위자들은 재선거를, 그리고 사회주의자인 Maduro의 파면을 요구하고 있다. 이들은 그에 대해 무엇보다도 권력 남용과 경제 실패를 비판한다.

* Nicolás Maduro : 베네수엘라의 정치인. 대통령으로 재직했음.

▸ Die Demonstranten ... fordern ...

동사 원형 fordern ⇒ 현재 시제 형태

동사 fordern은 어간이 **-er** ⇒ 동사 원형의 형태는 **-n** : fordern

▸ Sie werfen ... *vor*

분리동사 원형 *vor*werfen ⇒ 현재 시제 형태

※ 분리전철 *vor*-가 분리되어 문장 맨 뒤에 옴. ☞ 55

♣ ... werfen **ihm** ... *vor*

인칭대명사 **er**의 **3격** 형 **ihm** ⇒ 분리동사 "werf*en* ... *vor*"의 **3격** 목적어 ☞ 35

224 Die USA wollen anscheinend weiter **versuchen**, den Streit mit Nordkorea friedlich zu **lösen**.

미국은 아마도 북한과의 대립을 평화적으로 해결하는 것을 앞으로도 계속 추구하려는 것으로 보인다.

▸ ... wollen ... [1]versuchen, ... zu [2]lösen

1. 동사 원형 versuch**en** ⇒ 화법조동사 wollen과 함께 문장 맨 뒤에 옴.
2. 동사 원형 lös**en** ⇒ **zu-**부정사 형식 「... **zu** 동사 원형」의 **zu**와 결합함.

※ zu-부정사 구문 "... **zu** lösen" ⇒ 명사적 용법 : 앞에 나온 타동사 versuchen의 목적어 ☞ 116

83. 현재 시제 (2) : 규칙 변화

Ich mache alles für ihn und er macht nichts.

↓ 현재 시제, 규칙 변화 : 주어가 **ich** ⇒ 어미 **-e**가 붙어 mache

↓ 현재 시제, 규칙 변화 : 주어가 **er** ⇒ 어미 **-t**가 붙어 macht

'나는 그를 위해 모든 것을 행하고, 그는 아무것도 안 한다.'

---

225 Immer wieder **verliert** die katholische Kirche Pfarrer, weil diese lieber eine Frau **heiraten**, als im Amt zu bleiben. Wieso aber **schreibt** der Vatikan den Verzicht auf Sex und Heirat **vor**? **Geht** das auf die Bibel **zurück**? [...]

가톨릭 교회는 계속 신부들을 잃고 있는데, 왜냐 하면 이들은 재직하며 남아있기보다는 오히려 여성과 결혼하고 싶어 하기 때문이다. 그런데 무슨 까닭에 바티칸은 성과 결혼을 포기할 것을 지시하는가? 이는 성서에 근거하고 있는가?

▸ ... verliert die katholische Kirche ...

현재 시제, 규칙 변화 : 주어 "... Kirche"는 여성의 **sie** ⇒ 어미 **-t**가 붙어 verliert

▸ ... , weil diese ... heiraten, ...

현재 시제, 규칙 변화 : 주어가 복수 지시대명사 diese ⇒ 동사 원형 heiraten

▸ ... schreibt der Vatikan ... *vor*?

현재 시제, 규칙 변화 : 주어 "... Vatikan"은 **er**에 해당함. ⇒ 어미 **-t**가 붙어 "schreibt ... *vor*"

※ 분리동사 *vor*schreiben ⇒ 분리전철 *vor-*가 분리되어 문장 맨 뒤에 옴. ☞ 55

▸ Geht das ... *zurück?*

현재 시제, 규칙 변화 : 주어가 지시대명사 **das** ⇒ 어미 **-t**가 붙어 Geht

※ 분리동사 *zurück*gehen ⇒ 분리전철 *zurück-*이 분리되어 문장 맨 뒤에 옴. ☞ 55

226 Kinder, die in Armut **aufwachsen**, **haben** es schwerer beim Lernen. Sie **lernen** zum Beispiel weniger Wörter als andere Kinder, und sie **erkennen** Gesichter schlechter wieder.

가난 속에서 성장하는 아이들은 학습에서 더 어려움을 갖는다. 예를 들어 이들은 다른 아이들보다 적은 숫자의 낱말들을 배우며, 이들은 얼굴을 다시 알아보는 것을 (다른 아이들에 비해) 잘 못한다.

▸ Kinder, die ... [1]*auf*wachs**en**, [2]hab**en** ...

1. 현재 시제, 규칙 변화 : 주어가 복수 관계대명사 **die** ⇒ 동사 원형 *auf*wachs**en**

※ 분리동사 *auf*wachsen이 관계대명사 부문장 안에서 후치됨. ⇒ *auf*-는 분리되지 않음. ☞ 57

2. 현재 시제, 규칙 변화 : 주어 "Kinder"는 복수의 **sie** ⇒ 동사 원형 hab**en**

▸ Sie [1]lern**en** ... , und sie [2]erkenn**en** ...

1. 현재 시제, 규칙 변화 : 주어가 복수의 **sie** ⇒ 동사 원형 lern**en**
2. 현재 시제, 규칙 변화 : 주어가 복수의 **sie** ⇒ 동사 원형 erkenn**en**

227 Die Bananen **werden** in Scheiben geschnitten und in der Pfanne mit etwas Butter goldgelb gegart. Allein wegen des Dufts, der dann durch die Küche **zieht**, **lohnt** es sich, dieses Rezept auszuprobieren. [...]

바나나들이 얇은 조각들로 잘려지고, 프라이팬에서 약간의 버터와 함께 금빛 노란색으로 발효된다. 그러면 이제 부엌을 가로질러 퍼져가는 단지 그 향기 때문에라도 이 조리법을 시험 삼아 실행해보는 것은 값어치가 있다.

▸ Die Bananen werd**en** ... geschnitten und ... gegart

현재 시제, 규칙 변화 : 주어 "... Bananen"은 복수의 **sie** ⇒ 동사 원형 werd**en**

※ 타동사 schneiden 및 gären의 수동태 현재 시제 「**werden** ... p.p」 ☞ 149

▸ ... des Dufts, der ... [1]zieh**t**, [2]lohn**t** es sich ...

1. 현재 시제, 규칙 변화 : 주어가 남성 1격 관계대명사 **der** ⇒ 어미 **-*t***가 붙어 zieh**t**
2. 현재 시제, 규칙 변화 : 주어가 비인칭대명사 **es** ⇒ 어미 **-*t***가 붙어 lohn**t**

♣ ... , lohnt **es** sich, ... *aus***zu**probieren

비인칭 주어 **es** ⇒ 뒤의 분리동사 *aus*probieren의 **zu-부정사** "... *aus***zu**probieren"을 가리킴. ☞ 202

228 Die Polizei von Tokio hat ein Verfahren entwickelt, mit dem man Falschmünzen am Klang **erkennt**, wenn diese auf einen Metallblock **fallen**.

도쿄의 경찰은 한 가지 방법을 개발했는데, 이 방법을 통해 경찰은 위조된 동전들이 금속 블록 위에 떨어지게 되면 그 울리는 소리에서 이들을 인식하게 된다.

▸ ... , mit dem man ... [1]erkenn**t**, wenn diese ... [2]fall**en**

1. 현재 시제, 규칙 변화 : 주어 man은 **er**에 일치 ⇒ 어미 **-*t***가 붙어 erkenn**t**
2. 현재 시제, 규칙 변화 : 주어가 복수 지시대명사 diese ⇒ 동사 원형 fall**en**임.

84. 현재 시제 (3) : 어간 모음 -e- 첨가하는 규칙 변화

Er arbeit*et* viel. '그는 많이 일한다.'

↓

현재 시제, 규칙 변화 :

주어가 **er** ⇒ 동사 arbei*t*en은 어간 끝이 **-t**이므로 **-e-** 첨가하여 arbeit*et*

---

229 [...] **Betrachtet** man den Kulturbegriff gemäß dem „Meyer Lexikon" im Sinne seiner weitesten Verwendung, so **bezeichnet** er „all das, was der Mensch geschaffen hat, was also nicht naturgegeben ist".

만약 문화 개념을 마이어 사전에 근거하여 그 가장 넓은 사용 의미에서 살펴볼 경우, 그것은 "인간이 창조한 모든 것, 따라서 자연에 의해 주어져 있지 않은 모든 것"을 지칭한다.

▸ [1]Betracht*et* man ... , so [2]bezeich*et* er ...

1. 주어 **man**은 **er**에 일치 ⇒ 동사 betrach*ten*은 어간 끝이 **-t**이므로 **-e-** 첨가하여 Betracht*et*
2. 주어가 **er** ⇒ 동사 bezei**chn***en*은 어간 끝이 **-chn**이므로 **-e-** 첨가하여 bezei**chn***et*

230 Die ARD*-Vorabendserie „Verbotene Liebe" kümmert sich um die Intrigen der Schönen und Reichen. Nun aber **widmet** sich die Serie dem Thema Alterserscheinung. Gesundheitsminister Daniel Bahr **findet** das gut.

ARD 방송의 초저녁 시리즈물인 "금지된 사랑"은 잘생긴 자들과 부유한 자들의 모략을 중시 다룬다. 하지만 이제 이 시리즈는 노년기 현상이라는 주제에 몰두한다. 보건부 장관인 Daniel Bahr는 이를 좋게 여긴다.

* ARD (= "**A**rbeitsgemeinschaft der öffentlich-rechtlichen **R**undfunkanstalten der Bundesrepublik **D**eutschland") : 독일의 공영 방송

▸ ... widm*et* ... die Serie ...

주어 "... Serie"는 여성의 **sie** ⇒ 동사 wi**dm**en은 어간 끝이 **-dm**이므로 **-e-** 첨가하여 wi**dm***et*

▸ ... Daniel Bahr find*et* ...

주어 "Daniel Bahr"는 **er** ⇒ 동사 fin**d**en은 어간 끝이 **-d**이므로 **-e-** 첨가하여 fin**d***et*

85. 현재 시제 (4) : 동사 sein의 불규칙 변화

Er ist sehr groß, aber ich bin klein. '그는 매우 크지만, 나는 작다.'

↓ 동사 sein의 현재 시제 : 주어가 er ⇒ 불규칙 형태 ist

↓ 동사 sein의 현재 시제 : 주어가 ich ⇒ 불규칙 형태 bin

---

231 Es **ist** ganz normal, ab und zu mal Husten zu bekommen. Das **ist** dann eine Erkältung oder – wenn es schlimmer kommt – eine Grippe. Die fühlt sich ziemlich unangenehm an, aber nach ein paar Tagen im Bett **ist** sie meistens überstanden.

가끔 한 번씩 기침을 하게 되는 것은 완전히 정상적인 일이다. 그러면 그것은 감기 혹은 - 만약 그것이 더 악성으로 오게 된다면 - 독감인 것이다. 이것은 상당히 불쾌한 느낌을 주긴 하지만, 침대에 누워 며칠 지나면 대부분 그것은 극복된 상태가 된다.

- Es ist ...
  동사 sein의 현재 시제 : 주어가 **es** ⇒ 불규칙 형태 **ist**
- Das ist ...
  동사 sein의 현재 시제 : 주어가 지시대명사 **das** ⇒ 불규칙 형태 **ist**
- ... ist sie ...
  동사 sein의 현재 시제 : 주어가 여성의 **sie** ⇒ 불규칙 형태 **ist**

232 [...] In unserer neuen Serie stellen wir weitere Wesen vor, von deren Existenz viele Menschen überzeugt **sind**, die aber wahrscheinlich eben doch nichts weiter **sind** als ein Mythos.

우리의 새 시리즈물에서 우리는 그 밖의 존재들을 계속 선보이게 되는데, 이들의 실존을 많은 사람들이 확신하고 있지만, 아마도 이들은 그저 하나의 신화 그 이상의 아무것도 아닐 것이다.

- ... , von deren ... viele Menschen ... [1]sind, die ... nichts ... [2]sind ...
  1. 동사 sein의 현재 시제 : 주어 "... Menschen"은 복수의 **sie** ⇒ 불규칙 형태 **sind**
  2. 동사 sein의 현재 시제 : 주어가 복수 관계대명사 **die** ⇒ 불규칙 형태 **sind**

86. 현재 시제 (5) : 동사 haben의 불규칙 변화

Hast du Hunger? - Nein, ich **habe** keinen Hunger.

↓ 동사 haben의 현재 시제 : 주어가 **du** ⇒ 불규칙 형태 **Hast**

↓ 동사 haben의 현재 시제 : 주어가 **ich** ⇒ 규칙 형태 hab**e**

'너는 배고프니? - 아니, 나는 배고프지 않아.'

---

233 Wer Diabetes **hat**, muss auch auf seine Füße achten. Denn die Zuckerkrankheit kann zu offenen Geschwüren führen, schlimmstenfalls muss der Fuß amputiert werden.

당뇨병을 가진 사람은 자신의 발에도 역시 주의해야만 한다. 왜냐 하면 당뇨병은 곪아 터진 염증으로 진행될 수 있고, 최악의 경우 발이 절단되어야만 하기 때문이다.

▸ Wer ... **hat**, ...

동사 haben의 현재 시제 : 주어인 관계대명사 **was**는 **es**에 일치 ⇒ 불규칙 형태 **hat**

♣ [1]**Wer** ... hat, [2]**muss** ... achten

1. 관계대명사 **wer** '...인 사람' ☞ 143
2. 화법조동사 **müssen**의 현재 시제 : 주어인 관계대명사 **was** 부문장은 단수 ⇒ 불규칙 형태 **muss** ☞ 71

234 [...] Nun **haben** zwar viele Witze eine aggressive Komponente oder zielen auf die Schadenfreude. Fast immer lacht man über eine Figur, der etwas Schlimmes widerfahren ist oder die etwas unglaublich Dummes tut. Doch das allein reicht nicht aus, um das Phänomen zu erklären. [...]

그런데 물론 많은 농담들이 공격적인 요소를 가지고 있거나, 아니면 남의 불행을 통한 자기희열을 목표로 하기는 한다. 거의 언제나 사람들은 어느 한 인물, 즉 그에게 뭔가 나쁜 것이 발생했거나, 혹은 믿기지 않을 정도로 멍청한 뭔가를 행하는 그런 인물을 놀려대는 것이다. 하지만 단지 이것만으로는 그 현상을 설명하기 위해 충분하지 않다.

▸ ... **haben** ... viele Witze ...

동사 haben의 현재 시제 : 주어 "... Witze"는 복수의 **sie** ⇒ 규칙 형태 hab**en**

♣ ... haben **zwar** ... **Doch** das ...

연계 형식 「**zwar** ... , **doch** ...」 '비록 ...이지만, ...이다' ☞ 220

87. 현재 시제 (6) : 동사 werden의 불규칙 변화

Ich werde Vater! - Was? Du wirst Vater?

동사 werden의 현재 시제 : 주어가 ich ⇒ 규칙 형태 werde

동사 werden의 현재 시제 : 주어가 du ⇒ 불규칙 형태 wirst

'나는 아빠가 돼! - 뭐? 네가 아빠가 된다고?'

---

235 Aus Schaden **wird** man klug, sagt ein altes Sprichwort. Dahinter steckt die uralte Erkenntnis, dass wir aus unseren Fehlern lernen. Ein Fehler mit all seinen Konsequenzen ist oft sogar lehrreicher als ein Erfolg.

손해로부터 사람들은 영리해지는 법이라고 옛 속담 하나가 말한다. 그 뒤에는 아주 오랜 옛날의 인식, 즉 우리는 우리의 실수들로부터 배우게 된다는 인식이 자리 잡고 있다. 그 모든 필연적 결과를 동반하는 실수가 심지어 성공보다 더 교훈적인 경우들이 빈번하다.

▸ ... **wird** man ...

일반 동사 werden('... 되다')의 현재 시제 : 주어 **man**은 **er**에 일치 ⇒ 불규칙 형태 **wird**

236 Deutschland besitzt die größten Erdgasspeicher Europas. Hier **wird** das Gas aufbewahrt, das durch die riesigen Pipelines nach Deutschland transportiert und nicht sofort verbraucht **wird**. [...]

독일은 유럽에서 가장 큰 천연 가스 저장고를 소유하고 있다. 거대한 파이프라인들을 통해 독일로 운송되어 곧바로 소비되지 않는 가스가 이곳에 보관된다.

▸ ... [1]**wird** das Gas *auf*bewahrt, das ... transportiert und ... verbraucht [2]**wird**

1. 타동사 & 분리동사 *auf*bewahren의 수동태 현재 시제 「**werden** ... p.p」 :
   주어 "... Gas"는 **es**에 해당 ⇒ 조동사 **werden**은 불규칙 형태 **wird** : "**wird** ... *auf*bewahrt"
   ※ *auf***be**wahren의 기본 동사 **be**wahren은 접두어 **be-** ⇒ p.p형은 **-ge-** 없이 *auf***be**wahr*t* ☞ 101

2. 타동사 transportieren 및 verbrauchen의 수동태 현재 시제 「**werden** ... p.p」 :
   주어가 관계대명사 **das** ⇒ 조동사 **werden**은 불규칙 형태 **wird** :
   (관계대명사 부문장 안에서 후치되어) "... transportiert und ... verbraucht **wird**"
   ※ 동사 transport**ieren**은 형태가 **-ieren** ⇒ p.p형은 **-ge-** 없이 *auf***be**wahr*t* ☞ 102
   동사 **ver**brauchen은 접두어 **ver-**를 지님. ⇒ p.p형은 **-ge-** 없이 **ver**brauch*t* ☞ 101

88. 현재 시제 (7) : 화법조동사 können, müssen ...의 불규칙 변화

Kannst du schwimmen? - Ja, ich kann gut schwimmen.

↓	↓
화법조동사 können의 현재 시제 :	화법조동사 können의 현재 시제 :
주어가 du ⇒ 불규칙 형태 kann*st*	주어가 ich ⇒ 불규칙 형태 kann

'너는 수영할 수 있니? - 응, 나는 수영을 잘 할 수 있어.'

---

237 [...] Die EU-Staaten dürfen syrischen Rebellen alles liefern, nur keine Waffen. Nicht tödliche Militärgüter sind demnach erlaubt, Gewehre, Raketen und Munition aber **darf** kein Mitgliedsland liefern - weder an Diktator Baschar al-Assad noch an die Opposition.

유럽연합 국가들은 시리아 반군에게 모든 것을 공급해도 되고, 단지 무기만 안 된다. 따라서 사람을 죽이기 위한 것이 아닌 군대 용품들은 허락되지만, 총기, 로켓포, 그리고 탄약들은 그 어떤 회원국도 공급해서는 안 된다. - 독재자 Baschar al-Assad에게든, 그 반대 세력에게든.

▸ ... darf kein Mitgliedsland liefern - ...

화법조동사 dürfen의 현재 시제 : 주어 "kein Mitgliedsland"는 es에 해당 ⇒ 불규칙 형태 darf

238 [...] Wenn man eine Idee umsetzen **möchte**, dann **muss** man sich Ziele setzen, die jeder nachvollziehen **kann**, damit er mitwirken und sich engagieren **kann**. [...]

만약 어떤 아이디어를 실현시키고 싶다면, 모든 사람이 수긍할 수 있는 목표들을 설정해야 하는데, 이는 그 사람들이 함께 협력하고 참여할 수 있도록 하기 위해서이다.

▸ Wenn man ... [1]möchte, ... [2]muss man ... , die jeder ... [3]kann, damit er ... [4]kann

1. 화법조동사 möchten의 현재 시제 : 주어 man은 er에 일치 ⇒ 불규칙 형태 möchte
2. 화법조동사 müssen의 현재 시제 : 주어 man은 er에 일치 ⇒ 불규칙 형태 muss
3. 화법조동사 können의 현재 시제 : 주어 jeder는 er에 일치 ⇒ 불규칙 형태 kann
4. 화법조동사 können의 현재 시제 : 주어가 er ⇒ 불규칙 형태 kann

※ 여기서 1, 3, 4의 경우 ⇒ 화법조동사 문장이 부문장 안에서 후치된 형태 ☞ 79

89. 현재 시제 (8) : 어간 모음 e → i 불규칙 변화

Sprichst du Englisch? - Ja, ich **spreche** Englisch.

↓ 동사 sprechen의 **현재** 시제 :
주어가 **du** ⇒ **불규칙** 형태 spri*chst*

↓ 동사 sprechen의 **현재** 시제 :
주어가 **ich** ⇒ **규칙** 형태 spre*che*

'너는 영어를 하니? - 응, 나는 영어를 해.'

---

239 Der vermisste Innenminister **gilt** im Kabinett als einer der engsten Vertrauten von der Präsidentin, die er bei deren Wahlkampf 2010 unterstützte.

실종된 이 내무장관은 내각 안에서 그 여자 대통령의 가장 가까운 측근들 중의 한 명으로 인정되는데, 이 여자 대통령을 그는 그녀의 2010년 선거전에서 지원했었다.

▸ Der vermisste Innenminister gil*t* ...

동사 gelten의 **현재** 시제 :

주어 "... Minister"는 **er**에 해당함. ⇒ 어간 모음 **e** → **i** 변화하여 gil*t*

240 [...] Demnach **wirft** jeder vierte Verbraucher einmal die Woche Lebensmittel **weg**, jeder fünfte immerhin einmal im Monat. Wer Lebensmittel **wegwirft**, sei es hin und wieder oder häufig, **gibt** als häufigsten Grund **an**, dass das Haltbarkeitsdatum abgelaufen sei oder die Produkte verdorben seien.

그에 따르면 4 명 가운데 한 명의 소비자가 일주일에 한 차례 식품들을 내다 버리는데, 어쨌든 5 명 중의 한 명이 한 달에 한 번은 그렇게 한다. 식품들을 내다 버리는 사람은, 가끔씩 하든지 자주 하든지 상관없이, 가장 빈번하게 든 이유로서, 이른바 유효기간이 지났다거나, 아니면 제품들이 부패했다는 점을 언급한다.

▸ ... wirf*t* jeder vierte Verbraucher ... *weg*

분리동사 *weg*werfen의 **현재** 시제 :

주어 "jeder ... Verbraucher"는 **er**에 해당함. ⇒ 어간 모음 **e** → **i** 변화하여 "wirf*t* ... *weg*"

※ **분리동사** *weg*wirft의 분리전철 *weg*-이 **분리**되어 문장 **맨 뒤**에 옴. ☞ 55

▸ Wer ... [1]*weg*wirf*t*, ... , [2]gib*t* ... *an*

1. 분리동사 *weg*werfen의 **현재** 시제 :

   주어인 **관계대명사** wer는 **er**에 해당함. ⇒ 어간 모음 **e** → **i** 변화하여 *weg*wirf*t*

   ※ **분리동사** *weg*wirf*t*가 **관계대명사** 부문장 안에서 **후치**됨. ⇒ 분리전철 *weg*-은 분리되지 **않음**. ☞ 57

2. 분리동사 *angeben*의 **현재** 시제 :

주어인 **관계대명사** 부문장 "Wer ..."는 **er**에 해당. ⇒ 어간 모음 **e** → **i** 변화하여 "g**i**b*t* ... *an*"

※ **분리동사** *angibt*의 분리전철 *an*-이 **분리**되어 문장 **맨 뒤**에 옴. ☞ 55

♣ ... , **sei es** ... **oder** ...

연계 형식 「**sei es** ... **oder** ...」 '...이든, ...이든' ☞ 220

241 Der Glaube, dass die durchsichtige Welt eine gute Welt sei, **entspricht** zwar dem digitalen Zeitgeist. Doch hinter dem Pathos der Transparenz steht eine arrogante Kontrollsucht. [...]

(이른바) 투명한 세계가 좋은 세계라고 하는 믿음은 물론 디지털적인 시대정신에 부응하기는 한다. 하지만 그 투명성의 열정 뒤에는 오만한 통제 욕구가 숨어 있다.

▸ Der Glaube, ... , entspr**i**ch*t* ...

동사 entspr**e**chen의 **현재** 시제 :

주어 "... Glaube"는 **er**에 해당함. ⇒ 어간 모음 **e** → **i** 변화하여 entspr**i**ch*t*

♣ ... Glaube, dass ... **sei**

종속접속사 dass-부문장은 **간접화법** ⇒ 동사 sein의 **접속법 I** 형태 **sei** ☞ 207

242 Von Albert Einstein stammt das schöne Sprichwort: Bildung ist das, was übrig bleibt, wenn man alles **vergisst**, was man in der Schule gelernt hat. Dass die Deutschen immer doofer werden, kann also nicht nur am Bildungssystem liegen. [...]

알베르트 아인슈타인으로부터 다음과 같은 멋진 속담이 유래 한다 : 교육이란 만약 사람들이 학교에서 배웠던 모든 것을 잊어버리게 될 경우 남아있게 되는 그것이다. 그러므로 독일인들이 점점 우둔해져가는 것은 단지 교육 체계에만 기인하지는 않는다.

▸ ... , wenn man ... verg**i**ss*t*, ...

동사 verg**e**ssen의 **현재** 시제 :

주어 man은 **er**에 일치 ⇒ 어간 모음 **e** → **i** 변화하여 verg**i**ss*t*

♣ ... das, [1]**was** ... , wenn ... alles ... , [2]**was** ...

1. 관계대명사 **was** ⇒ 지시대명사 **das**('그것')를 선행사로 받음. ☞ 145
2. 관계대명사 **was** ⇒ 부정대명사 **alles**('모든 것')를 선행사로 받음. ☞ 145

90. 현재 시제 (9) : 어간 모음 a → ä 불규칙 변화

Wo **schläfst** du heute? - Ich **schlafe** hier.

동사 schlafen의 현재 시제 : 주어가 **du** ⇒ 불규칙 형태 schläf*st*

동사 schlafen의 현재 시제 : 주어가 **ich** ⇒ 규칙 형태 schlaf*e*

'너는 오늘 어디서 잠자니? - 나는 여기서 자.'

---

243 [...] Aber nicht jeder **fährt** gerne mit dem Schiff. Den einen dauert es zu lang, die anderen haben Angst vor dem tiefen Meer, wieder andere werden seekrank.

하지만 모든 사람이 배 타고 가는 것을 좋아하지는 않는다. 일부 사람들에게 그것은 시간이 지나치게 오래 걸리고, 다른 일부 사람들은 깊은 바다에 대한 두려움이 있으며, 또 다른 일부 사람들은 배 멀미를 하게 된다.

▸ ... jeder fähr*t* ...

동사 fahren의 현재 시제 : 주어 jeder는 **er**에 해당함. ⇒ 어간 모음 **a** → **ä** 변화하여 fähr*t*

244 Einkaufen ist für manche Menschen das Größte. Zum Beispiel für Rebecca Bloomwood in Sophie Kinsellas* Bestseller „Die Schnäppchenjägerin“, der jetzt unter dem Namen „Shopaholic“ in den Kinos **läuft**.

몇몇 사람들에게는 쇼핑하는 것이 최대의 일이다. 예를 들어 Sophie Kinsella의 베스트셀러 작품인 “싸구려 상품 사냥꾼”에 나오는 Rebecca Bloomwood에게는 그러한데, 이 작품은 현재 “쇼퍼홀릭” 이라는 제목 하에 영화관들에서 상영 중이다.

* Sophie Kinsella : 영국의 소설가

▸ ... , der ... läuf*t*

동사 laufen의 현재 시제 :

주어가 관계대명사 남성 1격 **der** ⇒ 어간 모음 **a** → **ä** 변화하여 läuf*t*

♣ ... in [1]Sophie Kinsellas Bestseller ... , [2]**der** ...

1. 고유명사 (사람 이름) Sophie Kinsella의 2격 형 **-s** ☞ 11
2. 남성 1격 관계대명사 **der** : 남성명사 Bestseller가 선행사, 부문장 안의 주어로서 **1격** ☞ 138

245 아이디어 상품들을 소개하는 기사에서 :

Wenn die Batterie zu Ende geht, **fängt** sie früh genug **an** zu piepen, damit man sie wieder aufladen kann. [...]

이 건전지는 수명을 다할 경우, 사람들이 그것을 다시 충전할 수 있도록, 충분히 이른 시기에 삐익 소리를 내기 시작한다.

▸ ... , fäng*t* sie ... *an* ...

분리동사 *an*fangen의 **현재** 시제 :

주어가 **여성**의 **sie** ⇒ 어간 모음 **a** → **ä** 변화하여 "fäng*t* ... *an*"

※ **분리동사** *an*fäng*t*의 분리전철 *an*-이 **분리**되어 문장 **맨 뒤**에 옴. ☞ 55

♣ ... , fängt ... *an* **zu** piepen, ...

zu-부정사 "**zu** piepen" ⇒ **명사적** 용법 : 앞의 타동사&분리동사 "fängt ... *an*"의 **목적어** ☞ 116

♣ ... , damit man ... *auf*laden **kann**

(1) **화법조동사** können의 **현재** 시제 : 주어 man은 **er**에 일치 ⇒ können은 **불규칙** 형태 **kann** ☞ 71

(2) **화법조동사** 구문 "**kann** ... *auf*laden"이 종속접속사 **damit**-부문장 안에서 **후치**됨 :

... *auf*laden **kann** ☞ 79

246 [...] Die Verbraucherorganisation hatte bereits im März davor gewarnt, dass der Farbstoff, der Cola und andere Softgetränke dunkel werden **lässt**, eine möglicherweise krebserregende Substanz **enthält**. [...]

이미 3월에 그 소비자 단체는 콜라 및 기타 청량음료들이 어두운 색을 지니도록 하는 색소가 어쩌면 암을 유발할 수 있는 물질을 포함하고 있을지 모른다는 점에 대하여 경고했었다.

▸ ... , dass der Farbstoff, der ... werden [1]läss*t* , ... [2]enthäl*t*

1. 동사 lassen의 **현재** 시제 :

주어가 **관계대명사** 남성 1격 **der** ⇒ 어간 모음 **a** → **ä** 변화하여 läss*t*

※ 「**lassen** + 4격 ... 동사 원형」 '*4격*이 ...하도록 (허락)하다' : "**lässt** ... werden" ☞ 130

⇒ **관계대명사** 부문장 안에서 **후치**됨 : "... werden **lässt**" ☞ 138

2. 동사 enthalten의 **현재** 시제 :

주어 "... Farbstoff"는 **er**에 해당함. ⇒ 어간 모음 **a** → **ä** 변화하여 enthäl*t*

※ 동사 enthäl*t*는 종속접속사 **dass**-부문장 안에서 **후치**되어 문장 맨 뒤에 옴. ☞ 133

♣ ... , der Cola und andere Softgetränke ... werden **lässt**, ...

동사 **lassen** : 「**lassen** + A ... 동사 원형」 'A로 하여금 ...하도록 하다' ☞ 130

91. 현재 시제 (10) : 어간 모음 e → ie 불규칙 변화

Siehst du mich jetzt? - Ja, ich **sehe** dich.

↓	↓
동사 sehen의 현재 시제 :	동사 sehen의 현재 시제 :
주어가 **du** ⇒ 불규칙 형태 sieh*st*	주어가 **ich** ⇒ 규칙 형태 seh*e*

'너 지금 나를 보고 있니? - 응, 나는 너를 보고 있어.'

---

247 Man reibt sich die Augen, wenn man dieses Auto **sieht**. Und wenn man nach einer ersten Probefahrt aussteigt, dann möchte man sich kneifen lassen. [...]

이 자동차를 보게 되면 사람들은 자신의 눈을 비비게 된다. 그리고 첫 시험 운전 후 하차하게 되면, 자신이 꼬집혀지도록 하고 싶어 한다.

▸ ... , wenn man ... sieh*t*

동사 sehen의 현재 시제 :

주어 man은 **er**에 일치 ⇒ 어간 모음 **e** → **ie** 변화하여 sieh*t*

※ 동사 sieh*t*는 종속접속사 **wenn**-부문장 안에서 후치됨. ☞ 133

248 [...] „Verbraucher sollten mit ihrer Einkaufsentscheidung bewusst dazu beitragen, dass bedrohte Fischbestände sich wieder vermehren können", mahnt die Leiterin der Ernährungsberatung der Verbraucherzentrale. Deshalb **empfiehlt** sie, auf nicht bedrohte Arten auszuweichen oder Fische zu verzehren, die problemlos gezüchtet werden können. [...]

"소비자들은 위협 받는 물고기 개체 수가 다시 증가될 수 있도록 하는 데에 자신의 구매 결정을 통해 의식적으로 기여해야 합니다." 라고 소비자 센터의 식품 상담 부처의 여자 팀장은 촉구한다. 그러므로 그녀는 위협 받지 않는 종류들로 대체하거나, 아니면 문제없이 양식될 수 있는 생선들을 먹을 것을 추천한다.

▸ ... empfiehl*t* sie ...

동사 empfehlen의 현재 시제 :

주어가 여성의 **sie** ⇒ 어간 모음 **e** → **ie** 변화하여 empfiehl*t*

♣ ... empfiehlt ... , ... *aus***zu**weichen oder ... Fische **zu** verzehren, ...

zu-부정사 "... *aus***zu**weichen" 및 "... **zu** verzehren" ⇒ 앞의 동사 empfiehlt의 목적어 ☞ 116

♣ ... , die ... gezüchtet werden **können**

타동사 züchten의 **수동태** 형식 「**werden** ... p.p」 : "**werden** ... gezüchtet" ☞ 149

⇒ 화법조동사 **können**과 함께 옴 : "**können** ... gezüchtet werden" ☞ 153

⇒ **관계대명사** 부문장 안에서 **후치**됨 : ... gezüchtet werden **können** ☞ 154

249 Unsere Haut reagiert empfindlich auf psychische Schwankungen. Wenn es deiner Seele nicht gut geht, **sieht** auch deine Haut schlecht **aus**. Nicht umsonst nennt man sie auch den Spiegel der Seele!

우리의 피부는 심리적인 동요에 민감하게 반응한다. 만약 너의 영혼이 좋은 상태가 아닐 경우, 너의 피부 역시 나빠 보인다. 사람들이 그것을 영혼의 거울이라고 칭하는 것도 이유가 없지는 않다.

‣ ... , sieh*t* ... deine Haut ... *aus*

분리동사 *auss*ehen의 **현재** 시제 :

주어 "... Haut"는 **여성**의 **sie** ⇒ 어간 모음 **e** → **ie** 변화하여 "sieh*t* ... *aus*"

※ **분리동사** *aus*sieh*t*의 분리전철 *aus*-가 **분리**되어 문장 **맨 뒤**에 옴. ☞ 55

250 [...] Jeder, der auch nur einmal an einer Universität unterrichtet hat, teilt diese Erfahrung: Du stehst beispielsweise an einem Pult in einem staubigen Raum und **liest** vor Teenagern, über denen Wolken von Hormonen aufsteigen, gibst ein Seminar in der Hoffnung, dass sich eine Frage finden lässt, über die sie diskutieren, obwohl es Frühling ist [...]

단 한번만이라도 대학교에서 수업을 행한 적 있는 자라면 누구나 이런 경험을 함께 하게 된다 : 예를 들어 너는 먼지 가득한 공간 안의 탁자 옆에 서 있고, (너는) 틴에이저들, 즉 이들 위에서는 호르몬의 구름들이 상승하는 그런 틴에이저들 앞에서 책을 읽고 있으며, (너는) 희망 속에서, 즉 어떤 의문 사항이 발견될 수 있고, 이에 관해 그들이 토론하게 되는 그런 희망 속에서 세미나를 행하고 있다. 계절은 봄임에도 불구하고.

‣ Du ... und lies*t* ...

동사 lesen의 **현재** 시제 :

주어가 **du** ⇒ 어간 모음 **e** → **ie** 변화하여 lies*t*

♣ Du ... , [1]gibs*t* ... , dass ... eine Frage ... [2]läss*t*, ...

1. 동사 geben의 **현재** 시제 : 주어가 **du** ⇒ 어간 모음 **e** → **i** 변화하여 gibs*t* ☞ 89
2. 동사 lassen의 **현재** 시제 : 주어 "... Frage"는 여성의 sie ⇒ 어간 모음 **a** → **ä** 변화하여 läss*t* ☞ 90

92. 현재 시제 (11) : 기타 불규칙 변화

Wissen Sie, wo er wohnt? - Nein, das weiß ich nicht.

↓	↓
동사 **wissen**의 현재 시제 :	동사 **wissen**의 현재 시제 :
주어가 **Sie** '당신은' ⇒ 규칙 형태 wiss*en*	주어가 **ich** ⇒ 불규칙 형태 weiß

'당신은 그가 어디에 사는지를 아시나요? - 아니오, 저는 그것을 알지 못해요.'

251

한 영화의 줄거리를 소개하는 기사에서 :

[...] Martha will mit Paul nach Südfrankreich ziehen, doch er nimmt sich das Leben. Nach und nach muss Martha erfahren, dass sie nichts über diesen Paul **weiß**, mit dem sie so lange zusammengelebt hat. [...]

Martha는 Paul과 함께 남프랑스로 이주하려고 한다. 하지만 그는 자신의 목숨을 끊는다. Martha는 자신이 이 Paul에 대해, 즉 그녀가 그렇게나 오랫동안 함께 살았던 Paul에 대해 아무것도 알지 못하고 있다는 사실을 점차적으로 경험해야만 한다.

▸ ... , dass sie ... **weiß**, ...

동사 wissen의 현재 시제 : 주어가 여성의 **sie** ⇒ 불규칙 변화하여 weiß

※ 동사 weiß가 종속접속사 **dass**-부문장 안에서 후치됨. ☞ 133

〈참고〉 동사 wissen의 현재 시제 ⇒ 주어가 단수일 때 불규칙 변화 :

ich weiß ; du weiß*t* ; er weiß ; wir wiss*en* ; ihr wiss*t* ; sie, Sie wiss*en*

252

Wenn eine Stellenausschreibung gegen das Gleichstellungsgesetz **verstößt**, kann das teuer werden. Was Arbeitgeber zu beachten haben, erklärt diese Arbeitsrechtskolumne. [...]

구인광고가 동등한 지위에 관한 법률에 위반될 경우, 그것은 비싼 값을 치를 수 있다. 고용인들이 주의해야 하는 것을 이 노동법 칼럼이 설명한다.

▸ ... Wenn eine Stellenausschreibung ... verstöß*t*, ...

동사 verstoßen의 현재 시제 :

주어 "...schreibung"은 여성의 **sie** ⇒ 어간 모음 **o** → **ö** 변화하여 verstöß*t*

※ 동사 verstöß*t*가 종속접속사 **wenn**-부문장 안에서 후치됨. ☞ 133

93. 과거 시제 (1) : 동사의 3 기본형 - "과거형"

과거 시제 ⇒ 동사 과거형이 사용됨.
동사 과거형의 형태 ⇒ 규칙 변화 형태 -(e)te 혹은 불규칙 변화 형태
(1) 과거형이 규칙적인 동사 : leb*en* ⇒ leb**te** / arbeit*en* ⇒ arbeit**ete**
(2) 과거형이 불규칙적인 동사 : kommen ⇒ **kam**

---

253 Die Bayern **gewannen** ihr Heimspiel gegen Augsburg mit 6:0. Leipzig **besiegte** Darmstadt mit 4:0.

바이에른 선수들은 아욱스부르크를 상대로 한 그들의 홈경기를 6 : 0으로 승리했다. 라이프치히는 다름슈타트를 4 : 0으로 이겼다.

▸ Die Bayern **gewannen** ...
동사 gewinnen의 과거형 ⇒ 불규칙적인 **gewann**
과거 시제 어미변화 : 주어 "... Bayern"은 복수의 **sie** ⇒ 과거형에 어미 **-en**이 붙어 **gewannen**

▸ Leipzig **besiegte** ...
동사 besiegen의 과거형 ⇒ 규칙적인 besieg**te**
과거 시제 어미변화 : 주어 "Leipzig"는 **es**에 해당함. ⇒ 과거형 그대로 besieg**te**_

254 Allein im Jahr 2010 **tötete** der Parasit 1,24 Millionen Menschen, darunter mehr als 700.000 Kleinkinder in Afrika: *Plasmodium falciparum* ist der gefährlichste Malaria-Erreger.

단지 2010년 한 해에만 이 기생균은 124만 명의 사람들을 죽음으로 이끌었는데, 이들 가운데는 아프리카의 어린이들이 70만 명 이상이다 : "Plasmodium falciparum"은 가장 위험한 말라리아 병원균이다.

▸ ... töt**ete** der Parasit ...
동사 töten의 과거형 ⇒ 규칙적인 töt**ete** (어간 끝이 tö**t**-이므로 **-e-** 추가하여 **-ete**)
과거 시제 어미변화 : 주어 "... Parasit"는 **er**에 해당함. ⇒ 과거형 그대로 töt**ete**_

♣ ... 1,24 Millionen Menschen, da*r*unter ...
「da(r)- + 전치사」 형태 da*r***unter** ⇒ 앞의 "1,24 Millionen Menschen"을 지시함. ☞ 166

94. 과거 시제 (2) : 과거형이 규칙적으로 -(e)te인 동사

Er spielte Fußball. / Wir warteten auf ihn.

동사 spielen의 과거형 spielte : 주어가 er ⇒ 과거형 그대로 spielte_
'그는 축구를 했다.'

동사 warten의 과거형 wartete : 주어가 wir ⇒ 추가로 어미 -n이 붙어 warteten
'우리는 그를 기다렸다.'

---

255 어린 학생 시절의 한 여자 선생님을 기억하며 작성한 글에서 :

[...] Sie **blickte** uns freundlich, aber bestimmt **an**, bis wir schließlich schwiegen. Danach **lächelte** sie und **sagte** Danke. Mehr nicht. Aber diese winzige Geste **genügte**, uns alle ein wenig nachdenklich werden zu lassen.

그녀는 우리를 친절하지만 결연하게 바라보았고, 결국 우리는 침묵하게 되었다. 그러면 그녀는 미소를 짓고, 고맙다고 말했다. 그 이상은 아무 것도 없었다. 하지만 이런 아주 작은 제스처가 우리 모두로 하여금 조금은 생각에 잠기도록 하기에 충분했다.

▸ Sie blickte ... *an*, ...

분리동사 *an*blick*en*의 과거형은 *an*blickte : 주어가 여성의 **sie** ⇒ "blickte_ ... *an*"

▸ ... [1]lächelte sie und [2]sagte ...

1. 동사 lächel*n*의 과거형은 lächelte : 주어가 여성의 **sie** ⇒ lächelte_
2. 동사 sag*en*의 과거형은 sagte : 주어가 여성의 **sie** ⇒ sagte_

▸ ... diese winzige Geste genügte , ...

동사 genüg*en*의 과거형은 genügte : 주어 "... Geste"는 여성의 **sie** ⇒ genügte_

256 Zehntausende Menschen **verfolgten** die Zeremonie auf dem Petersplatz in Rom. Nach den Anschlägen auf Christen in Ägypten vor einer Woche **sicherten** zahlreiche Polizisten die Veranstaltung.

수만 명의 사람들이 로마의 성 베드로 광장 위에서 열린 그 의식을 함께 했다. 일주일 전 이집트에서 기독교인들에 대한 공격이 발생한 후였기에 수많은 경찰관들이 이 행사를 경호했다.

▸ Zehntausende Menschen verfolgte**n** ...

동사 verfolg*en*의 과거형은 verfolgte : 주어 "... Mensche**n**"은 복수의 **sie** ⇒ verfolgte**n**

▸ ... sicher**ten** zahlreiche Polizisten ...

동사 sichern의 과거형은 sicher**te** : 주어 "... Polizisten"은 복수의 **sie** ⇒ sicher**ten**

257 Während sich 2009 noch 49 Prozent der Bürger vor instabilen Märkten **fürchteten**, waren es im vergangenen Jahr nur noch 30 Prozent. [...]

2009년에는 여전히 국민들의 49%가 불안정한 시장들을 두려워했던 반면에, 작년에는 이것이 고작 30%에 불과했다.

▸ Während sich ... 49 Prozent der Bürger ... fürcht**eten**, ...

4격 재귀동사 fürchten의 과거형은 fürcht**ete** (어간 끝이 fürcht-이므로 **-e-** 추가하여 **-ete**) :
주어인 "**49** Prozent ..."는 복수의 **sie** ⇒ fürcht**eten**

♣ ... , **waren** es ... 30 Prozent

동사 **sein** 형식 「Es **sind** + 복수명사」의 과거 시제 : 과거형 **war**에 어미 **-en**이 붙어 **waren** ☞ 96

258 Audi **verkaufte** zwar weltweit 1,46 Millionen Autos und damit so viele wie nie zuvor, allerdings wurde dieser Absatz mit zusätzlichen Ausgaben für mehr Werbung und Rabatte erkauft. Das **kostete** knapp eine Milliarde Euro. [...]

물론 Audi 회사는 전 세계적으로 146 만 대의 차량을 판매하였고, 이로써 과거에 결코 유래가 없을 만큼 많은 차량을 판매한 것이기는 하지만, 물론 이러한 판매 실적은 광고와 할인 판매들을 더 많이 하기 위해 추가 비용을 들여서 얻어졌던 것이다. 그것은 십억 유로가 약간 안 되는 액수였다.

▸ Audi verkauf**te** ...

동사 verkaufen의 과거형은 verkauf**te** : 주어 "Audi"는 단수 ⇒ verkauf**te**_

▸ Das kost**ete** ...

동사 kosten의 과거형은 kost**ete** (어간 끝이 kost-이므로 **-e-** 추가하여 **-ete**) :
주어가 지시대명사 **das** ⇒ kost**ete**_

♣ ... **so** viele **wie** nie zuvor, ...

원급 비교 형식 「**so** ... **wie** ...」 ⇒ 의미상 최상급 비교 ☞ 197

♣ ... **wurde** dieser Absatz ... erkauft

타동사 erkaufen의 수동태 과거 시제 「**wurde** ... p.p」 ☞ 98, 150

95. 과거 시제 (3) : 과거형이 불규칙적인 동사

Er **kam** zu spät. / Die Leute **kamen** zu spät.

↓

동사 kommen의 과거형은 **kam** :
주어가 **er** ⇒ **kam_**

'그는 너무 늦게 왔다.'

↓

동사 kommen의 과거형은 **kam** :
주어 "... Leute"는 복수의 **sie** ⇒ **kamen**

'그 사람들은 너무 늦게 왔다.'

---

259 [...] Er machte Kinderlieder, die eigentlich vertonte Märchen waren. Er **nahm** die Texte seiner Frau und **schrieb** Melodien dazu.

그는 동요들을 만들었는데, 그것들은 원래 노래로 편집된 동화들이었다. 그는 자기 아내의 글들을 택하여 이를 위한 멜로디를 썼다.

▸ Er [1]**nahm** ... und [2]**schrieb** ...

1. 동사 nehmen의 과거형은 **nahm** : 주어가 **er** ⇒ **nahm_**
2. 동사 schreiben의 과거형은 **schrieb** : 주어가 **er** ⇒ **schrieb_**

♣ Er [1]mach**te** ... , die ... [2]**waren**

1. 동사 mach*en*의 과거형은 mach**te** : 주어가 **er** ⇒ mach**te_** ☞ 94
2. 동사 **sein**의 과거형은 **war** : 주어가 관계대명사 복수 1격 **die** ⇒ 어미 **-en**이 붙어 **waren** ☞ 96

260 [...] Die beiden Regierungschefs **traten** lächelnd vor die Journalisten und entschuldigten sich, dass sie sich wegen eines Gesprächs unter vier Augen leicht verspätet hatten.

그 두 명의 정부수반은 미소를 지으면서 기자들 앞으로 걸어갔고, (배석 없이) 단지 둘만의 단독 회담 때문에 자신들이 약간 지각한 것에 대하여 용서를 구했다.

▸ Die beiden Regierungschefs **traten** ...

동사 treten의 과거형은 **trat** : 주어 "... Regierungschefs"는 복수의 **sie** ⇒ **traten**

♣ Die beiden Regierungschefs ... und entschuldig**ten** sich ...

4격 재귀동사 entschuldigen의 과거형은 entschuldig**te** :
주어 "... Regierungschefs"는 복수의 **sie** ⇒ entschuldig**ten** ☞ 94

♣ ... , dass sie sich ... verspätet **hatten**

4격 재귀동사 verspäten의 과거완료 시제 「**hatte** ... p.p」 :
과거완료 조동사 **hatte**는 동사 haben의 과거형 : 주어가 복수의 **sie** ⇒ **hatten** ☞ 97, 112
(과거완료 구문 "**hatten** ... verspätet" ⇒ **dass**-부문장 안에서 후치됨 : "... verspätet **hatten**" ☞ 136)

261 [...] Unter den Verletzten sind ein Arzt und vier Pflegekräfte, die dabei **halfen**, die mit 25 Personen belegte Station zu evakuieren, teilte ein Feuerwehrsprecher mit. [...]

부상자들 중에는 의사 한 명과 간호 인력 4 명이 있었는데, 이들은 25 명 인원에 의해 이용되던 그 시설을 철수시키는 것을 돕고 있었다고 한 소방서 대변인이 전했다.

▸ ... , die ... **halfen**, ...

동사 helfen의 과거형은 **half** : 주어가 관계대명사 복수 1격 **die** ⇒ **halfen**
※ 동사 **halfen**이 관계대명사 부문장 안에서 후치되어 문장 맨 뒤에 옴. ☞ 138

♣ ... , teil**te** ein Feuerwehrsprecher *mit*

분리동사 *mit*teil*en*의 과거형은 *mit*teil**te** :
주어 "... Feuerwehrsprecher"는 **er**에 해당함. ⇒ "teil**te**_ ... *mit*" ☞ 94

262 [...] Früher war also alles besser. Man benutzte weniger Fremdwörter, **kannte** sich in Kultur tragender klassischer deutscher Literatur besser **aus**, konnte sich gewählt und präzise schriftlich wie mündlich äußern.

그러므로 과거에는 모든 것이 더 좋았다. 사람들이 외국어 낱말들을 덜 이용했고, 문화를 담고 있는 고전적인 독일 문학에 대해 더 많이 정통했으며, 고상하면서도 세밀하게, 그리고 구어체뿐만 아니라 문어체로도 의사 표현을 할 수 있었다.

▸ Man ... , **kannte** sich ... *aus*, ...

분리동사&4격 재귀동사 *aus*kennen의 과거형은 *aus***kannte** :
주어 man은 **er**에 일치 ⇒ "**kannte**_ ... *aus*"

♣ ... **war** ... alles ...

동사 **sein**의 과거형은 **war** : 주어가 alles ⇒ **war**_ ☞ 96

♣ Man [1]benutz**te** ... , kannte ... *aus*, [2]**konnte** ... äußern

1. 동사 benutz*en*의 과거형은 benutz**te** : 주어 man은 **er**에 일치 ⇒ benutz**te**_ ☞ 94
2. 화법조동사 **können**의 과거형은 **konnte** : 주어 man은 **er**에 일치 ⇒ **konnte**_ ☞ 99

♣ ... **in** Kultur tragen**der** klassisch**er** deutsch**er** Literatur ...

여성명사 Literatur가 3 · 4격 전치사 in의 **3격** 목적어
형용사 앞에 (부)정관사가 없음. ⇒ 여성 **3격** 정관사 **der** 어미변화 함 :
in ... tragen**der** klassisch**er** deutsch**er** Literatur ☞ 46, 49

96. 과거 시제 (4) : 동사 sein의 과거형 war

Er **war** müde. / Wir **waren** müde.

↓ 동사 sein의 과거형은 war : 주어가 er ⇒ war_

↓ 동사 sein의 과거형은 war : 주어가 wir ⇒ waren

'그는 피곤했다.' / '우리는 피곤했다.'

---

263 Mitte November **waren** in ganz Südkorea die Flughäfen für mehrere Stunden geschlossen. Der Grund **war** keine Terrorwarnung, sondern die jährlich stattfindende Aufnahmeprüfung für die Universitäten. [...]

11월 중순 남한 전체에서는 몇몇 시간 동안 공항들이 폐쇄된 상태에 있었다. 그 이유는 테러 경고가 아니라 매년 시행되는 대학 입학시험 때문이었다.

▸ ... **waren** ... die Flughäfen ... geschlossen

동사 sein의 과거형은 war : 주어 "... Flughäfen"은 복수의 sie ⇒ **waren**

※ 타동사 schließen의 상태 수동 「sein ... p.p」의 과거 시제 ☞ 156

▸ Der Grund **war** ...

동사 sein의 과거형은 war : 주어 "... Grund"는 er에 해당함. ⇒ war_

264 Die Ostsee ist an manchen Stellen nur noch eine trübe Brühe. Wo früher mal sauberes Wasser **war**, wuchern heute so viele Algen, dass dort kaum noch etwas leben kann. [...]

동해는 몇몇 지역들의 경우 단지 뿌연 구정물에 불과하다. 과거 언젠가 깨끗한 물이 있었던 곳에 오늘날은 너무나도 많은 해조류들이 무성함으로써 이제 그곳에는 뭔가가 좀체 살 수 없다.

▸ Wo ... sauberes Wasser **war**, ...

동사 sein의 과거형은 war : 주어 "... Wasser"는 es에 해당함. ⇒ war_

※ 과거 시제 동사 war ⇒ 관계부사 wo-부문장 안에서 후치됨. ☞ 148

♣ ... **so** viele ... , **dass** ...

연계 형식 「so ... , dass ...」 ☞ 220

97. 과거 시제 (5) : 동사 haben의 과거형 hatte

Er **hatte** keine Zeit. / Wir **hatten** keine Zeit.

↓ 동사 haben의 과거형은 **hatte** : 주어가 **er** ⇒ **hatte_**

↓ 동사 haben의 과거형은 **hatte** : 주어가 **wir** ⇒ **hatten**

'그는 시간이 없었다.' / '우리는 시간이 없었다.'

---

265 [...] Offenbar **hatte** die Königin einfach kein Glück bei der Wahl ihrer Geliebten. Sie starb, ohne geheiratet zu haben.

아마도 그 여왕은 자신의 애인을 선택함에 있어서 단순히 불운했었던 것 같다. 그녀는 결혼하지 못한 채 사망했다.

▸ ... **hatte** die Königin ...

동사 haben의 과거형은 **hatte** : 주어 "... Königin"은 여성의 **sie** ⇒ **hatte_**

♣ Sie **starb**, ...

동사 sterben의 과거형은 **starb** : 주어가 여성의 **sie** ⇒ **starb_** ☞ 95

266 Er wirft den Sprachwissenschaftlern ihren Sündenfall während der siebziger Jahre vor, als sie sich an der Universität zunehmend mit linguistischen Fragen beschäftigten, die wenig mit dem Deutschunterricht in der Schule zu tun **hatten**.

그는 언어학자들에게 70년 대에 있었던 그들의 죄악을 비난하고 있는데, 그 시절에 이들은 대학에서 초 · 중 · 고등학교의 독일어 수업과 거의 관련이 없었던 언어학적 문제들에 점점 더 많이 몰두했었다.

▸ ... , die ... **hatten**

동사 haben의 과거형은 **hatte** : 주어는 관계대명사 복수 1격 **die** ⇒ **hatten**

※ 과거 시제 동사 **hatten** ⇒ 관계대명사 부문장 안에서 후치됨. ☞ 138

♣ ... , als sie sich ... **beschäftigten**, ...

4격 재귀동사 beschäftig*en*의 과거형은 beschäftig**te** : 주어가 복수의 **sie** ⇒ beschäftig**ten** ☞ 94
(과거 시제 동사 beschäftig**ten** ⇒ 종속접속사 **als**-부문장 안에서 후치됨. ☞ 133)

98. 과거 시제 (6) : 동사 werden의 과거형 wurde

Er **wurde** reich. / Die Leute **wurden** reich.

↓ 동사 werden의 과거형은 **wurde** : 주어가 **er** ⇒ **wurde_**

↓ 동사 werden의 과거형은 **wurde** : 주어 "... Leute"는 복수의 **sie** ⇒ **wurden**

'그는 부자가 되었다.' / '그 사람들은 부자가 되었다.'

---

267 Die Italienerin Isabella Rossellini* **wurde** mit Filmen des Hollywood-Kultregisseurs David Lynch und als Kosmetikmodel bekannt. Sie hatte aber auch weltberühmte Eltern, die ihre Laufbahn prägten.

이탈리아 여자인 Isabella Rossellini는 할리우드의 유명 연출가인 David Lynch의 영화들에 의해, 그리고 화장품 모델로서 유명해졌다. 하지만 그녀는 또한 세계적으로 유명한 부모도 가졌었는데, 이들이 그녀의 경력을 특징 지웠다.

* Isabella Rossellini : 이탈리아 여배우

▸ Die Italienerin ... **wurde** ...

동사 werden의 과거형은 **wurde** : 주어 "... Italienerin"은 여성의 **sie** ⇒ **wurde_**

268 [...] Wie der britische Gesundheitsdienst mitteilte, waren landesweit insgesamt 16 Krankenhäuser lahm gelegt. Patienten **wurden** gebeten, nur in dringenden Fällen in Notaufnahmen zu kommen.

영국의 보건 당국이 알린 바에 의하면 전국적으로 총 16 개 병원들이 마비된 상태였다. 환자들에게는 단지 시급한 경우들에만 응급실로 오라고 요청되었다.

▸ Patienten **wurden** ... gebeten, ...

동사 werden의 과거형은 **wurde** : 주어 Patienten은 복수의 **sie** ⇒ **wurden**

※ 타동사 bitten의 수동태 과거 「**wurde** ... p.p」 : "**wurden** ... gebeten" ☞ 150

♣ Wie der britische Gesundheitsdienst *mit*teil**te**, ...

분리동사 *mit*teilen의 과거형 *mit*teil**te** : 주어 "... Gesundheitsdienst"는 **er**에 해당 ⇒ *mit*teil**te_** ☞ 94
(동사 *mit*teil**te_** ⇒ 종속접속사 **wie**-부문장 안에서 후치됨. ☞ 57, 133)

♣ ... , **waren** ... 16 Krankenhäuser *lahm* gelegt

동사 sein의 과거형은 **war** : 주어 "... Krankenhäuser"는 복수의 **sie** ⇒ **waren**
(타동사 *lahm* legen의 상태 수동 「**sein** ... p.p」의 과거 시제 : "**waren** ... *lahm* gelegt" ☞ 59, 156)

99. 과거 시제 (7) : 화법조동사의 과거형 konnte, musste, dürfte ...

Er **konnte** gut schlafen. / Wir **mussten** viel arbeiten.

↓ 화법조동사 können의 과거형은 **konnte** : 주어가 **er** ⇒ **konnte_**

'그는 잠을 잘 잘 수 있었다.'

↓ 화법조동사 müssen의 과거형은 **musste** : 주어가 **wir** ⇒ **mussten**

'우리는 많이 일해야만 했다.'

---

269 Eigentlich **wollte** Kanzlerin Merkel bei ihrem Besuch in Indonesien nicht offen über 100 Leopard-Panzer reden, die das Land haben will. Dann kam das Thema doch zur Sprache.

원래 연방수상 메르켈은 자신의 인도네시아 방문 때 이 나라가 갖고자 하는 100 대의 레오파드 전차에 관해 공개적으로 이야기하려 하지 않았다. 하지만 그러고는 이 테마가 언급되었다.

▸ ... **wollte** Kanzlerin Merkel ... reden, ...

화법조동사 wollen의 과거형은 **wollte** : 주어 "Kanzlerin ..."은 여성의 **sie** ⇒ **wollte_**

♣ ... **kam** das Thema ...

동사 kommen의 과거형은 **kam** : 주어 "... Thema"는 **es**에 해당함. ⇒ **kam_**

270 Noch vor 100 Jahren hatten Frauen in den Wahllokalen nichts zu suchen. Nur die Männer **durften** wählen. Die Frauen **mussten** sehr lange kämpfen, bis sie im Januar 1919 endlich auch zur Wahl gehen **durften**.

100 년 전에도 여전히 여자들에게 투표소란 그들이 있을 자리가 아니었다. 단지 남자들만이 투표할 수 있었던 것이다. 여자들은 1919년 1월 마침내 자신들도 투표하러 갈 수 있게 되기까지 아주 오랫동안 투쟁해야만 했다.

▸ ... die Männer **durften** wählen

화법조동사 dürfen의 과거형은 **durfte** : 주어 "... Männer"는 복수의 **sie** ⇒ **durften**

▸ Die Frauen [1]**mussten** ... kämpfen, bis sie ... gehen [2]**durften**

1. 화법조동사 müssen의 과거형은 **musste** : 주어 "... Frauen"은 복수의 **sie** ⇒ **mussten**
2. 화법조동사 dürfen의 과거형은 **durfte** : 주어가 복수의 **sie** ⇒ **durften**

100. 현재완료 (1) : 동사의 3 기본형 - "과거분사형" (= "p.p형")

현재완료 시제 ⇒ 동사의 과거분사형, 즉 **p.p형**이 사용됨.
동사 **p.p형**의 형태 ⇒ 규칙 변화 형태 ***ge*-(e)t** 혹은 불규칙 변화 형태
(1) p.p형이 규칙 변화인 동사 : leb*en* ⇒ **gelebt** / arbeit*en* ⇒ **gearbeitet**
(2) p.p형이 불규칙 변화인 동사 : kommen ⇒ **gekommen**

---

271 경기에서 패배한 축구 팀 감독의 기자회견에서 :

[...] Wir haben einige taktische Fehler **gemacht**, aber die Spieler haben alles **gegeben**. [...]

우리는 몇몇 전술적인 실수들을 범했다. 하지만 선수들은 모든 것을 바쳤다.

▸ ... haben ... **gemacht**

동사 mach*en*의 p.p형 ⇒ 규칙 변화 형태 **gemacht**

※ 타동사 machen의 현재완료 시제 「**haben** ... p.p」 : "**haben** ... gemacht" ☞ 103

▸ ... , aber ... haben ... **gegeben**

동사 geben의 p.p형은 불규칙 변화 형태 **gegeben**

※ 타동사 geben의 현재완료 시제 「**haben** ... p.p」 : "**haben** ... gegeben" ☞ 103

272 Im Siegerland ist ein Pferd auf einer Wiese **ausgerutscht** und in einem eisig kalten Bach **gelandet**. Die Feuerwehr hat es **gerettet**.

Siegerland에서는 말 한 마리가 초원 위에서 미끄러져 넘어지다가 얼음처럼 차가운 한 시냇물 안에 착륙했다. 소방관들이 그 말을 구출했다.

▸ ... ist ... [1]***aus*gerutscht** und ... [2]**gelandet**

1. 분리동사 *aus*rutsch*en*의 p.p형 ⇒ 규칙 변화 형태 *aus***gerutscht**

※ '장소 이동' 자동사 *aus*rutschen의 현재완료 시제 「**sein** ... p.p」 : "**ist** ... *aus*gerutscht" ☞ 107

2. 동사 land*en*의 p.p형 ⇒ 규칙 변화 형태 **gelandet**

※ '장소 이동' 자동사 landen의 현재완료 시제 「**sein** ... p.p」 : "**ist** ... gelandet" ☞ 107

▸ ... hat ... **gerettet**

동사 retten의 p.p형 ⇒ 규칙 변화 형태 **gerettet**

※ 타동사 retten의 현재완료 시제 「**haben** ... p.p」 : "**hat** ... gerettet" ☞ 103

101. 현재완료 (2) : p.p형이 -ge- 없는 경우 ⇒ 동사 be-, ver- ...

접두어 **be-**, **ver-**, **er-**, **ge-** ...를 지닌 동사 ⇒ p.p형은 **-ge-** 없음.
(1) 동사 **be**suchen은 접두어 **be-**를 지님. ⇒ p.p형은 **besucht** (즉, begesucht 아님!)
(2) 동사 **ver**stehen은 접두어 **ver-**를 지님. ⇒ p.p형은 **verstanden** (즉, vergestanden 아님!)
(3) 동사 **er**warten은 접두어 **er-**를 지님. ⇒ p.p형은 **erwartet** (즉, ergewartet 아님!)
(4) 동사 **ge**fallen은 접두어 **ge-**를 지님. ⇒ p.p형은 **gefallen** (즉, gegefallen 아님!)

---

273 [...] Der Münchner wurde heute Mittag aus dem Krankenhaus **entlassen**. Er war bei dem Anschlag auf den Berliner Weihnachtsmarkt **verletzt** worden.

그 뮌헨 사람은 오늘 정오에 병원에서 퇴원하였다. 그는 베를린의 크리스마스 시장에 대한 (테러)공격 당시 부상당했었다.

▸ ... wurde ... **ent**lassen

동사 **ent**lassen은 접두어 **ent-**를 지님. ⇒ p.p형은 -ge- 없이 **entlassen** (즉, entgelassen 아님!)

※ 타동사 entlassen의 수동태 과거 「**wurde** ... p.p」 : "**wurde** ... entlassen" ☞ 150

▸ ... war ... **ver**letzt worden

동사 **ver**letzen은 접두어 **ver-**를 지님. ⇒ p.p형은 -ge- 없이 **verletzt** (즉, vergeletzt 아님!)

※ 타동사 verletzen의 수동태 과거완료 「**war** ... p.p **worden**」 : "**war** ... verletzt worden" ☞ 152

♣ ... Anschlag auf den Berliner Weihnachtsmarkt ...

3 · 4격 전치사 **auf**는 명사 Anschlag과 함께 '...로의 공격'으로 해석됨. ⇒ '방향'으로서 4격! ☞ 25
(1) 남성명사 Weihnachtsmarkt가 3 · 4격 전치사 auf의 4격 목적어 ⇒ 남성 4격 정관사 **den**이 앞에 옴.
(2) 「도시 이름 + **-er**」 '...의' (2격 형) : "... Berliner ..." ☞ 11

274 Der Schriftsteller hat die Geschichten von „Gullivers Reisen" **erfunden**. Seine Erzählungen sind heute weltberühmt.

그 작가는 "걸리버 여행기"의 이야기들을 고안했다. 그의 단편소설들은 오늘날 세계적으로 유명하다.

▸ ... hat ... **er**funden

동사 **er**finden은 접두어 **er-**를 지님. ⇒ p.p형은 -ge- 없이 **erfunden** (즉, ergefunden 아님!)

※ 타동사 erfinden의 현재완료 「**haben** ... p.p」 : "**hat** ... erfunden" ☞ 103

102. 현재완료 (3) : p.p형이 -ge- 없는 경우 ⇒ 동사 -ieren 등

1. 접두어 **über-**, **unter-**를 지닌 동사 ⇒ p.p형은 **-ge-** 없음.
   동사 **über**setzen의 접두어 **über-** ⇒ p.p형 **über**setz**t** (즉, übergesetzt 아님!)
   동사 **unter**nehmen의 접두어 **unter-** ⇒ p.p형 **unter**nommen (즉, untergenommen 아님!)

2. 형태가 **-ieren**인 동사 ⇒ p.p형은 **-ge-** 없음.
   동사 stud**ieren**의 형태 **-ieren** ⇒ studier**t** (즉, gestudiert 아님!)

---

275 Eine ganze Woche lang haben Wissenschaftler und Politiker aus mehr als 100 Ländern darüber **diskutiert**, wie wir unsere Ozeane besser schützen kann.

100 개가 넘는 국가들로부터 온 학자들과 정치가들이 한 주 내내 그것에 관해서, 즉 어떻게 하면 우리가 우리의 바다들을 더 잘 보호할 수 있을지에 관해서 토론하였다.

▸ ... haben ... diskutier**t** , ...

동사 diskut**ieren**의 형태는 **-ieren** ⇒ p.p형은 **-ge-** 없이 diskutier**t** (즉, gediskutiert 아님!)

※ 타동사 diskutieren의 현재완료 「**haben** ... p.p」 : "**haben** ... diskutiert" ☞ 103

♣ ... [1]da*r*über ... , [2]**wie** ... schützen kann

1. 「da(r) + 전치사」 형태 da*r***über** ⇒ 뒤에 오는 의문사 **wie-부문장**을 지시함. ☞ 169
2. 화법조동사 구문 "**kann** ... schützen" ⇒ 의문사 **wie**-부문장 안에서 후치됨 :
   "... schützen **kann**" ☞ 79, 186

276 Zehntausende Feuerwehrleute kämpfen seit Tagen rund um die Uhr gegen die Flammen. Jetzt werden sie zusätzlich von Soldaten und freiwilligen Helfer **unterstützt**.

수 만 명의 소방관들이 며칠 전부터 하루 24시간에 걸쳐서 불에 맞서 싸우고 있다. 이제 그들은 추가로 군인들과 자원 봉사자들에 의해 지원된다.

▸ ... werden ... **unter**stützt

동사 **unter**stützen의 접두어 **unter-** ⇒ p.p형은 **-ge-** 없이 **unter**stütz**t** (즉, untergestützt 아님!)

※ 타동사 unterstützen의 수동태 현재 「**werden** ... p.p」 : "**werden** ... unterstützt" ☞ 149

103. 현재완료 (4) : 모든 타동사 및 재귀동사 ⇒ 「**haben** ... p.p」

Er **hat** ein Buch gelesen. / Er **hat** sich erkältet.

↓
동사 lesen은 타동사
⇒ 현재완료 「**haben** ... p.p」 :
"**hat** ... gelesen"

'그는 책을 읽었다.'

↓
동사 erkälten은 4격 재귀동사
⇒ 현재완료 「**haben** ... p.p」 :
"**hat** ... erkältet"

'그는 감기 걸렸다.'

---

277 [...] Der Bundestag **hat** am späten Abend die Umsetzung einer entsprechenden EU-Richtlinie **beschlossen**, die beim Kampf gegen den internationalen Terrorismus helfen soll.

연방의회는 늦은 저녁 시간에 그에 상응하는 유럽연합 가이드라인을 의결했는데, 이는 국제적 테러리즘에 맞선 싸움에서 도움을 주도록 되어 있다.

▸ ... **hat** ... beschlossen, ...

동사 beschließen은 타동사 ⇒ 현재완료 「**haben** ... p.p」 : "**hat** ... beschlossen"

※ 동사 **be**schließen은 접두어 **be-**를 지님. ⇒ p.p형은 **-ge-** 없이 **be**schlossen ☞ 101

♣ ... EU-Richtlinie ... , [1]**die** ... [2]helfen **soll**

1. 여성 1격 관계대명사 **die** : 여성명사 EU-Richtlinie가 선행사, 부문장 안의 주어로서 1격 ☞ 138
2. 화법조동사 구문 "**soll** ... helfen" ⇒ 관계대명사 부문장 안에서 후치됨 : "... helfen **soll**" ☞ 134

278 Der Papst **hat**, indem er den Philosophen Gabriel Marcel zitierte, **gesagt**: „Einem Menschen zu sagen, ‚Ich liebe dich' heißt: ‚Ich weigere mich, deinen Tod anzunehmen, ich protestiere gegen den Tod.'"

철학자 Gabriel Marcel을 인용하는 가운데 교황은 말했다 : "어떤 사람에게 '나는 너를 사랑해'라고 말하는 것이 뜻하는 바는 '나는 너의 죽음을 받아들이지 않겠어, 나는 이 죽음에 반대해'라는 것입니다."

▸ ... **hat** ... gesagt: ...

동사 sagen은 타동사 ⇒ 현재완료 「**haben** ... p.p」 : "**hat** ... gesagt"

♣ ... : ... [1]**zu** sagen, ... heißt: Ich [2]**weigere** mich, ... [3]*an***zu**nehmen, ...

1. 동사 sagen의 **zu**-부정사 ⇒ 뒤에 오는 동사 heiß*t*의 주어 ☞ 119
2. 4격 재귀동사 sich weigern ⇒ 주어가 **ich**이므로 4격 재귀대명사는 **mich** ☞ 61, 64
3. 분리동사 *an*nehmen의 **zu**-부정사 ⇒ 앞에 나온 4격 재귀동사 "weigere mich"의 목적어 ☞ 58

279 Die Zahl der Kinder, bei denen durch das Rauchen der Eltern in der Wohnung die Höchstwerte an gesundheitlichen Belastungen überschritten wurde, **hat** sich dramatisch **erhöht**.

집안에서 부모가 흡연을 함으로 인해 건강에 끼치는 부담의 최고치가 초과된 아이들의 숫자가 급격하게 상승했다.

▸ ... **hat** sich ... erhöht

동사 sich erhöhen은 4격 재귀동사 ⇒ 현재완료 「**haben** ... p.p」 : "**hat** ... erhöht"

※ 동사 **er**höhen은 접두어 **er-**를 지님. ⇒ p.p형은 **-ge-** 없이 **er**höht ☞ 101

※ 타동사 etw. erhöhen '*무엇을* 높이다'

⇒ 4격 재귀동사 sich erhöhen ('자기 자신을 높이다', 즉) '높아지다' ☞ 62

♣ ... Kinder, [1]bei **denen** ... [2]überschritten **wurde**, ...

1. 복수 3격 관계대명사 **denen** ⇒ 복수명사 Kinder가 선행사, 3격 전치사 bei의 목적어 ☞ 140
2. 타동사 überschreiten의 수동태 과거 「**wurde** ... p.p」 : "**wurde** ... überschritten"
   ⇒ 관계대명사 부문장 안에서 후치됨 : "... überschritten **wurde**" ☞ 150, 154
   (동사 **über**schreiten의 형태는 **über-** ⇒ p.p형은 **-ge-** 없이 **überschritten** ☞ 102)

280 [...] Was wir bei unseren Forschungen **herausgefunden haben**, war eine riesige Überraschung: Das Ohr ist nämlich kein passives Organ, das die Laute einfängt und in Elektrizität umwandelt. Nein, es ist ein aktives Organ mit einem eingebauten Verstärker. [...]

우리들의 연구에서 우리가 알아낸 것은 엄청난 놀라움이었다 : 왜냐 하면 귀가 소리를 받아들여 전기 신호로 변환시키는 수동적 기관이 아니었기 때문이다. 아니고, 그것은 고정 설치된 확성기를 지닌 능동적 기관이다.

▸ Was ... *heraus*gefunden **haben**, war ...

분리동사 *heraus*finden은 타동사 ⇒ 현재완료 「**haben** ... p.p」 : "**haben** ... *heraus*gefunden"

⇒ 관계대명사 was 부문장 안에서 후치됨 : "... *heraus*gefunden **haben**"

♣ **Was** ... *heraus*gefunden haben, ...

관계대명사 **was** '...인 것' ☞ 144

♣ ... kein passives Organ, [1]**das** ... [2]*ein*fängt und ... [2]*um*wandelt

1. 중성 1격 관계대명사 **das** : 중성명사 "... Organ"이 선행사, 부문장 안의 주어로서 1격 ☞ 138
2. 분리동사 *ein*fangen의 현재 시제 *ein*fängt / 분리동사 *um*wandel*n*의 현재 시제 *um*wandelt ☞ 57

104. 현재완료 (5) : 대부분의 자동사 ⇒ 「haben ... p.p」

Er **hat** gut geschlafen. '그는 잠을 잘 잤다.'
↓
동사 schlafen은 자동사
⇒ 현재완료 「**haben** ... p.p」 : "**hat** ... geschlafen"

---

281 Am Dienstagabend haben die Fußballer vom FC Schalke 04 das Viertelfinale im DFB-Pokal erreicht. Sie **haben** gegen Carl Zeiss Jena aus der zweiten Liga mit 4:1 **gewonnen**. [...]

화요일 저녁 FC Schalke 04 축구팀 선수들은 DFB 컵 대회의 8강에 도달했다. 이들은 2부 리그로부터 올라온 Carl Zeiss Jena 팀에게 4:1로 승리했다.

▸ ... **haben** ... gewonnen

동사 gewinnen은 자동사 ⇒ 현재완료 「**haben** ... p.p」 : "**haben** ... gewonnen"

♣ ... **haben** ... erreicht

동사 erreichen은 타동사 ⇒ 현재완료 「**haben** ... p.p」 : "**haben** ... erreicht" ☞ 103
(동사 **er**reichen은 접두어 **er-**를 지님. ⇒ p.p형은 **-ge-** 없이 **er**reicht ☞ 101)

282 Fachleute **haben** am Montag damit **begonnen**, eine der größten Orgeln in Vorpommern vor der Zerstörung durch den Holzwurm zu retten. Es handelt sich um die historische Orgel in der Demminer* Kirche St. Bartholomaei. [...]

월요일에 전문가들은 포어포메른에서 가장 큰 오르간들 중의 하나를 나무좀벌레에 의한 훼손으로부터 구출하는 일을 하기 시작했다. 뎀민 시의 St. Bartholomaei 교회 안에 있는 역사적인 오르간에 관한 것이다.

* Demmin : 독일 메클렌부르크-포어포메른 주에 있는 작은 도시

▸ ... **haben** ... begonnen, ...

동사 beginnen은 여기서 자동사 ⇒ 현재완료 「**haben** ... p.p」 : "**haben** ... begonnen"

♣ ... [1]**damit** ... , [2]**eine** der größten Orgeln ... zu retten

1. 「da(*r*)- + 전치사」 형태 da**mit** ⇒ 뒤에 오는 **zu**-부정사 "... **zu** retten"을 지시함. ☞ 117, 168
2. 부정대명사 **ein-** 형식 「**ein-** + 복수 2격」 '... 중의 하나' ☞ 177

105. 현재완료 (6) : 화법조동사 ⇒ 「**haben** ... p.p」

Er **hat** arbeiten müssen.
↓
화법조동사 müssen의 현재완료
「**haben** ... p.p」 : "**hat** ... müssen"
(동사 원형 있음. ⇒ p.p형은 **müssen**)

'그는 일해야만 했다.'

/

Wir **haben** nach Hause gemusst.
↓
화법조동사 müssen의 현재완료
「**haben** ... p.p」 : "**hat** ... gemusst"
(동사 원형 없음. ⇒ p.p형은 **ge**mus**st**)

'우리는 집으로 가야만 했다.'

---

283 Die SPD mit ihrem Spitzenkandidaten Michael Naumann **hat** im Vergleich zur Wahl von 2004 aufholen **können**, hat ihr selbst gestecktes Ziel aber nicht erreicht.

선두 후보자 Michael Naumann과 함께 한 독일사회민주당은 2004년의 선거와 비교할 때 뒤쳐졌던 것을 만회할 수 있었지만, 스스로 설정한 자신의 목표는 달성하지 못했다.

▸ ... **hat** ... *auf*holen können, ...

화법조동사 können의 현재완료 「**haben** ... p.p」 : "**hat** ... *auf*holen können"

※ können과 함께 오는 동사 원형 *auf*holen이 있음. ⇒ p.p형은 원형 형태인 **können** ☞ 73, 77

♣ ... **hat** ... erreicht

타동사 erreichen의 현재완료 「**haben** ... p.p」 : "**hat** ... erreicht" ☞ 103

284 [...] Der Bürgermeister würdigt ihn als jemanden, den seine menschliche Art und sein feiner Humor ausgezeichnet habe: „Er **hat** gut mit jungen Menschen **gekonnt** und sich vielfach eingebracht." [...]

시장은 그를 이른바 그 인간적인 본성과 그 섬세한 유머에 의해 돋보였던 누군가라고 하며 칭송한다 : "그 분은 젊은 사람들과 소통할 줄 알았고, 여러 가지로 적극적 활동을 하셨어요."

▸ ... **hat** ... gekonnt und ...

화법조동사 können의 현재완료 「**haben** ... p.p」 : "**hat** ... gekonnt"

※ können과 함께 오는 동사 원형 없음. ⇒ p.p형은 **ge-t** 형태인 **ge**konn**t** ☞ 73, 77

♣ ... **hat** ... und sich ... *ein*gebracht

4격 재귀동사 sich *ein*bringen의 현재완료 「**haben** ... p.p」 : "**hat** ... *ein*gebracht" ☞ 103, 218

106. 현재완료 (7) : 동사 lassen ⇒ 「haben ... p.p」

Ich **habe** ihn gehen lassen.	/	Er **hat** mich allein gelassen.
↓ 동사 lassen의 현재완료 「**haben** ... p.p」 : "**habe** ... lassen" (동사 원형 있음. ⇒ p.p형은 **lassen**)		↓ 동사 lassen의 현재완료 「haben ... p.p」 : "**hat** ... gelassen" (동사 원형 없음. ⇒ p.p형은 **ge**lassen)
'나는 그를 가도록 했다.'		'그는 나를 혼자 있도록 했다.'

---

285 Die deutschen Schuhhersteller **haben** zwei Jahre lang Kinderfüße messen **lassen**. Dabei ist herausgekommen, dass Kinderfüße breiter geworden sind.

독일의 신발 생산 업체들은 2 년에 걸쳐 아이들의 발이 측정되도록 하였다. 여기서 나타난 결과는 아이들 발의 폭이 넓어졌다는 점이다.

▸ ... **haben** ... messen lassen

동사 lassen의 현재완료 「**haben** ... p.p」 : "**haben** ... messen lassen"

※ lassen과 함께 오는 동사 원형 messen이 있음. ⇒ p.p형은 원형 형태인 **lassen** ☞ 130
(「lassen + 4격 ... 타동사 원형」 '*4격이 ... 되도록 하다*' ☞ 130)

286 [...] „Früher **haben** wir die Türen offen **gelassen**. Jetzt achten wir mehr auf unsere Sicherheit", sagte er. Das Viertel war lange eine Gegend, in der es nicht viel zu holen gab. In den vergangenen Jahren wurde es für Kriminelle attraktiver. [...]

"전에 우리는 문을 그냥 열어둔 채 그대로 두었어요. 지금 우리는 우리의 안전에 보다 더 주의를 기울이지요." 라고 그는 말했다. 오랫동안 이 구역은 얻을 것이 별로 많지 않은 지역이었다. 그런데 지난 여러 해 동안 여기가 범죄자들에게는 보다 매력 있는 곳이 되었다.

▸ ... **haben** wir ... offen gelassen

동사 lassen의 현재완료 「**haben** ... p.p」 : "**haben** ... gelassen"

※ lassen과 함께 오는 동사 원형 없음. ⇒ p.p형은 **ge-** 형태인 **ge**lassen ☞ 130

♣ ... eine Gegend, [1]in **der** es ... [2]**gab**

1. 여성 3격 관계대명사 **der** : 여성명사 Gegend가 선행사, 3 · 4격 전치사 in의 3격 목적어 ☞ 139
2. 「Es gibt + 4격」의 과거 시제 "Es **gab** ..." ⇒ 관계대명사 부문장에서 후치 : "es ... **gab**" ☞ 205

107. 현재완료 (8) : '장소 이동' 자동사 ⇒ 「sein ... p.p」

Er **ist** nach Berlin gefahren. '그는 베를린으로 갔다.'
↓
동사 fahren은 '장소 이동' 자동사
⇒ 현재완료 「**sein** ... p.p」 : "**ist** ... gefahren"

---

287 Aus Protest gegen die Ermordung des russischen Oppositionsführers **sind** Demonstranten in das russische Konsulat in Hamburg und die russische Botschaft in Berlin **eingedrungen**.

러시아의 야당 리더를 살해한 것에 대한 항의로서 시위자들은 함부르크에 있는 러시아 영사관과 베를린에 있는 러시아 대사관 안으로 밀고 들어갔다.

▸ ... s**ind** ... *ein*gedrungen

분리동사 *ein*dringen은 '장소 이동' 자동사

⇒ 현재완료 「**sein** ... p.p」 : "**sind** ... *ein*gedrungen"

※ 분리동사 *ein*dringen의 p.p형 ⇒ ***ein*gedrungen** ☞ 56

♣ ... [1]**in das** russische Konsulat ... und [2]**die** russische Botschaft ... *ein*gedrungen

1. 3 · 4격 전치사 **in**은 동사 *ein*gedrungen과 함께 '... 안으로 밀고 들어가다' ⇒ '**방향**'으로서 **4격**!
   (1) 중성명사 Konsulat는 3 · 4격 전치사 in의 **4격** 목적어 ⇒ 중성 **4격** 정관사 **das**가 앞에 옴. ☞ 25
   (2) 중성 **4격** 「**das** + 형용사 **-e**」 : in **das** russische ... ☞ 38

2. 여성명사 Botschaft는 앞의 1과 동일한 근거로 3 · 4격 전치사 in의 **4격** 목적어 ☞ 25
   (1) 여성 **4격** 정관사 **die**가 앞에 옴.
   (2) 여성 **4격** 「**die** + 형용사 **-e**」 : **die** russische ... ☞ 38

288 Bei einem Brand in einem Krankenhaus in Lünen bei Dortmund **ist** in der Nacht zum Freitag ein 81 Jahre alter Mann ums Leben **gekommen**. [...]

금요일로 넘어가는 밤 시간에 도르트문트 옆에 위치한 뤼넨의 한 병원에서 일어난 화재에서 81 세의 한 남자가 목숨을 잃었다.

▸ ... **ist** ... gekommen

동사 kommen은 '장소 이동' 자동사

⇒ 현재완료 「**sein** ... p.p」 : "**ist** ... gekommen"

♣ Bei einem Brand [1]in einem Krankenhaus [2]in Lünen ... ist ...

1. 3 · 4격 전치사 **in**은 바로 앞 명사 Brand를 수식 ('... 안에서의 화재') ⇒ **3격**! ☞ 23
2. 3 · 4격 전치사 **in**은 바로 앞 명사 Krankenhaus를 수식 ('... 안에 있는 병원') ⇒ **3격**! ☞ 23

♣ ... ist in der Nacht zum Freitag **ein** 81 Jahre alter Mann ... gekommen

어순 : 부정관사 주어 "**ein** ... Mann" ⇒ 부사어 "in der Nacht ..." 보다 뒤에 옴. ☞ 216

289 Bei der Wahl vor vier Jahren **ist** die FDP* zum ersten Mal in ihrer Geschichte aus dem Parlament **geflogen**. Inzwischen kann sie sich wieder Hoffnungen machen, in den Bundestag zurückzukehren.

4 년 전의 선거에서 자유민주당은 자신의 역사에서 최초로 의회에서 물러났다. 그 동안 자유민주당은 연방의회로 복귀하는 희망을 다시 품을 수 있게 되었다.

* FDP (= "Freie Demokratzische Partei") : 독일의 정당 "자유민주당"

▸ ... **ist** ... geflogen

동사 fliegen은 '장소 이동' 자동사

⇒ 현재완료 「**sein** ... p.p」 : "**ist** ... geflogen"

♣ ... kann ... sich ... Hoffnungen [1]**machen**, ... [2]*zurück***zu**kehren

1. **3격 재귀동사** sich[3] Hoffnungen machen이 화법조동사 **kann**과 함께 옴. ☞ 71
2. 분리동사 *zurück*kehren의 **zu-부정사** ⇒ 앞에 나온 명사 Hoffnungen을 수식 ☞ 58, 121

290 [...] „Man darf nicht vergessen, dass die breite Bevölkerung sich seit einigen Jahren an die Krise gewöhnt hat, und auch die hohe Erwartung an stabile Finanzmärkte **gesunken ist**", sagte der Leiter der Forschergruppe. [...]

"많은 국민들이 몇 년 전부터 이 위기에 익숙해졌고, 안정된 재정 시장에 대한 높은 기대감이 가라앉았다는 점을 우리는 잊어서는 안 됩니다." 라고 그 연구자 단체의 리더가 말했다.

▸ „ ... , dass ... gewöhnt hat, und ... gesunken **ist**", ...

동사 sinken은 '장소 이동' 자동사 ⇒ 현재완료 「**sein** ... p.p」 : "**ist** ... gesunken"

⇒ 종속접속사 **dass**-부문장 안에서 후치됨 : "... gesunken **ist**"

♣ ... darf **nicht** vergessen, ...

화법조동사 **dürfen**의 부정문 ⇒ '...해서는 안 되다' ☞ 81

♣ ... dass ... sich ... gewöhnt **hat**, und ...

4격 재귀동사 sich gewöhnen의 현재완료 「**haben** ... p.p」 : "**hat** ... gewöhnt" ☞ 103
(종속접속사 **dass**-부문장 안에서 후치됨 : "... gewöhnt **hat**" ☞ 136)

108. 현재완료 (9) : '상태 변화' 자동사 ⇒ 「sein ... p.p」

Der Schnee **ist** schon fast geschmolzen. '눈이 벌써 거의 녹았다.'

↓

동사 schmelzen은 **'상태 변화' 자동사**

⇒ **현재완료** 「**sein** ... p.p」 : "**ist** ... geschmolzen"

---

291 In Australien wüten im Moment die schlimmsten Waldbrände seit Jahrzehnten. Rund 170 Menschen **sind** schon durch das Feuer **gestorben**.

지금 호주에서는 몇 십 년 전 이래 최악의 산불이 맹위를 떨치고 있다. 대략 170 명의 사람들이 이미 이 화재로 인해 사망했다.

▸ ... **sind** ... gestorben

동사 sterben은 **'상태 변화' 자동사** ⇒ **현재완료** 「**sein** ... p.p」 : "**sind** ... gestorben"

♣ ... di**e** schlimm**st**en Waldbrände ...

형용사 schlimm의 **최상급** schlimm**st** ☞ 193

(1) **복수**명사 Waldbr**ä**nde는 동사 wüten의 **4격** 목적어 ⇒ **복수 4격** 정관사 **die**가 앞에 옴.

(2) **복수 1, 4격** 「die + 형용사 **-en**」 : di**e** schlimm**st**en ... ☞ 41

292 [...] Längst **ist** die Prognose zur Gewissheit **geworden**: China drückt dem 21. Jahrhundert seinen Stempel auf. Europäer und Amerikaner stellen sich darauf ein, dass sich die Gewichte zum Pazifik verschieben.

그 예측이 확신으로 변한 지는 이미 오래 되었다 : 중국은 21 세기에 자신의 영향력을 깊이 새겨 넣고 있다. 유럽인들과 미국인들은 무게 중심이 태평양으로 옮겨지는 것을 대비하고 있다.

▸ ... **ist** die Prognose ... geworden: ...

동사 werden은 **'상태 변화' 자동사** ⇒ **현재완료** 「**sein** ... p.p」 : "**ist** ... geworden"

♣ ... drück**t** ... *auf*

분리동사 *auf*drücken의 **현재** 시제 ⇒ 분리전철 *auf*-가 분리되어 **문장 맨 뒤**에 옴. ☞ 55

♣ ... [1]stell**en** sich [2]da**rauf** *ein*, dass sich ... [3]**verschieben**

1. 4격 재귀동사&분리동사 sich auf etw.[4] *ein*stellen의 **현재** 시제 : "stell**en** sich ... *ein*" ☞ 55, 64
2. 「da(*r*)- + **전치사**」 형태 da**rauf** ⇒ 뒤에 오는 **dass**-부문장을 지시함. ☞ 169
3. 4격 재귀동사 sich verschieben의 **현재** 시제 ⇒ **dass**-부문장 안에서 **후치**됨. ☞ 62, 133

293 Ein stark betrunkener Autofahrer **ist** an einer grünen Ampel in München **eingeschlafen**. Zwei Männer entdeckten den 58-Jährigen mit dem Kopf zur Brust geneigt auf dem Fahrersitz, während der Motor noch lief, wie die Polizei am Sonntag mitteilte. [...]

만취의 한 자동차 운전자가 초록 불빛이 켜진 뮌헨의 한 신호등 가까이에서 잠이 들었다. 일요일에 경찰이 발표한 바에 의하면, 엔진이 계속 작동하고 있는 가운데 운전석에서 가슴을 향해 아래로 고개를 숙인 채 앉아 있는 그 58 세의 남자 운전자를 두 명의 남자가 발견했다.

▸ Ein stark betrunkener Autofahrer **ist** ... *ein*geschlafen

분리동사 *ein*schlafen은 '상태 변화' 자동사 ⇒ 현재완료「**sein** ... p.p」: "**ist** ... *ein*geschlafen"

※ 분리동사 *ein*schlafen의 p.p형 ⇒ ***eingeschlafen*** ☞ 56

♣ ... [1]**an** ein**er** grün**en** Ampel [2]**in** München ...

1. 3 · 4격 전치사 **an**은 문맥상 '... 옆에서 ...'로 해석됨. ⇒ '위치'로서 **3격**!
   (1) 여성명사 Ampel은 3 · 4격 전치사 an의 **3격** 목적어 ⇒ 여성 **3격** 부정관사 ein**er**가 앞에 옴. ☞ 22
   (2) 여성 **3격**「der, einer + 형용사 **-en**」: an ein**er** grün**en** ... ☞ 42

2. 3 · 4격 전치사 **in**은 바로 앞 명사 Ampel을 수식 ('... 안에 있는 신호등') ⇒ **3격**! ☞ 23

294 Der deutsche Fußball rühmt sich für seine Integrationskraft. Ausländer, die nicht in Deutschland **aufgewachsen sind**, spüren davon aber oft wenig. [...]

독일 축구는 그 통합 능력으로 명성이 높다. 하지만 독일에서 성장하지 않은 외국인들은 이를 거의 실감하지 못하는 경우들이 빈번하다.

▸ Ausländer, die ... *auf*gewachsen **sind**, spüren ...

분리동사 *auf*wachsen은 '상태 변화' 자동사 ⇒ 현재완료「**sein** ... p.p」: "**sind** ... *auf*gewachsen"
⇒ 관계대명사 부문장 안에서 후치됨 : "... *auf*gewachsen **sind**"

※ 분리동사 *auf*wachsen의 p.p형 ⇒ ***aufgewachsen*** ☞ 56

♣ Ausländer, **die** ... *auf*gewachsen sind, ...

복수 **1격** 관계대명사 **die** ⇒ 복수명사 Ausländer가 선행사, 부문장 안의 주어로서 **1격** ☞ 138

♣ ... spüren **davon** ...

「da(*r*)- + 전치사」 형태 da**von** ⇒ 앞에 나온 문장 전체 "Der deutsche Fußball ..."을 지시함. ☞ 167

109. 현재완료 (10) : 동사 sein, bleiben ⇒ 「sein ... p.p」

Wir sind sehr beschäftigt gewesen. / Er ist zu Hause geblieben.

↓ 동사 sein의 현재완료 「sein ... p.p」 : "sind ... gewesen"

‘우리는 매우 바빴다.’

↓ 동사 bleiben의 현재완료 「sein ... p.p」 : "ist ... geblieben"

‘그는 집에 머물러 있었다.’

---

295 [...] „Eine starke SPD ist wichtig für uns – denn in der Vergangenheit **ist** es immer die SPD **gewesen**, die entscheidend und mit den richtigen Ideen mitgewirkt hat", sagt er. [...]

"강한 독일사회민주당이 우리에게는 중요합니다. 왜냐 하면 과거에는 항상 결단력 있게, 그리고 올바른 관념을 지니고 함께 일했던 그런 독일사회민주당이었거든요." 라고 그는 말한다.

▸ ... ist ... gewesen, ...

동사 sein의 현재완료 「**sein** ... p.p」 : "**ist** ... gewesen"

♣ ... , die ... *mit*gewirkt hat, ...

분리동사 *mit*wirken은 타동사 ⇒ 현재완료 「**haben** ... p.p」 : "**hat** ... *mit*gewirkt" ☞ 103
⇒ 관계대명사 부문장 안에서 후치됨 : "... *mit*gewirkt **hat**" ☞ 136, 138

296 [...] Viele Jahre später hat sie gesagt: „Im Innersten **bin** ich immer das Kind **geblieben**, das ich einmal war, und für dieses Kind habe ich auch meine Bücher geschrieben."

여러 해가 지나고 그녀는 말했다 : "내면 깊숙한 곳에서는 나는 예전에 내가 아이였을 때의 그 아이로 항상 머물러 있었으며, 이 아이를 위해서 나는 또한 나의 책들을 집필했다."

▸ ... bin ... geblieben, ...

동사 bleiben의 현재완료 「**sein** ... p.p」 : "**bin** ... geblieben"

♣ ... habe ... geschrieben

동사 schreiben은 타동사 ⇒ 현재완료 「**haben** ... p.p」 : "**habe** ... geschrieben" ☞ 103

110. 현재완료 (11) : 동사 begegnen, geschehen ...
⇒ 「sein ... p.p」

Ich **bin** ihm schon begegnet. '나는 그를 이미 만났다.'

↓

3격 요구 동사 begegnen의 **현재완료**

「**sein** ... p.p」 : "**bin** ... begegnet"

---

297 폭설 이후의 교통 상황을 보도하는 기사에서 :

[...] Auf den Straßen und Schienen blieb es weitgehend ruhig, auch wenn es zum Teil lange Staus gab. „Es ist Winter. Es schneit. Etwas Dramatisches **ist** bisher nicht **passiert**“, sagte eine Polizeisprecherin. [...]

거리와 기차선로 위는 전반적으로 안정적인 상태가 유지되었다. 비록 부분적으로는 긴 교통 정체가 있었긴 했지만. "지금은 겨울입니다. 눈이 내리고요. 극단적인 뭔가는 아직까지 발생하지 않았어요." 라고 한 여성 경찰 대변인이 말했다.

▸ ... **ist** ... passiert, ...

동사 passieren의 **현재완료** 「**sein** ... p.p」 : "**ist** ... passiert"

※ 동사 passi**eren**의 형태는 **-ieren** ⇒ p.p형은 **-ge- 없이** passie**rt** ☞ 102

♣ Etwas Dramatisches ...

부정대명사 **etwas**를 수식하는 형용사 ⇒ etwas **뒤에** 오며, 형용사 어미 **-es** (**대문자** 표기) ☞ 176

298 Er soll eine explosive Substanz und einen Flammenwerfer bei sich gehabt haben: In der Londoner Innenstadt verschanzte sich ein Mann in einem Bürogebäude. Nach mehreren Stunden **ist** es der Polizei **gelungen**, den Mann festzunehmen. [...]

그는 폭발물과 화염 발사체를 소지하고 있었다고 한다 : 런던의 중심가에서 한 남자가 한 사무실 건물 안에 몰래 숨어서 자리 잡고 있었다. 몇 시간 후에 경찰은 그 남자를 체포하는 데 성공했다.

▸ ... **ist** ... gelungen, ...

동사 gelingen의 **현재완료** 「**sein** ... p.p」 : "**ist** ... gelungen"

♣ ... ist **es** ... gelungen, ... *fest***zu**nehmen

비인칭 대명사 **es**는 **형식적인** 주어 ⇒ 뒤에 오는 **zu-부정사** "... *fest***zu**nehmen"을 가리킴. ☞ 120

111. 현재완료 (12) : 수동태 ⇒ 「sein ... p.p」

Das Haus ist 1935 gebaut worden. '그 집은 1935년에 건축되었다.'

↓

타동사 bauen의 수동태 현재완료 「sein ... p.p worden」 :
"ist ... gebaut worden"

---

299 In den letzten Jahren **sind** noch deutlich mehr Menschen von Rechtsextremen **verletzt worden**. Viele Menschen machen sich nun Sorgen darüber und überlegen, was man gegen die Gewalt der Rechtsextremen tun kann. [...]

최근 몇 년 동안 눈에 띄게 더 많은 사람들이 우파 극단주의자들에 의해 부상을 당했다. 이제 많은 사람들이 이에 대해 염려하고 있으며, 우파 극단주의자들의 폭력에 맞서 무엇을 행할 수 있을지를 숙고하고 있다.

▸ ... sind ... verletzt worden

타동사 verletzen의 수동태 현재완료 「sein ... p.p worden」 : "sind ... verletzt worden"

300 [...] Dort kann man sich sein Lieblingsbild aussuchen und kaufen. Nur 150 Euro kostet jedes Bild, das von bekannten Künstlern **gemalt worden ist**. Das ist ein echtes Schnäppchen, denn die meisten Bilder sind viel mehr wert.

그곳에서 사람들은 자신들이 좋아하는 그림을 선택하고 구입할 수 있다. 유명한 미술가들에 의해 그려진 그림들 모두가 가격은 불과 150 유로에 지나지 않는다. 이는 진정한 헐값 구매가 되겠는데, 왜냐 하면 그림들 대부분은 훨씬 더 많은 가치를 지니기 때문이다.

▸ ... , das ... gemalt worden ist

타동사 malen의 수동태 현재완료 「sein ... p.p worden」 : "ist ... gemalt worden"

⇒ 관계대명사 부문장 안에서 후치됨 : "... gemalt worden ist"

♣ ... jedes Bild, [1]das [2]von bekannten Künstlern gemalt worden ist

1. 중성 1격 관계대명사 das ⇒ 중성명사 "... Bild"가 선행사, 부문장 안의 주어로서 1격 ☞ 138
2. 수동태 행위자 : 「von + 3격」 '...에 의해' ☞ 149

112. 과거완료 (1) : 「hatte ... p.p」

Er war sehr müde. Er **hatte** den ganzen Tag hart gearbeitet.

↓

동사 arbeiten의 과거완료 「**hatte** ... p.p」 :
"**hatte** ... gearbeitet"

'그는 매우 피곤했다. 그는 온종일 힘들게 일했었다.'

---

301 [...] Samsung legte nun erste Schadenersatzforderungen von mehr als 400 Millionen Dollar gegen Apple vor. Bisher **hatte** nur der US-Konzern Anspruch auf mehr als 2,5 Milliarden Dollar von Samsung **erhoben**. Apple wirft Samsung vor, Design und Software-Elemente von iPhone und iPad kopiert zu haben. [...]

이제 삼성은 처음으로 애플을 대한 4억 달러 이상의 피해 보상 요구를 제출했다. 지금까지는 미국의 대기업인 애플만이 25억 달러 이상을 삼성으로부터 요구했었다. 애플은 iPhone 및 iPad의 디자인과 소프트웨어 요소들을 모방했다고 삼성을 비난하고 있다.

▸ ... **hatte** ... erhoben

동사 erheben의 과거완료 「**hatte** ... p.p」 : "**hatte** ... erhoben"

♣ ... [1]wir*ft* ... *vor*, ... [2]kopiert **zu** haben

1. 분리동사 *vor*werfen의 현재 시제
   ⇒ 기본동사 werfen의 어간 모음 e → i 변화하여 wir*ft*임 : "wir*ft* ... *vor*" ☞ 55, 89
2. 동사 kopieren의 완료형 「**haben** ... p.p」의 **zu**-부정사 형식 ☞ 126

302 [...] Bei der Parlamentswahl 2010 bekam seine Partei offiziell 99,6 Prozent der Stimmen. Schon fünf Jahre zuvor **hatte** er Proteste gegen das Wahlergebnis niederschlagen **lassen**; mehr als 200 Menschen starben, 30.000 wurden verhaftet, unter ihnen regimekritische Journalisten.

2010년의 의회 선거에서 그의 정당은 공식적으로 99.6%의 표를 얻었다. 이미 5 년 전에 그는 선거 결과에 대한 저항들을 진압하도록 했었다. 200 명 이상의 사람들이 사망했고, 3만 명이 구속되었는데, 이들 가운데는 정권에 비판적인 언론인들이 있었다.

▸ ... **hatte** ... *nieder*schlagen lassen

동사 lassen의 과거완료 「**hatte** ... p.p」 : "**hatte** ... lassen"

※ 동사 원형 *nieder*schlagen이 있음. ⇒ 동사 lassen의 p.p형은 **lassen** (즉, **ge**lassen 아님!) ☞ 106

♣ ... ; mehr als 200 Menschen [1]**starben**, 30,000 [2]**wurden** ... verhaftet, ...

1. 동사 sterben의 과거 시제 : 주어가 복수 "... Menschen" ⇒ **starben** ☞ 95
2. 타동사 verhaften의 수동태 과거 「**wurde** ... p.p」 : "**wurden** ... verhaftet" ☞ 150

303 In Bangladesh wurden die Plastiktüten verboten, weil sie Abwässerkanäle **verstopft** und damit die Überschwemmungsgefahr **vergrößert hatten**. [...]

방글라데시에서는 플라스틱 봉지가 금지되었는데, 왜냐 하면 이것들이 하수관들을 메우고, 그럼으로써 범람의 위험을 확대시켰기 때문이다.

▸ ... , weil ... [1]verstopft und ... [2]vergrößert **hatten**

타동사 verstopfen 및 vergrößern의 과거완료 「**hatte** ... p.p」 :
"**hatten** ... verstopft und ... vergrößert"
⇒ 종속접속사 **weil**-부문장 안에서 후치됨 : "... verstopfen und ... vergrößert **hatten**"

♣ ... **wurden** ... verboten, ...

타동사 verbieten의 수동태 과거 「**wurde** ... p.p」 : "**wurden** ... verboten" ☞ 150

♣ ... , weil sie Abwässerkanäle verstopft und **damit** ... vergrößert hatten

「da(*r*)- + 전치사」 형태 da**mit** ⇒ 앞에 온 밑줄 친 문장 "sie Abwässerkanäle ..."를 지시함. ☞ 167

304 [...] Damit hat er den bisherigen Weltrekord, den ein kanadischer Soldat vor neun Jahren **aufgestellt hatten**, geknackt. [...]

이로써 그는 캐나다의 한 군인이 9년 전에 세웠던 지금까지의 세계 기록을 깼다.

▸ ... , den ... *auf*gestellt **hatten, ...**

분리동사 *auf*stellen의 과거완료 「**hatte** ... p.p」 : "**hatten** ... *auf*gestellt"
⇒ 관계대명사 부문장 안에서 후치됨 : "... *auf*gestellt **hatten**"

♣ ... [1]**hat** ... Weltrekord, [2]**den** ... *auf*gestellt hatten, geknackt

1. 타동사 knacken의 현재완료 「**haben** ... p.p」 : "**hat** ... geknackt" ☞ 103
2. 남성 4격 관계대명사 **den** :
   남성명사 Weltrekord가 선행사, 부문장 안의 동사 "*auf*gestellt"의 4격 목적어 ☞ 138

113. 과거완료 (2) : 「**war** ... **p.p**」

Maria war nicht da. Sie **war** schon nach Hause gegangen.

↓

'장소 이동' 자동사 gehen의 과거완료 「**war** ... p.p」 :

"**war** ... gegangen"

'마리아는 없었다. 그녀는 이미 집으로 가버렸다.'

---

305 Heute hat Patrick Bussler* die Bronze-Medaille gewonnen. Der 24-Jährige aus Bayern **war** gestern noch **gestürzt** und nur der 31. **geworden**. Deshalb sagte er nach seinem Erfolg: „Ich bin sehr glücklich über den dritten Platz."

오늘 Patrick Bussler는 동메달을 획득했다. 바이에른 출신의 24 세인 그는 어제까지만 해도 (경기 중) 넘어졌었고, 그래서 단지 31 등이 되었었다. 그러므로 그는 그런 자신의 성과를 이룬 뒤에 말했다 : "나는 이 3 등이 매우 행복해요."

* Patrick Bussler : 독일의 스노우보드 선수

▸ ... **war** ... gestürzt und ... geworden

'장소 이동' 자동사 stürzen 및 '상태 변화' 자동사 werden의 과거완료 「**war** ... p.p」 :

"**war** ... gestürzt und (**war**) ... geworden"

♣ ... **hat** ... gewonnen

타동사 gewinnen의 현재완료 「**haben** ... p.p」 ☞ 103

306 Eine Massenschlägerei hat in München einen Großeinsatz der Polizei ausgelöst. Etwa 50 Personen **waren** in der Nacht zu Sonntag aufeinander **losgegangen**, teilte die Polizei mit. [...]

뮌헨에서는 한 집단 난투극이 경찰의 대규모 출동을 유발하였다. 대략 50 여명의 사람들이 일요일로 넘어가는 밤 시간에 서로서로 공격하였다고 경찰은 전했다.

▸ ... **waren** ... *los*gegangen, ...

'장소 이동' 자동사&분리동사 *los*gehen의 과거완료 「**war** ... p.p」 : "**waren** ... losgegangen"

♣ ... **hat** ... *aus*gelöst

타동사&분리동사 *aus*lösen의 현재완료 「**haben** ... p.p」 ☞ 103

307 Das Nationalmuseum in Afghanistan hat mehr als 800 archäologische Kunstwerke zurückerhalten, die während des Bürgerkriegs in den neunziger Jahren **gestohlen** und aus dem Land **geschafft worden waren**.

아프가니스탄의 국립 박물관은 800 개가 넘는 고고학적 예술품들을 되돌려 받았는데, 이들은 90 년대에 있었던 내전 중에 도난당하여 국외로 반출되었었다.

▸ ... , die ... gestohlen und ... geschafft **worden waren**

타동사 stehlen 및 schaffen의 수동태 과거완료 「**war** ... p.p **worden**」 :

"**waren** ... gestohlen und ... geschafft **worden**"

⇒ 관계대명사 부문장 안에서 후치됨 : "... gestohlen und ... geschafft **worden waren**"

♣ ... **hat** ... *zurück*erhalten, ...

타동사&분리동사 *zurück*erhalten의 현재완료 「**haben** ... p.p」 ☞ 103

(분리동사 *zurück*erhalten의 기본 동사 **er**halten은 접두어 **er-**를 지님.

⇒ p.p형은 **-ge-** 없이 *zurück***er**halten ☞ 101)

308 [...] Bei den vorangegangenen Protesten haben Häftlinge Betten und Decken in Brand gesetzt, 13 Menschen sind bei dem Brand gestorben. Fünf weitere Insassen haben Rauchvergiftungen erlitten. Die Situation eskalierte offenbar, nachdem es zu Kämpfen zwischen den Gefangenen **gekommen war**. [...]

그에 앞서 벌어진 난동 때 재소자들은 침대들과 담요들을 불태웠고, 13 명이 이 불에 목숨을 잃었다. 이 밖에도 5 명의 수감자들이 유독 가스에 중독되었다. 죄수들 사이에서 싸움이 벌어지고 난 뒤에 상황이 악화되었던 것으로 보인다.

▸ ... , nachdem ... gekommen **war**

'장소 이동' 자동사 kommen의 과거완료 「**war** ... p.p」 : "**war** ... gekommen"

⇒ 종속접속사 **nachdem**-부문장 안에서 후치됨 : "... gekommen **war**"

♣ ... [1]**haben** ... gesetzt, ... [2]**sind** ... gestorben

1. 타동사 setzen의 현재완료 「**haben** ... p.p」 ☞ 103
2. '상태 변화' 자동사 sterben의 현재완료 「**sein** ... p.p」 ☞ 108

♣ ... **haben** ... erlitten

타동사 erleiden의 현재완료 「**haben** ... p.p」 ☞ 103

(동사 **er**leiden은 접두어 **er-**를 지님. ⇒ p.p형은 **-ge-** 없이 **er**litten ☞ 101)

114. 미래 시제 (1) : 「werden ... 동사 원형」

Ich werde dich bald besuchen. '나는 너를 곧 방문하게 될 거야.'

↓

동사 besuchen의 미래 시제 「werden ... 동사 원형」 : "werde ... besuchen"

---

309 Der designierte griechische Finanzminister Vasilios Rapanos **wird** sein Amt nicht **antreten**. Rapanos erlitt am Freitag einen Schwächeanfall und liegt seitdem im Krankenhaus. [...]

그리스 재무장관으로 지명된 Vasilios Rapanos는 그 직위에 취임하지 않게 될 것이다. Rapanos는 금요일에 실신을 했고, 그 이후 병원에 누워 있다.

▸ ... wird ... *an*treten

분리동사 *an*treten의 미래 시제 「werden ... 동사 원형」 : "wird ... *an*treten"

♣ Der designierte griechische Finanzminister ... wird ... *an*treten

남성명사 "...minister"가 문장의 주어 ⇒ 남성 1격

(1) 남성 1격 정관사 der가 앞에 옴.

(2) 남성 1격 「der + 형용사 -e」 : Der designierte griechische ... ☞ 38

310 한 기업 광고에서 :

Wir **werden** auch in Zukunft erfolgreich **bleiben**, wenn wir offen und vertrauensvoll zusammenarbeiten. Reibungen, Konflikte und Unzufriedenheit belasten nicht nur uns selbst, sondern übertragen sich auch auf die Kunden. [...]

만약 우리가 열린 마음을 갖고 신뢰하면서 함께 일하게 된다면, 우리는 미래에도 계속 성공적으로 남아있을 것이다. 마찰, 갈등, 그리고 불만은 우리 자신에게 부담을 줄 뿐만 아니라 고객들에게 전염되기도 한다.

▸ ... werden ... bleiben, ...

동사 bleiben의 미래 시제 「werden ... 동사 원형」 : "werden ... bleiben"

♣ ... wenn ... *zusammen*arbeiten

분리동사 *zusammen*arbeiten의 현재 시제 ⇒ 종속접속사 wenn 부문장 안에서 후치됨 :
"... *zusammen*arbeiten" ☞ 57

♣ ... belasten [1]nicht nur [2]uns selbst, sondern [3]übertragen sich auch ...

1. 연계 형식 「**nicht nur** ... , **sondern auch** ...」 ...뿐만 아니라 ... 역시' ☞ 220
2. 인칭대명사 **4격** 형 **uns**는 동사 belasten의 **4격** 목적어
   ⇒ '우리 자신'을 뜻하여 **selbst**가 함께 옴. ☞ 61
3. 타동사 etw. übertragen '*무엇*을 전염시키다'
   ⇒ **4격 재귀동사** sich übertragen ('자기 자신을 전염시키다', 즉) '전염되다' ☞ 62

311 한 기업체의 파업 철회를 위한 협상이 순조롭지 못함을 보도한 기사에서 :

[...] „Wir haben das Spiel schlicht und einfach satt und unsere Mitglieder allemal", polterte der Gewerkschaftschef. „Wie lange der Streik **dauern wird**, liegt in der Hand des Arbeitgebers." [...]

"간단히 말해서 우리는 이 게임에 지쳤고, 당연히 우리의 구성원들도 마찬가지입니다." 라고 노조위원장은 큰 소리로 토로했다. "이 파업이 얼마나 오랫동안 지속될 지는 고용주 측의 손에 놓여 있습니다."

▸ Wie lange ... dauern **wird**, ...

동사 dauern의 미래 시제 「**werden** ... 동사 원형」 : "**wird** ... dauern"

⇒ 의문사 **wie lange** 부문장 안에서 후치됨 : "... dauern **wird**"

♣ [1]**Wie lange** ... wird, liegt [2]**in** der Hand ...

1. 의문사 **wie lange** 부문장 ⇒ 부문장 전체 "Wie lange ... wird"는 동사 lieg*t*의 주어 ☞ 186
2. 3 · 4격 전치사 **in**이 자동사 **liegen**과 함께 옴. ⇒ **3격** ☞ 27
   여성명사 Hand가 3 · 4격 전치사 in의 **3격** 목적어 ⇒ 여성 **3격** 정관사 d**er**가 옴.

312 [...] Die Hoffnung auf eine entspannte Busfahrt haben die Bürger zum Großteil schon aufgegeben: „Seit 4 Jahren ist da keine Veränderung und wir denken, dass da auch keine Veränderung mehr **kommen wird**."

편안한 버스 이용에 대한 희망을 대다수 시민들은 이미 포기했다 : "4년 전부터 전혀 변화가 없고, 그래서 앞으로도 더 이상은 아무런 변화도 이루어지지 않을 것이라고 우리는 생각해요."

▸ ... , dass ... kommen **wird**

동사 kommen의 미래 시제 「**werden** ... 동사 원형」 : "**wird** ... kommen"

⇒ 종속접속사 **dass**-부문장 안에서 후치됨 : "... kommen **wird**"

♣ ... **haben** ... *auf*gegeben

타동사 & 분리동사 *auf*geben의 현재완료 「**haben** ... p.p」 : "**haben** ... *auf*gegeben" ☞ 103

115. 미래 시제 (2) : '추측'의 부사어를 지닌 경우

Er **wird** **wohl** allein kommen. '그는 아마도 혼자 올 것이다.'
↓
동사 kommen의 미래 시제 「**werden** ... 동사 원형」 : "**wird** ... kommen"
('추측'의 부사어 **wohl**이 함께 옴.)

---

313 [...] Die Unwetterfront könnte den Verkehr schwer beeinträchtigen. Denn im Tagesverlauf dürfte die Schneefallgrenze zwar auf 1200 Meter steigen, darunter **wird** es **wohl** **regnen**. Aber in der Nacht zum Montag soll die Temperatur dann wieder zurückgehen und die Schneefallgrenze auf 600 Meter sinken.

이 폭풍우 전선은 교통에 심각한 피해를 주게 될지 모른다. 왜냐 하면 물론 낮 시간 동안에는 강설 경계선이 1200 미터까지 올라가고, 그 아래에서는 아마도 비가 내릴 것 같기는 하다. 하지만 월요일로 넘어가는 밤 시간에 기온은 다시 떨어져서 강설 경계선이 600 미터로 내려간다고 한다.

▸ ... **wird** ... wohl regnen

동사 regnen의 미래 시제 「**werden** ... 동사 원형」 : "**wird** ... regnen"
('추측'의 부사어 **wohl**이 함께 옴.)

♣ ... [1]**könnte** ... beeinträchtigen Denn ... [2]**dürfte** ... steigen, ...

1. 화법조동사 **können**의 접속법 II 「**könnte** ... 동사 원형」 '... 할 수 있을지 모르다' ⇒ 잠재적 가능성 ☞ 212
2. 화법조동사 **dürfen**의 접속법 II 「**dürfte** ... 동사 원형」 '...일지 모르다' ⇒ 잠재적 현실 ☞ 212

314 [...] In den nächsten Tagen **wird** sie **voraussichtlich** einen Stellenabbau im grösseren Stil **bekannt** **geben**. Politiker fordern die Firma auf, soziale Verantwortung beim Stellenabbau wahrzunehmen. [...]

앞으로 며칠 안에 그녀는 아마도 비교적 큰 규모의 일자리 축소를 공표할 것 같다. 정치인들은 일자리 축소 과정에서 사회적 책임을 인식할 것을 이 회사에게 요구한다.

▸ ... **wird** ... voraussichtlich ... bekannt geben

동사 bekannt geben의 미래 시제 「**werden** ... 동사 원형」 : "**wird** ... bekannt geben"
('추측'의 부사어 **voraussichtlich**가 함께 옴.)

116. zu-부정사 (1) : 명사적 용법 (타동사의 목적어)

Er plant, Medizin **zu** studieren. '그는 의학을 공부할 계획이다.'
↓
동사 studieren의 **zu-부정사** "... **zu** studieren"
⇒ 앞에 나온 타동사 plan*t*의 목적어

---

315 [...] Die Menschen haben versucht, mit Schlauchbooten und Schiffen aus Holz von der nordafrikanischen Küste aus nach Italien **zu gelangen**. [...]

그 사람들은 고무보트 및 나무로 된 배를 타고 북아프리카 해안으로부터 이탈리아에 도달하려고 노력했다.

▸ ... haben versucht, ... **zu** gelangen

동사 gelangen의 **zu-부정사** "... **zu** gelangen"

⇒ 앞에 나온 타동사 versuchen의 현재완료 "**haben** ... versucht"의 목적어

316 [...] Rund 55 Millionen Menschen sind aufgerufen, über die von Präsident Erdogan* angestrebten Reformen abzustimmen. Der Vorschlag sieht vor, nach der nächsten Präsidentenwahl in zwei Jahren die Macht des Staatsoberhaupts deutlich **auszuweiten**.

Erdogan 대통령에 의해 추구된 개혁들에 대한 투표에 참여하라고 대략 5500 만 명의 사람들에게 촉구되고 있는 중이다. 이 개혁안은 2 년 뒤 시행되는 다음 번 대통령 선거 후에 국가수반의 권력을 뚜렷하게 확대하는 계획을 담고 있다.

* Recep Tayyip Erdogan : 터키의 대통령

▸ ... sieht ... *vor*, ... *aus***zu**weiten

분리동사 *aus*weiten의 **zu-부정사** "... *aus***zu**weiten"

⇒ 앞에 나온 타동사&분리동사 "sieht ... *vor*"의 목적어

※ 분리동사 *aus*weiten의 **zu-부정사** ⇒ zu가 분리전철 *aus*-와 기본 동사 weiten 사이에 옴 :
"... *aus***zu**weiten" ☞ 58

♣ ... sieh*t* ... *vor*, ...

분리동사 *vor*sehen의 현재 시제 :

(1) 분리전철 *vor*-는 분리되어 문장 맨 뒤에 옴. ☞ 55

(2) 기본 동사 sehen ⇒ 어간 모음 e → **ie** 변화하여 sieh*t* ☞ 91

♣ ... sind ... (dazu) *auf*gerufen, ... *abzu*stimmen

분리동사 *ab*stimmen의 **zu-부정사** "... *ab***zu**stimmen"

⇒ 잠재적으로 올 수 있는 「da(*r*)- + 전치사」 형태 da**zu**의 목적어 ☞ 118

317 [...] Es gibt viele Menschen, die offene Konflikte als Katastrophe empfinden und deshalb scheuen. Sie haben meist als Kinder in der Familie nicht gelernt, Konflikte konstruktiv **auszutragen** und **zu lösen**.

공개적인 갈등을 재앙으로 느끼고, 그래서 이를 꺼려하는 사람들이 많이 있다. 대부분의 경우 이들은 갈등을 생산적으로 마무리 짓고 해결하는 것을 어린 아이 시기에 가정에서 학습하지 못했다.

▸ ... haben ... gelernt, ... *aus***zu**tragen und **zu** lösen

분리동사 *aus*tragen의 **zu-부정사** "... *aus***zu**tragen" 및 동사 lösen의 **zu-부정사** "... **zu** lösen"

⇒ 앞에 나온 타동사 lernen의 현재완료 "**haben** ... gelernt"의 목적어

※ 분리동사 *aus*tragen의 **zu-부정사** ⇒ zu가 분리전철 *aus*-와 기본 동사 tragen 사이에 옴 : "... *aus***zu**tragen" ☞ 58

♣ ... viele Menschen, **die** ... empfinden und ... scheuen

복수 **1격** 관계대명사 **die** :

복수명사 "... Mensch**en**"이 선행사, 부문장 안의 동사 empfinden 및 scheuen의 주어 ☞ 138

318 [...] Endlich fangen in Deutschland - aber sonst nirgendwo - die Medien an **zu sagen**, was Europa alles Positive jedem Bürger gebracht hat. Das war bis vor kurzem in Deutschland noch nicht der Fall, das verbessert sich momentan.

마침내 독일에서 - 하지만 이 밖에는 그 어디도 그렇지 않은데 - (하나로 통합된) 유럽이 주민들 각자에게 어떤 긍정적인 것을 가져다주었는지를 미디어들이 언급하기 시작했다. 이는 얼마 전까지만 해도 독일에 없던 일인데, 지금은 나아지고 있다.

▸ ... fangen ... *an* **zu** sagen, ...

동사 sagen의 **zu-부정사** "**zu** sagen" ⇒ 앞에 나온 타동사&분리동사 "fangen ... *an*"의 목적어

♣ ... , [1]**was** ... [2]gebracht **hat**

1. 관계대명사 **was** '...인 것' ☞ 144
2. 동사 bringen의 현재완료 "**hat** ... gebracht" ⇒ 관계대명사 부문장 안에서 후치됨. ☞ 136

♣ ... **verbessert** sich ...

타동사 etw. verbessern '*무엇을* 개선하다'

⇒ **4격** 재귀동사 sich verbessern ('자기 자신을 개선하다', 즉) '개선되다' ☞ 62

117. zu-부정사 (2) : 명사적 용법 (da(r)...의 목적어)

Ich bin damit zufrieden, hier **zu** bleiben. '나는 여기 머무르는 것에 만족해.'

↓

동사 bleiben의 **zu-부정사** "... **zu** bleiben"

⇒ 앞에 나온 「da(*r*)- + 전치사」 형태 da**mit**의 목적어

---

319 [...] Insgesamt sehen die allermeisten Neun- bis Vierzehnjährigen ihre Zukunft aber positiv. Am meisten freuen sie sich **darauf**, eine eigene Familie **zu gründen**, einen Beruf **zu haben** und selbständig **zu sein**.

하지만 전체적으로 볼 때 9 세부터 14 세까지의 아이들 대부분은 그들의 미래를 긍정적으로 보고 있다. 이들은 자기 자신의 가정을 세우고, 하나의 직업을 가지며, 독립하게 되는 것에 대해 가장 많이 기대하고 있다.

▸ ... freuen ... sich darauf, ... [1]**zu** gründen, ... [2]**zu** haben und ... [3]**zu** sein

세 개의 **zu-부정사** 형식 1 ~ 3 모두 앞에 나온 「da(*r*)- + 전치사」 형태 da*r***auf**의 목적어

♣ ... **freuen** sich darauf, ...

타동사 j-n freuen '누구를 기쁘게 만들다'

⇒ **4격 재귀동사** sich freuen ('자기 자신을 기쁘게 만들다', 즉) '기뻐하다' ☞ 63

320 [...] Der evangelische Bischof sagte in seiner Predigt: „Die Osterbotschaft bedeutet, dass nichts so bleiben darf, wie es ist. Dabei geht es auch **darum**, Gewalt und Hass **zu überwinden**."

그 개신교 주교는 자신의 설교 중에 말했다 : "부활절 메시지가 뜻하는 바는 그 어느 것도 현재 상황처럼 그렇게 머물러 있어서는 안 된다는 것입니다. 여기에는 폭력과 증오를 극복하는 것 역시 해당됩니다."

▸ ... geht es ... darum, ... **zu** überwinden

동사 überwinden의 **zu-부정사** "... **zu** überwinden"

⇒ 앞에 나온 「da(*r*)- + 전치사」 형태 da*r***um**의 목적어

※ 동사 **über**winden의 접두어 **über-**는 분리되지 않음.

⇒ zu-부정사 형태는 "**zu** ***über***winden" (즉, "***über*zu**winden" 아님!) ☞ 60

118. zu-부정사 (3) : 명사적 용법 (잠재적 전치사의 목적어)

Er bittet mich, ihm **zu** helfen. '그는 나에게 자신을 도와달라고 부탁한다.'

↓

동사 helfen의 **zu-부정사** "... **zu** helfen"

⇒ 잠재적으로 올 수 있는 「da(*r*)- + 전치사」 형태 da*r***um**의 목적어

---

321 [...] Spezialteams bemühen sich jetzt, den etwa drei Kilometer langen und 400 Meter breiten Ölteppich **einzudämmen**.

현재 특수 팀들이 길이가 대략 3 km이며, 폭이 400 m인 기름띠를 차단하기 위해 애쓰고 있다.

▸ ... bemühen sich ... (da*r*um), ... *ein***zu**dämmen

분리동사 *ein*dämmen의 **zu-부정사** "... *ein***zu**dämmen"

⇒ 잠재적으로 올 수 있는 「da(*r*)- + 전치사」 형태 da*r***um**의 목적어

322 [...] Die EU-Kommission überprüft, ob Autofahrer demnächst eine Blackbox in ihr Fahrzeug einbauen müssen. Dieses aus der Luftfahrt bekannte Gerät soll Aufschluss über den Unfallhergang liefern, aber auch helfen, Unfälle **zu vermeiden**. [...]

자동차 운전자들이 머지않은 시기에 블랙박스를 자신들의 차량에 의무적으로 장착해야 할 지 여부를 유럽연합 집행위원회가 조사하고 있다. 항공기 운항으로부터 알려져 있는 이 기계는 사고 과정에 대한 정보를 제공하게 되겠지만, 그 밖에도 사고들을 피하는 데에 도움을 주게 될 것이다.

▸ ... , aber ... (dabei) helfen, ... **zu** vermeiden

동사 vermeiden의 **zu-부정사** "... **zu** vermeiden"

⇒ 잠재적으로 올 수 있는 「da(*r*)- + 전치사」 형태 da**bei**의 목적어

♣ Dies**es** aus der Luftfahrt bekannt**e** Gerät ...

중성명사 Gerät가 문장의 주어 ⇒ 중성 1격

(1) 지시대명사 **dies-** : 중성 1격 정관사 d**as** 어미변화 하여 Dies**es** ☞ 161

(2) 중성 1, 4격 「**das** + 형용사 **-e**」 : Dies**es** ... bekannt**e** ...

(“aus der Luftfahrt”는 바로 뒤에 오는 형용사 bekannt*e*를 수식하는 부사어)

119. zu-부정사 (4) : 명사적 용법 (문장의 주어)

Musik **zu studieren** ist mein Traum. '음악을 공부하는 것이 나의 꿈이다.'

↓

동사 studieren의 **zu-부정사** "... **zu** studieren"

⇒ 동사 ist의 주어, 즉 문장의 주어

---

323 Viele Lebensmittel enthalten zu viel Zucker und Fett. Doch sie **zu erkennen** ist nicht immer leicht. Mit der von den Verbraucherzentralen vorgelegten Ampelkarte können Nährstoffe in Lebensmitteln schnell und unkompliziert beurteilt werden.

많은 식품들이 너무 많은 당분과 지방을 함유하고 있다. 하지만 이들을 인식하는 것이 항상 쉽지만은 않다. 소비자센터에 의해 제공되는 체크카드에 의해 식품들 안에 함유된 영양소들이 신속하게, 그리고 복잡하지 않게 판단될 수 있다.

▸ ... **zu erkennen** ist ...

동사 erkennen의 **zu-부정사** "... **zu** erkennen" ⇒ 동사 ist의 주어, 즉 문장의 주어

※ 동사 **er**kennen의 접두어 **er**-는 분리되지 않음.

⇒ zu-부정사 형태는 "**zu** *er*kennen" (즉, "***er*zu**kennen" 아님!) ☞ 60

♣ **Mit der** von den Verbraucherzentralen *vor*gelegt**en** Ampelkarte ...

여성명사 "...karte"가 **3격** 전치사 mit의 목적어 ⇒ 여성 3격

(1) 여성 **3**격 정관사 **der**가 앞에 옴.

(2) 타동사&분리동사 *vor*legen의 과거분사 *vor***ge**leg**t** ⇒ 부가어적 용법 ☞ 52

여성 **3**격 「**der**, ein**er** + 형용사 **-en**」 : Mit **der** ... *vor*gelegt**en** ... ☞ 42

324 [...] Jemandem eine E-Mail **zu schreiben**, so dachte ich immer, das ist weniger, als jemandem aus der Ferne zuzuwinken.

누군가에게 이메일을 쓰는 것 - 이는 내가 늘 갖고 있던 생각인데 - 그것은 누군가에게 멀리서 손짓 등의 신호를 보내는 것보다 못하다.

▸ ... **zu schreiben**, ... , das ...

동사 schreiben의 **zu-부정사** "... **zu** schreiben" ⇒ 뒤에 오는 동사 ist의 실질적인 주어

♣ ... weniger, als ... *zu***zu**winken

분리동사 *zu*winken의 **zu-부정사** "... *zu***zu**winken" ⇒ 비교급 비교의 als와 결합 (명사적 용법) ☞ 188

120. zu-부정사 (5) : 명사적 용법 (비인칭 대명사 es와 연계)

Es ist schwer, Englisch **zu** lernen. '영어를 배우는 것은 어렵다.'

↓

동사 lernen의 **zu-부정사** "... **zu** lernen" ⇒ 동사 ist의 실질적인 주어
(비인칭대명사 **es**는 형식적인 주어 ⇒ 뒤에 오는 **zu-부정사**를 가리킴.)

---

325 [...] **Es** ist leicht **nachzuvollziehen**, dass Tiere sich in ihrer Umwelt orientieren müssen. Auch dass Vögel im Winter wärmere Gebiete aufsuchen, ist verständlich. Warum aber bringen manche Arten riesige Strecken hinter sich, um ihre Jungen zur Welt zu bringen? [...]

동물들이 자신의 주위 환경에서 위치 파악을 해야만 하는 것을 납득하기는 쉽다. 겨울에 새들이 보다 따뜻한 지역들로 이동하는 것 역시 이해가 간다. 하지만 몇몇 종류들이 자신의 새끼를 낳기 위해서 어마어마한 거리를 이겨내는 것은 무슨 이유일까?

▸ **Es** ist ... *nach***zu**vollziehen, dass ...

분리동사 *nach*vollziehen의 **zu-부정사** "*nach***zu**vollziehen" ⇒ 동사 ist의 실질적인 주어
(비인칭 대명사 **es**는 형식적인 주어 ⇒ 뒤에 오는 **zu-부정사**를 가리킴.)
※ 종속접속사 **dass** 부문장 ⇒ 앞에 나온 zu-부정사의 동사 원형 *nach*vollziehen의 목적어

♣ ... , **um** ... **zu** bringen

동사 bringen의 **zu-부정사** 형식 「**um** ... **zu** 동사 원형」 ☞ 122

♣ ... , dass ... sich orientieren **müssen**

4격 재귀동사 sich orientieren이 화법조동사 **müssen**과 함께 옴 : "**müssen** sich ... orientieren"
종속접속사 **dass**-부문장 안에서 후치됨 : "sich ... orientieren **müssen**" ☞ 79, 134

326 [...] Sein Ziel war **es**, den Mount Everest und einen weiteren über 8000 Meter hohen Gipfel in Rekordzeit ohne zusätzlichen Sauerstoff **zu besteigen**.

그의 목표는 에베레스트 산과 함께 높이가 8000 미터 이상 되는 다른 또 하나의 산 정상을 추가의 산소 공급 없이 새로운 시간 기록으로 등반하는 것이다.

▸ ... war **es**, ... **zu** besteigen

동사 besteigen의 **zu-부정사** "... **zu** besteigen" ⇒ 동사 war의 실질적인 주격 보어
(비인칭 대명사 **es**는 형식적인 주격 보어 ⇒ 뒤에 오는 **zu-부정사**를 가리킴.)

♣ ... einen weiteren über 8000 Meter hohen Gipfel ... zu besteigen

남성명사 Gipfel이 zu-부정사의 동사 원형 besteigen의 **4격** 목적어 ⇒ **남성 4격**

(1) **남성 4격** 부정관사 ein**en**이 앞에 옴.

(2) 「**den**, ein**en** + 형용사 -en」 : ein**en** weiter**en** ... hoh**en** ... ☞ 40

327 [...] Der Psychologe kann an zahlreichen Beispielen belegen, dass **es** sich lohnt, auf die Intuitionen **zu vertrauen**, wenn man über Dinge nachdenkt, über die man wenig weiß oder die schwer vorherzusagen sind.

그에 대해 알고 있는 바가 거의 없거나, 아니면 쉽게 예측될 수 없는 그런 것들을 깊이 숙고할 경우 직관을 믿는 것이 그럴만한 가치가 있다는 사실을 그 심리학자는 수많은 사례들에서 증명할 수 있다.

▸ ... , dass **es** ... lohnt, ... **zu** vertrauen, ...

동사 vertrauen의 **zu-부정사** "... **zu** vertrauen" ⇒ 동사 lohn*t*의 **실질적인** 주어

(비인칭 대명사 **es**는 **형식적인** 주어 ⇒ 뒤에 오는 **zu-부정사**를 가리킴.)

♣ ... über Dinge ... , [1]über **die** ... weiß oder [2]**die** ... [3]*vorher***zu**sagen ist

1. **복수 4격** 관계대명사 **die** : **복수**명사 Dinge가 선행사, 전치사 über의 **4격** 목적어 ☞ 139
2. **복수 1격** 관계대명사 **die** : **복수**명사 Dinge가 선행사, 부문장 안의 **주어** ☞ 138
3. 분리동사 *vorher*sagen의 zu-부정사 **관용적** 형식 「**sein** ... **zu** 동사 원형」 : "**sind** ... *vorher***zu**sagen"
   ⇒ **관계대명사** 부문장 안에서 **후치**됨 : "... *vorher***zu**sagen **sind**" ☞ 123

328 [...] Wer in einem armen Haushalt aufwächst, schafft **es** selten, sich aus der Armut **zu befreien**. Mit anderen Worten: Armut wird vererbt - genauso, wie Reichtum vererbt wird.

가난한 가계에서 성장하는 사람은 가난으로부터 벗어나는 것을 성취해내는 경우들이 드물다. 다른 말로 표현하면 : 가난은 상속된다. - 부가 상속되는 것처럼 바로 그렇게

▸ ... , schafft **es** ... , ... **zu** befreien

동사 befreien의 **zu-부정사** "... **zu** befreien" ⇒ 동사 schaff*t*의 **실질적인** 목적어

(비인칭 대명사 **es**는 **형식적인** 목적어 ⇒ 뒤에 오는 **zu-부정사**를 가리킴.)

♣ [1]**Wer** ... [2]*auf*wächst, schafft ...

1. 관계대명사 **wer** '...인 사람' ⇒ 부문장 안의 동사 *auf*wächs*t*의 **주어**이므로 1격 형 **wer**
   (**부문장** 전체 "Wer ... *auf*wächst" ⇒ 동사 schafft의 **주어**) ☞ 143
2. 분리동사 *auf*wachsen의 **현재** 시제 : 어간 모음 a → **ä** 변화하여 *auf*wächs*t* ☞ 90

121. zu-부정사 (6) : 형용사적 용법

Ich habe keine Zeit, das Buch **zu** lesen. '나는 그 책을 읽을 시간이 없다.'

↓

동사 lesen의 **zu-부정사** "... **zu** lesen"

⇒ 앞에 나온 명사 Zeit를 **수식**

---

329 [...] Den Untersuchungen zufolge haben derart traumatisierte Menschen außerdem ein mehrfach erhöhtes Risiko, an Herz-Kreislauf-Erkrankungen, Rheuma und anderen körperlichen Leiden **zu erkranken**.

연구들에 따르면 그와 같은 방식으로 트라우마를 겪는 사람들은 그 밖에도 심혈관 질환 및 류마티스 질환, 그리고 기타 신체적 고통을 앓게 될 위험이 몇 배 더 높다.

▸ ... Risiko, ... **zu** erkranken

동사 erkranken의 **zu-부정사** "... **zu** erkranken" ⇒ 앞에 나온 명사 Risiko를 **수식**

♣ ... haben ... **ein** mehrfach erhöht**es** Risiko, ...

중성명사 Risiko가 타동사 haben의 **4격** 목적어 ⇒ **중성 4격**

(1) **중성 4격** 부정관사 **ein**이 앞에 옴.

(2) **중성 1, 4격** 「**ein_** + 형용사 **-es**」 : **ein** ... erhöh**es** ... ☞ 39

♣ ... , **an** ... und ander**en** körperlich**en** Leiden zu erkranken

복수명사 Leiden이 3 · 4격 전치사 an의 **3격** 목적어 ⇒ **복수 3격**

(1) (부)정관사 **없이** 형용사 홀로 옴. ⇒ **복수 3격** 정관사 d**en** 어미변화 :

... ander**en** körperlich**en** ... ☞ 41

(2) **복수 3격** 명사의 형태는 **-n**이어야 함. ⇒ 복수형 Leide**n** 자체의 형태가 **-n**임. ☞ 15

330 [...] „Alles in allem ist es zwingend notwendig, dass die Verantwortlichen endlich den Mut haben, aus dem umstrittenen Projekt **auszusteigen**", sagte der Gewerkschaftsvorsitzende.

"전체를 종합하자면 마침내 책임자들이 논란이 많은 이 프로젝트로부터 나올 용기를 갖는 것이 절대적으로 필요합니다."라고 그 노동조합 의장은 말했다.

▸ ... Mut ... , ... *aus***zu**steigen, ...

분리동사 *aus*steigen의 **zu-부정사** "... *aus***zu**steigen" ⇒ 앞에 나온 명사 Mut를 **수식**

♣ ... , dass die Verantwortlichen ... haben, ...

형용사 verantwortlich의 명사화 : '...인 사람들'을 의도하여 복수이며, 동사 haben의 주어 ⇒ 복수 1격

(1) 복수 1격 정관사 die가 앞에 옴.

(2) 복수 1, 4격 「die + 형용사 -en」 : die Verantwortlichen (대문자 표기!) ☞ 41, 47

331 In der Frauenfußball-Bundesliga verlor Turbine Potsdam das Spitzenspiel gegen Wolfsburg mit 1:3 und hat dadurch kaum noch Chancen, Meister **zu werden**. [...]

여자축구 분데스리가에서 Turbine Potsdam은 Wolfsburg와의 선두 팀 간의 경기에서 1 : 3으로 패했고, 이로써 우승 할 가능성이 거의 없게 되었다.

▸ ... Chance, ... zu werden

동사 werden의 zu-부정사 "... zu werden" ⇒ 앞에 나온 명사 Chance를 수식

♣ ... verlor Turbine Potsdam ...

동사 verlieren의 과거 시제 :

주어 "Turbine Potsdam"은 es에 해당함. ⇒ 과거형 verlor는 추가 어미 없이 그대로 verlor_ ☞ 95

♣ ... und hat dadurch ...

「da(*r*)- + 전치사」 형태 dadurch ⇒ 앞에 온 문장, 즉 "und" 앞 문장 내용을 지시함. ☞ 167

332 [...] Im weltweiten Vergleich am stärksten bewaffnet ist die Bevölkerung der USA: Auf 100 Amerikaner kommen 90 Schusswaffen. Der zweite Zusatzartikel zur Verfassung garantiert den Bürgern das Recht, Schusswaffen **zu besitzen**. Versuche, dieses Recht **einzuschränken**, scheiterten immer wieder. [...]

전 세계적으로 비교할 시 미국 국민이 가장 많이 무장하고 있다 : 비율상 미국인 100 명이 90 개의 총기를 보유한다. 헌법 수정 제 2조가 국민들에게 총기를 소유할 권리를 보장한다. 이 법을 제한하려는 노력들이 여러 차례 계속 실패했다.

▸ ... Recht, ... zu besitzen

동사 besitzen의 zu-부정사 "... zu besitzen" ⇒ 앞에 나온 명사 Recht를 수식

▸ Versuche, ... *ein*zuschränken, scheiterten ...

분리동사 *ein*schränken의 zu-부정사 "... *ein*zuschränken" ⇒ 앞에 나온 명사 Versuche를 수식

♣ ... am stärksten bewaffnet ist ...

「am + 최상급 -en」 형태 "am stärksten" ⇒ 바로 뒤의 과거분사 & 형용사 bewaffnet를 수식 ☞ 194

122. zu-부정사 (7) :
「um ... zu ...」, 「(an)statt ... zu ...」, 「ohne ... zu ...」

Wir sind hier, um dir zu helfen. '우리는 너를 돕기 위해 여기에 있어.'

↓

동사 helfen의 **zu-부정사** 형식 「**um** ... **zu** 동사 원형」 : "**um** ... **zu** helfen"

⇒ 앞에 나온 문장 전체 "Wir sind ..."를 수식 : '... 하기 위해'

---

333 [...] Johann Wolfgang von Goethe kam 1770 nach Straßburg, **um** dort sein Jurastudium **abzuschließen**. Zugleich nutzte er den Aufenthalt, **um** seine Höhenangst **zu therapieren**: [...]

요한 볼프강 폰 괴테는 1770년에 슈트라스부르크로 왔는데, 그곳에서 자신의 법학 공부를 마치기 위해서였다. 동시에 그는 이 체류를 자신의 고소공포증을 치료하기 위해서 이용했다.

▸ Johann Wolfgang von Goethe kam ... , **um** ... *ab***zu**schließen

분리동사 *ab*schließen의 **zu-부정사** 형식 「**um** ... **zu** 동사 원형」 : "**um** ... *ab***zu**schließen"

⇒ 앞에 온 문장 전체 "Johann Wolfgang von Goethe kam ..."을 수식 : '... 하기 위해'

▸ ... nutzte er ... , **um** ... **zu** therapieren

동사 therapieren의 **zu-부정사** 형식 「**um** ... **zu** 동사 원형」 : "**um** ... **zu** therapieren"

⇒ 앞에 온 문장 전체 "... nutzte er ..."를 수식 : '... 하기 위해'

334 [...] Teilzeitarbeit ist die perfekte Lösung, **um** Familie und Beruf **zu vereinen**. Damit die Umstellung vom Ganztags- auf den Halbtagsjob klappt, sollten Angestellte ihre Wünsche rechtzeitig anmelden. Denn nicht alles ist im Gesetz zur Teilzeitarbeit geregelt.

파트타임 일자리는 가정과 직업을 연결하기 위한 완벽한 해결책이다. 풀타임 직업으로부터 파트타임 직업으로의 전환이 성공적으로 이루어지기 위해서는 고용 노동자들이 자신들이 원하는 바들을 제때에 신고하는 것이 좋다. 왜냐 하면 파트타임 일자리를 위한 법률 안에 모든 것이 규정되어 있는 것은 아니기 때문이다.

▸ ... die perfekte Lösung, **um** ... **zu** vereinen

동사 vereinen의 **zu-부정사** 형식 「**um** ... **zu** 동사 원형」 : "**um** ... **zu** vereinen"

⇒ 앞에 온 명사 "die perfekte Lösung"을 수식 : '... 하기 위한 ...'

♣ Denn ... **ist** ... geregelt

타동사 regeln의 상태 수동, 현재 시제 「**sein** ... p.p」 : "**ist** ... geregelt" ☞ 156

335 **Um** Feuerwehrleute besser **zu schützen**, entwickeln Forscher in Berlin gerade einen winzigen Computer, der für mehr Sicherheit bei Einsätzen sorgen soll. [...]

소방관들을 보다 잘 보호하기 위해서 베를린의 연구자들은 소방관 출동 시 보다 안전하게 이루어지도록 할 아주 작은 컴퓨터를 개발하고 있다.

▸ **Um** ... **zu** schützen, entwickeln Forscher ...

동사 schützen의 **zu-부정사** 형식 「**um** ... **zu** 동사 원형」 : "**Um** ... **zu** schützen"

⇒ 뒤에 오는 문장 전체 "entwickeln Forscher ..."를 수식 : '... 하기 위해 ...'

※ 어순 : zu-부정사 "**um** ... **zu** ..."가 앞에 옴. ⇒ 뒤에 오는 문장은 도치 : "... , entwickelt **er** ..."

♣ ... einen winzigen Computer, [1]**der** ... [2]sorgen **soll**

1. 남성 1격 관계대명사 **der** : 남성명사 "... Computer"가 선행사, 부문장 안의 주어로서 1격 ☞ 138
2. 화법조동사 문장 "**soll** ... sorgen" ⇒ 관계대명사 부문장 안에서 후치됨 : "... sorgen **soll**" ☞ 79

336 목이 긴 공룡 브라키오사우루스에 관한 글에서 :

[...] **Anstatt** ihr Essen ordentlich **zu kauen**, schluckten sie es einfach runter. Darum brauchten sie keine Zähne – und ohne Zähne war der Kopf nicht nur leichter, sondern auch kleiner. So konnte der lange Hals den Kopf tragen, **ohne einzuknicken**.

이들은 음식을 제대로 씹는 것 대신 그것을 단순히 삼켜서 아래로 넘겼다. 그런 까닭에 이들은 치아가 필요하지 않았다. - 그리고 치아가 없기에 머리가 더 가벼웠을 뿐만 아니라 또한 더 작았다. 그렇게 해서 그 긴 목이 꺾이지 않고도 머리를 운반할 수 있었다.

▸ **Anstatt** ... **zu** kauen, schluckten sie ... *runter*

동사 kauen의 **zu-부정사** 형식 「**anstatt** ... **zu** 동사 원형」 : "**Anstatt** ... **zu** kauen"

⇒ 뒤에 오는 문장 전체 "schluckten sie ... *runter*"를 수식 : '... 하는 것 대신 ...'

※ 어순 : zu-부정사 "**anstatt** ... **zu** ..."가 앞에 옴. ⇒ 뒤에 오는 문장은 도치 : "... , schluckten **sie** ..."

▸ ... konnte ... tragen, **ohne** *ein***zu**knicken

분리동사 *ein*knicken의 **zu-부정사** 형식 「**ohne** ... **zu** 동사 원형」 : "**ohne** *ein***zu**knicken"

⇒ 앞에 오는 문장 전체 "... konnte ... tragen"을 수식 : '... 하는 것 없이 ...'

123. zu-부정사 (8) : 관용적 형식

Ich **habe** noch eine Stunde **zu** fahren. '나는 한 시간 더 운전해서 가야 한다.'
↓
zu-부정사 관용적 형식 :
「**haben** ... **zu** 동사 원형」 '... 해야 하다'

Du **brauchst** keine Angst **zu** haben. '너는 두려움을 가질 필요가 없다.'
↓
zu-부정사 관용적 형식 :
「**brauchen** ... **nicht/kein-** ... **zu** 동사 원형」 '... 할 필요 없다'

Er **pflegt** allein **zu** reisen. '그는 홀로 여행을 하곤 한다.'
↓
zu-부정사 관용적 형식 :
「**pflegen** ... **zu** 동사 원형」 '...하는 습관이 있다, ... 하곤 하다'

---

337 [...] Der Außenminister forderte ein Ende der Provokationen, bevor die Lage nicht mehr **zu retten ist**.

상황이 악화되지 않도록 하는 것이 더 이상은 불가능하게 되기 전에 도발 행위를 끝낼 것을 외무장관은 요구했다.

▸ ... , bevor ... **zu** retten **ist**

zu-부정사 관용적 형식 : 「**sein** ... **zu** 타동사 원형」[1] '... 될 수 있다' ; [2] '... 되어야 하다'

※ 타동사 retten의 「**sein** ... **zu** 동사 원형」 : "**ist** ... **zu** retten"
⇒ 종속접속사 **bevor**-부문장 안에서 후치됨 : "... **zu** retten **ist**" ☞ 133

♣ Der Außenminister forderte ...
동사 fordern의 과거 시제 :
주어 "...minister"는 **er**에 해당함. ⇒ 과거형 forder**te**는 추가 어미 없이 forder**te**_ ☞ 94

338 [...] Diese Hochhaussiedlung am Rand von Wien **scheint** auf den ersten Blick eine grässliche Betonburg **zu sein**. Doch tatsächlich wohnen dort ausgesprochen glückliche Menschen. Wie kann das sein? [...]

비엔나의 변두리에 있는 이 고층빌딩 주거단지는 첫 눈에는 흉측한 콘크리트 성곽으로 보인다. 하지만 실제로 그곳에는 말 그대로 행복한 사람들이 거주하고 있다. 이것이 어떻게 가능할까?

▸ ... scheint ... zu sein

zu-부정사 관용적 형식 : 「**scheinen** ... **zu** 동사 원형」 '... 인 것으로 보이다'

♣ ... ***aus*gesprochen** glückliche Menschen ...

분리동사 *aus*sprechen의 과거분사 & 형용사 *aus*gesprochen
⇒ 부사적 용법 : 바로 뒤에 오는 형용사 glücklich*e*를 수식 ☞ 53

339 [...] Wissen **hat** natürlich **nichts** **mit** Intelligenz **zu** **tun**. Das sind zwei verschiedene Dinge.

지식은 당연히 지능과 관련이 없다. 이것들은 두 개의 상이한 것들이다.

▸ ... hat ... nichts mit Intelligenz zu tun

zu-부정사 관용적 형식 : 「**haben nichts mit** etw. **zu tun**」 '*무엇*과 상관없다'

340 [...] In der Antarktis **droht** eine riesige Eisplatte **abzubrechen**. Die Eisplatte ist so groß wie das Bundesland Schleswig-Holstein. Wegen der Erderwärmung ist sie schon um ein Drittel geschrumpft. Sie ist an der schmalsten Stelle nur noch 500 Meter breit.

남극에서는 한 거대한 얼음판이 깨어져서 떨어져 나갈 위험에 처해 있다. 이 얼음판은 크기가 연방주 슐레스비히-홀스타인과 같다. 지구 온난화 때문에 이것은 이미 1/3이 줄어든 상태이다. 이것은 가장 폭이 좁은 곳의 경우 500 미터에 불과하다.

▸ ... droht ... *abzu*brechen

zu-부정사 관용적 형식 : 「**drohen** ... **zu** 동사 원형」 '막 ... 할 것 같다', '...할 위험이 있다'

♣ Die Eisplatte ist so groß wie das Bundesland ...

형용사 groß의 원급 비교 형식 「**so** 형용사 **wie** ...」 ☞ 195

♣ ... ist ... geschrumpft

타동사 schrumpfen의 상태 수동 「**sein** ... p.p」 : "**ist** ... **ge**schrumpf**t**" ☞ 156

♣ ... ist an der schmalsten Stelle ... breit

3 · 4격 전치사 **an**은 문맥상 '...인 곳에서 ...'로 해석됨. ⇒ '위치'로서 3격! ☞ 22
여성명사 Stelle가 3 · 4격 전치사 an의 3격 목적어 ⇒ 여성 3격 정관사 d**er**가 앞에 옴.
여성 3격 「d**er**, ein**er** + 형용사 **-en**」 : an d**er** schmalst**en** ... ☞ 42
(형용사 schmal ⇒ 최상급 schmal**st** ☞ 193)

124. zu-부정사 (9) : 「zu + 수동태」

Es ist schön, von jemandem geliebt **zu** werden.

↓

타동사 lieben의 수동태 "**werden** ... geliebt"의 **zu-부정사** :

"... geliebt **zu werden**"

'누군가에 의해 사랑 받는 것은 좋은 일이다.'

---

341 [...] Jedes fünfte Kind gab bei der Befragung an, manchmal zur Strafe **geschlagen zu werden**, jedes Fünfzigste sogar regelmäßig. Das ist in den vergangenen zehn Jahren leider nicht besser geworden.

그 설문조사에서 아이들의 1/5은 때때로 처벌을 위해 매를 맞았다고 언급했는데, 1/50은 심지어 규칙적으로 그랬다고 했다. 이는 과거 10 년 동안 개선되지 않았다.

▸ ... gab ... an, ... geschlagen **zu** werden, ...

타동사 schlagen의 수동태 "**werden** ... geschlagen"의 **zu-부정사** : "... geschlagen **zu werden**"

⇒ 명사적 용법 : 앞에 나온 분리동사 "gab ... *an*"의 목적어

♣ ... **ist** ... besser geworden

'상태 변화' 자동사 werden의 현재완료 「**sein** ... p.p」 ☞ 108

342 [...] Der Mönch und Gelehrte Roger Bacon sprach im 13. Jahrhundert angeblich folgenden Satz: „Eines Tages wird man Karren zu bauen vermögen, die sich bewegen und in Bewegung bleiben, **ohne geschoben** oder von irgendeinem Tier **gezogen zu werden**.“

승려이자 학자인 로저 베이컨은 13 세기에 이른바 다음과 같은 문장을 언급했다 : "미래 어느 날 사람들은 밀어지거나 그 어떤 동물에 의해 당겨지지 않고서도 이동을 하고, 또한 지속적으로 이동하는 수레들을 제작할 수 있게 될 것이다."

▸ ... , **ohne** geschoben oder ... gezogen **zu** werden

타동사 schieben 및 ziehen의 수동태 "**werden** ... gechoben oder ... gezogen"의 **zu-부정사** 형식 「**ohne** ... **zu** 동사 원형」 : "**ohne** ... schoben oder ... gezogen **zu werden**"

♣ ... **wird** ... vermögen, ...

동사 vermögen의 미래 시제 「**werden** ... 동사 원형」 ☞ 114

125. zu-부정사 (10) : 「zu + 화법조동사」

Ich hoffe, mit ihm sprechen **zu** können. '나는 그와 이야기할 수 있기를 희망해.'

↓

화법조동사 구문 "**können** ... sprechen"의 **zu-부정사** :

"... sprechen **zu können**"

---

343 [...] In Fjodor Dostojewskijs Roman „Verbrechen und Strafe" ermordet der mittellose Student Raskolnikow eine alte Wucherin und ihre Schwester, getragen von dem Plan, dadurch sein Studium **finanzieren** und so zu einer besseren Welt **beitragen zu können**.

표도르 도스토옙스키의 소설 "죄와 벌"에서 가난한 대학생인 Raskolnikow는 한 악덕 고리대금업 노파와 그녀의 자매를 살해하는데, 이는 그럼으로써 자신의 학업 비용을 충당하고, 그렇게 해서 보다 나은 세상에 기여할 수 있고자 하는 계획에 의해 행해진 것이었다.

▸ ... von dem Plan, ... finanzieren und ... beitragen **zu** können

화법조동사 구문 "**können** ... finanzieren und ... *bei*tragen"의 **zu-부정사** :

"... finanzieren und ... *bei*tragen **zu können**"

⇒ **형용사적** 용법 : 앞에 나온 명사 "... Plan"을 수식

※ ... , **getragen** von dem Plan, ...

동사 tragen의 **과거분사** getragen ⇒ **부사적** 용법 : 앞에 온 문장 전체를 수식 ☞ 53

344 Kinder von australischen Ureinwohnern können zählen, obwohl es in ihrer Sprache fast keine Wörter und Gesten gibt, um Mengenangaben zu machen. Offenbar haben sie eine genaue Vorstellung von Mengen im Kopf, **ohne** sie extra **benennen zu müssen**. [...]

호주 원주민 아이들은 그들의 언어 안에는 수량을 언급하는 낱말들과 제스처들이 거의 존재하지 않음에도 불구하고 수를 셀 줄 안다. 아마도 이들은 수량을 별도로 명명할 필요 없이 이에 대한 정확한 관념을 머리 속에 지니고 있는 것으로 보인다.

▸ ... , **ohne** ... bennen **zu** müssen

화법조동사 구문 "**müssen** ... bennen"의 **zu-부정사** 형식 「**ohne** ... **zu** 동사 원형」 :

"**ohne** ... bennen **zu müssen**"

126. zu-부정사 (11) : 「zu + 완료형」 (= "완료부정사")

Ich glaube, den Film schon einmal gesehen **zu** haben.

↓

동사 sehen의 **완료** 형태 "**haben** ... gesehen"의 **zu-부정사** :
"... gesehen **zu** **haben**"

'나는 그 영화를 전에 한번 보았던 것으로 추측해.'

---

345 [...] Bei einem Anti-Terror-Einsatz nahe Leipzig hat die Polizei einen Mann festgenommen, der möglicherweise einen Anschlag in Berlin geplant hat. Laut Polizei steht der Nordafrikaner im Verdacht, eine schwere staatsgefährdende Straftat **vorbereitet zu haben**.

라이프치히 가까이에서 이루어진 대테러 투입작전에서 경찰은 한 남자를 체포했는데, 이 남자는 아마도 베를린에서의 (테러) 습격을 계획했던 것으로 보인다. 경찰에 따르면 북아프리카 사람인 그는 국가를 위험에 처하게 하는 심각한 범죄 행위를 준비했던 것으로 의심된다.

▸ ... steht ... im Verdacht, ... *vor*bereitet **zu** haben

분리동사 *vor*bereiten의 **완료** 형태 "**haben** ... *vor*bereitet"의 **zu-부정사** :

"... *vor*beretet **zu** **haben**" ⇒ **형용사적** 용법 : 앞에 나온 명사 Verdacht를 수식

※ 분리동사 *vor*bereiten ⇒ p.p형 *vor*bereit**e**t ☞ 102
(기본 동사 **be**reiten이 접두어 **be**-를 지니므로 **-ge-**가 **생략**됨. / 어간 끝이 **-t**이므로 **-e-** 추가함.)

♣ ... einen Mann ... , [1]**der** ... [2]geplant **hat**

1. **남성 1격** 관계대명사 **der** : **남성**명사 "... Mann"이 선행사, 부문장 안의 주어로서 **1격** ☞ 138
2. planen의 **현재완료** "**hat** ... geplant" ⇒ **관계대명사** 부문장 안에서 **후치**됨 : "... geplant **hat**" ☞ 136

346 [...] Die Opposition klagt darüber, während des Wahlkampfs **benachteiligt worden zu sein**.

야당은 선거전 기간 동안 불이익을 당했다고 불평한다.

▸ ... darüber, ... benachteiligt worden **zu** sein

타동사 benachteiligen의 **수동태 완료** "**sein** ... benachteiligt worden"의 **zu-부정사** :

"... benachteiligt worden **zu** **sein**" ⇒ **명사적** 용법 : 앞의 da*rüber*에 의해 지시됨.

※ 수동태 **현재** 「**werden** ... p.p」 ⇒ 수동태 **현재완료** 「**sein** ... p.p **worden**」 ☞ 149, 151

127. 원형 부정사 (1) : "zu" 없는 부정사 형식

Zu viel Kaffee **trinken** ist ungesund.

↓

zu-부정사 「... **zu** 동사 원형」에서 **zu**가 **생략**된 형태 ⇒ '...**하는 것**, ...**하기**'

"zu viel Kaffee (**zu**) trinken" '커피를 너무 많이 마시는 것'

'커피를 너무 많이 마시는 것은 건강에 좋지 않다.'

---

347 전임교수직을 얻기가 어려운 독일 대학의 현실을 다룬 기사에서 :

[...] Wissenschaftler in Deutschland **sein** heißt demnach: Bis Mitte 40 ist unklar, ob man eine der begehrten Professorenstellen ergattern und damit langfristig in der Wissenschaft bleiben kann.

따라서 독일에서 학자 신분인 것은 다음을 뜻한다 : 갈망하던 교수직들 중의 하나를 쟁취하고, 이로써 장기적으로 학문 안에 머물 수 있을지 여부가 40 대 중반까지는 불분명하다.

▸ Wissenschaftler in Deutschland **sein** heißt ...

zu-부정사 "Wissenschaftler in Deutschland (**zu**) sein"에서 **zu**가 **생략**된 형태

348 특정 서적을 소개하며 광고하는 글에서 :

Ein anderes Land **kennen lernen** bedeutet vor allem, seine Menschen kennen zu lernen. Das ist in diesem Lesebuch zweifach möglich: einmal enthält das Buch eine Sammlung, verfasst von verschiedensten Menschen in Deutschland, denen es Freude bereitet, Beobachtungen über alltägliche Dinge des Lebens für sich selbst und andere aufzuschreiben. Zum anderen [...]

다른 한 나라를 알게 되는 것은 무엇보다 그 나라 사람들을 알게 되는 것을 뜻한다. 이는 이 강독책에서 이중으로 가능하다 : 우선 이 책은 자료 모음을 담고 있는데, 이는 독일 안의 상이한 사람들에 의해 편집된 것으로서, 이들에게는 자신과 다른 이들을 위한 삶의 일상적인 것들에 대한 관찰을 기록하는 것이 기쁨을 주는 그런 사람들이다. 다른 한 편으로는 ...

▸ Ein anderes Land *kennen* **lernen** bedeutet ...

zu-부정사 "Ein anderes Land *kennen* (**zu**) lernen"에서 **zu**가 **생략**된 형태

128. 원형 부정사 (2) : 동사 원형의 중성명사화

Das **Rauchen** im Restaurant ist verboten. '식당에서 흡연하는 것은 금지되어 있다.'

↓

동사 원형의 **대문자** 표기 ⇒ **중성**명사 '...하는 것. ...하기'

rauchen '흡연하다' ⇒ **das** **R**auchen '흡연하는 것, 흡연하기'

---

349 Trauer äußert sich nicht nur durch **Weinen** und **Traurigsein**. Sie ist ein Zustand, der den ganzen Menschen erfasst. Damit können sehr viele verschiedene Gefühle und Stimmungen verbunden sein wie Aggression, Dankbarkeit, Hilflosigkeit, Wut, Erleichterung und Angst. [...]

애도하는 마음은 단지 우는 것과 슬퍼하는 것을 통해서만 표현되는 것은 아니다. 그것은 인간 전체를 지배하는 상태이다. 아주 많은 상이한 느낌들과 기분들이 그것과 연계되어 있을 수 있는데, 이를테면 공격적 충동, 감사하는 마음, 무력감, 분노, 안도, 그리고 두려움과 같은 것들이다.

▸ ... durch **Weinen** und **Traurigsein**

동사 weinen '울다' ⇒ **중성**명사 das **W**einen '우는 것, 울기'

동사 traurig sein '슬퍼하다' ⇒ **중성**명사 das **T**raurigsein '슬퍼하는 것, 슬퍼하기'

♣ [1]Da**mit** können ... [2]verbunden **sein** ...

1. 「da(*r*)- + **전치사**」 형태 da**mit** ⇒ 앞에 온 명사 Trauer를 지시함. ☞ 166
2. 타동사 verbinden의 **상태 수동** 「**sein** ... p.p」 : "**sind** ... verbunden"
   ⇒ 화법조동사 **können**과 함께 옴 : "**können** ... verbunden **sein**" ☞ 74, 156

350 Vor **dem Treffen** der EU-Finanzminister in Polen empört sich die Euro-Anwärter aus Osteuropa: Sie stören sich daran, dass Berlin und Paris nach Belieben die Europäische Union umbauen und über milliardenschwere Rettungsfonds entscheiden. [...]

폴란드에서 열리는 EU 재정장관들의 모임에 앞서서 동유럽의 유로존 신청국들은 분노하고 있다 : 이들은 베를린과 파리가 임의적으로 유럽연합을 개조하고, 수십억에 달하는 막대한 구제 금융 자금에 대하여 결정하는 것을 언짢아한다.

▸ Vor **dem** **Treffen** ... empört sich ...

동사 treffen '...을 만나다' ⇒ **중성**명사 das **T**reffen '만나는 것, 만나기'

※ 3 · 4격 전치사 **vor** '... 전에, ... 앞두고' ⇒ **시간적** 의미로서 **3격**! ☞ 24
중성명사 Treffen이 3 · 4격 전치사 vor의 **3격** 목적어 ⇒ **중성 3격** 정관사 **dem**이 앞에 옴.

351 Der FC Barcelona hat **das erste Aufeinandertreffen** mit dem Erzrivalen Real Madrid in dieser Saison für sich entschieden. Die Katalanen gewannen das Hinspiel um den spanischen Supercup nach einer turbulenten Schlussphase. [...]

FC Barcelona 팀은 전통적 라이벌인 Real Madrid 팀과의 이번 시즌 첫 번째 만남에서 승리했다. 카탈로니아 선수들은 스페인 슈퍼컵의 원정 경기를 혼란스러웠던 종료 단계 후에 승리로 이끌었다.

▸ ... hat das erste Aufeinandertreffen ... entschieden

동사 aufeinander treffen '서로 만나다'

⇒ 중성명사 das Aufeinandertreffen '서로 만나는 것, 서로 만나기'

※ 중성명사 Aufeinandertreffen이 동사 entschieden의 4격 목적어 ⇒ 중성 4격 정관사 **das**가 앞에 옴.
중성 4격 「**das** + 형용사 **-e**」 : **das** erste ... ☞ 38

♣ Die Katalanen **gewannen** ...

동사 gewinnen의 과거 시제 :
주어 "... Katalanen"은 복수의 **sie** ⇒ 과거형 **gewann**은 추가로 어미 **-en**이 붙어 **gewannen** ☞ 95

352 Beim **Aufräumen** eines Dachbodens entdeckte ein Amerikaner einen wahren Schatz: In einer verstaubten Kiste fand er alte Baseball-Karten zum **Sammeln** im Wert mehrerer Millionen Dollar.

한 미국인이 다락방의 청소 중에 진짜 보물을 발견했다 : 한 먼지투성이 상자 안에서 그는 수백만 달러의 가치를 지닌 수집용의 옛날 야구 카드들을 찾아냈던 것이다.

▸ Beim Aufräumen ...

분리동사 *auf*räumen '정돈하다' ⇒ 중성명사 das Aufräumen '정돈하는 것, 정돈하기'

※ 3격 전치사 bei의 축약형 **beim** ("**bei** dem") ⇒ 「beim + 남성 · 중성 3격」 : "beim Aufräumen" ☞ 28

▸ ... zum Sammeln ...

동사 sammeln '수집하다' ⇒ 중성명사 das Sammeln '수집하는 것, 수집하기'

※ 3격 전치사 zu의 축약형 **zum** ("**zu** dem") ⇒ 「zum + 남성 · 중성 3격」 : "zum Sammeln" ☞ 28

♣ ... im Wert mehrer**er** Million**en** Dollar

부정수사 「**mehrer-** + 복수명사」 '몇몇의 ...' ☞ 174
복수명사 Million**en**과 결합, 앞 명사 Wert를 수식하는 2격 ⇒ 복수 2격 **der** 어미변화 하여 mehrer**er**

129. 원형 부정사 (3) : 원형 부정사와 결합하는 동사

Ich gehe einmal in der Woche **schwimmen**. '나는 일주일에 한번 수영하러 간다.'
↓
「**gehen** ... 동사 원형」 '...하러 가다'

353 [...] Die Angler wollten die letzten Fische aus dem fast leeren Teich holen und **blieben** bis zum Bauchnabel im Schlamm **stecken**.

그 낚시꾼들은 거의 비어있는 그 연못으로부터 마지막 물고기들을 집어오려고 했으며, 배꼽까지 진흙 속에 꽂힌 채로 있었다.

▸ ... und blieben ... **stecken**

「**bleiben** ... 동사 원형」 '...하며 머무르다, 계속 ...인 채로 있다'

※ 동사 bleiben의 과거 시제 :
주어 "die Angler"는 복수의 **sie** ⇒ 과거형 **blieb**에 추가로 어미 **-en**이 붙어 **blieben** ☞ 95

♣ Die Angler **wollten** ... holen

화법조동사 wollen의 과거 시제 :
주어 "Die Angler"는 복수의 **sie** ⇒ 과거형 **wollte**에 추가로 어미 **-n**이 붙어 **wollten** ☞ 72

354 Seit Ende des 18. Jahrhunderts **sieht** man Frauen mit einer Tasche in der Hand die Straße entlang **gehen**. Ursprünglich hatten Männer wie Frauen Beutel am Gürtel befestigt, um Münzen, ihr Gebetsbuch oder den Rosenkranz bei sich zu tragen. [...]

18세기 말부터 사람들은 여자들이 손에 핸드백을 들고 거리를 따라 걸어가는 것을 보게 된다. 원래는 여자들처럼 남자들이 그들의 기도서 또는 묵주를 지니고 다니기 위해 허리띠에 작은 주머니를 부착했었다.

▸ ... sieht ... **gehen**

지각동사 「**sehen** + 4격 ... 동사 원형」 '*4격*이 ...하는 것을 보다'

※ 동사 sehen의 현재 시제 : 주어 man은 **er**에 일치 ⇒ 어간 모음 e → **ie** 변화하여 **sieh***t* ☞ 91

♣ ... **hatten** Männer ... befestigt, ...

타동사 befestigen의 과거완료 「**hatte** ... p.p」 : "**hatten** ... befestigt"
(주어 **Männer**는 복수의 **sie** ⇒ 조동사 **hatte**에 추가로 어미 **-n**이 붙어 **hatten** ☞ 97, 112

355 Enrico Caruso* wurde am 25. Februar 1873 geboren, also vor 135 Jahren. Damals standen die Leute Schlange, um ihn **singen** zu **hören** – ob an den wichtigsten Opernhäusern der Welt oder in riesigen Stierkampfarenen. [...]

Enrico Caruso는 1873년 2월 25일 태어났고, 따라서 135년 전이다. 그 당시 사람들은 그가 노래하는 것을 듣기 위해 길게 줄 서 있었다. - 세계에서 가장 중요한 오페라하우스들 옆에서든, 아니면 거대한 투우 경기장 안에서든.

* Enrico Caruso : 이탈리아의 성악가

▸ ... , um ... **singen** zu hören - ...

지각동사「**hören** + 4격 ... 동사 원형」'*4격*이 ...하는 것을 듣다'

※ "**hören** ... singen"의 **zu-부정사** 형식「**um** ... **zu** 동사 원형」

⇒ 동사 **hören**이 zu 뒤에 원형으로 옴 : "um ... singen zu **hören**" ☞ 122

♣ ... standen ... - ob [1]**an den** wichtig**sten** Opernhäuser**n** [2]**der** Welt oder ...

1. 형용사 wichtig의 **최상급** wichtig**st** ⇒ **부가어적** 용법으로서 형용사 **어미변화**! ☞ 193
   복수명사 "...**häuser**"가 3 · 4격 전치사 an의 **3격** 목적어 ⇒ **복수 3격** 정관사 **den**이 앞에 옴.
   (1) **복수 3격**「**den** + 형용사 **-en**」: an **den** wichtig**sten** ... ☞ 41, 42
   (2) **복수 3격** 명사의 형태는 **-n**이어야 함. ⇒ Opern**häuser**는 어미 **-n**이 붙어 Oper**häusern** ☞ 15
2. **여성**명사 Welt가 최상급 비교의 관련 범위로서 **2격** ⇒ **여성 2격** 정관사 **der**가 앞에 옴. ☞ 10, 193

356 In den ersten Schuljahren **lernt** man ja in der Regel **lesen** und **schreiben**. Mit der Zeit fällt es den meisten Menschen immer leichter, und irgendwann können sie sich kaum noch daran erinnern, wie es war, als sie noch keine Bücher oder Straßenschilder lesen konnten. [...]

우리는 학교를 다니기 시작한 처음 몇 해 동안 보통은 읽는 것과 글 쓰는 것을 배운다. 시간이 지나면서 대부분의 사람들에게는 그것이 점점 쉬워지게 되어, 언젠가 그들은 자신들이 서적들 혹은 거리 표지판들을 아직 읽을 줄 몰랐을 때에는 어떠했는지를 좀체 기억할 수 없게 된다.

▸ ... lernt ... **lesen** und **schreiben**

「**lernen** ... 동사 원형」'...하는 것을 배우다'

♣ ... sich ... [1]d*ar***an** ... erinnern, [2]**wie** ... war, als ... [3]lesen **konnten**

1. 「da(*r*)- + **전치사**」형태 da**ran** ⇒ 뒤에 오는 의문사 **wie-부문장**을 지시함. ☞ 169
2. 의문사 **wie**-부문장 : 동사 sein의 **과거** 시제 **war**가 **후치**되어 문장 맨 뒤에 옴. ☞ 96, 186
3. **können**의 **과거** "**konnten** ... lesen"이 **als**-부문장 안에서 **후치**됨 : "... lesen **konnten**" ☞ 72, 134

130. 원형 부정사 (4) : 동사 lassen

Wir lassen ihn das Auto reparieren. ‘우리는 그가 그 자동차를 수리하도록 한다.’
↓
「lassen + 4격 ... 동사 원형」 ‘*4격*이 ...하도록 (허락)하다’

Ich lasse mein Auto reparieren. ‘나는 나의 자동차가 수리되도록 한다.’
↓
「lassen + 4격 ... 타동사 원형」 ‘*4격*이 ...되도록 하다’

Das Auto lässt sich leicht reparieren. ‘그 자동차는 쉽게 수리될 수 있다.’
↓
「lassen sich ... 타동사 원형」 ‘...될 수 있다’

---

357 Vom Umweltprogramm der Vereinten Nationen wurde 2009 zum Jahr des Gorillas ausgerufen. Die Umweltschützer wollen auf die großen Gefahren hinweisen, die den Menschenaffen drohen. Waldzerstörungen **lassen** ihre Lebensräume **schrumpfen** : [...]

UN의 환경 프로그램에 의해 2009년은 고릴라의 해로 선포되었다. 환경보호론자들은 이 유인원들에게 위협이 되고 있는 커다란 위험들을 지적하려고 한다. 숲의 파괴가 그들의 삶의 공간들이 축소되도록 하고 있다.

▸ ... lassen ihre Lebensläume schrumpfen: ...

「lassen + 4격 ... 타동사 원형」 ‘*4격*이 ...되도록 하다’

♣ ... wurde ... *aus*gerufen

분리동사 & 타동사 *aus*rufen의 수동태 과거 「wurde ... p.p」 : “wurde ... *aus*gerufen” ☞ 150

358 Schlecht gereinigte Wasserhähne können die Keimwerte in die Höhe treiben. Die Experten raten nun, das Wasser vor dem Trinken kurz **laufen** zu **lassen**. [...]

잘못 정화된 수도꼭지들은 병균 감염 지수를 높이 올릴 수 있다. 이제 전문가들은 마시기 전에 잠시 동안 물이 흐르도록 할 것을 충고한다.

▸ ... raten ... (dazu), ... laufen zu lassen

「lassen + 4격 ... 동사 원형」 ‘*4격*이 ...하도록 (허락)하다’

※ 동사 lassen의 zu-부정사 형식 「... zu 동사 원형」 : “... laufen zu lassen”
⇒ 잠재적으로 올 수 있는 dazu의 목적어 ☞ 118

359 [...] Insofern bemüht man sich weiterhin um eine gründliche logische Analyse der Gottesbeweise, auch wenn solche Analysen nichts daran ändern dürften, dass sich die Existenz Gottes nicht überzeugend und schlüssig **beweisen lässt**.

그런 점에서 사람들은 계속적으로 신의 증명에 대한 철저하고 논리적인 분석을 추구하고 있다. 물론 이러한 분석들이 신의 존재란 설득력 있고 수미일관되게 증명될 수 없다는 점에 있어서는 아무런 변화도 가져오지 않겠지만.

▸ ... , dass sich ... beweisen **lässt**

「**lassen** sich ... **타동사** 원형」 '...**될** 수 있다'

※ 동사 lassen 구문 "**lässt** sich ... beweisen"
⇒ 종속접속사 **dass**-부문장 안에서 **후치**됨 : "sich ... beweisen **lässt**" ☞ 133

※ 동사 lassen의 **현재** 시제 : 주어 "... Existenz"는 **여성**의 **sie** ⇒ 어간 모음 a → **ä** 변화하여 läss*t* ☞ 90

♣ ... , auch wenn ... [1]da*r*an [2]ändern **dürften**, dass ...

1. 「da(*r*)- + **전치사**」 형태 da*r*an ⇒ 뒤에 오는 종속접속사 **dass**-부문장을 지시함. ☞ 169
2. 화법조동사 dürfen의 **접속법 II** 형태 (잠재적 추측 '...일지 모르다') : "**dürften** ... ändern" ☞ 212
   ⇒ 종속접속사 **auch wenn**-부문장 안에서 **후치**됨 : "... ändern **dürften**" ☞ 79, 133

360 Erwachsene sollen sich nicht vor Untersuchungen am Darm fürchten, sondern regelmäßig zum Arzt gehen, um sich am Darm **untersuchen** zu **lassen**. Denn nur so **lassen** sich Darmkrankheiten früh **erkennen** und besser **heilen**.

성인들은 장에 대한 검진을 두려워하지 않고, 장에 대하여 검진이 이루어지도록 정기적으로 의사에게 가는 것이 바람직하다. 왜냐 하면 단지 그렇게 함으로써만 장의 질환이 이른 시기에 인지될 수 있고, 보다 잘 치료될 수 있기 때문이다.

▸ ... , um sich ... untersuchen zu **lassen**

「**lassen** + 4격 ... 타동사 원형」 '*4격*이 ...**되도록** 하다'

※ 동사 lassen의 **zu-부정사** 형식 「**um** ... **zu** 동사 원형」 : "um sich ... untersuchen **zu** lassen" ☞ 122

▸ ... **lassen** sich ... erkennen und ... heilen

「**lassen** sich ... **타동사** 원형」 '...**될** 수 있다'

131. 원형 부정사 (5) : 화법조동사 및 미래 시제

Er kann gut Klavier **spielen**. ‘그는 피아노를 잘 칠 수 있다.’

↓

화법조동사 형식 「**können** ... 동사 원형」 ‘...할 수 있다’

Ich werde dich bald **besuchen**. ‘나는 머지않아 너를 방문하게 될 거야.’

↓

미래 시제 「**werden** ... 동사 원형」 ‘...할 것이다’

---

361 Die Bundesregierung **wird** ein Ergebnis **akzeptieren**, das in einer freien und demokratischen Wahl zustande gekommen ist. [...]

연방정부는 자유롭고 민주적인 선거에서 성취된 결과를 받아들일 것이다.

▸ ... **wird** ... akzeptieren, ...

동사 akzeptieren의 미래 시제 「**werden** ... 동사 원형」

※ 조동사 **werden**의 형태 : 주어 “...regierung”은 여성의 **sie** ⇒ werd*en*은 불규칙 변화하여 w**i**rd ☞ 87

♣ ... ein Ergebnis ... , [1]**das** ... [2]*zustande* gekommen **ist**

1. 중성 **1격** 관계대명사 **das** : 중성명사 “... Ergebnis”가 선행사, 부문장 안의 주어로서 **1격** ☞ 138
2. 동사 *zustande* kommen ⇒ 분리동사처럼 *zustande*가 분리되어 문장 맨 뒤에 옴. ☞ 59
   자동사 *zustande* kommen의 현재완료 「**sein** ... p.p」 : “**ist** ... *zustande* gekommen”
   ⇒ 관계대명사 부문장 안에서 후치됨 : “ ... *zustande* gekommen **ist**” ☞ 107

362 Die meisten Pflanzenschutzmittel sind für den Menschen nicht gefährlich. Aber manche schon. Diese Mittel dürfen nun nicht mehr auf die Pflanzen gespritzt werden, weil sie Menschen krank **machen können**. [...]

대부분의 식물 보호제들은 인간에게 위험하지 않다. 하지만 몇몇은 물론 그렇다. 이 약품들은 더 이상 식물들에게 주입되어서는 안 되는데, 왜냐 하면 그것들이 사람들을 병들게 만들 수 있기 때문이다.

▸ ... , weil ... machen **können**

화법조동사 형식 「**können** ... 동사 원형」

※ 화법조동사 구문 “**können** ... machen” ⇒ 종속접속사 **weil**-부문장 안에서 후치됨 :
“... machen **können**” ☞ 134

132. 원형 부정사 (6) : 원형 부정사 문장의 완료 형식

Ich habe dort gut **schlafen** können. '나는 그곳에서 잠을 잘 잘 수 있었다.'

↓

화법조동사 문장 "**kann** ... schlafen"의 현재완료 "**habe** ... schlafen **können**"

〈주의〉 원형부정사 schlafen이 있음. ⇒ können의 p.p형은 원형 **können**

---

363 취미로서의 낚시에 대한 의견을 기술한 칼럼에서 :

[...] Zwei Stunden die Klappe halten und dabei Fische töten - so was würde eine Frau niemals tun. Oder **haben** Sie schon mal eine Frau **angeln sehen**?

두 시간 동안 주둥이를 닫고, 그러면서 물고기들을 죽이는 것 - 이런 뭔가를 여성은 결코 행하지 않을 것이다. 아니면 당신은 전에 여성이 낚시하는 것을 본 적이 있는가?

▸ ... haben ... angeln sehen?

지각동사 sehen의 형식 「**sehen** + 4격 ... 동사 원형」 '*4격*이 ...하는 것을 보다'

"**sehen** ... angeln"의 현재완료 「**haben** ... p.p」 : "**haben** ... angeln **sehen**"

※ 동사 원형 angeln 있음. ⇒ sehen의 p.p형은 원형 **sehen** (즉, **ge**sehen 아님!) ☞ 73

♣ Zwei Stunden die Klappe **halten** und dabei Fische **töten** - ...

zu-부정사 "... (**zu**) halten" 및 "... (**zu**) töten"에서 **zu**가 생략된 형태 ☞ 127

364 [...] Natürlich hat auch die klassische Musik schon früher den Amerikanern als politische Schmierseife gedient. Leonard Bernstein* **hatte** eben dieses Orchester 1959 in Moskau **auftreten lassen**. In den Siebzigerjahren spielte das Philadelphia Orchestra erstmals in China. [...]

물론 클래식 음악은 예전에 벌써 미국인들에게 정치적인 연성 비누로서 봉사하기도 했다. Leonard Bernstein이 바로 이 교향악단으로 하여금 1959년 모스크바에서 무대에 오르도록 했었다. 70 년대에는 필라델피아 교향악단이 처음으로 중국에서 연주하였다.

* Leonard Bernstein : 미국의 지휘자이며 작곡가

▸ ... hatte ... dieses Orchester ... ***auf*treten** lassen

「**lassen** + 4격 ... 동사 원형」 '*4격*이 ...하도록 (허락)하다'

"**lassen** ... *auf*treten"의 과거완료 「**hatte** ... p.p」 : "**hatte** ... *auf*treten **lassen**"

※ 동사 원형 *auf*treten 있음. ⇒ lassen의 p.p형은 원형 **lassen** (즉, **ge**lassen 아님!) ☞ 73

133. 종속접속사 (1) : 부문장과 후치

Er ist nicht hier, **weil** er krank **ist**. '그는 여기 없는데, 왜냐 하면 아프기 때문이다.'

↓

종속접속사 **weil**-부문장

⇒ 동사 **ist**가 **후치**되어 문장 맨 뒤에 옴.

〈주의〉 부문장이 **앞에** 올 경우 ⇒ 뒤에 오는 주문장의 어순은 **도치**됨 :

Weil er krank ist, **ist** er nicht hier.

---

365 [...] In Deutschland hängt jeder siebte Arbeitsplatz von der Autoindustrie ab, **auch wenn** die Branche direkt nur 750.000 Personen beschäftigt. [...]

독일은 일자리의 1/7이 자동차 산업에 의존한다. 물론 이 분야가 직접 고용하는 인원은 단지 75만 명에 불과하지만.

▸ ... , **auch wenn** ... beschäftigt

종속접속사 **auch wenn**-부문장 ⇒ **현재** 시제 동사 beschäftigt가 **후치**되어 문장 맨 뒤에 옴 :

"... , auch wenn ... beschäftig*t*"

366 [...] Spitzensportler sind für viele Menschen ein Vorbild, **weil** sie sich Ziele setzen und diese voller Begeisterung verfolgen. Die Firma will zum Nacheifern anregen, **indem** sie erfolgreiche Sportler auszeichnet. [...]

톱클래스 운동선수들은 많은 사람들에게 하나의 모범이 되는데, 왜냐 하면 그들은 자신들의 목표를 설정하고, 이를 가득 찬 열정으로 추구하기 때문이다. 이 회사는 성공적인 운동선수들을 시상함으로써 이들을 본보기로 삼도록 독려하고자 한다.

▸ ... , **weil** ... setz*en* und ... verfolg*en*

종속접속사 **weil**-부문장 ⇒ **현재** 시제 동사 setz*en* 및 verfolg*en*이 **후치**되어 문장 맨 뒤에 옴 :

"... , weil ... setz*en* und ... verfolg*en*"

▸ ... , **indem** ... *aus*zeichne*t*

종속접속사 **indem**-부문장 ⇒ **현재** 시제 분리동사 *aus*zeichne*t*가 **후치**되어 문장 맨 뒤에 옴 :

"... , indem ... *aus*zeichne*t*"

♣ ... Ziele ... und diese ... verfolgen

복수 4격 지시대명사 diese : 앞의 **복수**명사 Ziele를 지시하며, 동사 verfolgen의 **4격** 목적어 ☞ 161

♣ Die Firma **will** ... *an*regen, ...

(1) 화법조동사 **wollen**의 현재 시제 : 주어 "... Firma"는 여성의 **sie** ⇒ 불규칙 형태 **will** ☞ 71

(2) 분리동사 *an*regen이 화법조동사 **will**과 함께 옴. ⇒ 분리전철 *an*-은 분리되지 않음 ☞ 57

367 [...] **Während** die BVG* alle U-Bahnen und Bahnhöfe sowie teilweise Busse und Straßenbahnen mit Videokameras überwacht, gibt es in S-Bahnen bisher keine Kameras. [...]

베를린 교통 공사가 모든 지하철들과 기차역들, 그리고 부분적으로 버스들과 전차들을 비디오카메라로 감시하는 반면에, 지금까지 고속열차들 안에는 카메라들이 없다.

* BVG (= "**B**erliner **V**erkehrs-Aktien**g**esellschaft") : 베를린 시내의 대중교통을 담당하는 공기업

▸ **Während** ... überwach*t*, gibt es ...

종속접속사 **während**-부문장 ⇒ 현재 시제 동사 überwach*t*가 후치되어 문장 맨 뒤에 옴 :

"Während ... überwach*t*, ..."

※ 부문장이 앞에 옴. ⇒ 뒤에 오는 주문장의 어순은 도치 : "... , **gibt** es ..."

368 Die private Internetnutzung am Arbeitsplatz ist in den meisten deutschen Unternehmen verboten. In einigen Betrieben wird sie lediglich geduldet, **solange** sie nicht ausufert. **Ob** Mitarbeiter gegen Verbote und Auflagen verstoßen, überprüfen manche Chefs, **indem** sie stichprobenartige Kontrollen durchführen. [...]

근무 장소에서의 사적인 인터넷 사용은 대부분의 독일 회사들에서 금지되어 있다. 몇몇 회사들에서는 이것이 단지 지나치게 이루어지지 않는 한에서만 묵인된다. 동료 직원들이 금지 및 의무사항들을 위반하는지 여부를 몇몇 부처장들은 무작위 추출 방식의 통제 관리를 실시함으로써 체크한다.

▸ ... , **solange** ... *aus*ufer*t*

종속접속사 **solange**-부문장 ⇒ 현재 시제 분리동사 *aus*ufer*t*가 후치되어 문장 맨 뒤에 옴 :

"... , solange ... *aus*ufer*t*"

▸ [1]**Ob** ... verstoß*en*, überprüfen manche Chefs, [2]**indem** ... *durch*führ*en*

1. 종속접속사 **ob**-부문장 ⇒ 현재 시제 동사 verstoß*en*이 후치되어 문장 맨 뒤에 옴 :

   "Ob ... verstoß*en*, ..."

   ※ ob-부문장이 앞에 옴. ⇒ 뒤에 오는 주문장의 어순은 도치 : "... , **überprüfen** manche Chefs ..."

   ※ 부문장 "**Ob** ... verstoß*en*" ⇒ 뒤에 오는 동사 überprüf*en*의 4격 목적어

2. 종속접속사 **indem**-부문장 ⇒ 현재 시제 분리동사 *durch*führ*en*이 후치되어 문장 맨 뒤에 옴 :

   "... , indem ... *durch*führ*en*"

134. 종속접속사 (2) : 화법조동사 형식의 후치

Ich denke, **dass** er nicht kommen **will**. '나는 그가 오지 않으려 한다고 생각해'

↓

화법조동사 구문 "**will** ... kommen"

⇒ 종속접속사 **dass**-부문장 안에서 후치됨 : "... kommen **will**"

---

369 [...] Sie will verhindern, **dass** ihr erkrankter Vater vor einem Untersuchungsausschuss des Bundestages **aussagen muss**. Er leidet an Alzheimer. [...]

그녀는 병중에 있는 그녀의 아버지가 연방의회의 조사위원회 앞에서 진술해야만 하는 것을 저지하려고 한다. 그는 알츠하이머병을 앓고 있다.

▸ ... verhindern, **dass** ... *aus*sagen **muss**

화법조동사 구문 "**muss** ... *aus*sagen" ⇒ **dass**-부문장 안에서 후치됨 : "... *aus*sagen **muss**"

※ 부문장 "**dass** ... *aus*sagen muss" ⇒ 앞에 나온 동사 verhindern의 4격 목적어

370 [...] „Wir tun alles, was wir können, **damit** das Land wieder auf eigenen Beinen **stehen kann**, und sie tun alles, damit wir scheitern", schimpfte der griechische Ministerpräsident am Dienstagnachmittag im heimischen Fernsehen.

"우리는 이 나라가 다시 자립할 수 있도록 하기 위해서 우리가 할 수 있는 모든 것을 행하고 있는데, 그들은 우리가 실패하도록 하기 위해서 모든 것을 행하고 있다."라고 그리스 총리는 화요일 오후에 자국의 TV 방송에서 투덜거렸다.

▸ ... , **damit** ... stehen **kann**

화법조동사 구문 "**kann** ... stehen" ⇒ **damit**-부문장 안에서 후치됨 : "... stehen **kann**"

♣ ... alles, [1]**was** wir [2]**können, ...**

1. 관계대명사 **was** ⇒ 앞에 나온 부정대명사 **alles**를 선행사로 지시함. ☞ 145
2. 타동사 **können** '...할 수 있다' (화법조동사 아님!) ⇒ **4격 목적어**는 관계대명사 was ☞ 78

♣ ... , **damit** ... scheiter*n*, ...

종속접속사 **damit**-부문장 ⇒ 현재 시제 동사 scheiter*n*이 후치되어 문장 맨 뒤에 옴. ☞ 133

135. 종속접속사 (3) : 수동태 형식의 후치

Ich habe gehört, **dass** der Park bald geschlossen **wird**.

↓

타동사 schließen의 수동태 현재 「**werden** ... p.p」 : “**wird** ... geschlossen”

⇒ 종속접속사 **dass**-부문장 안에서 후치됨 : “... geschlossen **wird**”

‘나는 그 공원이 머지않아 폐쇄된다고 들었어.’

---

371 [...] **Dass** auch Lebensräume unter Wasser **geschützt werden**, ist sehr wichtig, **weil** durch Verschmutzung, vor allem aber durch zu viel Fischerei viele Lebewesen dort vom Aussterben **bedroht sind**.

또한 물 아래의 삶의 공간들도 보호되는 것이 매우 중요한데, 왜냐 하면 오염으로 인해, 그러나 무엇보다도 지나치게 많은 조업으로 인해 그곳의 많은 생명체들이 멸종될 위협을 받고 있기 때문이다.

▸ **Dass** ... geschützt **werden**, ist ...

타동사 schützen의 수동태 현재 「**werden** ... p.p」 : “**werden** ... geschützt”

⇒ 종속접속사 **dass**-부문장 안에서 후치됨 : “... geschützt **werden**”

※ 부문장 “**Dass** ... geschützt werden” ⇒ 뒤에 오는 동사 ist의 주어

▸ ... , **weil** ... bedroht **sind**

타동사 bedrohen의 상태 수동 현재 「**sein** ... p.p」 : “**sind** ... bedroht”

⇒ 종속접속사 **weil**-부문장 안에서 후치됨 : “... bedroht **sind**”

372 [...] Der deutsche Dichter hat behauptet: „Das Theater befindet sich im Niedergang, **seitdem** die Frau als Figur und Schauspielerin aus dem Zentrum der Bühne **vertrieben worden ist**.“

그 독일 작가는 주장했다 : “극중 인물과 여배우로서의 여성이 무대의 중심으로부터 추방되었던 이후로 연극이 파멸 과정에 놓여있다.”

▸ ... , **seitdem ...** vertrieben worden **ist**

타동사 vertreiben의 수동태 현재완료 「**sein** ... p.p worden」 : “**ist** ... vertrieben worden”

⇒ 종속접속사 **seitdem**-부문장 안에서 후치됨 : “... vertrieben worden **ist**”

※ 수동태 현재 「**werden** ... p.p」 ⇒ 수동태 현재완료 「**sein** ... p.p **worden**」 ☞ 149, 151

136. 종속접속사 (4) : 완료 형식의 후치

Obwohl ich lange geschlafen **habe**, bin ich noch müde.

↓

동사 schlafen의 현재완료 「**haben** ... p.p」 : "**habe** ... geschlafen"

⇒ 종속접속사 **obwohl**-부문장 안에서 후치됨 : "... geschlafen **habe**"

'비록 나는 오랫동안 잠을 잤지만 아직 피곤하다.'

---

373 [...] **Während** die durchschnittlichen Hotelpreise in Deutschland insgesamt im ersten Halbjahr 2011 um ein Prozent **gesunken sind**, stiegen sie weltweit im Jahresvergleich um drei prozent.

평균적인 호텔 가격들이 독일에서는 2011년 전반기에 전체적으로 1% 만큼 하락했던 반면에, 전 세계적으로는 연도별 비교에서 3% 만큼 올라갔다.

▸ **Während** ... gesunken **sind**, stiegen sie ...

'장소 이동' 자동사 sinken의 현재완료 「**sein** ... p.p」 : "**sind** ... gesunken"

⇒ **während**-부문장 안에서 후치됨 : "... gesunken **sind**"

374 Roboter sind emotionslos. Und wenn sie nicht funktionieren, so tun sie dies nicht, um sich hinterlistig zu rächen oder zu schmollen, **weil** der Mensch sie eine Zeit lang in der Ecke liegen **lassen** und nicht genügend **beachtet** oder **gestreichelt hat**. [...]

로봇들은 감정이 없다. 그래서 만약 그것들이 작동하지 않는다면, 이는 인간이 자신들을 한 동안 그냥 구석에 놓여있도록 버려둔 채, 충분히 돌보거나 쓰다듬어 주지 않았다는 이유로 교활하게 복수한다거나, 혹은 심술부리기 위해서 그것들이 그렇게 행하는 것이 아니다.

▸ ... , **weil** ... liegen lassen und ... beachtet oder gestreichelt **hat**

동사 lassen, beachten, streicheln의 현재완료 「**haben** ... p.p」 :

"**hat** ... lassen und ... beachtet oder gestreichelt"

⇒ **weil**-부문장 안에서 후치됨 : "... lassen und ... beachtet oder gestreichelt **hat**"

※ (1) 동사 lassen과 함께 오는 동사 원형 liegen이 있음. ⇒ p.p형은 원형 형태 **lassen** ☞ 106, 130

(2) 동사 **be**achten은 접두어 **be-**를 지님. ⇒ p.p형은 **-ge-** 없이 **be**achtet ☞ 101

137. 종속접속사 (5) : 도치에 의한 부문장

Kommt er nicht zu mir, gehe ich zu ihm.
↓
도치된 문장 「동사 + 주어 ...」 ⇒ '조건'의 **wenn**-부문장
"**Kommt** er ..." = "Wenn er ... **kommt**"

'만약 그가 나에게 오지 않을 경우, 내가 그에게 간다.'

375

> Je dichter Menschen zusammenstehen, desto schweigsamer werden sie. Bekannt ist dieses Phänomen aus Aufzügen und vollen U-Bahnen. **Ist genug Platz**, unterhalten sich die Menschen. **Wird es** richtig eng, verstummen sie. [...]

사람들은 점점 더 가까이 밀착하여 함께 있으면 있을수록 점점 더 침묵하게 된다. 이 현상이 알려지게 된 것은 승강기와 만원 지하철로부터이다. 충분한 자리가 있게 되면 사람들은 대화를 나눈다. 자리가 제대로 비좁게 되면 그들은 침묵한다.

▸ **Ist** genug Platz, ...

도치 문장 "**Ist** genug Platz" = '조건'의 **wenn**-부문장 "Wenn genug Platz **ist**"

▸ **Wird** es richtig eng, ...

도치 문장 "**Wird** es richtig eng" = '조건'의 **wenn**-부문장 "Wenn es richtig eng **wird**"

※ 비인칭대명사 **es** ⇒ '상태, 분위기' 등을 표현 ☞ 203

♣ **Je** dichter ... , **desto** schweigsamer ...

비교급 비교 형식 「**je** 비교급 ... , **desto** 비교급」 '...하면 할수록 더 ...이다' ☞ 192

376

> [...] Sein Vertrag gilt nur für die 1. Liga. **Sollte der 1. FC Köln** absteigen, wechselt er zu einem anderen Klub. [...]

그의 계약은 단지 1부 리그에만 적용된다. 만약 1. FC Köln 팀이 (하위 리그로) 떨어지게 된다면 그는 다른 팀으로 이적하게 된다.

▸ **Sollte** der 1. FC Köln *absteigen*, ...

도치 문장 "**Sollte** der 1. FC Köln *ab*steigen"

= '조건'의 **wenn**-부문장 "Wenn der 1. FC Köln *ab*steigen **sollte**"

※ 화법조동사 **sollen**의 접속법 **II** 형식 「**sollte** ... 동사 원형」 '...일지 모르다' ⇒ '잠재적 추측' ☞ 212

138. 관계대명사 (1) : 관계대명사의 형태 (der, die, das ...)

Der Mann, **der** dort steht, ist Lehrer. '저기 서있는 남자는 선생님이다.'

↓

남성 1격 관계대명사 **der** : **남성**명사 Mann이 선행사, 부문장 안의 주어로서 **1격**
(부문장 안의 **현재** 시제 동사 steh*t*는 **후치**됨. : "... steh*t*")

Wie heißt die Frau, **die** wir gerade gesehen **haben**?

↓

여성 4격 관계대명사 **die** : **여성**명사 Frau가 선행사, 부문장의 동사 gesehen의 **4격** 목적어
(부문장 안의 **현재완료** "**haben** ... gesehen"은 **후치**됨 : "... gesehen **haben**")

'방금 우리가 보았던 그 여자는 이름이 어떻게 되니?'

---

377 Gibt es noch Frauen, **die** sich freiwillig „Hausfrau“ nennen? „Hausfrau“, das ist das Wort, **das** eigentlich nur noch mit dem Zusatz „frustriert“ vorkommt. [...]

자기 자신을 자발적으로 "가정주부"라고 칭할 여자가 아직 존재할까? "가정주부", 이것은 원래 "좌절한"이라는 추가 수식어가 붙어서만 나타나는 낱말이다.

▸ ... Frauen, **die** ... nenn*en?*

복수 1격 관계대명사 **die** : **복수**명사 **Frauen**이 선행사, 부문장 안의 주어로서 **1격**
(부문장 안의 **현재** 시제 동사 nenn*en*은 **후치**됨 : "... nenn*en*")

▸ ... das Wort, **das** ... *vor*komm*t*

중성 1격 관계대명사 **das** : **중성**명사 Wort가 선행사, 부문장 안의 주어로서 **1격**
(부문장 안의 **현재** 시제 분리동사 *vor*komm*t*는 **후치**됨 : "... *vor*komm*t*")

378 Ein Familienroman, **der** ostdeutsche Geschichte beleuchtet, wird mit dem „Deutschen Buchpreis“ ausgezeichnet. Autor ist der 57-jährige Eugen Ruge, **der** damit die Geschichte seiner eigenen Familie ins Zentrum des Erzählens stellt.

동부 독일의 역사를 조명하고 있는 한 가족소설이 "독일 서적상"에 의해 시상된다. 작가는 57 세의 Eugen Ruge인데, 그는 이를 통해 자기 자신의 가족 역사를 이야기의 중심에 세우고 있다.

▸ Ein Familienroman, **der** ... beleucht*et*, wird ...

남성 1격 관계대명사 **der** : **남성**명사 "...roman"이 선행사, 부문장 안의 주어로서 **1격**
(부문장 안의 **현재** 시제 동사 beleucht*et*는 **후치**됨 : "... beleucht*et*")

▸ ... der 57-jährige Eugen Ruge, **der** ... stell*t*

남성 1격 관계대명사 **der** : **남자** 인물 "... Eugen Ruge"가 선행사, 부문장 안의 주어로서 **1격**
(부문장 안의 **현재** 시제 동사 stell*t*는 **후치**됨 : "... stell*t*")

379 Im vergangenen Jahr ist es auf dem Meer zwischen China und Japan, Vietnam sowie den Philippinen zu Zwischenfällen und Grenzverletzungen gekommen, **die** zum Teil hitzige diplomatische Auseinandersetzungen nach sich zogen. [...]

작년에는 중국과 일본, 베트남과 필리핀 사이의 바다에서 돌발 사건들과 국경을 침범하는 일들이 발생했는데, 이들은 부분적으로 열띤 외교적 논쟁들을 끌어들였다.

▸ ... zu Zwischenfällen und Grenzverletzungen, **die** ... zog**en**

복수 1격 관계대명사 **die** :
복수명사 "...fälle*n* und ...verletzung**en**"이 선행사, 부문장 안의 주어로서 **1격**
(부문장 안의 **과거** 시제 동사 zog**en**은 **후치**됨 : "... zog**en**")

380 기상 전문가가 폭풍우를 예보하며 그 원인을 설명하는 기사에서 :

[...] „Trifft die Sonne, **die** derzeit fast ihren Höchststand erreicht hat, auf diese Luftmassen, beginnt es darin zu brodeln wie in einem Kochtopf. Jede Luftblase, **die** aufsteigt, ist ein Unwetter."

현재 거의 최고 상태에 도달한 태양이 이 기단과 만나게 될 경우, 안에서는 마치 냄비 속처럼 부글부글 끓어오르기 시작한다. 위로 상승하는 각 공기 거품이 하나의 폭풍우이다.

▸ ... die Sonne, **die** ... erreicht **hat**, ...

여성 1격 관계대명사 **die** : **여성**명사 Sonne가 선행사, 부문장 안의 주어로서 **1격**
(부문장 안의 **현재완료** "**hat** ... erreicht"는 **후치**됨 : "... erreicht **hat**")

▸ Jede Luftblase, **die** *auf*steigt, ist ...

여성 1격 관계대명사 **die** : **여성**명사 "...blase"가 선행사, 부문장 안의 주어로서 **1격**
(부문장 안의 **현재** 시제 분리동사 *auf*steig*t*는 **후치**됨 : "... *auf*steig*t*")

139. 관계대명사 (2) : 전치사 + 관계대명사

Wer ist der Mann, mit **dem** sie jetzt tanz*t*?

↓

남성 3격 관계대명사 d**em** : **남성**명사 Mann이 선행사, **3격** 전치사 mit의 목적어
(부문장 안의 **현재** 시제 동사 tanz*t*는 **후치**됨 : "... tanz*t*")

'그녀가 지금 함께 춤추고 있는 그 남자는 누구니?'

Die Firma, für **die** er gearbeitet **hat**, war sehr groß.

↓

여성 4격 관계대명사 die : **여성**명사 Firma가 선행사, **4격** 전치사 für의 목적어
(부문장 안의 **현재완료** "**hat** ... gearbeitet"는 **후치**됨 : "... gearbeitet **hat**")

'그가 일했던 회사는 매우 컸다.'

---

381 [...] Mit der Beteiligung an dem erfolgreichen Autohersteller, **zu dem** auch die Marken „Mini“ und „Rolls-Royce“ gehören, erzielt er sensationell hohe Einkünfte. Im Mai flossen 241 Millionen Euro Dividende auf sein Konto. [...]

성공한 그 자동차 생산 회사에 - "Mini"와 "Rolls-Royce"라는 상표들 역시 이 회사 소유인데 - 참여함으로써 그는 센세이셔널하게 높은 수입을 성취하게 된다. 5 월에는 2억 4천 100만 달러의 배당금이 그의 계좌 안으로 흘러들어갔다.

▸ ... Autohersteller, zu **dem** ... gehör*en*, ...

남성 3격 관계대명사 **dem** : **남성**명사 Hersteller가 선행사, **3격** 전치사 zu의 목적어
(부문장 안의 **현재** 시제 동사 gehör*en*은 **후치**됨 : "... gehör*en*")

382 한 환경보호 단체에 의해 발표된 멸종 위기 동물류들에 대한 기사에서 :

[...] Vom Aussterben bedroht sind dagegen Arten, **für die** die Hoffnung, dass noch Exemplare existieren und sich fortpflanzen werden, gering ist, oder **für die** nur noch ein winziger Lebensraum zur Verfügung steht.

그에 반해 멸종의 위협을 받고 있는 종류들이 있는데, 이들에게는 아직 소속 개체들이 존재하여 계속 번식해나갈 것이라는 희망이 미미하거나, 아니면 이들에게 이용될 수 있는 생활공간이 아주 협소한 그런 종류들이다.

▸ ... Arten, [1]für **die** ... ist, oder [2]für **die** ... steh*t*

1. **복수 4격** 관계대명사 **die** : **복수**명사 **Arten**이 선행사, **4격** 전치사 für의 목적어
   (부문장 안의 **현재** 시제 동사 ist는 **후치**됨 : "... ist")
2. **복수 4격** 관계대명사 **die** : (1과 동일하게) **복수**명사 **Arten**이 선행사, **4격** 전치사 für의 목적어
   (부문장 안의 **현재** 시제 동사 steh*t*는 **후치**됨 : "... steh*t*")

※ ... die Hoffnung, [1]**dass** ... [2]existier*en* und sich *fort*pflanzen **werden**, ...

1. 종속접속사 dass-부문장 ⇒ 앞에 나온 명사 "... Hoffnung"을 상세히 기술함.
2. 자동사 existieren과 분리동사&4격 재귀동사 sich *fort*pflanzen의 **미래** 시제 「**werden** ... 동사 원형」 : "**werden** ... existieren und sich *fort*pflanzen" ☞ 114
   ⇒ **dass**-부문장 안에서 **후치**됨 : "... existieren und sich *fort*pflanzen **werden**" ☞ 133

383 [...] Drei Kinder haben in Würzburg mehr als 100 Kleinartikel gestohlen. Schließlich wurden die Diebe zwischen neun und elf Jahren in einem Geschäft geschnappt, **in dem** sie reihenweise Modeschmuck klauen wollten.

뷔르츠부르크에서는 세 명의 아이들이 100 개가 넘는 작은 품목들을 훔쳤다. 9 세에서 11 세까지의 이 절도범들은 결국 한 상점에서 체포되었는데, 이곳에서 그들은 많은 양의 유행 장신구들을 훔치려고 했다.

▸ ... in einem Geschäft ... , in **dem** sie ... klauen **wollten**

중성 3격 관계대명사 **dem** : **중성**명사 Geschäft가 선행사, 3 · 4격 전치사 in의 **3격** 목적어
(부문장 안의 화법조동사 **과거** 시제 "**wollten** ... klauen"은 **후치**됨 : "... klauen **wollten**")

※ 3 · 4격 전치사 **in**은 동사 klauen과 함께 '... 안**에서** 훔치다'로 해석됨. ⇒ '**위치**'로서 **3격**! ☞ 22

※ 화법조동사 **wollen**의 **과거** 시제 : 주어가 **복수**의 **sie** ⇒ 과거형 **wollte**에 어미 **-n**이 붙어 **wollten** ☞ 72

384 [...] Nun soll der Sozialstaat, **auf den** wir über Jahrzehnte sehr stolz waren, umgebaut werden. Er muss wohl umgebaut werden.

우리가 수 십 년에 걸쳐 큰 자부심을 가졌던 그 사회보장국가는 이제 변화되는 것이 바람직하다. 어쩌면 그것은 변화되지 않으면 안 될 것이다.

▸ ... der Sozialstaat, auf **den** wir ... **waren**, ...

남성 4격 관계대명사 **den** : **남성**명사 "...staat"가 선행사, 3 · 4격 전치사 auf의 **4격** 목적어
(부문장 안의 **과거** 시제 동사 **waren**은 **후치**됨 : "... waren")

※ 3 · 4격 전치사 **auf**는 구문 형식 **auf** etw.[4] stolz sein에서 사용됨. ⇒ **관용적**으로 **4격**! ☞ 26

※ 동사 sein의 **과거** 시제 : 주어가 **wir** ⇒ 과거형 **war**에 어미 **-en**이 붙어 **waren** ☞ 96

140. 관계대명사 (3) : denen

Die Leute, mit **denen** ich in meinem Büro arbeit*e*, sind alle sehr nett.

↓

복수 3격 관계대명사 **denen** : 복수명사 Leute가 선행사, **3격** 전치사 mit의 목적어
(부문장 안의 현재 시제 동사 arbeit*e*는 후치됨 : "... arbeit*e*")

'내가 나의 사무실에서 함께 일하는 사람들은 모두가 매우 친절하다.'

---

385 두통과 관련된 의학 상식을 다룬 기사에서 :

[...] Das sind meistens leichte Schmerzmittel, die man ohne ein Rezept vom Arzt in jeder Apotheke kaufen kann. Patienten, **denen** sehr oft der Kopf weh tut, brauchen aber stärkere Medikamente. Solche Medikamente haben leider oft Nebenwirkungen. [...]

이것들은 대부분이 의사의 처방 없이 모든 약국에서 구입할 수 있는 가벼운 진통제들이다. 하지만 매우 빈번히 머리가 아픈 환자들은 보다 강력한 약품들을 필요로 한다. 이러한 약품들은 유감스럽게도 자주 부작용을 일으킨다.

▸ Patienten, **denen** ... tu*t*, ...

복수 3격 관계대명사 **denen** : 복수명사 **Patienten**이 선행사, 동사 tu*t*의 **3격** 목적어
(부문장 안의 현재 시제 동사 tu*t*는 후치됨 : "... tu*t*")

386 Die Experten der Naturschutzorganisation WWF* fordern, dass die Fischer andere Methoden verwenden, **mit denen** sie weniger Tiere fangen, die sie gar nicht wollen. [...]

자연보호 기구인 WWF의 전문가들은 어부들이 다른 방법들을 사용할 것을 요구하는데, 이 방법들에 의해서 어부들은 자신들이 전혀 원하지 않는 동물들을 덜 잡게 된다.

* WWF (= "**W**orld **W**ide **F**und for Nature") : 세계자연보호기금. 세계 최대의 민간 환경단체

▸ ... andere Methoden ... , mit **denen** ... fang*en*, ...

복수 3격 관계대명사 **denen** : 복수명사 **Methoden**이 선행사, **3격** 전치사 mit의 목적어
(부문장 안의 현재 시제 동사 fang*en*은 후치됨 : "... fang*en*")

♣ ... weniger Tiere ... , **die** ... woll*en*

복수 4격 관계대명사 **die** : 복수명사 Tiere가 선행사, 부문장 안의 타동사 woll*en*의 **4격** 목적어 ☞ 138

141. 관계대명사 (4) : dessen / deren

Ich habe einen Freund, **dessen** Vater Arzt ist.

↓

남성 2격 관계대명사 **dessen** :
남성명사 Freund가 선행사, 바로 뒤 Vater를 수식하는 2격
("**dessen** Vater" ⇒ 부문장 안의 동사 ist의 주어)

'나는 아버지가 의사인 친구를 한 명 가지고 있다.'

〈참고〉 **dessen** ⇒ 관계대명사 남성 · 중성 2격 / **deren** ⇒ 관계대명사 여성 · 복수 2격

---

387 Rechtsextreme sind gegen Ausländer und auch bereit, ihnen Gewalt anzutun. Auch Deutsche, **deren** Familien aus einem anderen Land kommen, werden manchmal von Rechtsextremen angegriffen. [...]

우파 극단주의자들은 외국인들에게 적대적이며, 이들에게 폭력을 저지를 준비마저 갖추고 있다. 그 가정이 다른 나라 출신인 독일 국적의 사람들마저도 간혹 우파 극단주의자들에 의해 공격 당한다.

▸ ... Deutsche, **deren** Familien ... komm*en*, ...

복수 2격 관계대명사 **deren** : 복수명사 Deutsche가 선행사, 바로 뒤의 Familien을 수식하는 2격
("**deren** Familien" ⇒ 부문장 안의 동사 komm*en*의 주어)

388 Noch niemand hat einen echten Drachen gesehen. Doch ihre Darstellungen in Kunst und Literatur sind zahllos. Es gibt Fafnir aus der Nibelungensage, in **dessen** Blut Siegfried badete, und Fuchur aus der „Unendlichen Geschichte*".

아직 그 누구도 진짜 용을 보지는 못했다. 하지만 예술과 문학 속에서의 이에 대한 묘사는 무수히 많다. 니벨룽겐 전설에서 유래하는 파프니르가 있는데, 이것의 핏물 안에서 지크프리트가 목욕을 했으며, "끝없는 이야기"에서 유래하는 푸슈르가 있다.

* Unendliche Geschichte : 독일 작가 Michael Ende가 1979년에 쓴 소설 제목

▸ ... Fafnir ... , in **dessen** Blut ... bad**e**te, und ...

남성 2격 관계대명사 **dessen** : 남성인 Fafnir가 선행사, 바로 뒤의 명사 Blut를 수식하는 2격
("**dessen** Blut" ⇒ 바로 앞에 온 3 · 4격 전치사 **in**의 3격 목적어)

142. 관계대명사 (5) : 계속적 용법 vs. 한정적 용법

Ich habe einen Bruder, **der** in Deutschland lebt.

↓

남성 1격 관계대명사 **der** ⇒ '한정적' 혹은 '계속적' 용법

1. '한정적' 용법 : '나는 독일에서 살고 있는 남자 형제가 한 명 있다.'
2. '계속적' 용법 : '나는 남자 형제가 한 명 있는데, 그는 독일에서 살고 있다.

---

389 Deutschland ist eines der Länder mit dem größten virtuellen Wasserverbrauch. Denn wir kaufen viele Produkte, **die** mit viel Wasser hergestellt wurden. Diese Produkte kommen oft aus Ländern, **in denen** Wasser sowieso knapp ist. [...]

독일은 실질적인 물 소비가 가장 큰 국가들 중의 하나이다. 왜냐 하면 우리는 많은 물을 사용하여 생산된 제품들을 많이 구입하고 있기 때문이다. 이 제품들은 애당초 물이 부족한 국가들로부터 오는 경우들이 빈번하다.

▸ ... viele Produkte, **die** ... *her*gestellt wurde**n**

복수 1격 관계대명사 die ⇒ '한정적' 용법

▸ ... aus Länder*n*, **in denen** ... ist

복수 3격 관계대명사 **denen** ⇒ '한정적' 용법

390 [...] In dem Schiffswrack, **das** hundert Meter tief auf dem Meeresgrund liegt, sollen sich auch 100.000 Goldmünzen befinden, **die** allerdings noch nicht gefunden wurden.

이 난파선 안에는 - 이것은 100 미터 깊이 바다 밑 땅 위에 놓여 있는데 - 100,000 개의 금화가 있다고 하는데, 이들은 물론 아직 발견되지 않았다.

▸ In dem Schiffswrack, **das** ... **lieg***t*, ...

중성 1격 관계대명사 **das** ⇒ '계속적' 용법

〈주의〉 '한정적' 용법도 가능 : '100 미터 깊이 바다 밑 땅 위에 놓여 있는 이 난파선 ...'

▸ ... 100.000 Goldmünze**n** ... , **die** ... gefunden wurde**n**

복수 1격 관계대명사 die ⇒ '계속적' 용법

143. 관계대명사 (6) : wer '...인 사람'

Wer zuletzt lacht, (der) lacht am besten. '마지막에 웃는 자가 가장 잘 웃는다.'
↓
관계대명사 **wer** '...인 사람' : 부문장 안의 동사 lach*t*의 주어 ⇒ **1격** 형 **wer**

〈참고〉 부문장 "**Wer** ..."을 받는 남성 지시대명사 **der**, **dem**, **den** ...이 뒤에 함께 올 수 있음.

---

391 **Wer** an Kinder und Literatur denkt, denkt an sie, **wer** gelernt hat, dass kindliche Phantasie nicht nur etwas mit Unschuld, sondern auch und gerade mit schöpferischer Kraft zu tun hat, nennt ihren Namen: „Astrid Lindgren*“. [...]

아이들과 문학을 생각하는 사람은 그녀를 생각하며, 아이들의 환상이 오로지 순진함과만 관련 있는 것이 아니라 이 밖에도 또한, 그리고 다름 아닌 바로 창조적 힘과 관련 있다는 것을 학습한 사람은 그녀의 이름을 언급한다 : "Astrid Lindgren".

* Astrid Lindgren : 스웨덴의 동화 작가

▸ **Wer** ... denk*t*, denk*t* ...

관계대명사 **wer** '...인 사람' : 부문장 안의 동사 denk*t*의 주어 ⇒ **1격** 형 **wer**

※ 부문장 전체 "**Wer** ... denk*t*" ⇒ 뒤에 오는 주문장 안의 동사 denk*t*의 주어

▸ ... , **wer** gelernt hat, dass ... , nenn*t* ...

관계대명사 **wer** '...인 사람' : 부문장 안의 현재완료 "... gelernt **hat**"의 주어 ⇒ **1격** 형 **wer**

※ 부문장 전체 "**wer** ... gelernt hat" ⇒ 뒤에 오는 주문장 안의 동사 nenn*t*의 주어

392 "Daysailer"라는 명칭의 소형 보트를 소개하는 여행 · 레저 칼럼에서 :

Wer nur wenig Zeit hat und trotzdem immer mal wieder für ein paar Stunden aufs Wasser möchte, für den sind sie genau richtig: „Daysailer“ versprechen großes Vergnügen mit wenig Aufwand.

시간이 단지 조금 밖에 없고, 그럼에도 불구하고 늘 변함없이 물 위에서 몇 시간 동안 지내고 싶어 하는 사람, 이런 자에게 이것들은 딱 제격이다 : "Daysailer"는 적은 비용에 의한 커다란 즐거움을 약속한다.

▸ **Wer** ... hat und ... möchte, für **den** ...

관계대명사 **wer** '...인 사람' : 부문장 안의 동사 hat 및 möchte의 주어 ⇒ **1격** 형 **wer**

※ 부문장 전체 "**wer** ... hat und ... möchte" ⇒ 뒤에 오는 주문장 안에서 **4격** 전치사 **für**의 목적어.
(남성 지시대명사 **4격** **den**이 옴 : "für den ...")

144. 관계대명사 (7) : was '...인 것'

Was ich jetzt brauche, (das) ist deine Hilfe.
↓
관계대명사 was '...인 것' : 부문장 안의 동사 brauche의 목적어 ⇒ 4격 형 was

'지금 내가 필요로 하는 것은 너의 도움이다.'

〈참고〉 부문장 "Was ..."를 받는 중성 지시대명사 das ...가 뒤에 함께 올 수 있음.

---

393 **Was bis zu seinem Mindesthaltbarkeitsdatum nicht aufgegessen oder ausgetrunken ist, landet in der Regel im Müll. [...]**

그 유효기간 날짜까지 다 먹어지지 못하고 있거나, 아니면 다 마셔지지 못하고 있는 것은 대체로 쓰레기 속에 도달하게 된다.

▸ Was ... *auf*gegessen oder *aus*getrunken ist, landet ...

관계대명사 was '...인 것' :

분리동사 *auf*essen 및 *aus*trinken의 상태 수동 "... *auf*gegessen oder *aus*getrunken ist"의 주어

⇒ 1격 형 was

※ 부문장 전체 "Was ... ist" ⇒ 뒤에 오는 주문장의 동사 lande*t*의 주어

394 **Was Mücken anlockt und abschreckt, das erforschen Spezialisten einer Regensburger Firma. Nun hegen sie einen verblüffenden Verdacht: Sind Menschen mit Alkohol im Blut für Mücken attraktiver? [...]**

무엇이 모기들을 유혹하고, 겁주어 내쫓는 지, 이를 레겐스부르크의 한 회사의 전문가들이 연구하고 있다. 지금 이들은 깜짝 놀랄만한 한 가지 의심을 품고 있다 : 혈중 알코올이 있는 사람들이 모기들에게 더 매력적일까?

▸ Was ... *an*lock*t* und *ab*schreck*t*, das erforschen Spezialisten ...

관계대명사 was '...인 것' : 분리동사 현재 시제 *an*glock*t* 및 *ab*schreck*t*의 주어 ⇒ 1격 형 was

※ 부문장 전체 "Was ... *an*lock*t* und *ab*schreck*t*" ⇒ 주문장 안의 동사 erforsch*en*의 4격 목적어

(중성 지시대명사 4격 das가 옴 : "das erforschen ...)

♣ ... Spezialisten einer Regensburger Firma

(1) 여성명사 Firma가 앞의 명사 Spezialisten을 수식하는 2격 ⇒ 여성 1격 부정관사 einer가 앞에 옴.

(2) 「도시 이름 + -er」 '...의' : "... Regensburger ..." ☞ 11

145. 관계대명사 (8) : 특정 선행사와 결합하는 was

Das ist etwas, was ich nicht verstehe. '이것이 내가 이해하지 못하는 뭔가이다.'

↓

관계대명사 **was** ⇒ 앞에 온 부정대명사 **etwas**를 선행사로 받음.

---

395 Alles, **was** sich im Weltraum einmal in Bewegung gesetzt hat, fliegt ohne Treibstoff weiter - auch die Raumsonde „Pioneer 10" immer weiter ins Weltall.

우주 공간에서 일단 한번 움직임 속에 들어선 모든 것은 연료 없이 계속적으로 날아간다. - 무인 탐사선 "파이오니어 10호" 역시 계속 멀리 우주 속으로 날아가고 있다.

▸ Alles, **was** ... gesetzt hat, ...

관계대명사 **was** ⇒ 앞에 온 부정대명사 all**es**를 선행사로 받음.

396 중년의 한 연인 커플을 사진들을 편집한 작품집 출판을 소개하는 기사에서 :

[...] Man sieht zwei Menschen, die gemeinsam alt werden und von deren Liebe zueinander in all den Jahren nichts verloren gegangen scheint. Das Vorwort umfasst wenige Sätze und nennt zwei Initialen: D. und G. Sonst erfährt man nichts über die beiden, nur das, **was** man sieht. [...]

우리는 두 사람을, 즉 함께 늙어 가고, 그 모든 세월 속에서도 서로를 향한 자신들의 사랑에서는 그 무엇도 사라지지 않은 것으로 보이는 그런 두 사람을 보게 된다. (작품집의) 머리말은 별로 문장들이 많지 않으며, 두 개의 이니셜만을 언급한다 : D와 G이다. 그 밖에는 그 두 사람에 대해서 아무것도 경험하지 못하며, 단지 우리가 보고 있는 그것만을 경험한다.

▸ ... , nur das, **was** ... sieh*t*

관계대명사 **was** ⇒ 앞에 온 지시대명사 **das**를 선행사로 받음.

♣ Man [1]sieh*t* zwei Menschen, [2]**die** ... werden und [3]von **deren** Liebe ... scheint

1. 동사 s**e**h*en*의 **현재** 시제 : 주어 man은 **er**에 일치 ⇒ 어간 모음 e → **ie** 변화하여 s**ie**h*t* ☞ 91
2. **복수 1격** 관계대명사 die : **복수**명사 Mensch**en**이 선행사, 부문장의 동사 werden의 **주어** ☞ 138
3. **복수 2격** 관계대명사 **deren** : **복수**명사 Mensch**en**이 선행사, 바로 뒤 명사 Liebe를 수식하는 **2격** ("**deren** Liebe"는 3격 전치사 **von**의 목적어) ☞ 141

146. 관계대명사 (9) : 앞 문장 내용을 받는 was

Er hat die Prüfung bestanden, **was** mich sehr gefreut hat.

↓

관계대명사 **was** ⇒ 밑줄 친 앞 문장 전체를 선행사로 받음.

'그는 그 시험을 통과했는데, 그것이 나를 매우 기쁘게 했다.'

---

397 도스토옙스키의 소설 "죄와 벌"을 다룬 문화 기사에서 :

[...] In der Neuübersetzung von Swetlana Geier* trägt der Roman nun den Titel „Verbrechen und Strafe", **was** nicht nur dem russischen Originaltitel „Prestuplenie i nakazanie" näher kommt, sondern auch dem Inhalt. [...]

Swetlana Geier의 새로운 번역 속에서 이 소설은 이제 "죄와 벌"이라는 제목을 지니게 되는데, 이는 러시아어 원제목인 "Prestuplenie i nakazanie" 뿐만 아니라 또한 그 내용에도 더 가까이 접근하는 것이다.

* Swetlana Geier : 러시아인 부모를 두고 우크라이나에서 출생하여 독일에서 활동한 여류 문학 번역가

▸ In der Neuübersetzung ... „Verbrechen und Strafe", **was** ... kommt, ...

관계대명사 **was** ⇒ 밑줄 친 앞 문장 전체 "In der Neuübersetzung ..."을 선행사로 받음.

♣ ... trä*gt* der Roman ...

동사 tragen의 현재 시제 : 주어 "... Roman"은 **er**에 해당함. ⇒ 어간 모음 a → **ä** 변화하여 trä*gt* ☞ 90

398 한 여성 사진예술가의 활동을 기술한 기사에서 :

[...] Ihr Büro ist in einem früheren Fabrikgebäude in der Nähe des Bahnhofs untergebracht. Sie fotografiert selbst, **wobei** sie darauf achtet, dass hinter ihren Fotos eine Geschichte steht und nicht nur Ästhetik.

그녀의 사무실은 역 근처에 있는 옛 공장 건물 안에 자리 잡고 있다. 그녀는 몸소 사진 촬영을 하는데, 이 경우 그녀는 자신의 사진 뒤에 하나의 이야기가 존재하도록 하는 것, 그래서 단지 미학만이 존재하지 않도록 하는 것에 주의를 기울인다.

▸ Sie fotogrfiert selbst, **wobei** ... achtet, ...

wobei (= "전치사 **bei** + 관계대명사 **was**") ⇒ 밑줄 친 앞 문장 전체를 선행사로 받음.

※ "전치사 + **was**" ⇒ 「wo(*r*)- + 전치사」 : wo**für**, wo**mit**, wo*r***auf**, wo*r***über** ... ☞ 182

147. 관계대명사 (10) : 선행사가 지시대명사 형식인 경우

Es gibt in der Welt jene, die sehr gern anderen helfen.

↓

복수 1격 관계대명사 die :

복수 지시대명사 jene가 선행사, 부문장 안의 주어로서 1격

〈참고〉 지시대명사 jen- ⇒ 복수 4격 정관사 die 어미변화 하여 jene

'세상에는 다른 이들을 돕는 것을 매우 좋아하는 그런 사람들이 있다.'

---

399 Die englische Regisseurin Katie Mitchell inszeniert „Die gelbe Tapete*" mit jenen Mitteln, für die sie berühmt ist: Ihre Inszenierung ist zugleich ein Theaterstück und die Verfilmung des Stücks. [...]

영국의 여자 연출가인 Katie Michell은 자신이 유명하게 된 바로 그 방법을 통해 "노란 벽지"를 연출하고 있다 : 그녀의 연출은 하나의 연극 작품이면서, 동시에 그 작품을 영화화한 것이다.

* Die gelbe Tapete : 미국의 여류 작가이며 여권 운동가인 Charlotte Perkins Gilman이 쓴 단편 소설

▸ ... mit jenen Mitteln, für die ... ist: ...

복수 1격 관계대명사 die : 복수 지시대명사 diejenigen이 선행사, 동사 *ein*setzend의 주어

※ 지시대명사 jen- 뒤에 명사 있음 : 복수명사 Mittel이 3격 전치사 mit의 목적어

⇒ 복수 3격 정관사 den 어미변화 하여 jenen ☞ 162

400 [...] Er bat unter anderem für diejenigen um Gottes Hilfe, die sich für die leidende Zivilbevölkerung in Syrien einsetzen.

무엇보다 그는 고통 받는 시리아의 민간인들을 위해 헌신하고 있는 바로 그 사람들을 위해 신이 도움을 줄 것을 간청했다.

▸ ... für diejenigen ... , die ... *ein*setzen

복수 1격 관계대명사 die : 복수 지시대명사 diejenigen이 선행사, 동사 *ein*setzen의 주어

※ 지시대명사 derjenig- 뒤에 명사 없음 : '사람들'을 뜻하여 복수이며, 4격 전치사 für의 목적어

⇒ 복수 4격 정관사 die 어미변화 하여 diejenigen ☞ 165

♣ Er bat ...

동사 bitten의 과거 시제 : 주어가 er ⇒ 과거형 bat이 추가 어미 없이 그대로 bat_ ☞ 95

148. 관계대명사 (11) : 관계부사

Er lebt in Berlin, **wo** ich studiert habe. '그는 내가 공부했던 베를린에서 산다.'

↓

'장소'의 관계부사 **wo** ⇒ 앞에 나온 도시 이름 "Berlin"을 선행사로 받음.

---

401 Seuthopolis* war vor über 2000 Jahren die Königsstadt von Seuthes dem Dritten. Die Stadt war sehr gut erhalten geblieben. Doch vor über 50 Jahren wurde sie überflutet. Dort, **wo** die alte Stadt stand, entstand ein Stausee. [...]

세우토폴리스는 2000 년 이상 전에 세우테스 3 세 왕의 도읍지였다. 이 도시는 아주 잘 보존된 상태로 유지되고 있었다. 하지만 이 도시는 50 년 이상 전에 침수되었다. 이 고대 도시가 위치해 있던 그곳에 호수가 생겼다.

* Seuthopolis : 기원전 4세기 말의 고대 도시. 지금의 불가리아 중부에 위치함.

▸ Dort, **wo** ... steht, ...

'장소'의 관계부사 **wo** ⇒ 앞에 나온 부사어 "Dort"를 선행사로 받음.

♣ ... **ist** ... erhalten geblieben

「**bleiben** ... 형용사」 형식 "**bleiben** ... erhalten"의 현재완료 "**ist** ... erhalten geblieben" ☞ 109

♣ ... **wurde** ... überflutet

타동사 überfluten의 수동태 과거 「**wurde** ... p.p」 : "**wurde** ... überflutet" ☞ 150
(동사 **über**flut*en*의 형태는 **über-** ⇒ p.p형은 **-ge-** 없이 **über**flute**t** ☞ 102)

402 Die Metropole mit der höchsten Verkehrsbelastung weltweit ist Moskau, **wo** Autofahrer zu den Verkehrszeiten im Schnitt zwei Drittel mehr Fahrzeit einplanen müssen als nachts ohne Behinderungen. [...]

전 세계적으로 가장 높은 교통 부담을 지니고 있는 대도시는 모스크바인데, 이곳에서는 운전자들이 러시아워 시간에는 교통 장애가 없는 밤 시간보다 평균적으로 2/3나 더 긴 운행 시간을 감안해야 한다.

▸ ... Moskau, **wo** ... *ein*planen müssen ...

'장소'의 관계부사 **wo** ⇒ 앞에 나온 도시 이름 "Moskau"를 선행사로 받음.

149. 수동태 (1) : 현재 시제

Das Zimmer **wird** jeden Tag geputzt. '그 방은 매일 청소된다.'
↓
타동사 putzen의 수동태 현재 시제 「**werden** ... p.p」 : "**wird** ... geputzt"

---

403 Es **wird** als neues Wundermittel im Kampf gegen Aids **gepriesen**: Truvada, eine blaue Pille, die den Ausbruch der Immunschwächekrankheit in Trägern des HI-Virus verhindern und sogar die Ausbreitung der HIV-Infektion selbst bremsen soll. [...]

이것은 에이즈와의 싸움에서 새로운 기적의 의약품이라고 찬양된다 : Truvada, 즉 파란색 알약인데, 이것은 HI 바이러스 보유자들에게 후천성면역결핍증이 발병하는 것을 막고, 심지어 HIV 감염이 확산되는 것 자체를 억제하도록 되어 있다.

▸ ... **wird** ... gepriesen: ...
타동사 preisen의 수동태 현재 시제 「**werden** ... p.p」 : "**wird** ... gepriesen"

♣ ... eine blaue Pille, **die** ... verhindern und ... bremsen **soll**

(1) 여성 1격 관계대명사 die : 여성명사 Pille가 선행사, 부문장 안의 주어로서 1격 ☞ 138

(2) 화법조동사 구문 "**soll** ... verhindern und ... bremsen"
⇒ 관계대명사 부문장 안에서 후치됨 : "... verhindern und ... bremsen **soll**" ☞ 79

404 In den letzten Jahren gehen immer weniger Menschen am Sonntag in die Kirche. Daher haben sich viele Gemeinden entschlossen, ihre Kirchen zu verkaufen. Oft **werden** sie dann anders **genutzt**, zum Beispiel als Kindertagesstätte, als Kunsthalle oder als Restaurant. [...]

최근 들어 일요일에 교회를 가는 사람들이 점점 더 적어지고 있다. 그런 이유로 많은 교구들이 자신들의 교회를 매각하기로 결정했다. 그렇게 되면 교회는 달리 이용되는 경우들이 빈번한데, 예를 들면 어린이집이나 미술관으로서, 혹은 식당으로서 이용된다.

▸ ... **werden** ... genutzt, ...
타동사 nutzen의 수동태 현재 시제 「**werden** ... p.p」 : "**werden** ... genutzt"

♣ ... [1]**haben** sich ... (da**zu**) entschlossen, ... [2]**zu** verkaufen

1. 4격 재귀동사 sich zu etw. entschließen의 현재완료 「**haben** ... p.p」 ☞ 64, 103
2. 동사 verkaufen의 zu-부정사 ⇒ 잠재적으로 올 수 있는 da**zu**에 의해 지시됨. ☞ 118

♣ ... haben sich viele Gemeinden entschlossen, ...

어순 : 4격 재귀대명사 sich ⇒ 명사 "viele Gemeinden"보다 앞에 옴. ☞ 68

405 „Sonar" ist eine spezielle Technik, mit der man unter Wasser Entfernungen messen kann. Dafür **wird** ein akustisches Signal **gesendet**, also ein Ton **erzeugt**, und wenn das Signal wieder zurückkommt, können die Kapitäne die Entfernung zu dem Gegenstand bestimmen, an dem das Signal abgeprallt ist. [...]

"소나"는 이를 가지고 우리가 물 아래에서 거리를 잴 수 있는 특정 기술이다. 이를 위해서는 어떤 청각적 신호 하나가 보내어지는데, 이를테면 어떤 소리 하나가 만들어지는 것으로서, 이 신호가 다시 되돌아오면 해당 선장들은 그 신호가 부딪혀 되튀어 나왔던 그 대상까지의 거리를 규정할 수 있다.

▸ ... **wird** ... gesendet, ... erzeugt, und ...

타동사 senden 및 erzeugen의 수동태 현재 시제 「**werden** ... p.p」 :

"**wird** ... **gesendet**, ... erzeug**t**"

※ 동사 **er**zeug*en*은 접두어 **er**-를 지님. ⇒ p.p형은 **-ge-** 없이 **er**zeugt ☞ 101

♣ ... eine spezielle Technik, mit **der** ... messen **kann**

(1) 여성 3격 관계대명사 der : 여성명사 Technik이 선행사, 3격 전치사 mit의 목적어 ☞ 139

(2) 화법조동사 구문 "**kann** ... messen" ⇒ 관계대명사 부문장 안에서 후치됨 : "... messen **kann**" ☞ 79

♣ ... zu dem Gegenstand ... , an **dem** ... *ab*geprallt **ist**

(1) 남성 3격 관계대명사 dem : 남성명사 Gegenstand가 선행사, 3 · 4격 전치사 an의 3격 목적어 ☞ 138

(2) '장소 이동' 자동사 & 분리동사 *ab*prall*en*의 현재완료 「**sein** ... p.p」 : "**ist** ... *ab***ge**prall**t**"
⇒ 관계대명사 부문장 안에서 후치됨 : "... *ab*geprallt **ist**" ☞ 107, 138

406 [...] Einwegplastikflaschen **werden** im Rücknahmeautomaten einfach **zerquetscht** und vom Recyclinghändler **abgeholt**. Die schmelzen sie ein und machen daraus neue Einwegflaschen.

일회용 플라스틱 병들은 회수 장치 안에서 단순히 잘게 분쇄되고, 재활용업자에 의해 수거된다. 이들은 그것들을 녹이고, 그것으로부터 새로운 일회용 병들을 제조한다.

▸ ... **werden** ... zerquetscht und ... *ab*geholt

타동사 zerquetschen 및 타동사&분리동사 *ab*holen의 수동태 현재 시제 「**werden** ... p.p」 :

"**werden** ... zerquetsch**t** und ... *ab***ge**hol**t**"

※ 동사 **zer**quetsch*en*은 접두어 **zer**-를 지님. ⇒ p.p형은 **-ge-** 없이 **zer**quetscht ☞ 101

150. 수동태 (2) : 과거 시제

Das Haus wurde letztes Jahr gebaut. '그 집은 작년에 지어졌다.'

↓

타동사 bauen의 수동태 과거 시제 「**wurde** ... p.p」 : "**wurde** ... gebaut"

407 [...] Innerhalb weniger Tage breitete sich der Erreger in der ganzen Stadt aus und infizierte hunderte Menschen mit „Sars", einer schweren Form der Lungenentzündung. Schulen **wurden** vorübergehend **geschlossen**, Krankenhäuser richteten isolierte Stationen ein und fast jeder trug Atemschutzmasken. [...]

며칠 지나지 않아 이 병원균은 도시 전체로 퍼져나갔으며, 수백 명의 사람들에게 "사스", 즉 폐렴의 심한 형태를 전염시켰다. 학교들은 임시적으로 폐쇄되었고, 병원들은 고립된 병동들을 설치했으며, 거의 모든 사람이 보호마스크를 착용하였다.

▸ Schulen **wurden** ... geschlossen, ...

타동사 schließen의 수동태 과거 시제 「**wurde** ... p.p」 : "**wurden** ... geschlossen"

※ 주어가 복수명사 "Schule**n**" ⇒ 과거형 **wurde**는 어미 **-n**이 붙어 **wurden** ☞ 98

♣ ... breit**ete** sich ... *aus* und ...

4격 재귀동사&분리동사 sich *aus*breiten의 과거 시제 : 주어가 "... Erreger" ⇒ "breit**ete**_ ... *aus*"
☞ 62, 94

♣ ... richt**eten** ... *ein* und ...

분리동사 *ein*richten의 과거 시제 : 주어가 복수명사 "...häuse**r**" ⇒ richt**eten** ☞ 94

408 Im Sommer schmeckt es am allerbesten und praktisch ist es obendrein: Eis am Stiel. In diesem Jahr wird die kühle Leckerei 85 Jahre alt. **Erfunden wurde** es rein zufällig vom Amerikaner Frank Epperson. [...]

그것은 여름에 최상으로 맛이 좋으며, 그 밖에 실용적이기도 하다 : 막대 아이스크림을 말한다. 금년에 이 시원한 꿀맛 먹거리가 85 살이 된다. 그것이 발명된 것은 완전한 우연으로서 미국인 Frank Epperson에 의해서였다.

▸ Erfunden **wurde** es ...

타동사 erfinden의 수동태 과거 시제 「**wurde** ... p.p」 : "**wurde** ... erfunden"

※ **p.p형** erfunden이 문장 맨 앞에 옴. ⇒ 뒤의 어순은 도치됨 : ... **wurde** es ... ☞ 216

151. 수동태 (3) : 현재완료 시제

Das Auto ist gerade verkauft worden. '그 자동차는 방금 판매되었다.'

↓

타동사 verkaufen의 수동태 현재완료 시제「sein ... p.p worden」:

"ist ... verkauft worden"

---

409 [...] In Hannover **sind** mehrere Fliegerbomben aus dem Zweiten Weltkrieg **entschärft worden**. Die letzte der drei Bomben hat den Experten stundenlang Probleme bereitet. [...]

하노버에서는 2차 세계대전 때의 항공기 투하 폭탄 몇몇 개가 안전 처리되었다. 세 개의 폭탄 가운데 마지막 것은 (작업에 임했던) 전문가들에게 몇 시간에 걸쳐 어려움을 주었다.

▸ ... sind ... entschärft worden

타동사 entschärfen의 수동태 현재완료 시제「sein ... p.p worden」:

"sind ... entschäft worden"

※ 동사 entschär*fen*은 접두어 ent-를 지님. ⇒ p.p형은 -ge- 없이 entschärft ☞ 101

410 [...] Vor den Augen seiner kleinen Tochter **ist** ein Ausländer am Dienstagabend in Berlin von vier Jugendlichen **beleidigt** und **geschlagen worden**. Der 53-Jährige war mit dem sechsjährigen Mädchen im Wohnviertel Friedenau unterwegs, als die rechtsextremen Jugendlichen den Mann attackierten.

화요일 저녁 베를린에서는 한 외국인이 자신의 작은 딸이 보는 앞에서 청소년 네 명에 의해 모욕당하고 구타를 당했다. 53 세인 그는 프리데나우 주거지역에서 6 살 난 딸과 함께 외출 중이었는데, 이 때 그 극우파 청소년들이 이 남자를 공격했던 것이다.

▸ ... ist ... beleidigt und geschlagen worden

타동사 beleidigen 및 schlagen의 수동태 현재완료 시제「sein ... p.p worden」:

"ist ... beleidigt und geschlagen worden"

♣ ... , als [1]die rechtsextemen Jugendlichen ... [2]attackierten

1. 주어 "... Jugendlichen" ⇒ 형용사 jugendlich-의 명사화 (복수 1격) ☞ 47
2. 종속접속사 als-부문장 ⇒ 과거 시제 동사 attackierten이 후치됨 : "... attackierten" ☞ 94

152. 수동태 (4) : 과거완료 시제

Das Haus war nicht mehr neu. Es **war** vor zehn Jahren gebaut **worden**.
↓
타동사 bauen의 수동태 과거완료 시제 「**war** ... p.p **worden**」 :
"**war** ... **gebaut** **worden**"

'그 집은 더 이상 새 집이 아니었다. 그것은 10년 전에 지어졌었다.'

---

411 [...] Ende Mai hat die Gruppe eine Erhöhung des Bierpreises zum 1. Oktober angekündigt und dies mit seit Jahren steigenden Kosten „in allen Bereichen" begründet. Zuletzt **waren** die Preise vor vier Jahren **angehoben worden**.

5월 말에 이 대기업은 10월 1일 자로 맥주 가격을 인상한다고 공표했고, 몇 년 전부터 "모든 분야에서" 비용이 오르고 있다는 것을 그 이유로 들었다. 가장 최근 경우로서는 4년 전에 가격이 인상되었었다.

▸ ... **waren** ... *an*gehoben **worden**

타동사 & 분리동사 *an*heben의 과거완료 형식 「**war** ... p.p **worden**」 :
"**waren** ... *an*gehoben **worden**"

412 [...] Letztlich wurde die Leiche des Opfers entdeckt, die von dem Bären zu einem verborgenen Ort **geschleppt worden war**. Das Tier wurde einem Medienbericht zufolge inzwischen erschossen.

결국 그 희생자의 사체가 발견되었는데, 그것은 곰에 의해 한 은밀한 장소로 질질 끌려갔었다. 언론 보도에 따르면 그 동안에 이 곰은 사살되었다.

▸ ... , die ... geschleppt **worden war**

타동사 schleppen의 과거완료 형식 「**war** ... p.p **worden**」 : "**war** ... **geschleppt** **worden**"
⇒ 관계대명사 부문장 안에서 후치됨 : "... **geschleppt** **worden war**"

♣ ... , die von dem Bären ... geschleppt worden war

수동태의 '행위자' 「**von** + 3격」 '...에 의해' :
(1) 남성명사 Bär가 **3격** 전치사 von의 목적어 ⇒ 남성 **3격** 정관사 d**em**이 앞에 옴.
(2) 남성명사 Bär는 복수형이 **-en**인 약변화 명사 ⇒ 단수이지만 복수형처럼 Bär**en** ☞ 16

153. 수동태 (5) : 화법조동사 결합

Deutsch kann einfach gelernt werden. '독일어는 간단히 배워질 수 있다.'

↓

타동사 lernen의 수동태 「werden ... p.p」 : "**wird** ... **gelernt**"

⇒ 화법조동사 **können**과 함께 옴 : "**kann** ... **gelernt** **werden**"

---

413 Wie **kann** der grenzüberschreitende Drogenhandel **gestoppt werden**? Eine schnelle Lösung für das Problem sehen auch die Fahnder der Polizei nicht. „Der Weg ist lang und steinig", prophezeit der Chef der Kölner Kriminalpolizei. [...]

국경 넘어 이루어지는 마약 거래가 어떻게 하면 방지될 수 있을까? 이 문제에 대한 신속한 해결책은 경찰의 수사관들 역시 알지 못한다. "그 길은 길고 험하지요." 라고 쾰른의 경찰청 범죄수사국장은 예측한다.

▸ ... kann ... gestoppt werden?

타동사 stoppen의 수동태 「werden ... p.p」 : "**wird** ... **gestoppt**"

⇒ 화법조동사 **können**과 함께 옴 : "**kann** ... **gestoppt** **werden**"

414 Ab heute treten einige neue Regelungen in Kraft. Das gilt etwa für den Einsatz von Leiharbeitern. Sie **dürfen** von einem Betrieb höchstens anderthalb Jahre **beschäftigt werden**. Danach **müssen** sie entweder fest **eingestellt werden** oder den Betrieb verlassen.

오늘부터 몇몇 새로운 규정들이 발효된다. 이는 이를테면 하도급 근로자 투입에 적용된다. 이 근로자들은 한 회사에 의해 최대 1년 반 동안 고용될 수 있다. 그 이후에는 이들은 정규직으로 채용되거나, 아니면 그 회사를 떠나야만 한다.

▸ ... **dürfen** ... beschäftigt werden

타동사 beschäftigen의 수동태 「werden ... p.p」 : "**werden** ... **beschäftigt**"

⇒ 화법조동사 **dürfen**과 함께 옴 : "**dürfen** ... **beschäftigt** **werden**"

▸ ... **müssen** ... *ein*gestellt werden oder ...

타동사&분리동사 *ein*stellen의 수동태 「werden ... p.p」 : "**werden** ... *ein***gestellt**"

⇒ 화법조동사 **müssen**과 함께 옴 : "**müssen** ... *ein***gestellt** **werden**"

154. 수동태 (6) : 후치

Weil das Zimmer jeden Tag geputzt **wird**, ist es so sauber.

↓

타동사 putzen의 수동태 현재 「**werden** ... p.p」 : "**wird** ... **geputzt**"

⇒ 종속접속사 **weil**-부문장 안에서 후치됨 : "... **geputzt** **wird**"

"그 방은 매일매일 닦여지기 때문에, 그것은 그렇게 깨끗하다."

---

415 Caravaggio* gilt als einer der bedeutendsten italienischen Maler. Jetzt wurden rund hundert Werke gefunden, die dem Barockmaler **zugeschrieben werden**. Er soll sie in seiner Jugend angefertigt haben.

카라바조는 가장 중요한 이탈리아 화가들 중의 한 사람으로서 인정된다. 바로크 화가인 그에게 귀속되는 작품들이 현재로서는 대략 100 여개가 발견되었다. 그는 이것들을 자신의 청소년기에 생산했던 것으로 알려지고 있다.

* Michelangelo Merisi da Caravaggio : 16, 17 세기의 이탈리아 화가

▸ ... , die ... *zu*geschrieben **werden**

타동사 & 분리동사 *zu*schreiben의 수동태 현재 「**werden** ... p.p」 : "**werden** ... *zu*geschrieben"

⇒ 관계대명사 부문장 안에서 후치됨 : "... *zu*geschrieben **werden**"

♣ ... **wurden** ... gefunden, ...

타동사 finden의 수동태 과거 시제 「**wurde** .. p.p」 : "**wurden** ... gefunden" ☞ 150

♣ ... **soll** ... *an*gefertigt **haben**

타동사 & 분리동사 *an*fertigen의 완료 형식 「**haben** ... p.p」 : "**hat** ... *an***gefertigt**" ☞ 103

⇒ 화법조동사 **sollen**과 함께 옴 : "**soll** ... *an*gefertigt **haben**" ☞ 75

416 한 야외 행사의 개최를 보도하는 기사에서 :

[...] Zum Auftakt gab es technische Probleme - unter anderem an den Kassen. Am Eingang mussten Besucher deshalb etwa eine Stunde warten, bevor sie auf das Gelände **gelassen wurden**.

(행사) 시작과 함께 기술적인 문제점들이 있었다. - 무엇보다 계산대에서. 그 때문에 방문객들은 행사장 마당 안으로 들어가도록 허락될 때까지 대략 한 시간 가량 입구에서 기다려야만 했다.

▸ ... , bevor ... gelassen **wurden**

타동사 lassen의 수동태 과거 「**wurde** ... p.p」 : "**wurden** ... gelassen"

⇒ 종속접속사 **bevor**-부문장 안에서 후치됨 : "... gelassen **wurden**"

417 Gottesbeweise sind ein intellektuell aufregendes Kapitel der Philosophie- und Geistesgeschichte. Obwohl sie von einem philosophischen Standpunkt aus betrachtet nicht definitiv **widerlegt worden sind**, gehen die meisten Philosophen und Theologen davon aus, dass die Gottesbeweise ihr Ziel nicht erreichen. [...]

신의 증명은 철학사 및 사상사에서 지적으로 흥미를 일깨우는 단원이다. 물론 철학적 관점에서 바라볼 때 그것이 확고하게 반증된 것은 아니지만, 철학자들과 신학자들 대부분은 신의 증명이 그 목표에 도달하지 못하고 있다는 입장에서 출발한다.

▸ Obwohl ... widerlegt **worden sind**

타동사 widerlegen의 수동태 현재완료 「**sein** ... p.p **worden**」 : "**sind** ... widerlegt **worden**"

⇒ 종속접속사 **obwohl**-부문장 안에서 후치됨 : "... widerlegt **worden sind**"

※ 동사 **wider**leg*en*은 접두어 **wider**-를 지님. ⇒ p.p형은 **-ge-** 없이 **wider**legt ☞ 102

♣ Obwohl ... [1]von einem ... Standpunkt aus **betrachtet** ... sind, gehen ... [2]da**von** *aus*, dass ...

1. 동사 betracht*en*의 p.p형 betrachtet ⇒ 과거분사(= p.p형)의 부사적 용법 ☞ 53
2. 「da(*r*)- + 전치사」 형태 da**von** ⇒ 뒤에 오는 **dass**-부문장을 지시함. ☞ 169

418 Schulden, Zinsen, Inflation – die meisten Menschen halten Wirtschaft für langweilig und kompliziert. Dass Ökonomie auch kinderleicht **erklärt werden kann**, zeigen ein Wirtschaftsprofessor und eine Journalistin mit ihrem gemeinsamen Buch. [...]

부채, 이자, 인플레이션 – 사람들 대부분은 경제가 지루하고 복잡하다고 생각한다. 경제는 또한 아주 쉽게도 설명될 수 있다는 사실을 한 경제학 교수와 한 여성 언론인이 그들의 공동의 저서를 통해 보여준다.

▸ Dass ... erklärt **werden kann**, ...

타동사 erklären의 수동태 「**werden** ... p.p」 : "**wird** ... erklärt"

⇒ 화법조동사 **können**과 함께 옴 : "**kann** ... erklärt **werden**"

⇒ 종속접속사 **dass**-부문장 안에서 후치됨 : "... erklärt **werden kann**"

♣ **Dass** ... erklärt werden kann, zeigen ...

밑줄 친 종속접속사 **dass**-부문장 ⇒ 뒤에 오는 동사 zeigen의 4격 목적어

155. 수동태 (7) : zu-부정사

Das Buch ist zu schwierig, **um** verstanden **zu werden**.

↓

타동사 verstehen의 수동태 "**werden** ... verstanden"

⇒ zu-부정사 형식「**um** ... **zu** 동사 원형」: "**um** verstanden **zu werden**"

'그 책은 이해되기에는 너무 어렵다.'

---

419 [...] Wenn Sie befürchten, dass jemand selbstmordgefährdet ist, sprechen Sie es offen an. Es ist für die betreffende Person entlastend, in ihrer Not **gesehen zu werden**.

누군가가 자살할 위험이 있다고 만약 당신이 걱정한다면, 이를 공개적으로 알리십시오. 자신이 처한 위기 상황 속에서 남들의 눈에 보이게 되는 것이 그 해당된 사람에게는 부담을 덜어주는 결과가 됩니다.

▸ ... , ... gesehen **zu werden**

타동사 sehen의 수동태 "**werden** ... gesehen"

⇒ zu-부정사 형식「... **zu** 동사 원형」: "... gesehen **zu werden**"

♣ Es ist ... , ... gesehen **zu** werden

zu-부정사 "... gesehen **zu** werden" ⇒ 명사적 용법 : 비인칭대명사 Es가 지시하는 실질적 주어 ☞ 120

420 [...] Ein Motiv, manchmal nicht alles zu sagen, betrifft vor allem Menschen mit einem negativen Selbstbild. Sie haben Angst, **durchschaut** und **abgelehnt zu werden** – Gesprächspartner sollten da vorsichtig sein.

간혹 모든 것을 이야기 하지 않는 동기는 무엇보다 부정적인 자아상을 지닌 사람들에게 해당된다. 이들은 남들에게 파악 당하고 거절 당하는 것에 대한 두려움을 가지고 있다. - 대화 상대자들은 이 점과 관련하여 주의 깊게 행동하는 것이 바람직하다.

▸ ... , durchschaut und *ab*gelehnt **zu werden**

타동사 durchschauen 및 *ab*lehnen의 수동태 "**werden** ... durchschaut und *ab***gelehnt**"

⇒ zu-부정사 형식「... **zu** 동사 원형」: "... durchschaut und *ab***gelehnt zu werden**"

♣ ... Angst, durchschaut und *ab*gelehnt **zu** werden

zu-부정사 "durchschaut und *ab*gelehnt **zu** werden" ⇒ 형용사적 용법 : 앞의 명사 Angst를 수식 ☞ 121

156. 수동태 (8) : 상태 수동

Das Auto ist jetzt repariert '그 자동차는 지금 수리되어 있다.'

↓

타동사 reparieren의 상태 수동, 현재 시제 「**sein** ... p.p」 : "**ist** ... repariert"

---

421 [...] Bei dem Anschlag wurden nach letzten Angaben vier Menschen getötet und mindestens 15 verletzt. Die Innenstadt **ist abgesperrt**. Die U-Bahnen fahren inzwischen wieder, nur noch die beiden Bahnhöfe in der Nähe des Tatorts **sind geschlossen**.

그 (테러) 공격에서 가장 최근의 보도에 의하면 4 명이 살해되었고, 최소한 15 명이 부상을 입었다. 시내는 봉쇄된 상태이다. 그 사이 지하철들은 다시 운행하고 있는데, 범행 장소들 근처에 위치한 두 개의 역만은 폐쇄된 상태이다.

▸ ... **ist** *ab*gesperrt

타동사&분리동사 *ab*sperr*en*의 상태 수동, 현재 시제 「**sein** ... p.p」 : "**ist** ... *ab***ge**sperr**t**"

▸ ... **sind** geschlossen

타동사 schließen의 상태 수동, 현재 시제 「**sein** ... p.p」 : "**sind** ... geschlossen"

♣ ... [1]**wurden** ... vier Menschen getötet und mindestens 15 ([2]**wurden**) verletzt

1. 타동사 töten의 수동태 과거 시제 "**wurden** ... **ge**töt**et**" ☞ 150
2. 타동사 verletzen의 수동태 과거 시제 "(**wurden**) ... verletz**t**" ☞ 150, 218

422 Nach der Auslosung kam der Ansturm: Am 2. April empfängt der FC Bayern im Viertelfinale der Champions League Juventus Turin - und innerhalb von wenigen Stunden **waren** bereits alle Tickets **verkauft**. [...]

대진표 추첨 후에 (입장권을 향한) 돌격이 시작되었다 : 4월 2일에 FC Bayern 팀은 챔피언스리그의 8강 경기에서 Juventus Turin 팀을 맞이한다. - 그리고 몇 시간 만에 이미 모든 입장권이 판매되어 버린 상태였다.

▸ ... **waren** ... verkauft

타동사 verkaufen의 상태 수동, 과거 시제 「**war** ... p.p」 : "**waren** ... verkauf**t**"

♣ ... empfäng*t* der FC Bayern ...

동사 empf**a**ngen의 현재 시제 : 주어가 "... Bayern" ⇒ 어간 모음 a → **ä** 변화하여 empf**ä**ng*t* ☞ 90

157. 수동태 (9) : 자동사 수동

Auf deine E-Mail wird bald geantwortet.

↓

자동사 antworten의 수동태 현재 시제 「werden ... p.p」 : "wird ... geantwortet"

'곧 너의 이메일에 대해 답신이 이루어지게 될 거야.'

〈주의〉 비인칭대명사 es가 주어로 올 수 있음 : Es wird bald auf deine E-Mail geantwortet.

---

423 [...] In der Studie **wird** darauf **verwiesen**, dass diese Medikamente unerwünschte Nebenwirkungen haben können, wie Kopfschmerzen, Schwindel oder Sehstörungen.

이 의약품들은 두통이나 어지럼증, 혹은 시각 장애와 같은 달갑지 않은 부작용들을 지닐 수 있다는 점이 그 연구에서 제시되었다.

▸ ... wird ... verwiesen, ...

자동사 verweisen의 수동태 현재 시제 「werden ... p.p」 : "wird ... verwiesen"

※ 비인칭대명사 es가 주어로 올 경우 : "Es wird in der Studie ... verwiesen, ..." ☞ 204

424 In Italien ist die Pizza immer teurer geworden. Manche Pizzabäcker ärgern sich und wollen aus Protest jetzt 5000 Pizzen kostenlos verteilen. In Neapel soll mit dieser Aktion den Familien **geholfen werden**, die sich Pizza nicht mehr leisten können. [...]

이탈리아에서는 피자 가격이 계속 올라갔다. 몇몇 피자 제조업자들은 분노하여 항의 표시로서 5000개의 피자를 이제 무료로 나누어 주려고 한다. 이 행동에 의해 나폴리에서는 피자를 구매하기 힘든 형편에 있는 가정들에게 도움이 주어지게 되기를 기대하고 있다.

▸ ... soll ... geholfen werden, ...

자동사 helfen의 수동태 현재 시제 「werden ... p.p」 : "wird ... geholfen"

⇒ 화법조동사 sollen과 함께 옴 : "soll ... geholfen werden"

※ 비인칭대명사 es가 주어로 올 경우 : "Es soll in Neapel ... geholfen werden, ..." ☞ 74, 204

♣ ... ist ... geworden

'상태 변화' 자동사 werden의 현재완료 「sein ... p.p」 : "ist ... geworden" ☞ 108

158. 지시대명사 (1) : der, die, das ...

Kennst du den Mann? - Nein, **den** kenne ich nicht.
↓
남성 4격 지시대명사 den :
앞에 온 남성명사 Mann을 지시하며, 동사 kenne의 4격 목적어

'너는 그 남자를 아니? - 아니, 나는 그를 알지 못 해.'

Wo ist Maria? - **Die** lernt jetzt in der Bibliothek.
↓
여성 1격 지시대명사 die :
앞에 온 여자 인물 Maria를 지시하며, 동사 lernt의 주어

'마리아는 어디에 있니? - 그녀는 지금 도서관에서 공부해.'

---

425 [...] Heute hält der Staatsanwalt ein Plädoyer gegen den Bankier Gribkowsky. Mehr als zehn Jahre soll **der** wegen Bestechung ins Gefängnis. [...]

오늘 검찰은 은행업자인 Gribkowsky에 대하여 구형을 행한다. 이 사람은 뇌물죄로 10년 이상 수감될 것으로 예상된다.

▸ ... gegen den Bankier ... ... soll **der** ...

남성 1격 지시대명사 der : 앞에 온 남성명사 Bankier를 지시하며, 화법조동사 soll의 주어

※「정관사 d- + 명사」 형식이 대신 올 수 있음 : "... soll der Bankier ..."

♣ ... **hält** der Staatsanwalt ...

동사 halten의 현재 시제 : 주어 "...anwalt"는 er에 해당함. ⇒ 어간 모음 a → ä 변화하여 hält ☞ 90

♣ ... **soll** ... ins Gefängnis (kommen)

화법조동사 sollen : '방향' 부사어 "ins Gefängnis" 있음. ⇒ '장소 이동' 동사 원형 kommen 생략 ☞ 77

426 Mehr als 75 Prozent der Nachwuchswissenschaftler sind befristet beschäftigt - meistens für ein bis zwei Jahre. Seit Jahren steigt ihre Zahl rasant, **die** der Stellen aber nur sehr langsam. Besonders betroffen sind die Geistes- und Sozialwissenschaften. [...]

젊은 후속 학자들의 75% 이상이 기간제로 임용된 상태이다. - 주로 1 년에서 2 년 까지. 몇 년 전부터 이들의 숫자는 급격하게 증가하고 있지만 채용 일자리의 숫자는 아주 천천히 증가할 따름이

다. 특히 피해를 입고 있는 것은 정신과학 및 사회과학 분야들이다.

▸ ... steigt ihre Zahl ... , **die** der Stellen (steigt) ...

여성 1격 지시대명사 di**e** : 앞에 온 **여성**명사 Zahl을 지시하며, 생략된 동사 steigt의 **주어**

※「정관사 **d-** + 명사」 형식이 대신 올 수 있음 : "... , **die** Zahl der Stellen ..."

427 Je weniger und je schlechter die Leute geschlafen hatten, desto eher wurden sie krank. **Die**, die länger und besser geschlafen hatten, wurden viel seltener krank. [...]

사람들이 잠을 부족하게 잤으면 잤을수록, 그리고 잠을 설쳤으면 설쳤을수록 그만큼 더 쉽게 사람들은 병들게 되었다. 잠을 더 오랜 시간 동안, 그리고 더 잘 잤던 사람들은 병들게 된 경우가 훨씬 더 드물었다.

▸ ... die Leute ... **Die**, die ... hatten, wurde**n** ...

복수 1격 지시대명사 di**e** : 앞에 온 **복수**명사 Leute를 지시하며, 뒤에 오는 동사 wurde**n**의 **주어**

※「정관사 **d-** + 명사」 형식이 대신 올 수 있음 : "**Die** Leute ... wurde**n** ..."

♣ [1]**Je** weniger und **je** schlechter die Leute [2]geschlafen **hatten**, [1]**desto** eher wurden sie ...

1. **비교급 비교** 형식「**je** 비교급 ... , **desto** 비교급 ...」 ☞ 192
2. 자동사 schlafen의 **과거완료**「**hatte** ... p.p」 : "**hatte**n ... geschlafen"
   "**je** 비교급 ..." 부문장 안에서 **후치**됨 : "... geschlafen **hatte**n" ☞ 112, 136, 192

♣ Die, [1]**die** ... [2]geschlafen **hatte**n, wurden ...

1. **복수 1격** 관계대명사 di**e** : 바로 앞의 **복수** 지시대명사 "Die"가 선행사, 부문장 안의 **주어** ☞ 138
2. 자동사 schlafen의 **과거완료** "**hatte**n ... geschlafen" ⇒ **관계대명사** 부문장 안에서 **후치**됨 :
   "... geschlafen **hatte**n" ☞ 136

428 [...] Genetiker haben gar nachgewiesen, dass unser Genom zu etwa 98,5 Prozent identisch ist mit **dem** von Schimpansen. [...]

우리 인간의 게놈이 대략 98.5% 정도 침팬지의 그것과 일치한다는 것을 유전학자들은 심지어 증명까지 하였다.

▸ ... , dass unser Genom ... ist mit **dem** von Schimpansen

중성 3격 지시대명사 de**m** : 앞에 온 **중성**명사 Genom을 지시하며, **3격** 전치사 mit의 목적어

※「정관사 **d-** + 명사」 형식이 대신 올 수 있음 : "... ist mit **dem** Genom von Schimpansen"

159. 지시대명사 (2) : das

Ich habe jetzt kein Geld. - **Das** ist nicht wichtig.

↓

지시대명사 **das** ⇒ 앞에 온 문장 전체 혹은 일부의 내용을 지시함.

'나는 지금 돈이 없어. - 그것은 중요하지 않아.'

Was ist **das**, was du jetzt in deiner Hand hast?

↓

지시대명사 **das** ⇒ 불특정 대상 '그것'을 뜻하며, 관계대명사 **was**의 선행사.

'네가 지금 너의 손 안에 가지고 있는 그것은 무엇이니?'

---

429 [...] In den vergangenen Jahren hat der Export die Konjunktur angetrieben, nun übernehmen die Bürger **das** mit ihren privaten Anschaffungen und Ausgaben. [...]

지난 몇 년 동안은 수출이 경기를 이끌었는데, 이것을 이제는 국민들이 자신의 개인적 구매와 지출을 가지고 떠맡고 있다.

▸ ... hat der Export die Konjunktur *an*getrieben, ... übernehmen ... **das** ...

지시대명사 **das** ⇒ 앞 문장의 일부 내용, 즉 밑줄 친 부분의 내용을 지시함.

※ 여기서는 중성 **4격** 형태 das : 중성 지시대명사로서 타동사 übernehmen의 **4격** 목적어

♣ ... **hat** ... *an*getrieben, ...

타동사 & 분리동사 *an*treiben의 현재완료 「**haben** ... p.p」 : "**hat** ... *an*getrieben" ☞ 103

430 [...] Die zwölf Berliner Bezirke haben im vergangenen Jahr zusammen 22,7 Millionen Euro Überschuss erzielt. **Das** waren 4,5 Millionen Euro mehr als 2015. [...]

베를린의 이 12 개 행정구역들은 작년에 합계 2270만 유로의 흑자를 달성했다. 이는 2015년에 비해 450만 유로 더 많았다.

▸ Die zwölf Berliner Bezirke haben ... erzielt. **Das** waren ...

지시대명사 **das** ⇒ 밑줄 친 앞 문장의 전체 내용을 지시함.

※ 여기서는 중성 **1격** 형태 das : 중성 지시대명사로서 과거 시제 동사 **waren**의 주어

♣ ... haben ... erzielt

타동사 erzielen의 현재완료 「haben ... p.p」 : "haben ... erzielt" ☞ 103
(동사 erziel*en*은 접두어 er-를 지님. ⇒ p.p형은 -ge- 없이 erzielt ☞ 101)

431 [...] Warum aber sind Verschwörungstheorien so erfolgreich? Offenbar empfinden viele Menschen die rationalen, häufig komplizierten oder schwer zu akzeptierenden Erklärungen für **das**, was auf unserem Planeten vor sich geht, als unbefriedigend. Darüber hinaus lässt sich vieles auch noch gar nicht vernünftig erklären. [...]

하지만 음모론들이 그렇게 성공적인 것은 무슨 까닭일까? 우리의 지구 행성 위에서 일어나고 있는 그것에 대한 설명들은 합리적이거나, 아니면 복잡한 경우가 빈번하거나, 또는 쉽게 받아들여질 수 없는 그런 설명들인데, 아마도 많은 사람들이 이를 충분치 않다고 느끼는 것 같다. 나아가서 많은 것들은 전혀 합리적으로 설명될 수 없다는 것도 이에 더해진다.

▸ ... für **das**, was ... geht, ...

지시대명사 **das** ⇒ 불특정 대상 '그것'을 뜻하며, 관계대명사 was의 선행사.

※ 여기서는 중성 4격 형태 das : 중성 지시대명사로서 4격 전치사 für의 목적어

♣ ... die ... **zu** akzeptierend**en** Erklärungen ...

zu와 함께 오는 현재분사 형식 「**zu** 동사 원형 **-d**」 '...될 수 있는' : "**zu** akzeptieren**d**"
복수 4격 「die + 형용사 **-en**」 : die ... **zu** akzeptieren**den** ... ☞ 41

♣ [1]Da*r***über** hinaus ... [2]läss*t* sich ... erklären

1. 「da(*r*)- + 전치사」 형태 da*r***über** ⇒ 바로 앞 문장 "Offenbar ... als unbefriedigend"를 지시 ☞ 167
2. 「lassen sich ... 타동사 원형」 : 동사 lassen의 현재 시제 ⇒ 어간 모음 변화하여 läss*t* ☞ 90, 130

432 Zwischen **dem**, was man sagt, und **dem**, was der andere gehört und verstanden hat, können Welten liegen.

우리가 말하는 그것과 다른 사람이 듣고 이해한 그것 사이에는 여러 세계들이 놓여 있을 수 있다.

▸ Zwischen **dem**, was ... sagt, und **dem**, was ... gehört und verstanden hat, ...

지시대명사 **das**의 3격 형 **dem** ⇒ 불특정 대상 '그것'을 뜻하며, 관계대명사 was의 선행사.

※ 여기서는 중성 3격 형태 dem : 중성 지시대명사로서 3 · 4격 전치사 zwischen의 3격 목적어

♣ ... , was ... gehört und verstanden **hat**, ...

타동사 hören 및 verstehen의 현재완료 「**haben** ... p.p」 : "**hat** ... gehört und verstanden"
⇒ 관계대명사 부문장 안에서 후치됨 : "... gehört und verstanden **hat**" ☞ 103, 136

160. 지시대명사 (3) : dessen / deren / derer / denen

Er besucht Herrn Kim und **dessen** Sohn. '그는 Mr. 김과 그의 아들을 방문한다.'
↓
남성 · 중성 2격 지시대명사 **dessen**

Ich kenne die Frau und **deren** Mann. '나는 그 여자와 그녀의 남편을 안다.'
↓
여성 · 복수 2격 지시대명사 **deren**

Die Zahl **derer**, die in Europa studieren, nimmt zu.
↓
복수 2격 지시대명사 **derer** ⇒ 관계대명사의 선행사로만 사용됨.

'유럽에서 공부하는 사람들의 숫자가 증가한다.'

Kennst du die Koreaner? - Ja, einer von **denen** ist ein guter Freund von mir.
↓
복수 3격 지시대명사 **denen**

'너는 그 한국인들을 아니? - 응, 그들 중 하나는 나의 좋은 친구야.'

---

433 [...] Seit Jahrzehnten untersucht der niederländische Soziologe den Tod und **dessen** Ursachen. Und er hat dabei eine Reihe interessanter Beobachtungen gemacht. [...]

몇 십 년 전부터 이 네덜란드 사회학자는 죽음과 그 원인들을 연구하고 있다. 그리고 그러는 가운데 그는 일련의 흥미로운 관찰들을 행하였다.

▸ ... den Tod und **dessen** Ursache

남성 2격 지시대명사 **dessen** : 앞에 온 남성명사 Tod를 지시하며, 바로 뒤 명사 Ursache를 수식하는 2격

434 Um gegen Rechtsextremismus vorzugehen, werden in vielen Städten Sozialarbeiter eingesetzt. Sie erklären in Schulen, wie gefährlich Neonazis sind und dass **deren** Ziele falsch sind. [...]

우파 극단주의에 맞서 나아가기 위해서 여러 도시들에서 사회복지사들이 투입되고 있다. 이들은 신나치주의자들이 얼마나 위험한지를, 그리고 그들의 목표들이 올바르지 않다는 것을 학교에서 설명하고 있다.

▸ ... Neonazis ... und **deren** Ziele ...

복수 2격 지시대명사 **deren** : 앞에 온 복수명사 Neonazis를 지시하며, 바로 뒤 명사 Ziele를 수식하는 2격

435 [...] Der evangelische Bischof betonte: „Der gekreuzigte Jesus von Nazareth ist für ein Leben ohne Hass und Gewalt eingetreten. Er steht an der Seite all **derer**, die unter Ungerechtigkeit und Not leiden und die Opfer von Gewalt geworden sind.“ [...]

그 개신교 주교는 강조했다 : “십자가 처형을 당하신 나사렛의 예수님은 증오와 폭력 없는 삶을 위해 헌신하셨습니다. 그 분은 부당함과 궁핍으로 고통 받으며, 폭력의 희생자가 되었던 모든 사람들 곁에 서 계십니다.”

▸ ... an der Seite all **derer**, die ... sind

복수 2격 지시대명사 **derer** : ‘사람들’을 뜻하여 복수이며, 바로 앞 명사 Seite를 수식하는 2격

⇒ 관계대명사 **die**의 선행사

♣ ... **ist** ... *ein*getreten

분리동사&‘장소 이동’ 자동사 *ein*treten의 현재완료 「**sein** ... p.p」 : “**ist** ... *ein*getreten” ☞ 107

♣ ... derer, [1]**die** ... [2]geworden **sind**

1. 복수 1격 관계대명사 die : 복수 지시대명사 derer가 선행사, 부문장 안의 주어로서 1격 ☞ 138
2. ‘상태 변화’ 자동사 werden의 현재완료 「**sein** ... p.p」 : “**sind** ... geworden”
   ⇒ 관계대명사 부문장 안에서 후치됨 : “... geworden **sind**” ☞ 108, 136

436 음주가 건강에 미치는 악영향을 기술한 칼럼에서 :

[...] In Wirklichkeit verschlechtern sich das Reaktionsvermögen und die Leistungsfähigkeit - meist bereits ab dem ersten Glas. Und das auch bei **denen**, die glauben, dass sie besonders viel vertragen. [...]

실제로 반응하는 능력과 활동력이 나빠진다. - 대부분의 경우 이미 첫 잔을 마시고 부터. 그리고 이는 특별히 많은 주량을 자신들이 소화한다고 믿고 있는 그런 사람들에게도 역시 해당된다.

▸ ... bei **denen**, die glauben, ...

복수 3격 지시대명사 **denen** : ‘사람들’을 뜻하여 복수이며, 3격 전치사 bei의 목적어

⇒ 관계대명사 **die**의 선행사

161. 지시대명사 (4) : dieser, diese, dieses ...

Dieser Mann ist sehr reich. '이 남자는 매우 부자이다.'

↓

남성 1격 지시대명사 **dieser** : 남성명사 Mann과 함께 오며, 문장의 주어로서 1격
(남성 1격 정관사 **der** 어미변화 ⇒ dieser)

---

437 Jeder lässt mal die Schultern hängen, aber wenn **diese** Haltung zur Gewohnheit wird, tut es dem Körper nicht gut. Die Lungenfunktion verschlechtert sich und die Wirbelsäule verkrümmt – ein so genannter Rundrücken kann sich ausbilden. [...]

누구나 한번쯤은 어깨를 축 늘어뜨리곤 하지만, 만약 이 자세가 습관이 될 경우, 이는 신체에 좋지 않게 작용한다. 폐 기능이 악화되며, 척추가 구부러진다. - 소위 곱사등이 형성될 수 있다.

▸ ... , aber wenn **diese** Haltung ... wird, ...

여성 1격 지시대명사 **diese** : 여성명사 Haltung과 함께 오며, 부문장 안의 동사 wird의 주어

※ 여성 1격 정관사 die 어미변화 ⇒ diese

♣ ... läss*t* ... die Schultern hängen, ...

「**lassen** + 4격 ... 동사 원형」 '*4격*이 ...하도록 하다'

동사 lass*en*의 현재 시제 : 주어가 jeder ⇒ 어간 모음 a → **ä** 변화하여 läss*t* ☞ 90, 130

438 [...] Ein Polizist hat gestern Nachmittag auf dem Klinikparkplatz einen 26 Jahre alten Angreifer angeschossen. **Dieser** soll zuvor drei Beamte mit einer Waffe bedroht haben. [...]

한 경찰관이 어제 오후 그 병원 주차장에서 나이가 26 세인 한 공격자에게 총을 발사했다. 그에 앞서 이 사람은 무기를 가지고 세 명의 경찰관을 위협했었다고 한다.

▸ ... Angreifer ... **Dieser** soll ... haben

남성 1격 지시대명사 **dieser** : 앞에 온 남성명사 Angreifer를 지시하며, 문장의 주어

※ 남성 1격 정관사 **der** 어미변화 ⇒ dieser

♣ ... **soll** ... bedroht **haben**

「**sollen** ... 완료 형식」 (소문) '...하였다고 하다'

동사 bedrohen의 완료 형태 "**haben** ... bedroht"가 화법조동사 **soll**과 함께 옴. ☞ 75

162. 지시대명사 (5) : jener, jene, jenes ...

Er war zu **jener** Zeit ein bekannter Musiker.

↓

여성 3격 지시대명사 **jener** : 여성명사 Zeit와 함께 오며, 3격 전치사 zu의 목적어
(여성 3격 정관사 der 어미변화 ⇒ jener)

'그는 그 시기에 유명한 음악가였다.'

Das ist **jener** Mann, der uns geholfen hat.

↓

남성 1격 지시대명사 **jener** : 남성명사 Mann과 함께 오며, 동사 ist의 주격 보어
(남성 1격 정관사 der 어미변화 ⇒ jener)
⇒ 뒤에 오는 관계대명사 der의 선행사를 이룸.

'이것이 우리를 도와주었던 바로 그 남자이다.'

---

439 병원 화재 사건의 방화 피의자에 대한 심리 과정에 관한 기사에서 :

[...] Als erste Zeugin trat eine Pflegerin auf, die an **jenem** Tag gegen 16 Uhr ihre Arbeit aufgenommen hatte. [...]

첫 번째 증인으로서 한 여자 간호사가 나왔는데, 이 사람은 바로 그 날 16 시 경에 자신의 업무를 시작했었다.

▸ ... , die an **jenem** Tag ... *auf*genommen hatte

남성 3격 지시대명사 **jenem** : 남성명사 Tag과 함께 오며, 3 · 4격 전치사 an의 3격 목적어

※ 남성 3격 정관사 **dem** 어미변화 ⇒ jen**em**

♣ ... eine Pflegerin ... , [1]**die** ... [2]*auf*genommen **hatte**

1. 여성 1격 관계대명사 die : 여성명사 Pflegerin이 선행사, 부문장 안의 주어 ☞ 138
2. 분리동사&타동사 *auf*nehmen의 과거완료 "**hatte** ... *auf*genommen" ⇒ 후치됨. ☞ 112, 136

440 „Das ist ein kleiner Schritt für einen Menschen, aber ein großer Sprung für die Menschheit": Kaum je wurden Worte bekannter als **jene** von Neil Armstrong, der als erster Mensch auf dem Mond stand. Das war am 21. Juli 1969. [...]

"한 개인에게는 이것이 하나의 작은 발걸음이지만, 인류에게는 커다란 도약이다." 달 위에 서 있었던 최초의 인간인 Neil Amstrong의 이 말보다 더 유명해졌던 말은 예전에 거의 없었다. 그것은 1969년 7월 21일이었다.

▸ ... Worte ... als **jene** von Neil Armstrong ...

복수 1격 지시대명사 **jene** :

앞에 온 복수명사 Worte를 지시하며, 주어인 Worte의 비교대상으로서 동일한 1격

※ 복수 1격 정관사 die 어미변화 ⇒ jene

441 Nach 61 Tagen ist **jene** Frau aus dem Gefängnis entlassen worden, die wegen nicht bezahlter Rundfunkbeiträge inhaftiert wurde. Der MDR* hatte zuvor den Antrag auf Erlass des Haftbefehls zurückgezogen. Insgesamt geht es um eine Summe von weniger als 200 Euro. [...]

미지불된 방송 수신료 때문에 구금되었던 바로 그 여자가 61 일이 지난 뒤 형무소에서 석방되었다. 이에 앞서 중부독일방송은 구속 영장 발부에 대한 신청을 취소하였었다. 전체적으로 보면 200 유로에도 못 미치는 금액이 문제가 되고 있다.

* MDR (= "**M**ittel**d**eutscher **R**undfunk") : 중부독일방송

▸ ... ist **jene** Frau ... entlassen worden, die ... inhaftiert wurde

여성 1격 지시대명사 **jene** :

여성명사 Frau와 함께 오며, 수동태 현재완료 "ist ... entlassen worden"의 주어

⇒ 뒤에 오는 관계대명사 die의 선행사를 이룸.

※ 여성 1격 정관사 die 어미변화 ⇒ jene

♣ ... ist ... entlassen **worden**, ...

타동사 entlassen의 수동태 현재완료 「**sein** ... p.p **worden**」 ☞ 151

442 Das Herzinfarktrisiko steigt durch Kaffeekonsum offenbar nicht - noch nicht einmal bei **jenen**, die sechs Tassen am Tag trinken, wie eine große Studie vor zwei Jahren belegen konnte. [...]

커피 소비로 인해 심장마비의 위험이 커지는 것은 아마도 아닌 것으로 보인다. - 2 년 전에 있었던 한 대규모 연구가 증명할 수 있었던 바에 따르면, 하루에 6 잔을 마시는 그런 사람들의 경우에서 아직 한 번도 사례가 없다.

▸ ... bei **jenen**, die ... trinken, ...

복수 3격 지시대명사 **jenen** : '사람들'을 뜻하여 복수이며, 3격 전치사 bei의 목적어

⇒ 뒤에 오는 관계대명사 die의 선행사

※ 복수 3격 정관사 den 어미변화 ⇒ jenen

163. 지시대명사 (6) : solcher, solche, solches ...

Einem **solchen** Mann kann man nicht vertrauen.
↓
남성 3격 지시대명사 **solchen** : 남성명사 Mann과 함께 오며, 동사 vertrauen의 3격 목적어
(남성 3격 「einem + 형용사 -en」 : Einem solchen ...)

'그런 남자는 우리가 신뢰할 수 없다.'

Wir brauchen **solche** Personen, die gern anderen helfen.
↓
복수 4격 지시대명사 **solche** : 복수명사 Personen과 함께 오며, 동사 brauchen의 4격 목적어
(복수 4격 정관사 die 어미변화 ⇒ solche)
⇒ 뒤에 오는 관계대명사 der의 선행사를 이룸.

'우리는 다른 사람들 돕기를 좋아하는 그런 사람들을 필요로 한다.'

---

443 Linguisten verweisen bei der Frage nach der korrekten Aussprache von Fremdwörtern auf vier Punkte: Konventionalität, Verständlichkeit, Kontext und den Schwierigkeitsgrad der Aussprache. Im Alltag allerdings laufen **solche** Entscheidungen eher unbewusst ab.

언어학자들은 외래어의 올바른 발음에 관한 문제에서 4 가지 사항을 지적한다 : 관습적 방식, 이해 가능성, 맥락, 그리고 발음의 난이도이다. 물론 일상생활에서는 이러한 판단들이 오히려 무의식적으로 이루어지게 된다.

▸ ... laufen **solche Entscheidungen** ... *ab*

복수 1격 지시대명사 **solche** :

복수명사 Entscheidungen과 함께 오며, 문장의 주어, 즉 분리동사 "laufen ... *ab*"의 주어

※ 복수 1격 정관사 die 어미변화 ⇒ solche

444 Schatzsucher gibt es nicht nur im Film. Tatsächlich gibt es Firmen, die auf der ganzen Welt nach versunkenen Schiffen tauchen. Jetzt hat eine **solche** Firma im Ärmelkanal ein 250 Jahre altes Kriegsschiff gefunden.

보물 사냥꾼들이 영화 속에만 존재하는 것은 아니다. 전 세계에 걸쳐 침몰한 선박들을 잠수해서 찾는 회사들이 실제로 존재한다. 최근 그런 회사 하나가 영국 해협에서 250년 된 전함 하나를 발견했다.

▸ ... hat eine solche Firma ... gefunden

여성 1격 지시대명사 solche :

여성명사 Firma와 함께 오며, 문장의 주어, 즉 현재완료 "hat ... gefunden"의 주어

※ 여성 1격 「eine + 형용사 -e」 : eine solche ... ☞ 38

445 Man muss sich Paul Watson* als einen ungeduldigen Menschen vorstellen. Wie sonst kann einer solch ein Leben führen? [...]

우리는 Paul Watson을 참을성이 없는 사람이라고 생각하지 않을 수 없다. 그렇지 않다면 어떻게 사람이 그러한 삶을 영위할 수 있겠는가?

* Paul Franklin Watson : 캐나다의 환경운동가

▸ ... solch ein Leben führen?

중성 4격 지시대명사 「solch ein- ...」 : 중성명사 Leben과 함께 오며, 동사 führen의 4격 목적어

※ 중성 4격 부정관사 ein_과 결합 ⇒ solch ein Leben

♣ ... kann einer ... führen?

불특정인을 지칭하는 부정대명사 einer '누군가' ⇒ 화법조동사 kann의 주어 ☞ 177

446 Es gibt funktionierende Staaten, und es gibt solche, in denen mehr schlecht als recht regiert wird. Neuerdings ist auch die Rede von „gescheiterten Staaten" : [...]

제대로 작동하는 국가들이 있으며, 제대로 라기 보다는 오히려 나쁘게 다스려지는 그런 국가들이 있다. 최근에는 "실패된 국가들"이라는 말도 엄급된다.

▸ ... Staaten, und es gibt solche, in denen ... regiert wird

복수 4격 지시대명사 solche :

앞에 온 복수명사 Staaten을 지시하며, 비인칭대명사 형식 「es gibt ...」의 목적어로서 4격

⇒ 뒤에 오는 관계대명사 denen의 선행사

※ 복수 4격 정관사 die 어미변화 ⇒ solche

♣ ... solche, [1]in denen ... [2]regiert wird

1. 복수 3격 관계대명사 denen : 복수 1격 지시대명사 solche가 선행사, 전치사 in의 3격 목적어 ☞ 140
2. 타동사 regieren의 수동태 현재 시제 「werden ... p.p」 : "wird ... regiert"
   ⇒ 관계대명사 부문장 안에서 후치됨 : "... regiert wird" ☞ 149
   (동사 regieren의 형태는 -ieren ⇒ p.p형은 -ge- 없이 regiert ☞ 102)

164. 지시대명사 (7) : **derselbe**, **dieselbe**, **dasselbe** ...

Wir kommen aus **demselben** Dorf. '우리는 동일한 마을 출신이다.'

↓

중성 3격 지시대명사 **demselben** :

중성명사 Dorf와 함께 오며, **3격** 전치사 aus의 목적어

(앞의 d- ⇒ 정관사 **중성 3격** **dem-** / 뒤의 -selb ⇒ **중성 3격** 「**dem** + 형용사 **-en**」 : -selb**en**)

---

447 Nicht alle Sterne leuchten in **derselben** Farbe. Die meisten sind weißlich, es gibt aber auch blaue und rötliche Sterne. Das hängt von der Temperatur ab: Sehr heiße Sterne leuchten bläulich, kältere eher rötlich.

모든 별이 동일한 색으로 빛을 내는 것은 아니다. 대부분은 흰색에 가깝지만, 청색 및 불그스름한 별들도 존재한다. 이는 온도에 달려있다 : 매우 뜨거운 별들은 푸르스름하게 빛을 내며, 비교적 차가운 별들은 오히려 불그스름한 빛을 낸다.

▸ ... leuchtet in **derselben** Farbe

여성 3격 지시대명사 **derselben** : **여성**명사 Farbe와 함께 오며, 3 · 4격 전치사 in의 **3격** 목적어

※ 앞의 d- ⇒ 정관사 **여성 3격** **der**

뒤의 -selb ⇒ **여성 3격** 「**der** + 형용사 **-en**」 : -selb**en** ☞ 42

♣ Die meisten sind ... **Das** hängt ... *ab* ...

지시대명사 **das** ⇒ 앞에 온 **문장 전체** "Die meisten sind ..."를 지시함. ☞ 159

448 미국 소설가 Mark Twain의 격언 :

„Der Unterschied zwischen dem fast richtigen und dem richtigen Wort ist größer, als man denkt: Er ist **derselbe** wie zwischen Glühwürmchen und Blitz."

"거의 올바른 낱말과 올바른 낱말 사이의 차이는 우리가 생각하는 것보다 더 크다 : 그 차이는 반딧불 벌레와 번개 사이의 그것과 동일하다".

▸ Er ist **derselbe** wie ...

남성 1격 지시대명사 **derselbe** : **남성**명사 Unterschied를 지시하며, 동사 ist의 **주격** 보어

※ 앞의 d- ⇒ 정관사 **남성 1격** **der**

뒤의 -selb ⇒ **남성 1격** 「**der** + 형용사 **-e**」 : -selb**e** ☞ 38

♣ ... ist größer, als man denkt: ...

형용사 groß의 **비교급 비교** ⇒ 접속사 als-부문장은 **비교대상**을 지칭하며 **후치**됨. ☞ 189

165. 지시대명사 (8) : derjenige, diejenige, dasjenige ...

Diejenige Frau, die uns geholfen hat, ist jetzt nicht hier.

↓

여성 1격 지시대명사 **diejenige** : 여성명사 Frau와 함께 오며, 동사 ist의 주어

(앞의 d- ⇒ 정관사 여성 1격 die- / 뒤의 -jenig ⇒ 여성 1격 「die + 형용사 -e」 : -jenige)

⇒ 뒤에 오는 관계대명사 die의 선행사를 이룸.

'우리를 도와주었던 그 여자는 지금 여기 없다.'

---

449 Wer viel Eiweiß und wenig von **denjenigen** Kohlenhydraten isst, die den Blutzucker schnell ansteigen lassen, hat bessere Chancen, nach einer Phase des geplanten Abnehmens dem gefürchteten Jo-Jo-Effekt zu entgehen und sein Gewicht zu halten. [...]

단백질을 많이 먹고, 혈당이 빨리 올라가도록 하는 바로 그 탄수화물을 적게 먹는 사람은 계획된 체중 감량의 단계가 지난 후 걱정되었던 요요 현상을 피하여 자신의 체중을 유지할 가능성이 더 높다.

▸ ... von **denjenigen** Kohlenhydrate*n* ... , die ... *an*steigen lassen, ...

복수 3격 지시대명사 **denjenigen** : 복수명사 "...hydrate"를 지시하며, 3격 전치사 von의 목적어

⇒ 뒤에 오는 관계대명사 die의 선행사를 이룸.

※ 앞의 d- ⇒ 정관사 복수 3격 den / 뒤의 -jenig ⇒ 복수 3격 「den + 형용사 -en」 : -jenigen ☞ 41

450 Das Einhorn ist eines der ältesten Fabelwesen: ein pferdeähnliches Geschöpf mit einem schneckenartig gewundenen Horn auf der Stirn. Es steht für das Gute, und deshalb können es angeblich nur **diejenigen** sehen, die stets Gutes im Schilde führen.

유니콘은 가장 오랜 동화 속 존재들 가운데 하나이다 : 이마 위에 달팽이 모양으로 감겨진 뿔을 지닌 말과 비슷한 창조물이다. 이것은 착함을 대표하고, 그러므로 이른바 항상 착한 것을 꾀하는 자들만이 이것을 볼 수 있다.

▸ ... können ... **diejenigen** sehen, die ... führen

복수 1격 지시대명사 **diejenigen** : '사람들'을 뜻하여 복수이며, 화법조동사 können의 주어

⇒ 뒤에 오는 관계대명사 die의 선행사

※ 앞의 d- ⇒ 정관사 복수 1격 die / 뒤의 -jenig ⇒ 복수 1격 「die + 형용사 -en」 : -jenigen ☞ 41

166. 「da(r) + 전치사」(1) : 앞에 오는 낱말 지시

Ich habe ein neues Auto. - Bist du da**mit** zufrieden?

↓

「da(r)- + 전치사」 형태 da**mit** ⇒ 앞에 온 명사 "... Auto"를 지시함.

'나는 새 자동차를 가지고 있어. - 너는 그것에 만족하니?'

---

451 [...] Die Wirksamkeit solcher Substanzen und die sich **daraus** ergebende Gefährdung für die Gesundheit und Entwicklung von Mensch und Tier werden derzeit kontrovers diskutiert. [...]

그러한 물질들의 효과, 그리고 그로부터 나타나는 결과로서 인간과 동물의 건강 및 성장에 미치는 위험성은 현재 서로 의견이 대립한 채 논의되고 있다.

▸ ... solcher Substanz**en** und die sich da*r***aus** ergebende Gefährdung ...

「da(r)- + 전치사」 형태 da*r***aus** ⇒ 앞에 온 명사 "... Substanz**en**"을 지시함.

♣ Die Wirksamkeit **solcher** Substanzen ...

복수 2격 지시대명사 solch**er** : 복수명사 Substanz**en**과 함께 오며, 바로 앞의 Wirksamkeit를 수식하는 2격 (복수 2격 정관사 d**er** 어미변화 ⇒ solch**er** ☞ 163)

♣ ... und die sich ... ergeben**de** Gefährdung ...

타동사 etw. ergeben '*무엇을* 나오게 하다' ⇒ 4격 재귀동사 sich ergeben '(결과로) 나오다' ☞ 62
현재분사 sich ergeben**d** ⇒ 여성 1격 「die + 형용사 -**e**」 : die sich ... ergeben**de** ... ☞ 49

452 [...] Aber eine Zukunft ohne Kraftausdrücke können sich viele Wissenschaftler nicht vorstellen. Das hat Gründe. So merken sich zum Beispiel Kleinkinder tabuisierte Schimpfworte besonders gut, weil sie sich **dadurch** die Aufmerksamkeit ihrer Eltern sichern können. [...]

하지만 많은 학자들에게는 욕설이 없는 미래란 상상할 수 없는 일이다. 그럴만한 근거들이 있다. 그래서 예를 들어 어린 아이들은 금기로 여겨지는 욕설들을 특히나 잘 기억해 두는데, 왜냐 하면 이들은 그럼으로써 자신의 부모가 주목하게 되는 것을 보장 받을 수 있기 때문이다.

▸ ... tabuisierte Schimpfworte ... , weil ... da**durch** ... sichern können

「da(r)- + 전치사」 형태 da**durch** ⇒ 앞에 온 명사 "... Schimpfworte"를 지시함.

167. 「da(*r*) + 전치사」 (2) : 앞에 오는 문장 내용 지시

Kommst du zur Party. - Nein, dafür habe ich keine Zeit.

↓

「da(*r*)- + 전치사」 형태 dafür

⇒ 앞에 온 문장 "Kommst du ...?"의 내용을 지시함.

'너는 파티에 오니? - 아니, 나는 그것을 위한 시간이 없어.'

---

453 [...] Er hat die so genannte Quantentheorie entwickelt und **damit** die bisher geltenden Gesetze der Physik auf den Kopf gestellt. Die Quantentheorie ist der Bereich der Physik, der sich mit dem Verhalten und der Wechselwirkung kleinster Teilchen befasst.

그는 이른바 양자이론을 발전시켰으며, 그럼으로써 지금까지 적용되어 온 물리학의 법칙들을 거꾸로 뒤집었다. 양자이론은 아주 미세한 입자들의 습성과 상호작용을 다루는 물리학의 분야이다.

▸ Er hat ... entwickelt und damit ... gestellt

「da(*r*)- + 전치사」 형태 damit ⇒ 앞에 온 문장 "Er hat ... entwickelt"의 내용을 지시함.

♣ ... der Bereich ... , der sich ... befass*t*

남성 1격 관계대명사 der :

앞의 남성명사 Bereich가 선행사, 부문장 안의 4격 재귀동사 "sich ... befass*t*"의 주어 ☞ 138

454 Das Herz pumpt Blut mit dem lebensnotwendigen Sauerstoff durch den Körper und **dafür** zieht es sich immer wieder zusammen. [...]

심장은 생명에 필수불가결한 산소를 함유한 혈액을 신체 곳곳으로 펌프질 하여 공급하며, 이를 위해 그것은 계속 반복적으로 수축된다.

▸ Das Herz pumpt ... und dafür zieht es ... *zusammen*

「da(*r*)- + 전치사」 형태 dafür ⇒ 앞에 온 문장 "Das Herz pumpt ..."의 내용을 지시함.

♣ ... zieh*t* ... sich ... *zusammen*

4격 재귀동사&분리동사 sich *zusammen*ziehen의 현재 시제 ☞ 55

타동사 *zusammen*ziehen '...을 수축시키다' ⇒ 4격 재귀동사 sich *zusammen*ziehen '수축되다' ☞ 62

168. 「da(r) + 전치사」(3) : 뒤에 오는 zu-부정사 지시

Er bittet mich dar**um**, ihm bei der Übersetzung zu helfen.

↓

「da(r)- + **전치사**」 형태 da*r***um**

⇒ **뒤에** 오는 **zu-부정사** "... **zu** helfen"의 내용을 지시함.

'그는 나에게 그 번역에서 자기를 도와달라고 부탁한다.'

---

455 [...] Die Regelung dient **dazu**, das Ziel der Wissenschaft und damit die Wissenschaftlichkeit von Wissenschaft sicherzustellen.

이 규정은 학문의 목적, 그리고 이와 함께 학문의 학문성을 보장하는 데에 기여한다.

▸ ... dient da**zu**, ... *sicher***zu**stellen

「da(r)- + **전치사**」 형태 da**zu** ⇒ 뒤에 오는 **zu-부정사** "... *sicher***zu**stellen"의 내용을 지시함.

※ **분리동사** *sicher*stellen의 **zu-부정사** : "... *sicher***zu**stellen" ☞ 58

♣ ... , das Ziel ... und da**mit** ...

「da(r)- + **전치사**」 형태 da**mit** ⇒ 앞에 온 **명사** "... Ziel"을 지시함. ☞ 166

456 [...] Arbeitnehmer am Arbeitsplatz, die während der Olympischen Spiele 2008 das Web **dafür** nutzen möchten, sich zwischendurch über die Wettkampfergebnisse zu informieren, sollten dies mit ihrem Arbeitgeber besprechen. [...]

2008년 올림픽 기간 동안 때때로 경기 결과들에 대한 소식을 듣기 위해서 웹을 이용하고 싶은 업무 현장의 노동자들은 이를 자신의 고용주에게 말하는 것이 좋다.

▸ ... da**für** nutzen ... , sich ... **zu** informieren, ...

「da(r)- + **전치사**」 형태 da**für** ⇒ 뒤에 오는 **zu-부정사** "... **zu** informieren"의 내용을 지시함.

※ **4격 재귀동사** sich informieren의 **zu-부정사** : "sich ... **zu** informieren" ☞ 63

♣ Arbeitnehmer ... , [1]**die** ... [2]nutzen **möchten**, ... [3]dies ...

1. **복수 1격** 관계대명사 die : 앞의 **복수**명사 "Arbeitnehmer"가 선행사, 부문장 안의 **주어** ☞ 138
2. 화법조동사 문장 "**möchten** ... nutzen" ⇒ **후치**됨 : "... nutzen **möchten**" ☞ 79
3. 지시대명사 **dies** ⇒ 앞에 온 **문장 전체** 혹은 **일부**의 내용을 지시함.

169. 「da(*r*) + 전치사」 (4) : 뒤에 오는 부문장 지시

Ich warte da**rauf**, dass er wieder zurückkommt.

↓

「da(*r*)- + **전치사**」 형태 da*r***auf**

⇒ **뒤에** 오는 종속접속사 **dass**-부문장의 내용을 지시함.

'나는 그가 다시 돌아올 것을 기다리고 있다.'

---

457 [...] Die Ermittler sind überzeugt **davon**, dass er den Anschlag auf die U-Bahn in St. Petersburg vorbereitet hat, bei dem 14 Menschen ums Leben kamen.

그 수사관들은 14 명이 목숨을 잃었던 상트페테르부르크의 지하철에 대한 공격을 그가 준비했다고 확신하고 있다.

▸ ... überzeugt da**von**, dass ... *vor*bereitet hat, ...

「da(*r*)- + **전치사**」 형태 da**von** ⇒ 뒤에 오는 종속접속사 **dass**-부문장의 내용을 지시함.

♣ ... , dass ... den Anschlag ... [1]*vor*bereitet **hat**, [2]bei **dem** ... kam**en**

1. 분리동사 *vor*bereiten의 **현재완료** "**hat** ... *vor*bereitet" ⇒ **후치**됨 : "... *vor*bereitet **hat**" ☞ 103
   (기본 동사 -**be**reiten은 접두어 **be**-를 지님. ⇒ p.p형은 **-ge- 없이** *vor***be**reitet ☞ 101)
2. **남성 3격** 관계대명사 **dem** : 앞의 **남성**명사 Anschlag이 선행사, **3격** 전치사 bei의 목적어 ☞ 139

458 [...] Schließlich wird die Zahl der über 65-Jährigen im Jahr 2050 auf 23 Millionen steigen, darunter zehn Millionen über 80-Jährige. Heute sind es knapp vier Millionen. Bisher gibt es nicht genug Firmen, die **darauf** achten, ob etwa Schutzhelme, Drehverschlüsse und Handys für ältere Menschen geeignet sind. [...]

결국 2050년에는 65세가 넘는 사람들의 숫자가 2300만 명으로 증가하게 될 것이며, 이 가운데 1000만 명은 80 세가 넘는 사람들일 것이다. 지금은 400만 명에 조금 못 미친다. 이를테면 보호 헬멧들과 나사형 잠금장치들, 그리고 휴대폰들이 노년층 사람들을 위해 적당한지 여부에 대하여 주의를 기울이는 업체들의 숫자가 지금까지는 충분하지 않다.

▸ ... da*r***auf** achten, ob ... geeignet sind

「da(*r*)- + **전치사**」 형태 da*r***auf** ⇒ 뒤에 오는 종속접속사 **ob**-부문장의 내용을 지시함.

459 [...] Die Forscher sind überzeugt, dass diese Fähigkeit, Störenfriede wieder zu erkennen, den Drosseln hilft, in unseren Städten zu leben. Sie können sich nämlich nicht nur Menschen merken, sondern erinnern sich auch **daran**, welche Katzen friedlich sind und welche ihre Nester plündern wollen.

이 학자들이 확신하고 있는 점은, 말썽꾸러기들을 다시 알아보는 이 능력이 지빠귀 새들로 하여금 우리의 도시들 안에서 살아가도록 하는 데에 도움을 준다는 것이다. 왜냐 하면 이 새들은 인간들을 기억해 둘 뿐만 아니라, 또한 어떤 고양이들이 평화로운지, 그리고 어떤 고양이들이 자신들의 둥지를 약탈하려고 하는지도 기억할 수 있기 때문이다.

▸ ... erinnern sich ... da*r***an**, welche Katzen ... sind und welche ... wollen.

「da(*r*)- + 전치사」 형태 da*r***an** ⇒ 뒤에 오는 두 개의 의문사 **welch**-부문장의 내용을 지시함.

♣ ... , dass diese Fähigkeit, ... [1]*wieder* **zu** erkennen, ... (dabei) hilft, ... [2]**zu** leben

1. 동사 *wieder* erkennen의 **zu-부정사** ⇒ 형용사적 용법 : 앞에 온 명사 Fähigkeit를 수식 ☞ 121
2. 동사 leben의 **zu-부정사** ⇒ 명사적 용법 : 잠재적으로 올 수 있는 da**bei**에 의해 지시됨. ☞ 118

♣ ... daran, [1]welch**e** Katze**n** ... sind und [2]welch**e** ... plündern wollen

1. 복수명사 Katze**n**과 함께 오며, 동사 sind의 주어 ⇒ 복수 1격 di**e** 어미변화 하여 welch**e** ☞ 184
2. 앞의 복수명사 Katze**n**을 지시하며, wollen의 주어 ⇒ 복수 1격 di**e** 어미변화 하여 welch**e** ☞ 184

460 [...] Der EA*-Manager verweist **darauf**, dass ein Zusammenhang zwischen gewalttätigem Computerspiel und realer Gewalt nicht nachweisbar ist. "Letztendlich tragen die Eltern die Verantwortung **dafür**, womit sich ihre Kinder beschäftigen", sagt er. [...]

그 EA 회사 경영인은 폭력적인 컴퓨터 게임과 실제의 폭력 사이의 관계는 증명될 수 없다는 점을 지적한다. "궁극적으로 자신의 아이들이 무엇에 몰두하는 지에 대한 책임은 그 부모가 집니다." 라고 그는 말한다.

* EA ("Electronic Arts") : 미국의 컴퓨터 게임 회사

▸ ... verweist da*r***auf**, dass ... ist

「da(*r*)- + 전치사」 형태 da*r***auf** ⇒ 뒤에 오는 종속접속사 **dass**-부문장의 내용을 지시함.

▸ ... die Verantwortung da**für**, womit ... beschäftigen, ...

「da(*r*)- + 전치사」 형태 da*r***für** ⇒ 뒤에 오는 의문사 **womit**-부문장의 내용을 지시함.

♣ ... dafür, wo**mit** sich ... beschäftigen, ...

「wo(*r*)- + 전치사」 형태 wo**mit** ⇒「전치사 **mit** + 의문사 **was**」 ☞ 182

170. 부정대명사 & 부정수사 (1) : man

Man lern*t* aus seinen Fehlern. '사람은 자신의 실수들로부터 배운다.'
↓
부정대명사 **man** '사람들은'
⇒ 주어로만 사용됨. 단수 주어 **er**에 일치 : "**Man** lern**t** aus sein**en** Fehlern."

---

461 Am Mittwoch gibt es viele Wolken, aber den Regenschirm braucht **man** trotzdem nicht. Das Thermometer klettert bis auf fünf Grad. Deswegen kann **man** seine Handschuhe zu Hause lassen. [...]

수요일에는 구름이 많겠지만, 그럼에도 불구하고 우산을 필요로 하지는 않는다. 온도계는 5 도까지 올라간다. 그러므로 장갑은 집에 놓고 나와도 된다.

▸ ... braucht **man** ...

부정대명사 **man**이 주어임. man은 **er**에 일치 ⇒ brauch*en*의 현재 시제 : "... braucht man ..."

▸ ... **kann** **man** ... lassen

부정대명사 **man**이 주어임. man은 **er**에 일치 ⇒ können의 현재 시제 : "... **kann** man ..."

462 Es gibt gute Wärmeleiter - etwa Metall - und schlechte. Zu den schlechten gehören Holz und Asche. Deshalb verbrennt **man** sich zum Beispiel leicht an einer Metallgabel, die noch in der Lasagne im heißen Ofen steckt, der Holzgriff der Gabel dagegen gibt einem die Chance, ohne Brandblase davonzukommen. [...]

좋은 열전도체들이 있으며, - 이를테면 금속 - 나쁜 열전도체들이 있다. 나쁜 열전도체들에 속하는 것으로는 나무와 재가 있다. 그러므로 우리는 한 예로서 뜨거운 오븐 속의 라자냐 안에 꽂혀있는 금속 포크에 쉽게 화상을 입으며, 그에 반해 포크의 나무 손잡이는 화상으로 인한 물집 없이 그로부터 벗어날 기회를 우리에게 제공한다.

▸ ... verbrennt **man** ...

부정대명사 **man**이 주어임. man은 **er**에 일치 ⇒ verbrenn*en*의 현재 시제 : "... verbrennt man"

♣ ... gibt [1]**einem** die Chance, ... [2]davon**zu**kommen

1. 불특정인을 뜻하는 부정대명사 **man** 및 **einer**의 **3격** 형. ⇒ 동사 gibt의 **3격** 목적어 ☞ 177
2. 분리동사 *davon*kommen의 **zu-부정사** ⇒ **형용사**적 용법 : 앞에 온 명사 "... Chance"를 수식 ☞ 121

171. 부정대명사 & 부정수사 (2) : all-

Alle Leute hier sind nett. '이곳의 모든 사람들은 친절하다.'

↓

부정수사 **all-** : 뒤에 **복수**명사 Leute와 함께 오며, 문장의 **주어**

⇒ **복수 1격** 정관사 di**e** 어미변화 하여 all**e**

Alle sind glücklich. '모든 이들이 행복하다.'

↓

(뒤에 명사 **없이**) 부정수사 **all-** : '사람**들**'을 뜻하여 **복수**이며, 문장의 **주어**

⇒ **복수 1격** 정관사 di**e** 어미변화 하여 all**e**

Alles ist möglich. '모든 것이 가능하다.'

↓

(뒤에 명사 **없이**) 부정수사 **all-** : '사물'을 뜻하여 **중성**이며, 문장의 **주어**

⇒ **중성 1격** 정관사 d**as** 어미변화 하여 all**es**

---

463 Mohammed Mursi, Ägyptens neuer Präsident, hat in seiner ersten Ansprache nach seinem Wahlsieg betont, er werde **alle** internationalen Abkommen einhalten und den Frieden mit Israel achten. Zugleich würdigte er die Opfer der Revolution. [...]

Mohammed Mursi, 즉 이집트의 새 대통령은 선거전 승리 후의 첫 연설에서 강조하기를, 자신은 모든 국제적 협약들을 준수할 것이며, 이스라엘과의 평화를 존중할 것이라고 했다. 동시에 그는 혁명의 희생자들에게 경의를 표했다.

▸ ... werde **alle** internationale**n** Abkommen *ein*halten und ...

부정수사 **all-** : 뒤에 **복수**명사 Abkommen과 함께 오며, *ein*halten의 **4격** 목적어

⇒ **복수 4격** di**e** 어미변화 하여 all**e**

※ **복수 4격** 「die + 형용사 **-en**」 : all**e** internationale**n** ...

♣ ... , er werde ... *ein*halten und ... achten

간접화법 : 동사 *ein*halten 및 achten의 **미래** 시제 「**werden** ... 동사 원형」의 **접속법 I** ☞ 207

464 [...] Außerdem wirken nicht **alle** Rotweine gleich positiv. Besonders effektiv scheinen dunkle Rotweine zu sein, insbesondere solche aus der Rebsorte Tannat, die in kleinen Anbaugebieten in Südwestfrankreich und auf Sardinien auf traditionelle Weise verarbeitet wird.

그 밖에도 모든 적포도주들이 똑같이 긍정적인 효과를 내는 것은 아니다. 특별히 효과적으로 보이는 것은 검은 적포도주인데, 프랑스 남서부와 사르디니아의 소규모 재배 지역들에서 전통적인 방식으로 가공되는 Tannat라는 양조용 포도 품종에서 나온 검은 적포도주들이 특히나 그렇다.

▸ ... wirken nicht **alle** Rotweine ...

부정수사 **all-** : 뒤에 복수명사 Rotweine와 함께 오며, 문장의 주어

⇒ 복수 1격 정관사 die 어미변화 하여 alle

♣ ... **solche** ... , die ... verarbeitet wird

복수 1격 지시대명사 solche :

앞에 온 복수명사 Rotweine를 지시하며, 앞에 있는 주어 "... Rotweine"와 동격 ☞ 163

465 연방군(Bundeswehr) 내에서 벌어진 한 불미스런 사건과 관련한 논평에서 :

[...] Man weiß noch nicht **alles**. Das ist bitter für **alle** in der Bundeswehr. [...]

우리는 아직 모든 것을 알지 못한다. 이는 연방군 안의 모든 이들에게 쓰라린 일이다.

▸ ... weiß ... **alles**

(뒤에 명사 없이) 부정수사 **all-** : '사물'을 뜻하여 중성이며, 동사 weiß의 4격 목적어

⇒ 중성 4격 정관사 das 어미변화 하여 alles

▸ ... für **alle** ...

(뒤에 명사 없이) 부정수사 **all-** : '사람들'을 뜻하여 복수이며, 4격 전치사 für의 목적어

⇒ 복수 4격 die 어미변화 하여 alle

♣ **Man** weiß ...

부정대명사 **man**이 주어 ⇒ 동사 wissen의 현재 시제 : "Man **weiß** ..." ☞ 170

466 [...] Für dieses Ziel will ich mit **aller** Kraft und **allen** meinen Möglichkeiten kämpfen. [...]

이 목표를 위해 나는 모든 힘과 모든 나의 능력들을 가지고 싸워나가려고 한다.

▸ ... mit [1]**aller** Kraft und [2]**allen** meinen Möglichkeiten ...

1. 부정수사 **all-** : 뒤에 여성명사 Kraft와 함께 오며, 3격 전치사 mit의 목적어

   ⇒ 여성 3격 der 어미변화 하여 aller

2. 부정수사 **all-** : 뒤에 복수명사 Möglichkeiten가 있으며, 3격 전치사 mit의 목적어

   ⇒ 복수 3격 den 어미변화 하여 allen

172. 부정대명사 & 부정수사 (3) : jed-

Jedes Kind braucht eine Familie. '모든 아이는 가정을 필요로 한다.'

↓

부정수사 **jed-** : 중성명사 Kind와 함께 오며, 문장의 주어 ⇒ 중성 1격 **das** 변화하여 jed**es**

Jeder macht Fehler. '모든 이들이 실수들을 행한다.'

↓

(뒤에 명사 없이) jed**er** '모든 사람' (⇐ 남성 1격 정관사 d**er** 어미변화!)

---

467 Die Wahl ist der zentralste Vorgang, mit dem **jeder** Bürger Staatsgewalt ausübt. **Jede** Stimme muss in dieser Demokratie grundsätzlich den gleichen Zählwert haben. [...]

선거는 국민 각자가 국가 권력을 실행하는 가장 핵심적인 과정이다. 이 민주주의에서는 각 한 표가 근본적으로 동일한 계산 가치를 지녀야만 한다.

- ... , mit dem **jeder Bürger** ... *aus*übt

  부정수사 **jed-** : 남성명사 Bürger와 함께 오며, 관계대명사 부문장 안의 주어

  ⇒ 남성 1격 **der** 변화하여 jed**er**

- **Jede Stimme** muss ... haben

  부정수사 **jed-** : 여성명사 Stimme와 함께 오며, 문장의 주어 ⇒ 여성 1격 **die** 변화하여 jed**e**

468 [...] Aus beruflich bedingter Anspannung wird Dauerstress. Der lässt uns schlecht schlafen und verhindert die Erholung, die nach der Arbeit eigentlich **jeder** braucht. Dadurch wiederum sinkt die Leistungsfähigkeit, sodass wir unsere eigenen beruflichen Probleme immer schwerer bewältigen können. [...]

직업상 초래되는 긴장은 만성 스트레스로 발전한다. 이 만성 스트레스는 우리로 하여금 잠을 설치게 하고, 일이 끝난 후에 원래 모두가 필요로 하는 그 회복을 방해한다. 이로 인해 다른 한 편으로는 업무 능력이 저하되고, 그 결과 우리는 우리 자신의 직업적 문제들을 이겨내는 것이 점점 더 어렵게 된다.

- ... die ... **jeder** braucht

  (뒤에 명사 없이) jed**er** '모든 사람' (⇐ 남성 1격 정관사 d**er** 어미변화!)

173. 부정대명사 & 부정수사 (4) : viel-

Ich habe viele Freunde. / Er hat viel Zeit.

↓ (셀 수 있는 명사와 함께) 「viele + 복수」 '많은 ...들'

↓ (셀 수 없는 명사와 함께) 「viel + 단수」 '많은 ...'

'나는 많은 친구들을 가지고 있다.' / '그는 많은 시간을 가지고 있다.'

Viele sind skeptisch. / Vieles ist neu.

↓ (뒤에 명사 없이) viele '많은 사람들' / ↓ (뒤에 명사 없이) vieles '많은 것'

'많은 이들이 회의적이다.' / '많은 것이 새롭다.'

---

469 [...] Das Deutsche Museum in München ist eines der größten Technikmuseen der Welt. **Viele** Leute sagen, Deutschland ist das Land der Dichter und Denker, aber es gab auch sehr **viele** berühmte Erfinder und Ingenieure.

뮌헨에 있는 독일 박물관은 세계에서 가장 큰 공학 박물관들 중의 하나이다. 많은 사람들이 말하기를, 독일은 문학자들과 철학자들의 나라라고 하지만, 유명한 발명자들과 기술자들 역시 아주 많이 있다.

- Viele Leute sagen, ...
  (셀 수 있는 명사 Leute와 함께) 「viele + 복수」 : Viele Leute ...
- ... , aber es gab ... viele berühmte Erfinder und Ingenieure
  (셀 수 있는 명사 Erfinder 및 Ingenieur와 함께)
  「viele + 복수」 : viele ... Erfinder und Ingenieure

♣ ... ist eines der ... Technikmuseen ...
「ein- + 복수 2격」 '... 중의 하나' ⇒ 중성 1격 das 변화하여 eines ☞ 177

470 Eine schmale Taille gilt als verlässliches Zeichen guter Gesundheit. Frauen mit **viel** Fett um die Taille haben weniger Östrogen, sind weniger fruchtbar und tragen ein erhöhtes Risiko für **viele** Krankheiten. [...]

가는 허리는 양호한 건강을 나타내는 믿을만한 신호이다. 허리를 빙 돌아 지방이 많은 여자들은 에스트로겐을 덜 가지고 있으며, 임신 가능성이 덜하고, 여러 질병에 대하여 더 높은 위험을 안고 있다.

▸ ... mit **viel** Fett ...

(셀 수 **없는** 명사 Fett와 함께) 「viel + **단수**」 : mit **viel** Fett

▸ ... für **viele** Krankheit**en**

(셀 수 **있는** 명사 Krankheit와 함께) 「viele + **복수**」 : für viele Krankheit**en**

471 Was reifere Frauen heute von ihrem Partner erwarten, können gleichaltrige Männer oft nicht erfüllen. **Viele** sind nicht bereit, sich auf ein modernes Frauenbild einzulassen. Darauf nämlich, dass Frauen selbstbewusst sind und ihr eigenes Geld verdienen. [...]

오늘날 비교적 성숙한 여자들이 자신의 파트너로부터 기대하고 있는 것을 같은 연배의 남자들이 충족시켜주지 못하는 경우들이 빈번하다. 많은 이들이 현대적인 여인상을 받아들일 채비가 되어 있지 않다. 이를테면 여자들이 자의식을 갖고, 자기 자신의 돈을 벌게 되는 것을 받아들일 채비를 말한다.

▸ **Viele** sind ...

(뒤에 명사 **없이**) viele '많은 사람**들**' (⇐ **복수 1격** 정관사 die 어미변화!)

472 [...] Trotzdem ist Keynes* auf einmal wieder populär. Das liegt daran, dass er der Ökonom der Weltwirtschaftskrise der dreißiger Jahre war. Und auch wenn in der aktuellen Krise **vieles** anders und einiges weniger dramatisch ist als damals - Keynes' Gedanken liefern Diskussionsstoff.

그럼에도 불구하고 케인즈가 갑자기 다시 유명해졌다. 그 이유는 그가 30년대의 세계 경제 위기 때의 경제학자였다는 점에 있다. 비록 지금의 이 위기에서는 그 당시와 비교해서 많은 것들이 다르고, 몇몇의 것들은 극적인 면이 덜함에도 불구하고. - 케인즈의 생각들은 토론의 소재를 제공하고 있다.

* John Maynard Keynes : 20 세기 전반을 대표하는 영국 출신의 경제학자

▸ Und auch wenn ... **vieles** ... und ...

(뒤에 명사 **없이**) viel**es** '많은 것' (⇐ **중성 1격** 정관사 d**as** 어미변화!)

♣ Und auch wenn ... und **einiges** ... ist ...

(뒤에 명사 **없이**) einig**es** '몇몇의 것' (⇐ **중성** 정관사 d**as** 어미변화!) ☞ 179

174. 부정대명사 & 부정수사 (5) : wenig-

Ich habe **wenige** Freunde. / Er hat **wenig** Zeit.

↓ (셀 수 **있는** 명사와 함께) 「wenige + **복수**」 '적은 ...들'

↓ (셀 수 **없는** 명사와 함께) 「wenig + **단수**」 '적은 ...'

'나는 친구들이 적다.' / '그는 시간이 적다.'

---

473 [...] Am Morgen kamen viele Autos auf den überfrorenen Straßen ins Rutschen. Trotzdem passierten nur **wenige** Unfälle, weil die meisten Leute vorsichtig gefahren sind.

아침에는 많은 자동차들이 살짝 얼어붙은 도로들 위에서 미끄러졌다. 그럼에도 불구하고 사고는 약간만 발생했을 뿐인데, 왜냐 하면 사람들 대부분이 주의 깊게 운행했기 때문이다.

▸ ... passierten ... **wenige** Unfälle, ...

(셀 수 **있는** 명사 Unfall과 함께) 「wenige + **복수**」 : wenige Unf**ä**lle

♣ ... , weil ... gefahren **sind**

'**장소 이동**' 자동사 fahren의 **현재완료** "**sind** ... gefahren" ⇒ **후치**됨 : "... gefahren **sind**" ☞ 107

474 Ryan Air gerät massiv in die Kritik: Laut Gewerkschaft weist die Billigfluglinie ihre Piloten an, möglichst **wenig** Treibstoff zu tanken. [...]

라이언에어는 엄청나게 비판 받고 있다 : 노동조합에 따르면 이 저가 항공사는 자신의 조종사들에게 연료를 가능한 한 적게 주유할 것을 지시하고 있다.

▸ ... **wenig** Treibstoff zu tanken

(셀 수 **없는** 명사 Treibstoff와 함께) 「wenig + **단수**」 : **wenig** Treibstoff

♣ Ryan Air [1]ger**ä**t ... [2]**in** die Kritik: ...

1. 동사 geraten의 **현재** 시제 : 주어 "Ryan Air"는 **단수** ⇒ 어간 모음 a → **ä** 변화하여 ger**ä**t ☞ 90
2. 3 · 4격 전치사 **in**은 동사 gerät와 함께 '...안**으로** 빠지다'를 뜻함. ⇒ '**방향**'으로서 **4격**!
   여성명사 Kritik이 전치사 in의 **4격** 목적어 ⇒ **여성 4격** 정관사 di**e**가 앞에 옴. ☞ 25

♣ ... weist ... *an*, ... **zu** tanken

동사 tanken의 **zu-부정사** ⇒ **명사적** 용법 : **타동사**&분리동사 "weist ... *an*"의 **목적어** ☞ 116

175. 부정대명사 & 부정수사 (6) : jemand 및 niemand

Jemand wartet auf dich. / Niemand versteht mich.

↓ 부정대명사 **jemand** '누군가' / ↓ 부정대명사 **niemand** '아무도 ... 않다'

'누군가가 너를 기다리고 있다.' / '아무도 나를 이해하지 못한다.'

---

475 [...] Und Misstrauen ist ja tatsächlich angebracht, wenn **jemand** verkündet, Entscheidungen im Sinne anderer oder gar aller zu treffen. Zu oft hat sich gezeigt, dass politische, wirtschaftliche oder religiöse Führer in Wahrheit in erster Linie ihre eigenen Interessen im Auge hatten. [...]

그래서 만약 누군가가 다른 사람들의 의도에 맞게, 또는 심지어 모든 이들의 의도에 맞게 결정을 하겠다고 공표할 경우, 불신하는 것이 정말로 적절하다. 정치적, 경제적, 혹은 종교적 리더들이 사실은 무엇보다도 자기 자신의 이익을 의도하고 있었던 경우들이 너무나도 자주 나타난다.

▸ ... , wenn **jemand** verkündet, ...

부정대명사 **jemand** : 종속접속사 wenn-부문장 안의 주어 ⇒ **1격** 형 jemand

♣ ... im Sinne ... oder ... all**er** ...

(뒤에 명사 없이) 부정수사 **all-** : '사람들'을 뜻하여 복수이며, 앞의 명사 Sinne를 수식하는 **2격** ⇒ 복수 **2격** **der** 변화하여 all**er** ☞ 171

476 [...] In jeder bevölkerten Fußgängerzone gibt es Passanten, die voranschreiten, ohne andere zu beachten, den Blick starr auf den Boden gerichtet. Diese Fußgänger scheinen **niemanden** wahrzunehmen. [...]

사람이 많은 보행자 구역 모든 곳에는 시선을 고정하여 땅 위로 향한 채, 다른 사람들을 주의하지 않고 앞으로 걸어가는 통행자들이 있다. 이 보행자들은 아무도 인지하지 않는 것 같다.

▸ ... **niemanden** *wahr*zunehmen

부정대명사 **niemand** : zu-부정사 안의 동사 *wahr*nehmen의 **4격** 목적어 ⇒ **4격** 형 niemand**en**

♣ ... *voran*schreiten, ... , den Blick ... gerichtet

동사 richten의 과거분사 gerichtet ⇒ 부사적 용법 : 앞에 온 동사 *voran*schreiten을 수식 ☞ 53

176. 부정대명사 & 부정수사 (7) : etwas 및 nichts

Etwas ist nicht richtig. / **Nichts** ist ewig.

↓ 부정대명사 **etwas** '뭔가'

↓ 부정대명사 **nichts** '아무것도 ... 않다'

'뭔가가 올바르지 않다.'

'아무 것도 영원하지 않다.'

---

477 [...] Aus diesem Fall können wir lernen, welche Rolle eigentlich das Gehirn übernimmt, wenn wir **etwas** sehen oder - besser gesagt - zu sehen glauben. Die Welt um uns herum ist nicht unbedingt so, wie sie uns erscheint. Wir sehen nicht die Dinge selbst, sondern die Idee, die wir von ihnen haben. [...]

만약 우리가 뭔가를 볼 경우, 또는 - 보다 정확히 표현해서 - 뭔가를 보고 있다고 생각할 경우, 도대체 두뇌는 어떤 역할을 떠맡는가 하는 것을 우리는 이 경우로부터 배울 수 있다. 우리를 빙 둘러싸고 있는 이 세계는 그것이 우리에게 보이고 있는 바와 같이 반드시 그런 것은 아니다. 우리가 보는 것은 사물들 자체가 아니라, 우리가 그것들에 대하여 갖고 있는 관념이다.

▸ ... , wenn ... **etwas** sehen ...

부정대명사 **etwas** ⇒ 동사 sehen의 4격 목적어

♣ ... lernen, welche Rolle ... übernimmt

의문대명사 **welch-** ⇒ 여성 4격 정관사 die 변화하여 welche ☞ 184

(의문사 welch- 부문장 전체 ⇒ 앞에 온 타동사 lernen의 4격 목적어 ☞ 186)

478 Jemand, der **nichts** gelernt hat, ist dumm. Der weiß vielleicht auch nicht, wie er diese Bildungslücken wieder schließen kann. [...]

아무것도 배우지 않은 사람은 우둔하다. 아마도 이 사람은 어떻게 하면 자신이 이 교육적 틈새를 다시 메울 수 있을지 역시 알지 못할 것이다.

▸ ... , der **nichts** gelernt hat, ...

부정대명사 **nichts** ⇒ 동사 gelernt의 4격 목적어

♣ ... weiß ... , wie ... schießen kann

의문사 wie 부문장 전체 ⇒ 앞에 온 타동사 weiß의 4격 목적어 ☞ 183, 186

479 [...] Witze müssen vor allem **etwas** Ungewöhnliches oder Unmögliches bieten, womit man auf keinen Fall rechnet. Und am besten **etwas**, was außerhalb der gesellschaftlichen Konventionen liegt und vielleicht sogar verboten ist. [...]

위트는 무엇보다도 우리가 전혀 예상하지 못하는 뭔가 독특하거나 불가능한 것을 제공해야만 한다. 그래서 가장 좋은 경우는 사회적 관습 밖에 놓여 있고, 그래서 어쩌면 금지되어 있기 조차 한 그 무엇이다.

▸ ... etwas Ungewöhnliches oder Unmögliches bieten, womit ... rechnet

부정대명사 **etwas** ⇒ 동사 bieten의 4격 목적어

※ 형용사 ungewöhnlich 및 unmöglich가 부정대명사 **etwas**를 수식함.

⇒ 형용사는 뒤에 위치하며, 어미 **-es** (대문자 표기) : etwas Ungewähnliches oder Unmögliches

※ wo**mit** ⇒「전치사 **mit** + 관계대명사 **was**」 ☞ 182

(부정대명사 **etwas**가 선행사일 경우 ⇒ 관계대명사는 **was** ☞ 145)

▸ ... etwas, was ... liegt und ... ist

부정대명사 **etwas** ⇒ 앞 문장에 나온 “etwas ...”와 동격이므로 **4격**

※ 관계대명사 **was** ⇒ 앞에 온 부정대명사 **etwas**가 선행사 ☞ 145

480 Wer seine Vergeltungsgelüste immer nur unterdrückt, wird krank. Wichtig dabei ist nur die Frage, in welcher Form die Revanche erfolgt. Rachegefühle sind **etwas** Alltägliches, doch **nichts** Harmloses. Es hilft allerdings wenig, sie zu verteufeln. [...]

자신이 지닌 복수의 욕망을 늘 억누르기만 하는 사람은 병들게 된다. 여기서 중요한 것은 오로지 어떤 형태로 그 복수가 이루어지는가 하는 문제뿐이다. 복수의 감정이란 뭔가 일상적인 것이지만, 무해한 것은 아니다. 물론 이것들을 악한 것으로만 여기는 것은 거의 도움이 되지 않는다.

▸ ... sind [1]etwas Alltägliches, doch [2]nichts Harmloses

1. 부정대명사 **etwas** ⇒ 동사 sind의 주격 보어로서 **1격**

   ※ 형용사 alltäglich가 부정대명사 **etwas**를 수식 : etwas Alltägliches

2. 부정대명사 **nichts** ⇒ 동사 sind의 주격 보어로서 **1격**

   ※ 형용사 harmlos가 부정대명사 **nichts**를 수식 : nichts Harmloses

♣ ... die Frage, in welcher Form ... erfolgt

의문대명사 **welch-** : 뒤에 여성명사 Form과 함께 오며, 3 · 4격 전치사 in의 **3격** 목적어

⇒ 여성 **3격** 정관사 **der** 변화하여 welch**er** ☞ 184

(의문사 welch- 부문장 전체 ⇒ 앞에 온 명사 Frage를 수식 ☞ 186)

177. 부정대명사 & 부정수사 (8) : ein- 및 kein-

Ich brauche einen Stift. Hast du **einen**?

↓

부정대명사 **ein-** '... 하나' :

앞의 **남성**명사 Stift를 지시하며, 동사 Hast의 **4격** 목적어

⇒ **남성 4격 den** 어미변화 하여 ein**en**

'나는 펜을 하나 필요해. 너는 하나 가지고 있니?'

Brauchen Sie einen Stift? - Nein, ich brauche **keinen**.

↓

부정대명사 **kein-** '하나도 ... 않다' :

앞의 **남성**명사 Stift를 지시하며, 동사 brauche의 **4격** 목적어

⇒ **남성 4격 den** 어미변화 하여 kein**en**

'당신은 펜을 필요로 하시나요? - 아니오, 저는 하나도 필요하지 않아요.'

---

481 [...] Sie gilt als **eine** der interessantesten neuen Stimmen im Pop. Ihre Träume scheinen zu fragen, woher eigentlich künstlerische Inspiration kommt. [...]

그녀는 팝의 가장 흥미로운 새로운 목소리들 가운데 하나로서 인정된다. 그녀의 꿈들은 예술적 영감이란 도대체 어디에서 나오는지를 묻고 있는 것 같다.

▸ ... gilt als **eine** der ... Stimmen ...

부정대명사 **ein-** : 뒤에 온 **여성**명사 Stimme를 지시하며, als와 함께 와서 **주어**에 일치하므로 **1격**

⇒ **여성 1격** 정관사 **die** 변화하여 ein**e**

※ 「**ein-** + **복수 2격**」 '... 중의 하나'

482 [...] Die Bedeutung, die wir Gespenstern beimessen, ist groß, obwohl die wenigsten unter uns zugeben würden, wirklich schon **eines** gesehen zu haben. Doch immerhin jeder Dritte glaubt, dass es **welche** gibt. [...]

우리가 유령에게 부여하는 의미는 크다. 설령 우리들 가운데 극소수만이 실제로 그것을 이미 보았다고 인정하게 될지 모르겠지만. 하지만 어쨌든 간에 우리들 중 1/3은 그것들이 존재한다고 믿고 있다.

▸ ... **eines** gesehen zu haben

부정대명사 **ein-** : 앞에 온 **중성**명사 Gespenst를 지시하며, 동사 gesehen의 **4격** 목적어

⇒ **중성 4격** 정관사 **das** 변화하여 ein**es**

▸ ... , dass es **welche** gibt

부정대명사 **welch-** : 앞에 온 명사 Gespenst의 **복수**를 지시하며, 「es gibt ...」의 **4격** 목적어

⇒ **복수 4격** 정관사 **die** 변화하여 welche

〈주의〉 **복수**명사, (셀 수 없는) **물질**명사, **추상**명사를 지시할 경우 ⇒ **welch-** (즉, ein- 아님!)

♣ ... , obwohl ... [1]*zu*geben **würden**, ... [2]gesehen **zu** haben

1. 미래 시제 "**werden** ... *zu*geben" ⇒ **접속법 II** : "... *zu*geben **würden**" ☞ 212

2. 타동사 sehen의 **완료형**의 **zu-부정사** ⇒ **명사적** 용법 : 앞에 온 *zu*geben의 **목적어** ☞ 103, 126

483 [...] Was kaum **einer** weiß: In Wahrheit ist es die zarte Seele des Mannes, die ihn in den Ruin treibt. Er ist ein soziales Wesen, stets bestrebt nach Zufriedenheit und Harmonie. Das beweist schon die Tatsache, dass es ihm gesundheitlich immer dann am besten geht, wenn er sich in einer Partnerschaft befindet. [...]

그 누구도 좀체 알지 못하고 있는 것은 이 점이다 : 남자를 파멸 속으로 몰고 가는 것은 사실 남자의 부드러운 영혼이다. 남자는 사회적 존재이며, 항상 만족과 조화를 추구한다. 이를 증명해 주는 것으로서는 남자가 파트너 관계 속에 있게 되면, 그러면 항상 남자는 건강상 최상의 상태가 된다는 사실로서 족하다.

▸ Was ... **einer** weiß: ...

부정대명사 ein**er** '한 사람, 누군가' (⇐ **남성 1격** 정관사 d**er** 어미변화!)

484 [...] Einige Leute glaubten ein Ufo gesehen zu haben. Doch was sie sahen, waren in Wirklichkeit Gesteinsbrocken, also Meteoriten, die aus dem Weltall auf die Erde gefallen sind. Wo auf der Erde die Brocken gelandet sind, wusste **keiner** so genau. [...]

몇몇 사람들은 UFO를 보았다고 생각했다. 하지만 사실 이들이 보았던 것은 암석 덩어리들, 즉 우주로부터 지구 위로 떨어진 운석들이었다. 이 암석 덩어리들이 지구 위 어디에 착륙했는지는 아무도 그리 정확히 알지 못했다.

▸ ... , wusste **keiner** ...

부정대명사 kein**er** '아무도 ... 않다' (⇐ **남성 1격** 정관사 d**er** 어미변화!)

178. 부정대명사 & 부정수사 (9) : mein-, dein-, sein- ...

Hier ist ein Stift. Ist das **deiner**? - Ja, das ist **meiner**.

↓ 부정대명사 **dein-** '너의 것' ⇒ 남성 1격 **der** 변화하여 dein**er**

↓ 부정대명사 **mein-** '나의 것' ⇒ 남성 1격 **der** 변화하여 dein**er**

'여기 펜이 하나 있어. 그것은 너의 것이니? - 응, 그것은 나의 것이야.'

---

485 [...] Die 1964 geborene Schriftstellerin und Journalistin will mit ihrem 2005 erschienenen Buch „Welches Leben ist **meins**" dem Leser und der Leserin helfen, sich im Entscheidungsdschungel unserer Luxus- und Wohlstandsgesellschaft besser zurechtzufinden.

1964년 출생한 이 여류 작가 겸 여류 언론인은 2005년 출판된 자신의 책 "어떤 삶이 나의 것일까?"를 가지고 남녀 독자로 하여금 우리의 이 고급 사회 및 복지 사회의 판단의 정글 안에서 보다 잘 지내도록 하는 데에 도움을 주려고 한다.

▸ ... „Welches Leben ist **meins**" ...

부정대명사 **mein-** : 앞에 온 중성명사 Leben을 지시하며, 동사 ist의 주격 보어

⇒ 중성 1격 정관사 da**s** 변화하여 mein**s**

486 Ist die Alkoholtoleranz einer Mücke mit **unserer** zu vergleichen? Das einzige mir bekannte Experiment dazu wurde in der ARD-Fernsehsendung „Kopfball" durchgeführt: Mücken, die einen alkoholisierten Menschen stachen, zeigten hinterher kein auffälliges Verhalten. [...]

모기의 알코올 내성이 우리의 그것과 비교될 수 있을까? 나에게 알려져 있는 유일한 이에 대한 실험은 ARD의 TV 프로그램 "헤딩"에서 수행되었다 : 알코올에 취한 사람을 문 모기들은 그 이후에 어떤 두드러지는 행동 방식을 전혀 보여주지 않았다.

▸ ... die Alkoholtoleranz ... mit **unserer** ...?

부정대명사 **unser-** : 앞에 온 여성명사 Alkoholtoleranz를 지시하며, **3격** 전치사 mit의 목적어

⇒ 여성 3격 정관사 **der** 변화하여 unser**er**

179. 부정대명사 & 부정수사 (10) : manch- / einig- / mehrer-

Manche Tiere sind schlau. '몇몇 동물들은 영리하다.'

↓

부정수사 **manch-** : 「manche + 복수」 '몇몇의 ...'

Ich habe einige Freunde. '나는 몇몇 친구들을 가지고 있다.'

↓

부정수사 **einig-** : 「einige + 복수」 '몇몇의 ...'

Ich lade mehrere Leute zur Party ein. '나는 몇몇 친구들을 파티에 초대한다.'

↓

부정수사 **mehrer-** : 「mehrere + 복수」 '몇몇의 ...'

---

487 [...] Der Stromausfall hat zu teilweise chaotischen Verkehrsverhältnissen geführt. In zahlreichen Orten fielen die Ampeln aus. **Manche** Schulen blieben länger geöffnet, um Schülern das Verkehrschaos zu ersparen. Zeitweise waren nach Schätzungen bis zu 3 Millionen Haushalte ohne Strom. [...]

이 정전 사고는 부분적으로 혼란스런 교통 상황으로 이끌어졌다. 수많은 장소에서 신호등이 꺼졌다. 학생들에게 교통 혼란의 피해가 가지 않도록 하기 위해 몇몇 학교는 비교적 오랜 시간 동안 계속 열려 있었다. 집계된 바에 따르면 전기가 없는 가구 수가 순간적으로 300 만까지 이르렀다.

▸ **Manche** **Schulen** blieben ...

「manche + 복수」 : Manche Schulen '몇몇 학교들'

♣ ... [1]**blieben** ... [2]**geöffnet**

1. 동사 bleiben의 과거 시제 : 주어가 복수 "... Schulen" ⇒ 과거형에 **-en**이 붙어 blieb**en** ☞ 95
2. 「bleiben + 형용사」 '...인 상태로 계속되다' :
   타동사 öffnen의 과거분사 geöffnet ⇒ 동사 blieb*en*의 형용사 보어 ☞ 100, 156

488 [...] Einen großen Teil des Lärms machen wir auch selbst: Wir hören einfach viel zu laut Musik. Vor allem die Kopfhörer können unser Gehör schon nach wenigen Tagen schädigen. **Manche** haben dann ein unangenehmes Sirren im Ohr. [...]

우리 자신 역시 소음의 많은 부분을 만들어 낸다 : 우리는 그저 너무나도 크게 음악을 듣고 있다. 무엇보다 헤드폰들은 며칠 지나지 않아 벌써 우리의 청각을 해칠 수 있다. 그렇게 되면 일부 사람들은 귀 안에서 불쾌한 윙윙 소리가 들린다.

▸ **Manche** haben ...

(뒤에 명사 없이) manche '몇몇 사람들' (⇐ 복수 1격 정관사 die 어미변화!)

489 [...] Wie viele verschiedene Tier- und Pflanzenarten gibt es auf der Erde? Unvorstellbar viele, es sind **einige** Millionen. Und die Wissenschaftler sind sich sicher, dass noch längst nicht alle entdeckt wurden.

얼마나 많은 상이한 동물 및 식물 종류들이 지구 위에 존재할까? 상상할 수 없을 만큼 많은 종류들로서, 이를테면 그 수는 수백만이 된다. 그리고 많은 학자들이 확신하는 점은 모든 종류들이 발견된 것이 단연코 아니라는 것이다.

▸ ... , es sind **einige Millionen**

「einige + 복수」 : einige **Millionen** ('몇몇 백만들' →) '수백만'

♣ Wie **viele** verschiedene Tier- und **Pflanzenarten** gibt es ...?

「Wie viele + 복수」 '얼마나 많은 ...들?' : "Wie viele ... Tier- und Pflanzenarten"
「viele + 형용사 -(e)n」 : "Wie viele verschiedene ..." ☞ 173

♣ ... , dass ... **alle** ... entdeckt wurden

(뒤에 명사 없이) 부정수사 **all-** : 앞에 온 복수명사 "...arten"을 지시하며, dass-부문장 안의 주어
⇒ 복수 1격 정관사 die 변화하여 alle ☞ 171

490 [...] Mindestens neun Bergsteiger sind in den französischen Alpen von einer Lawine getötet worden, unter ihnen drei Deutsche. **Mehrere** Menschen werden noch vermisst.

적어도 9명의 등산객들이 프랑스의 알프스 산에서 산사태로 목숨을 잃었는데, 이들 가운데 3 명은 독일 사람들이다. 몇몇 사람들은 아직 실종 상태이다.

▸ **Mehrere Menschen** werden ...

「mehrere + 복수」 : Mehrere **Menschen** '몇몇 사람들'

♣ ... **sind** ... getötet **worden**

타동사 töten의 수동태 현재완료 「**sein** ... p.p **worden**」 : "**sind** ... getötet **worden**" ☞ 151

180. 부정대명사 & 부정수사 (11) : beid-

Beide Geschichten sind wahr. '두 이야기는 사실이다.'

↓

부정수사 **beid-** '양쪽의 ...'

⇒ 복수명사 Geschichten과 함께 오며, 문장의 주어 ⇒ 복수 1격 die 변화하여 Beide

---

491 음식점에서 좌석 선택 시 나타나는 남녀의 상이한 성향을 다룬 글에서 :

[...] In seinen Augen unterscheidet sich der erste vom zweiten Tisch durch nichts - **beide** haben vier Beine, eine Tischdecke, drum herum stehen Stühle. Nur sie allein ist in der Lage zu erkennen, dass das Licht hier schmeichelhafter ist. [...]

그의 눈에는 그 무엇을 통해서도 첫 번째 테이블이 두 번째 것으로부터 전혀 구별되지 않는다. - 둘 모두 다리가 네 개이고, 테이블보가 한 개이며, 그 주위에 의자들이 서 있다. 오로지 그녀 혼자만이 여기가 조명 빛이 더 기분 좋게 한다는 것을 인식할 수 있다.

▸ ... - **beide** haben ...

(뒤에 명사 없이) 부정수사 **beid-** : 앞의 두 개의 대상을 지시하여 복수이며, 동사 haben의 주어

⇒ 복수 1격 정관사 die 변화하여 beide

♣ ... ist ... in der Lage **zu** erkennen, dass ...

동사 erkennen의 **zu-부정사** ⇒ 형용사적 용법 : 앞에 온 명사 Lage를 수식 ☞ 121

(zu-부정사 안의 **zu** 앞에 오는 요소가 없는 경우 ⇒ 앞에 콤마 없음!)

492 Wenn die deutsche Mannschaft ihre **beiden** Auftaktspiele bei dieser Weltmeisterschaft gewinnt, hat sie vielleicht doch Chancen, bis ins Halbfinale zu kommen. Aber bis dahin ist es ein weiter Weg. [...]

만약 독일 팀이 이번 세계선수권대회에서 자신의 처음 두 경기를 승리한다면 아마도 준결승까지 진출할 가능성을 갖게 될 것이다. 하지만 그렇게 되기까지는 머나먼 길이 놓여 있다.

▸ Wenn ... **ihre beiden Auftaktspiele** ... gewinnt, ...

부정수사 **beid-**가 소유대명사 **ihr-** 뒤에 옴. ⇒ 형용사 어미변화!

복수 1격 「die + 형용사 **-en**」 : ihre beiden ...

※ 소유대명사 **ihr-** : 복수명사 "...spiele"가 부문장 안의 주어 ⇒ 복수 1격 die 변화하여 ihre ☞ 31

181. 의문사 (1) : wer

Wer lebt in diesem Haus? /
↓
의문대명사 **wer** '누가?' (1격)

'누가 이 집에서 사니?'

Wessen Freund ist er?
↓
의문대명사 **wessen** '누구의 ...?' (2격)

'그는 누구의 친구니?'

Mit **wem** macht er die Reise? /
↓
의문대명사 **wem** '누구에게?' (3격)

'그는 누구와 함께 여행하니?'

Wen liebst du?
↓
의문대명사 **wen** '누구를?' (4격)

'너는 누구를 사랑하니?'

---

493 Wir sind nicht allein. In unserem Kopf. Jeder Mensch trägt in sich ein Universum von Meinungen, Überzeugungen und Wünschen. Auf die Frage „**Wer** bin ich?“ können je nach innerer Perspektive ganz verschiedene Stimmen antworten. [...]

우리는 혼자가 아니다. 우리의 머리 속에서는. 모든 인간은 자신 안에 의견들과 신념들, 그리고 소원들로 이루어진 한 우주를 지닌다. "나는 누구일까?" 라는 질문에 대하여 내적인 관점에 따라 각각 아주 상이한 목소리들이 답변을 줄 수 있다.

▸ ... „**Wer** bin ich?“ ...

의문대명사 **wer** '누가?' (1격) ⇒ 동사 bin의 주격 보어

494 [...] Die einen wollen unbedingt rein, andere so schnell wie möglich raus: Die private Krankenversicherung lockt und schreckt zugleich ab. Doch für **wen** ist sie attraktiv? [...]

일부 사람들은 무조건 들어가려고 하고, 다른 일부 사람들은 가능한 한 신속히 나가려고 한다 : 사설 의료보험은 유혹하기도 하고, 동시에 겁주어 쫓아내기도 한다. 하지만 이것이 누구에게 매력적일까?

▸ ... für **wen** ...?

의문대명사 **wen** '누구를?' (4격) ⇒ 4격 전치사 für의 목적어

182. 의문사 (2) : was

Was ist dein Problem? / **Womit** arbeitet er?

↓ 의문대명사 **was** '무엇이?' (**1**격)

↓ **was**가 전치사와 함께 올 경우 ⇒ 「wo(*r*)- + 전치사」
wo**mit** ⇒ "**mit** + was"

'너의 문제는 무엇이니?' / '그는 무엇을 가지고 작업하니?'

---

495 [...] **Was** kann man nun gegen das Seitenstechen unternehmen? Bezüglich der besten Soforthilfe gibt es mindestens ebenso viele unterschiedliche Ansichten wie Freikirchen in den USA. Jeder erzählt etwas anderes, jeder hat „mal gelesen" oder „sich sagen lassen", wie sich die Stiche am besten bekämpfen lassen. [...]

이제 우리가 이러한 옆구리 통증에 맞서서 행할 수 있는 것은 무엇일까? 최선의 응급 처치와 관련해서는 적어도 미국에 있는 자유 교회들 숫자만큼이나 많은 다양한 견해들이 존재한다. 각자가 뭔가 다른 것을 이야기하는데, 이를테면 이 통증이 어떻게 하면 가장 잘 극복될 수 있는지를 각자가 "전에 한번 읽었던 적이 있다"거나, 아니면 "들었다"는 것이다.

▸ **Was** kann man ... unternehmen?
의문대명사 **was** '무엇을?' (**4**격) ⇒ 동사 unternehmen의 **4**격 목적어

496 In Deutschland werden immer weniger Kinder geboren, deshalb werden auch weniger Kinder zur Adoption freigegeben. Doch der demografische Wandel reicht nicht aus, um die extrem gesunkenen Adoptionszahlen zu erklären. **Woran** liegt es noch? [...]

독일에서는 점점 더 적은 수의 아이들이 출생하고, 그런 까닭에 또한 점점 더 적은 수의 아이들이 입양되도록 허가 받는다. 하지만 이런 인구통계학적 변화가 극도로 감소된 이 입양 숫자를 설명하기에는 충분하지 않다. 이는 그 밖에도 무엇 때문일까?

▸ Wo*r***an** liegt es ...?
「wo(*r*)- + 전치사」 형태 wo*r***an** ⇒ "전치사 **an** + 의문대명사 **was**"

183. 의문사 (3) : wie

Wie ist das Wetter dort? / **Wie** groß ist er?

↓ 의문부사 **wie** '어떻게?' / ↓ 「**wie** + 형용사」 '얼마나 ...인?'

'그곳은 날씨가 어떠니?' / '그는 얼마나 크니?'

---

497 Es passiert rund einmal im Monat, dass der Mond eine Nacht lang nicht zu sehen ist. Ab und zu geschieht es aber auch zwischendurch. Dann sprechen Fachleute, die Astronomen, von einer „Mondfinsternis". Aber **wie** kommt die zustande? [...]

달이 밤 시간 내내 눈에 보이지 않게 되는 것은 1 개월에 대략 한 번 발생한다. 하지만 가끔씩 이것은 그 사이 사이에도 발생한다. 그럴 경우 전문가들, 즉 천문학자들은 "월식"을 언급하게 된다. 그런데 이것은 어떻게 해서 일어나게 되는 것일까?

▸ ... **wie** kommt ... *zustande*?

의문부사 **wie** '어떻게?'

♣ ... kommt **die** *zustande*?

여성 1격 지시대명사 **die** :

앞에 온 여성명사 Mondfinsternis를 지시하며, 동사 "kommt ... *zustande*"의 주어 ☞ 158

498 Wann immer es um Pakistan geht, taucht eine Frage auf: **Wie** sicher sind die Atomwaffen dieses Landes? Könnte es sein, dass islamistische Extremisten Nuklearwaffen in die Hände bekommen? Ist es möglich, dass sie darauf ein nukleares Feuer entzünden könnten? [...]

파키스탄이 주제가 될 때면 늘 한 가지 질문이 대두된다 : 이 나라의 핵무기가 얼마나 안전할까? 혹시나 이슬람 과격주의자들이 핵무기를 손에 넣게 되지는 않을까? 그런 다음 이들이 혹시라도 핵무기의 화염을 점화하게 될 가능성이 있을까?

▸ ... : **Wie** sicher sind ...?

「**wie** + 형용사」 : **Wie** sicher ...?

♣ ... , dass ... entzünden **könnten**

화법조동사 können의 접속법 II 형태 **könnte** : "... entzünden **könnten**" ⇒ 잠재적 가능성 ☞ 212

184. 의문사 (4) : welch-

Welches Zimmer ist besser? '어떤 방이 더 좋니?'

↓

의문대명사 welch- '어떤 ...?' ; '어느 쪽 ...?' :

뒤에 중성명사 Zimmer와 함께 오며, 동사 ist의 주어 ⇒ 중성 1격 das 변화하여 welches

---

499 Welche Ziele hat Familienpolitik eigentlich? Wie misst man, was vergeudet ist und was nicht? Viele sich teilweise widersprechende Anliegen stehen sich gegenüber. [...]

가족 정책은 원래 어떤 목표들을 가지고 있는가? 무엇이 낭비되고 있으며, 무엇이 그렇지 않은지는 어떤 방법으로 우리가 측정할까? 부분적으로 서로 모순되는 많은 요구 사항들이 서로 대립하고 있다.

▸ Welche Ziele hat ...?

복수 4격 의문대명사 welche : 뒤에 복수명사 Ziele와 함께 오며, 동사 hat의 4격 목적어

⇒ 복수 4격 정관사 die 변화하여 welche

♣ Viele sich ... widersprechende Anliegen stehen ... *gegenüber*

「viele + 형용사 -(e)n」 : Viele ... widersprechende ... ☞ 173

(3격 재귀동사 $sich^3$ widersprechen의 현재분사 $sich^3$ widersprechend ☞ 49)

500 Welches Lebewesen nutzt Werkzeuge, ist mitfühlend gegenüber anderen, beherrscht Zeichensprache und hat kulturelle Traditionen? Klar: der Mensch. Aber das ist nur die halbe Wahrheit. Denn diese Eigenschaften finden sich auch bei unseren nächsten Verwandten: bei Schimpansen.

어떤 생물이 도구들을 이용하며, 다른 이들에 대해 공감하고, 기호언어를 능숙하게 다루며, 그리고 문화적 전통들을 소유하고 있을까? 당연한 정답 : 인간이다. 그러나 이는 단지 절반의 진실에 불과하다. 왜냐 하면 이러한 특성들은 우리의 가장 가까운 친족에게서도 나타나기 때문이다 : 침팬지들에게서.

▸ Welches Lebewesen nutzt ...?

중성 1격 의문대명사 welches : 뒤에 중성명사 Lebewesen과 함께 오며, 동사 nutz*t*의 주어

⇒ 중성 1격 정관사 das 변화하여 welches

185. 의문사 (5) : 기타 의문대명사 및 의문부사

Wann beginnt das Spiel? / **Wo** arbeitet er?

↓ 의문부사 **wann** '언제?' / ↓ 의문부사 **wo** '어디에?'

'그 경기는 언제 시작하니?' / '그는 어디에서 일하니?'

Warum machst du das? / **Was für ein** Film ist das?

↓ 의문부사 **warum** '왜?' / ↓ 의문대명사 **was für ein-** '어떤 종류의 ...?' ; '어떤 ...?'

'너는 왜 그것을 하니?' / '그것은 어떤 종류의 영화니?'

---

501 [...] Es soll Menschen geben, die sich selbst vorsagen, was sie für erbärmliche Versager sind. Oder dass sie dumm sind, faul, hässlich und generell wenig wert. Wenn ich mich selbst nicht mag, **warum** sollten mich dann andere mögen? [...]

자신이 얼마나 처량한 실패자인지를 스스로에게 되새기며 말하는 사람들이 있다고 한다. 아니면 자신이 우둔하다고, 그리고 게으르며, 못생겼고, 일반적으로 볼 때 가치가 없다고 말하든지. 내가 나 자신을 좋아하지 않는다면, 그런 나를 다른 이들이 좋아해야 할 까닭이 있을까?

▸ ... , **warum** sollten ... mögen?

의문부사 **warum** '왜?'

♣ ... *vor*sagen , **was** ... **für** erbärmliche Versager sind

(1) 의문대명사 **was für ein-** ...의 부문장 ⇒ 앞에 온 타동사 *vor*sagen의 목적어 ☞ 186

(2) 의문대명사 **was für ein** ... ⇒ "**was**"와 "**für ein** ..."을 분리할 수 있음 :

... , **was** sie **für** erbärmliche Versager sind = ... , **was für** erbärmliche Versager sie sind

(2) 여기서 was für ein- ...은 복수 1격 : 뒤에 복수명사 Versager와 함께 오며, 동사 sind의 주격 보어

⇒ 복수이므로 부정관사 **ein-** 생략!

502 [...] Es gibt zum Beispiel im Christentum und dem Islam den strafenden, allwissenden Gott, vor dem man Angst haben muss. Der die Einhaltung der Werte fordern und überwacht. **Woher** kommt nun die Vorstellung des strafenden Gottes? [...]

예를 들어 기독교와 이슬람교에는 징벌을 내리며, 모든 것을 알고 있는, 그래서 우리가 두려움을 가져야만 하는 신이 존재한다. 이를테면 가치 있는 대상들을 보존 유지할 것을 요구하고 감시하는

신이다. 그런데 이와 같이 징벌을 내리는 신에 대한 관념은 어디로부터 오는 것일까?

▸ **Woher** kommt ...?

의문부사 **woher** '어디로부터?'

503 의학 상식을 독자에게 전하는 잡지 칼럼에서 :

Immer wieder stellt sich die gleiche Frage: Ab **wann** hat man Fieber und was gilt als kritisch? Wir erklären Ihnen, bei welcher Körpertemperatur man von Fieber spricht, und ab wann es für Babys und Kleinkinder gefährlich wird. [...]

계속 반복해서 동일한 질문이 나오고 있습니다 : 몸에 열이 있다는 것은 어느 시점부터인지? 그리고 무엇이 심각한 경우로서 인정되는지? 저희가 여러분들께 설명드리겠습니다. 몸에 열이 있다고 말하는 것은 체온이 어떨 경우인지를, 그리고 이것이 아기들과 어린 아이들에게 위험하게 되는 것은 어느 시점부터인지를.

▸ Ab **wann** hat ...?

3격 전치사 **ab** '...로부터' + 의문부사 **wann** '언제?' ⇒ ab **wann** '언제부터?'

♣ ... erklären ... , [1]bei **welcher** Körpertemperatur ... spricht, und [2]ab **wann** ... wird

1. 의문대명사 welch-의 **부문장** ⇒ 앞에 온 동사 erklären의 **목적어** ☞ 184, 186
2. 의문부사 wann의 **부문장** ⇒ 앞에 온 동사 erklären의 **목적어** ☞ 186

504 **Was für ein** Jahr wird 2018 gewesen sein, wenn man in fünf oder zwanzig oder gar in hundert Jahren zurückblickt? Ein Jahr zum Vergessen oder zum Erinnern? [...]

만약 우리가 5 년 혹은 20 년 후에, 아니면 심지어 100 년 후에 되돌아 볼 경우, 2018년은 어떤 해였던 것으로 될까? 잊어버릴 해일까? 아니면 기억해둘 해일까?

▸ **Was für ein** Jahr wird ... sein, ...?

의문대명사 「**was für ein-** + 명사」 '어떤 종류의 ...?' :

뒤에 **중성**명사 Jahr와 함께 오며, p.p형 gewesen의 **주격** 보어 ⇒ **중성 1격** 부정관사 **ein_**이 옴 :

"Was für **ein** Jahr ..."

♣ ... **wird** ... gewesen **sein**, ...?

미래완료 형식 : 동사 sein의 **완료형** "**sein** ... gewesen"의 **미래** 시제 "**werden** ... gewesen **sein**"

186. 의문사 (6) : 부문장

Ich weiß nicht, **wann** er aus Frankreich zurückkommt.

↓

의문사 **wann** 부문장 ⇒ 앞에 온 타동사 weiß의 4격 목적어

'나는 그가 언제 프랑스로부터 돌아오는지를 알지 못한다.'

Es ist nicht bekannt, **wer** das Buch geschrieben hat.

↓

의문사 **wer** 부문장

⇒ 앞에 온 비인칭대명사 **es**가 가리키는 실질적 내용

'누가 그 책을 썼는지는 알려져 있지 않다.'

---

505 [...] Am meisten genießen die Kinder es, wenn sie möglichst autonom arbeiten können und selbst bestimmen, **was** sie **wann** und **wie schnell** lernen wollen. [...]

아이들은 가능한 한 자율적으로 공부할 수 있을 경우, 그리고 무엇을, 언제, 그리고 어떤 속도로 학습하려 하는지를 자신들 스스로 결정하게 될 경우 이를 가장 많이 즐거워한다.

▸ ... , wenn ... bestimmen, **was** ... **wann** und **wie schnell** ... lernen **wollen**

3 개의 의문사 **was**와 **wann**, 그리고 **wie schnell**이 함께 연계하여 구성한 부문장

⇒ 앞에 온 타동사 bestimmen의 목적어

※ 화법조동사 현재 시제 "**wollen** ... lernen" ⇒ 부문장 안에서 후치됨 : "... lernen **wollen**" ☞ 71, 79

506 [...] Die Straße ist in beiden Richtungen gesperrt, Busse werden umgeleitet. **Wie lange** die Sperre dauern wird, konnte die Polizei nicht sagen. [...]

그 거리는 양쪽 방향 모두 봉쇄된 상태이며, 버스들은 우회되고 있다. 이러한 봉쇄가 얼마나 오랫동안 지속될지를 경찰은 말할 수 없었다.

▸ **Wie lange** ... dauern **wird**, konnte ... sagen

의문사 **wie lange** 부문장 ⇒ 문장의 주어 (즉, 화법조동사 konnte의 주어)

※ 동사 dauern의 미래 시제 「**werden** ... 동사 원형」 : "**wird** ... dauern"

⇒ 의문사 부문장 안에서 후치됨 : "... dauern **wird**" ☞ 114, 133

♣ ... [1]**ist** ... gesperrt, ... [2]**werden** *um*geleitet

1. 타동사 sperren의 상태 수동 「**sein** ... p.p」의 현재 시제 : "**ist** ... gesperrt" ☞ 156
2. 타동사 & 분리동사 *um*leiten의 수동태 현재 「**werden** ... p.p」 : "**werden** *um*gesleitet" ☞ 149

507 [...] Er hat erreicht, **wovon** viele träumen: Der 17-Jährige hat seine iPhone-App für 30 Millionen Dollar an Yahoo verkauft. [...]

그는 많은 이들이 꿈꾸고 있는 것을 성취했다 : 17 세인 그는 자신의 아이폰 앱을 3,000 만 달러 가격으로 야후에게 매도했다.

▸ ... hat erreicht, **wovon** ... träumen: ...

의문사 wo**von** 부문장 ⇒ 앞에 온 타동사 p.p형 erreich**t**의 목적어

※ 의문대명사 **was**가 전치사와 함께 올 경우 ⇒ 「wo(*r*)- + 전치사」 : wo**von** = "**von** + was" ☞ 182

508 Das kommende Jahr wird ein „Darwin-Jahr". Aus diesem Anlass werden wir viel darüber hören, **welche** Argumente für die Evolutionstheorie sprechen, an **welchen** Stellen es Unstimmigkeiten gab und gibt, **wo** sich Darwin irrte und **was** er damals einfach noch nicht wissen konnte.

내년은 "다윈의 해"가 된다. 이러한 이유로 우리는 다음의 것들에 대해 많은 것을 듣게 될 텐데, 이를테면 어떤 논거들이 진화론에 찬성하고 있는지, 어떤 지점들에서 의견 차이들이 존재했었고, 또한 존재하고 있는지, 어디에서 다윈은 오류를 범하고 있는지, 그리고 그 당시로서는 그가 단순히 아직 알 수 없었던 것은 무엇인지에 대해서이다.

▸ ... darüber ... , [1]**welche** Argumente ... sprechen, [2]an **welchen** Stelle**n** ... gab und gibt, [3]**wo** ... irrte und [4]**was** ... wissen konnte

1. 의문사 **welch-** 부문장 ⇒ 앞에 온 da*r***über**에 의해 지시됨.

   ※ 복수 1격 welch**e** : 뒤에 복수명사 Argument**e**와 함께 오며, 부문장 안의 동사 sprechen의 주어
   ⇒ 복수 1격 정관사 di**e** 변화하여 welch**e** ☞ 184

2. 의문사 **welch-** 부문장 ⇒ 앞에 온 da*r***über**에 의해 지시됨.

   ※ 복수 3격 welch**en** : 뒤에 복수명사 Stelle**n**과 함께 오며, 3 · 4격 전치사 an의 3격 목적어
   ⇒ 복수 3격 정관사 **den** 변화하여 welch**en** ☞ 184

3. 의문사 **wo** 부문장 ⇒ 앞에 온 da*r***über**에 의해 지시됨.

4. 의문사 **was** 부문장 ⇒ 앞에 온 da*r***über**에 의해 지시됨.

   ※ 화법조동사 **können**의 과거 시제 "**konnte** ... wissen"
   ⇒ 의문사 부문장 안에서 후치됨 : "... wissen **konnte**" ☞ 72, 79

187. 비교급 비교 (1) : 비교급 형용사의 3가지 용법

Er ist **älter als** ich. '그는 나보다 나이가 더 많다.'

↓

형용사 alt의 비교급 **älter** ⇒ 동사 ist의 형용사 보어

Er arbeitet schnell**er als** ich. '그는 나보다 더 빨리 일한다.'

↓

형용사 schnell의 비교급 schnell**er**

⇒ 동사 arbeitet를 수식하는 부사어

Ich habe eine **bessere** Idee. '나는 더 좋은 아이디어를 가지고 있다.'

↓

형용사 gut의 비교급 **besser** ⇒ 뒤에 오는 명사 Idee를 수식하는 부가어

---

509 Laut der Studie eines amerikanischen Mediziners sind die Hirnbereiche, die bei Entscheidungen beteiligt sind, sowie jene, die Emotionen verarbeiten, bei Frauen im Verhältnis **größer** als bei Männern. [...]

한 미국 의학자의 연구에 따르면 결정들을 행할 때 관여하는 두뇌 영역들, 그리고 감정들을 다루는 바로 그 두뇌 영역들은 여성의 경우가 남성의 경우보다 비교적 더 크다.

▸ ... sind ... größ**er** als ...

형용사 groß의 비교급 größ**er** ⇒ 동사 sind의 형용사 보어

♣ ... sowie [1]**jene**, [2]**die** ... verarbeiten, ...

1. 복수 1격 지시대명사 jene : 앞에 온 복수명사 Hirnbereiche를 지시하며, 동사 sind의 주어
   ⇒ 복수 1격 정관사 die 변화하여 jene ☞ 162
2. 복수 1격 관계대명사 die : 복수 1격 지시대명사 jene가 선행사, 부문장 안의 주어 ☞ 138

510 Die Kinder sind **motivierter**, wenn sie mit eigenen Notebooks arbeiten, und motivierte Kinder lernen **besser**. Die Frage der Zukunft wird sein, wie man gute Rahmenbedingungen schafft. Dazu gehört übrigens auch, dass Kinder zu Hause nicht so oft allein vor dem Computer sitzen. [...]

아이들은 자기 소유의 노트북을 가지고 작업할 경우 동기부여가 더 크고, 동기부여가 되어 있는 아이들은 학습을 더 잘한다. 앞으로 문제가 될 것은 어떻게 하면 우리가 알맞은 기본 조건을 마련해낼지이다. 참고로 여기에는 아이들이 집에서 홀로 컴퓨터 앞에 그다지 자주 앉아 있지 않게 되는 것 역시 해당된다.

▸ ... sind ... [1]**motivierter** ... und ... lernen [2]**besser**

1. 형용사&과거분사 motiviert의 비교급 motivierter ⇒ 동사 sind의 형용사 보어

   ※ 비교 접속사 als가 없음. ⇒ 뒤에 오는 wenn-부문장으로부터 비교 대상을 간접적으로 추론
   (비교 대상 : wenn-부문장의 '조건'과 반대의 경우) ☞ 190

2. 형용사 gut의 비교급 besser ⇒ 동사 lernen을 수식하는 부사어

   ※ 비교 접속사 als가 없음. ⇒ 주어인 "motivierte Kinder"로부터 비교 대상을 간접적으로 추론
   (비교 대상 : 주어 내용과 반대의 경우) ☞ 190

511 Die meisten Eheleute gehen mit Fremden **freundlicher** um als mit ihrem eigenen Ehepartner. Das gilt natürlich besonders für unzufriedene Paare, aber überraschenderweise trifft es auch auf glücklich Verheiratete zu.

대부분의 기혼자들은 자기 자신의 배우자보다 낯선 사람들을 더 친절하게 대한다. 당연히 이는 특별히 불만족스런 부부들에게 적용되지만, 놀라운 점으로서 이것이 행복한 기혼자들에게도 해당된다.

▸ ... gehen ... freundlicher *um* als ...

형용사 freundlich의 비교급 freundlicher ⇒ 분리동사 "gehen ... *um*"을 수식하는 부사어

512 [...] Auf der Konferenz wurde deutlich, dass der Schutz der Weltmeere ohne **besseren** Klimaschutz gar nicht möglich ist. Denn wenn die Erde **wärmer** wird, können viele Tiere und Pflanzen im Meer nicht mehr so gut leben. [...]

세계 바다들의 보호는 더 개선된 기후 보호 없이는 전혀 가능하지 않다는 점이 그 회담에서 분명해졌다. 왜냐 하면 만약 지구가 더 따뜻해지게 된다면, 바다 속의 많은 동물들과 식물들이 더 이상은 그렇게 잘 살 수 없기 때문이다.

▸ ... ohne **besseren** Klimaschutz ...

형용사 gut의 비교급 besser ⇒ 뒤에 오는 명사 Klimaschutz를 수식하는 부가어

※ 남성명사 "...schutzt"가 4격 전치사 ohne의 목적어
형용사 besser 앞에 (부)정관사 없음. ⇒ 남성 4격 den 변화하여 besseren ☞ 46

▸ ... wenn ... wärmer wird, ...

형용사 warm의 비교급 wärmer ⇒ 동사 wird의 형용사 보어

※ 비교 접속사 als가 없음. ⇒ 주어진 문맥으로부터 비교 대상을 추론
(비교 대상 : 해당 문장이 언급된 현 시점의 지구의 온도) ☞ 190

188. 비교급 비교 (2) : 비교 접속사 als 뒤 비교대상 직접 표현

Mein Bruder ist größ**er** **als** ich. '나의 남동생은 나보다 키가 더 크다.'

↓

비교 접속사 **als** ⇒ 비교 대상은 바로 뒤에 직접 표현된 "ich"임.

---

513 Eine Kleinstadt versucht, ihre alten Kirschsorten zu erhalten. Sie sind **schmackhafter** und **robuster als** viele neue. [...]

한 작은 도시가 자신의 오랜 앵두 품종을 유지하려고 노력을 기울이고 있다. 이것들은 많은 새로운 품종들보다 맛이 더 좋으며, 더 튼튼하다.

▸ ... sind schmackhaft**er** und robust**er** **als** viele neue

비교 접속사 **als** ⇒ 비교 대상은 바로 뒤에 직접 표현된 "viele neue"

※ 비교급 형용사 schmackhaft**er** 및 robust**er** ⇒ 동사 sind의 형용사 보어 ☞ 187

※ 복수 1격 부정대명사 viel**e** : 앞에 온 복수명사 Kirschsorte**n**을 지시하며, 주어의 비교 대상으로서 1격 「viele + 형용사 -(e)n」 : als viel**e** neu**e** ☞ 173

♣ ... versucht, ... **zu** erhalten

동사 erhalten의 **zu-부정사** ⇒ 명사적 용법 : 앞에 온 타동사 versucht의 목적어 ☞ 116

514 [...] Der Studie zufolge werden Jungen **häufiger** Mobbingopfer in der Schule **als** Mädchen. Die sind aber stärker von Ausgrenzung und bösen Gerüchten betroffen. [...]

이 연구에 따르면 여학생들에 비해 남학생들이 더 빈번히 학교에서 동료들에 의한 괴롭힘의 희생물이 되고 있다. 하지만 여학생들은 따돌림과 악의적인 소문들에 의해 더 심하게 피해를 당하고 있다.

▸ ... werden ... häufig**er** ... **als** Mädchen

비교 접속사 **als** ⇒ 비교 대상은 바로 뒤에 직접 표현된 "Mädchen"

※ 비교급 형용사 häufig**er** ⇒ 동사 sind를 수식하는 부사어 ☞ 187

♣ ... als Mädchen [1]Die sind ... [2]stärk**er** ... betroffen

1. 복수 1격 지시대명사 die : 앞에 온 복수명사 Mädchen을 지시하며, 동사 sind의 주어 ☞ 158
2. 형용사 stark의 비교급 stärk**er** ⇒ 뒤에 오는 형용사 보어 betroffen을 수식하는 부사어 ☞ 187

189. 비교급 비교 (3) : 비교 접속사 als 뒤 비교대상 간접 표현

Er ist größ**er**, **als** ich gedacht habe. '그는 내가 생각했던 것보다 키가 크다.'

↓

비교 접속사 **als** ⇒ 비교 대상을 간접 표현 : "... gedacht habe", 즉 '생각했던' 키

---

515 [...] Der Statistik zufolge lag der Überschuss 2012 bei 0,2 Prozent des Bruttoinlandsprodukts und damit um 0,1 Prozentpunkte **höher als** zunächst berechnet. Insgesamt nahm der deutsche Fiskus rund 4,1 Milliarden Euro **mehr** ein **als** er ausgegeben hatte. [...]

통계에 따를 때 2012년 재정 흑자는 국민총생산의 0.2 퍼센트였고, 이로써 처음 산정된 것보다 0.1 퍼센트 포인트 더 높았다. 전체적으로 보아 독일의 재정 관련 부처들은 자신들이 지출했었던 것보다 대략 41억 유로를 더 많이 벌어들였다.

- ... der Überschuss ... höh**er** **als** zunächst berechnet

  비교 접속사 **als** ⇒ 비교 대상을 간접 표현 : "zunächst berechnet", 즉 '처음 계산된' 크기

- ... nahm ... *ein* **als** ... *aus*gegeben hatte

  비교 접속사 **als** ⇒ 비교 대상을 간접 표현 : "... *aus*gegeben hatte", 즉 '비용 지출되었던' 액수

516 [...] Moderne Diesel-PKW stoßen noch **mehr** gefährliche Stickstoffoxide aus **als** bisher angenommen. Entsprechende Studien hat das Umweltbundesamt jetzt bestätigt. Demnach sind die Emissionen um ein Vielfaches **höher als** erlaubt. [...]

현대적인 디젤 승용차들은 위험한 질소 산화물들을 지금까지 생각되어 온 것보다도 더 많이 방출한다. 이에 상응하는 연구들을 연방환경청이 이제는 승인했다. 이에 따르면 그 방출량은 허가된 것보다 몇 배 더 높다.

- ... stoßen ... **mehr** ... *aus* **als** bisher *an*genommen

  비교 접속사 **als** ⇒ 비교 대상을 간접 표현 : "bisher *an*genommen", 즉 '지금까지 추측된' 방출량

- ... sind ... **höher** **als** erlaubt

  비교 접속사 **als** ⇒ 비교 대상을 간접 표현 : "erlaubt", 즉 '허락된' 방출량

190. 비교급 비교 (4) : 비교 접속사 als가 없는 경우

Es ist **besser**, das nicht zu tun. '그것을 하지 않는 것이 더 좋다.'

↓

비교 접속사 als가 없음. ⇒ 주어진 문맥으로부터 비교 대상을 간접적으로 추론

(비교 대상 : zu-부정사의 내용과 반대의 경우)

Eine Woche ist zu wenig Zeit. Wir brauchen **mehr**.

↓

비교 접속사 **als**가 없음.

⇒ 주어진 문맥으로부터 비교 대상을 간접적으로 추론

(비교 대상 : 앞에 온 "Eine Woche")

'일주일은 너무 적은 시간이야. 우리는 더 많이 필요로 해.'

---

517 [...] Der Bundespräsident dankte den Türken in Deutschland für ihren Beitrag zum deutschen Wohlstand. „Einwanderer aus der Türkei haben Deutschland **vielfältiger**, **offener** und der Welt **zugewandter** gemacht", sagte er. [...]

연방대통령은 독일에 있는 터키인들에게 그들이 독일의 복지에 이바지한 것에 대하여 감사를 표했다. "터키로부터 온 이주민들은 독일을 더욱 다양하고, 더욱 개방적이며, 그리고 더욱 더 세계를 향하도록 만들었다." 라고 그는 말했다.

▸ ... haben ... vielfältig**er**, offen**er** und ... zugewandt**er** gemacht, ...

비교 접속사 **als**가 없음. ⇒ 주어진 문맥으로부터 비교 대상을 간접적으로 추론

(비교 대상 : 터키 이주민들이 독일에 오기 이전 시점의 복지 상태)

518 Die Chefin des IWF*, Lagarde, hat die Staaten weltweit aufgefordert, **bessere** Möglichkeiten für Frauen auf dem Arbeitsmarkt zu schaffen.

국제통화기금의 여자 총재, 즉 Legarde는 노동 시장에서 여자들에게 더 좋은 가능성들을 마련해 줄 것을 전 세계 국가들에게 호소하였다.

* IWF (= "Internationaler Währungsfonds") : 국제통화기금 (IMF = "International Monetary Fund")

▸ ... hat ... *auf*gefordert, bess**er**e Möglichkeit**en** ... zu schaffen

비교 접속사 **als**가 없음. ⇒ 주어진 문맥으로부터 비교 대상을 간접적으로 추론

(비교 대상 : 해당 문장이 언급된 현 시점의 가능성들)

※ 복수명사 Möglichkeiten이 타동사 schaffen의 4격 목적어
비교급 형용사 besser 앞에 (부)정관사 없음. ⇒ 복수 4격 정관사 die 변화하여 bessere ☞ 46

519 [...] Die Nebenwirkungen der Therapie sind nicht mehr so gravierend wie am Anfang, die Dosierung ist **weniger** kompliziert und auch die Behandlungskosten sanken in den letzten zehn Jahren von etwa 10.000 Dollar pro Jahr auf 100 bis 150 Dollar. [...]

이 치료법의 부작용들은 더 이상은 처음처럼 그렇게 심각하지 않고, 처방은 덜 복잡하며, 치료 비용 역시 지난 10년 동안 연간 대략 1,000달러로부터 100에서 150달러 사이로 내려갔다.

▸ ... ist **weniger** kompliziert und ...
비교 접속사 **als**가 없음. ⇒ 주어진 문맥으로부터 비교 대상을 간접적으로 추론
(비교 대상 : 원급 비교인 앞 문장에서 비교 대상으로 언급된 "am Anfang")

♣ ... sind ... **so** gravierend **wie** ...
형용사&현재분사 graviere**nd**의 원급 비교 「**so** ... **wie** ...」 ☞ 195
(원급 형용사 gravierend ⇒ 동사 sind의 형용사 보어 ☞ 187, 195)

520 Für Frauen mit **höherer** Bildung gibt es zu wenig interessante Männer. Die Luft auf dem Heiratsmarkt ist für einige so dünn wie auf dem Mount Everest. [...]

비교적 높은 교육 수준을 지닌 여자들에게는 흥미를 일으키게 하는 남자들이 너무 적게 존재한다. 몇몇 사람들에게는 혼인 시장의 공기가 에베레스트 산 위의 공기만큼이나 희박하다.

▸ ... Frauen mit **höher**er Bildung ...
비교 접속사 **als**가 없음. ⇒ 주어진 문맥으로부터 비교 대상을 간접적으로 추론
(비교 대상 : 사회적 통념상 '비교적 낮은' 학력 수준)

※ 여성명사 Bildung이 3격 전치사 mit의 목적어
비교급 형용사 höher 앞에 (부)정관사 없음. ⇒ 여성 3격 정관사 der 변화하여 höherer ☞ 46

♣ ... ist [1]für **einige** [2]**so** dünn **wie** ...
1. 복수 4격 부정대명사 einige : 불특정 '사람들'을 뜻하여 복수이며, 4격 전치사 für의 목적어 ☞ 195
2. 형용사 dünn의 원급 비교 「**so** ... **wie** ...」 ☞ 195
(원급 형용사 dünn ⇒ 동사 ist의 형용사 보어 ☞ 187, 195)

191. 비교급 비교 (5) : 비교급 형용사 수식어

Er ist viel größer als ich. '그는 나보다 훨씬 더 키가 크다.'

↓

viel ⇒ 비교급 형용사 größer를 수식

521 [...] In Frankreich ordnen sich **viel mehr** Wähler als extrem rechts oder extrem links ein als in anderen europäischen Ländern. Besonders die extreme Rechte ist in Frankreich **deutlich stärker** als in der übrigen EU-Ländern. [...]

프랑스는 다른 유럽 국가들에 비해 훨씬 더 많은 유권자들이 자신을 극우 성향 혹은 극좌 성향으로 분류한다. 특히나 극우파가 프랑스에서는 나머지 유럽공동체 국가들에서보다 뚜렷하게 더 강하다.

- ... ordnen sich **viel mehr** wähler ... *ein* als ...

viel ⇒ 비교급 형용사 **mehr**를 수식

- ... ist ... **deutlich stärker** als ...

deutlich ⇒ 비교급 형용사 stärker를 수식

522 [...] Die Eskalation der Gewalt in Rustenburg* offenbart die Instabilität einer Gesellschaft, die weniger durch ethnische als durch wirtschaftliche Zugehörigkeit gespalten wird. In kaum einem Land ist die Spanne zwischen Armen und Reichen so groß wie in Südafrika – und diese Lücke ist seit dem Ende der Apartheid** 1994 **noch größer** geworden.

루스텐버그에서의 폭력의 확산은 인종적 소속에 의해서가 아니라 오히려 경제적 소속에 의해서 분열되는 사회의 불안정성을 드러내고 있다. 가난한 자들과 부유한 자들 사이의 격차가 남아프리카공화국만큼 그렇게 큰 국가는 좀체 없다. - 그리고 이러한 간극은 1994년 인종분리정책이 폐지된 이후 더욱 커졌다.

* Rustenburg : 남아프리카공화국의 도시

** Apartheid : 남아프리카공화국의 인종분리정책. 1994년 넬슨 만델라 대통령이 집권하면서 폐지됨.

- ... ist ... **noch größer** geworden

noch ⇒ 비교급 형용사 größer를 수식

192. 비교급 비교 (6) : 비교급 비교의 특수 형식

Er wird **immer größer**. '그는 키가 점점 더 커져 간다.'

↓

「**immer** 비교급」 '점점 더 ...'

Je früher du kommst, **desto mehr** Zeit haben wir.

↓

「**je** 비교급 ... , **desto** 비교급 ...」 '... 하면 할수록 그만큼 더 ...이다'

'네가 일찍 오면 올수록, 그만큼 더 많은 시간을 우리가 갖게 된다.'

---

523 Die Lage Griechenlands wird **immer dramatischer.** Die Wirtschaft taumelt, die Geldgeber halten die Kredite zurück - und der Schuldenberg wächst weiter. [...]

그리스의 상황은 점점 더 극적으로 치닫고 있다. 경제는 휘청거리고, 자금 후원자들은 신용 대출을 주저하고 있다. - 그래서 빚더미가 계속 더 불어나고 있다.

▸ ... wird **immer** dramatisch**er**

「**immer** 비교급」 : "**immer** drammatisch**er**"

♣ ... der Schuldenberg w**ä**chs*t* ...

동사 w**a**chsen의 현재 시제 : 주어 "...berg"는 **er**에 해당함. ⇒ 어간 모음 a → **ä** 변화하여 w**ä**chs*t* ☞ 90

524 [...] Natürlich streiten die Leute alles ab. Doch **je heftiger** sie es leugnen, **umso verdächtiger** machen sie sich. [...]

당연히 그 사람들은 모든 것을 부정한다. 하지만 이들이 그것을 더 강하게 부정하면 할수록 그들은 자신들을 그만큼 더 수상하게 보이도록 만들고 있다.

▸ ... **je** heftig**er** sie ... leugnen, **ums** verdächtig**er** machen sie ...

「**je** 비교급 ... , **desto/umso** 비교급 ...」 : "**je** heftig**er** ... , **umso** verdächtig**er** ..."

※ "**je** ..." 뒤에 오는 문장 ⇒ 부문장으로서 후치됨 : "**je** heftig**er** sie ... **leugnen**"

"**umso/desto** ..." 뒤에 오는 문장 ⇒ 앞에 부문장이 오므로 도치됨 : **umso** verdächtig**er** **machen** sie ...

♣ ... streiten ... **alles** *ab*

(뒤에 명사 없이) 부정수사 **all-** : '사물'을 뜻하여 중성이며, 분리동사 "streiten ... *ab*"의 4격 목적어

⇒ 중성 4격 정관사 d**as** 어미변화 하여 all**es** ☞ 171

193. 최상급 비교 (1) : 「정관사 d- + 최상급 (+ 명사)」

Er ist **der beste** Lehrer in unserer Schule.

↓

형용사 gut의 최상급 **best** ⇒ 뒤에 오는 명사 Lehrer를 수식하는 부가어

남성 1격 「**der** + 형용사 **-e**」 : **der** beste ...

'그는 우리 학교에서 가장 좋은 선생님이시다.'

Dieses Auto ist **das teuerste** der Welt.

↓

형용사 teuer의 최상급 teuer**st** ⇒ 뒤에 생략된 명사 Auto를 수식하는 부가어

중성 1격 「**das** + 형용사 **-e**」 : **das** teuerste ...

'이 차가 세계에서 가장 값비싼 차이다.'

---

525 미국의 영화 평론가 Roger Ebert를 추모하여 그의 업적을 기술한 기사에서 :

[...] Seine Kritiken waren ebenso begehrt wie gefürchtet. Trotzdem war Ebert in der Szene beliebt, seine Arbeit wurde von Filmschaffenden respektiert. Er „war ohne Zweifel **der prominenteste** und **einflussreichste** Kritiker des Landes“, schrieb die Zeitung.

그의 비평들은 두려움의 대상이었던 것만큼 또한 간절하게 요구되었다. 그럼에도 불구하고 Ebert는 현장에서 인기가 높았고, 그의 활동은 영화 제작자들로부터 존경을 받았다. 그는 "의심할 여지없이 이 나라에서 가장 저명하고, 가장 영향력이 큰 비평가였다." 라고 그 신문은 기술했다.

▸ ... war ... **der** prominent**este** und einflussreich**ste** Kritiker ...

최상급 형용사 prominent**est** 및 einflussreich**st** ⇒ 뒤에 오는 명사 Kritiker를 수식하는 부가어

남성 1격 「**der** + 형용사 **-e**」 : **der** prominent**este** und einflussreich**ste** ...

※ 남성명사 Kritiker가 동사 sein의 과거 시제 war의 주격 보어 ⇒ 남성 1격

♣ ... waren **ebenso** begehrt **wie** gefürchtet

원급 비교 형식 「**(eben)so** ... **wie** ...」 ☞ 195

526 Die US-Streitkräfte haben erstmals **ihre stärkste** nicht-atomare Bombe in einem Kampfeinsatz abgeworfen. [...]

미국 군대는 한 전투 수행에서 자신들의 가장 강력한 비핵 폭탄을 처음으로 투하했다.

▸ ... haben ... **ihre stärkste** ... Bombe ... *ab*geworfen

최상급 형용사 stär**kst** ⇒ 뒤에 오는 명사 Bombe를 수식하는 부가어

여성 4격 「eine + 형용사 -e」 : ihre stärkste ...

※ 여성명사 Bombe가 분리동사&타동사 *ab*werfen의 p.p형 *ab*geworfen의 4격 목적어 ⇒ 여성 4격

527 [...] Auf **der weltgrößten** Fahrradmesse „Eurobike" in Friedrichshafen glänzen die Hersteller mit extravaganten Formen und raffinierter Technik. Sie zeigen, dass originelles Design und Alltagstauglichkeit immer besser zusammenpassen. [...]

프리드리히스하펜에서 열린 세계 최대 규모 자전거 박람회 "Eurobike"에서는 화려한 형태들와 세련된 기술들을 가진 생산 회사들이 빛나고 있다. 이들은 고유의 디자인과 일상의 실용성이 점점 더 잘 조합되고 있음을 보여준다.

▸ Auf **der** weltgr**ö**ß**ten** Fahrradmesse ... glänzen ...

최상급 형용사 weltgr**ö**ß**t** ⇒ 뒤에 오는 명사 Fahrradmesse를 수식하는 부가어

여성 3격 「der + 형용사 -en」 : der weltgrößten ...

※ 여성명사 "...messe"가 3 · 4격 전치사 auf의 3격 목적어 ⇒ 여성 3격

♣ ... mit [1]extravagant**en** Form**en** und [2]raffiniert**er** Technik

형용사 extravagant 및 raffiniert 앞에 (부)정관사 없음. ⇒ 형용사 자체가 정관사 d- 어미변화 ☞ 46

1. 복수명사 Formen이 3격 전치사 mit의 목적어 ⇒ 복수 3격 정관사 den 변화하여 extravaganten
2. 여성명사 Technik이 3격 전치사 mit의 목적어 ⇒ 여성 3격 정관사 der 변화하여 raffinierter

♣ ... , dass ... **immer besser** *zusammen*passen

「immer 비교급」 : "immer besser" ⇒ 부문장 안의 동사 *zusammen*passen을 수식하는 부사어 ☞ 192

528 [...] Die CDU* unter Bürgermeister Ole von Beust hat ihre absolute Mehrheit verloren, bleibt aber **stärkste** Fraktion. [...]

Ole von Beust 시장을 필두로 하는 기독교민주연합은 자신들의 절대 다수 의석을 잃었지만, 가장 강한 원내 정당으로 계속 남게 된다.

* CDU (= "**C**hristlich-**D**emokratische **U**nion") : 독일의 보수 정당인 "기독교민주연합"

▸ ... , bleibt ... st**ä**rk**ste** Fraktion

최상급 형용사 st**ä**rk**st** ⇒ 뒤에 오는 명사 Fraktion을 수식하는 부가어

형용사 stärkst 앞에 (부)정관사 없음. ⇒ 여성 1격 정관사 die 어미변화 하여 stärkste

※ 여성명사 Fraktion이 동사 bleib*t*의 주격 보어 ⇒ 여성 1격

194. 최상급 비교 (2) : 「am + 최상급 -en」

Ich bin am größten in meiner Familie. '나는 우리 집안에서 가장 키가 크다.'

↓

형용사 groß의 최상급 größt

「am + 최상급 -en」 : "am größten" ⇒ 동사 bin의 형용사 보어

Er singt am besten in seiner Klasse. '그는 그의 반에서 가장 노래를 잘 한다.'

↓

형용사 gut의 최상급 best

「am + 최상급 -en」 : "am besten" ⇒ 동사 singt를 수식하는 부사어

---

529 [...] Männer, vor allem zwischen 19 und 24 Jahren, essen deutlich häufiger Fleisch als Frauen. Diese entdecken ihre Fleischleidenschaft etwas später, ihr Fleischkonsum ist zwischen 25 und 34 Jahren **am höchsten**. [...]

남자들은, 특히 19 세부터 24 세 사이인 경우, 여자들에 비해 명백히 더 빈번하게 고기를 먹는다. 여자들의 경우는 고기를 향한 자신들의 열정을 조금 뒤늦게 발견하게 되어, 이들의 고기 소비는 25 세부터 34 세 사이가 가장 높다.

▸ ... ist ... am höchsten

형용사 hoch의 최상급 höchst

「am + 최상급 -en」 : "am höchsten" ⇒ 동사 ist의 형용사 보어

♣ ... essen deutlich häufiger ... als ...

형용사 häufig의 비교급 häufiger ⇒ 동사 essen을 수식하는 부사어 ☞ 187
(deutlich ⇒ 비교급 형용사 수식어 ☞ 191)

♣ ... als Frauen Diese entdecken ...

복수 1격 지시대명사 diese : 바로 앞 복수명사 Frauen을 지시하며, 동사 entdecken의 주어
⇒ 복수 1격 정관사 die 변화하여 Diese ☞ 161

530 [...] Unter den Wildtieren Afrikas töten Flusspferde mit Abstand **am meisten** Menschen, pro Jahr im Schnitt 200. Aber es gibt auch noch viele andere Tiere, von denen man sich besser fern halten sollte. Und manche sind ganz klein. [...]

아프리카의 야생동물들 가운데 하마가 압도적인 차이로 가장 많이 사람들의 목숨을 앗아갔는데, 매년 평균적으로 200 명이다. 하지만 이 밖에도 사람들이 멀리하는 것이 더 좋을 다른 동물들 역시

많이 있다. 그리고 몇몇은 크기가 아주 작다.

▸ ... töten ... **am meisten ...**

부정수사&부사어 viel의 **최상급 meist**

「**am** + 최상급 **-en**」 : "**am meisten**" ⇒ 동사 töten을 수식하는 부사어

♣ ... , von denen ... **besser** fern halten sollte

비교급 형용사 **besser** ⇒ 해당 부문장 내용 전체를 수식하는 부사어 ☞ 187

531 [...] Am Freitag hat der Verein bekannt gegeben, welche Namen neugeborene Kinder in Deutschland im vergangenen Jahr **am häufigsten** von ihren Eltern bekommen haben: Der beliebteste Jungenname ist „Maximilian", gefolgt von „Alexander" und „Leon". [...]

금요일에 그 단체는 작년에 독일에서 새로 태어난 아이들이 자신의 부모로부터 받았던 이름들 가운데 어떤 이름이 가장 빈번했는지를 발표했다 : 가장 선호되는 사내아이 이름은 "막시밀리안"이며, 그 뒤를 이어 "알렉산더"와 "레온"이 있다.

▸ ... , welche Namen ... **am häufigsten** ... bekommen haben: ...

형용사 häufig의 **최상급** häufig**st**

「**am** + 최상급 **-en**」 : "**am** häufig**sten**" ⇒ 동사 bekommen을 수식하는 부사어

♣ **Der** beliebt**este** Jungenname ist ...

최상급 형용사 beliebt**est** ⇒ 뒤에 오는 명사 Jungenname를 수식하는 부가어 ☞ 193

남성 1격 「**der** + 형용사 **-e**」 : **Der** beliebt**este** ... ☞ 38

532 [...] Als **am wenigsten** anfällig für Bestechlichkeit gelten die alten Länder Westeuropas, von Deutschland über Frankreich nach Großbritannien, dazu die Benelux*-Staaten und die Nordeuropas sowie Österreich. [...]

부패에 대하여 가장 덜 취약한 것으로 인정되는 것은 오랜 역사를 지닌 서유럽 국가들인데, 이를테면 독일로부터 프랑스를 거쳐 영국이 있으며, 이에 더해 베네룩스 국가들과 북유럽의 국가들 및 오스트리아가 있다.

* Benelux : 베네룩스 3국, 즉 벨기에, 네덜란드, 룩셈부르크를 합쳐 부르는 표현

▸ Als **am wenigsten** anfällig ... gelten ...

부정수사&부사어 wenig의 **최상급** wenig**st**

「**am** + 최상급 **-en**」 : "**am** wenig**sten**" ⇒ 뒤에 오는 형용사 anfällig를 수식하는 부사어

195. 원급 비교 (1) : 「so 원급 wie ...」

Ich bin so alt wie du. '나는 너와 나이가 똑같다.'
↓
원급 비교 「so 원급 wie ...」 : "so alt wie ..."
원급 형용사 alt ⇒ 동사 bin의 형용사 보어

Er arbeitet so viel wie ich. '그는 나만큼 많이 일한다.'
↓
원급 비교 「so 원급 wie ...」 : "so viel wie ..."
원급 부정수사&부사 viel ⇒ 앞에 온 동사 arbeitet를 수식하는 부사어

---

533 [...] Der Eisvogel ist leuchtend blau und glänzt wie Metall. Seine Brust ist orange-gelb. Er ist ungefähr **so groß wie** ein Spatz und hat einen mächtigen langen geraden Schnabel. Damit kann er sehr gut Fische jagen. [...]

물총새는 반짝이는 청색이며, 금속처럼 빛을 낸다. 그것의 가슴은 오렌지 황색이다. 그것은 대략 참새만한 크기이며, 힘이 센 길쭉한 일직선 부리를 가지고 있다. 이것을 가지고 물고기들을 아주 잘 사냥할 수 있다.

▸ ... ist ... so groß wie ...
원급 비교 「so 원급 wie ...」 : "so groß wie ..."
원급 형용사 groß ⇒ 동사 ist의 형용사 보어

534 [...] Auch in Deutschland leben schätzungsweise vier Millionen Erwachsene, die nur **so wenig** lesen können **wie** ein Erst- oder Zweitklässler. [...]

독일 안에도 단지 초등학교 1학년 혹은 2학년 아이만큼 밖에는 거의 글을 읽지 못하는 성인들이 대략 4 백만 명 살고 있다.

▸ ... , die ... so wenig lesen können wie ...
원급 비교 「so 원급 wie ...」 : "so wenig ... wie ..."
원급 부정수사&부사 wenig ⇒ 화법조동사 구문 "... lesen können"을 수식하는 부사어

196. 원급 비교 (2) : 의미상의 비교급 비교

Er ist nicht so groß wie ich. ‘그는 나만큼 키가 크지 않다.’

↓

원급 비교 : ... nicht so groß wie ... ‘...만큼 크지 않다’, 즉 ‘...보다 작다’

⇒ 실질적 의미는 비교급 비교

535 Behinderte Menschen haben es auf dem Arbeitsmarkt **doppelt so schwer wie** Nichtbehinderte. Die Behinderten finden seltener einen Job und sind deutlich länger arbeitslos. [...]

장애가 있는 사람들은 노동 시장에서 비장애인들보다 두 배 더 많은 어려움을 겪는다. 장애인들이 일자리를 갖는 경우가 더 드물며, 뚜렷하게 더 오랫동안 실업자 상태로 있게 된다.

▸ ... haben ... doppelt so schwer wie ...

원급 비교 : ... doppelt so schwer wie ... ‘...의 두 배 만큼 어렵다’, 즉 ‘...보다 더 어렵다’

⇒ 실질적 의미는 비교급 비교

♣ ... finden [1]seltener einen Job und sind ... [2]länger arbeitslos

1. 형용사 selten의 비교급 seltener ⇒ 동사 finden을 수식하는 부사어 ☞ 187
2. 부사어 lange의 비교급 länger ⇒ 동사 “sind ... arbeitslos”를 수식하는 부사어 ☞ 187

536 [...] Das Experiment „Schneewittchen und die sieben Zwerge“ spielte in der ersten Zeit **fünfmal so viel Geld** ein, **wie** die Produktion des Films gekostet hatte. Die Menschen liebten den Streifen, der sogar einen Oscar erhielt. [...]

실험 영화 “백설공주와 일곱 난쟁이”는 개봉 후 첫 기간 동안 이 영화의 제작을 위해 들어갔던 비용보다 5배 더 많은 돈을 벌어들였다. 사람들은 이 영화를 사랑했고, 그것은 심지어 오스카상까지 받았다.

▸ ... spielte ... fünfmal so viel *ein,* wie ... gekostet hatte

원급 비교 : ... fünfmal so viel ... wie ... ‘...의 다섯 배 만큼 많다’, 즉 ‘...보다 더 많다’

⇒ 실질적 의미는 비교급 비교

※ 비교 접속사 wie ⇒ 비교 대상을 간접 표현 : “... gekostet hatte”, 즉 ‘비용으로 들었던’ 돈 ☞ 189

197. 원급 비교 (3) : 의미상의 최상급 비교

Nichts ist **so** wichtig **wie** Gesundheit.

↓

원급 비교의 **부정문** :

Nichts ... **so** wichtig **wie** ... '...만큼 중요한 것은 **없다**', 즉 '...이 **가장** 중요하다'

⇒ 실질적 의미는 **최상급** 비교

'그 무엇도 건강만큼 중요하지 않다.'

Ich kenne ihn **so** gut **wie** **kein** anderer.

↓

원급 비교의 **부정문** :

... **so** gut **wie** **kein** anderer '**다른 누구도** 비교되지 **않을** 만큼 ... 잘 ...', 즉 '**가장** 잘 ...'

⇒ 실질적 의미는 **최상급** 비교

'나는 다른 누구와도 견줄 바 없을 만큼 그를 잘 안다.'

---

537 In Deutschland wird **so viel Geld** für Haustiere ausgegeben **wie** in **kaum** einem anderen Land. [...]

독일에서는 다른 그 어느 나라에서도 좀체 보기 힘들 만큼 그렇게 많은 비용이 반려동물들을 위해 지출된다.

▸ ... wird **so** viel Geld ... *aus*gegeben **wie** in **kaum** einem anderen Land

원급 비교의 **부정문** : ... **so** viel **wie** in **kaum** einem anderen Land

⇒ 실질적 의미는 **최상급** 비교

538 [...] **Keine** der großen Weltgalerien ist im vergangenen Jahrhundert von **so tief greifenden Schicksalsschlägen** heimgesucht worden **wie** die Berliner Gemäldegalerie. [...]

지난 세기 동안 세계의 대규모 미술관들 중 그 어느 것도 베를린 미술관만큼 그렇게 깊이 사무치는 비운적 사건들에 의해 피해를 입었던 곳은 없다.

▸ **Keine** ... ist von **so** tief greifenden ... *heim*gesucht worden **wie** ...

원급 비교의 **부정문** : **Keine** ... **so** tief ... **wie** ...

⇒ 실질적 의미는 **최상급** 비교

198. 비교급 비교 및 원급 비교에 상응하는 형식

Er ist anders als ich. '그는 나와 다르다.'

↓

「anders als ...」 '...와 다른'

부사어 anders / 형용사 ander- ... ⇒ 비교급 비교의 접속사 als가 올 수 있음.

Er ist gleich wie du. '그는 너와 같다.'

↓

「gleich wie ...」 '...와 동일한'

형용사 gleich ⇒ 원급 비교의 접속사 wie가 올 수 있음.

---

539 Die Venus ist anders als die Erde ein außerordentlich lebensfeindlicher Planet. An ihrer Oberfläche herrschen eine Temperatur von ungefähr 470 Grad Celsius und ein Druck von rund 90 Atmosphären. [...]

금성은 지구와 달리 생명에 극히 적대적인 행성이다. 그 표면에서는 대략 섭씨 470 도의 기온과 약 90 atm의 압력이 지배하고 있다.

▸ ... ist anders als ...

「anders als ...」 '...와 다른'

540 Am Sonntag ist Weltfrauentag. An diesem Tag soll besonders an die Rechte von Frauen und Mädchen gedacht werden. Denn nicht überall haben Frauen die gleichen Rechte wie Männer. [...]

일요일은 세계 여성의 날이다. 이 날은 특별히 여인들과 소녀들의 권리에 관해 깊이 생각해보도록 되어 있다. 왜냐 하면 여자들이 모든 곳에서 남자들과 동일한 권리를 지니고 있는 것은 아니기 때문이다.

▸ ... haben ... die gleichen Rechte wie ...

「gleich ... wie ...」 '...와 동일한'

※ 복수명사 Rechte가 동사 haben의 4격 목적어 ⇒ 복수 4격 정관사 die가 앞에 옴.
복수 4격 「die + 형용사 -en」 : die gleichen ...

♣ ... soll ... an die Rechte ... gedacht werden

자동사 denken의 수동태 "werden ... gedacht" ☞ 157

⇒ 화법조동사 sollen과 함께 옴 : "soll ... gedacht werden" ☞ 154

199. 수사 (1) : 기수

Er ist **neunundzwanzig** Jahre alt und hat **drei** Kinder.

↓ 기수 29 ↓ 기수 3

'그는 나이가 29 살이며, 세 명의 아이를 가지고 있다.'

Er hat dafür **zweitausendvierhundertfünfzig** Euro bezahlt.

↓ 기수 2.450

'그는 그것을 위해 2,450 유로를 지불했다.'

Seoul hat über **zehn Millionen** Einwohner.

↓ 기수 10.000.000

'서울은 1000만 명 이상의 주민을 가지고 있다.'

---

541 Im Bürgerkriegsland Jemen sind derzeit etwa zwei Drittel der **27 Millionen** Einwohner auf Nothilfe angewiesen. [...]

내전 국가인 예멘에서는 현재 2,700 만 국민의 약 2/3가 긴급 구호에 의존하고 있다.

▸ ... der 27 **Millionen** Einwohner ...

기수 27.000.000 ⇒ **siebenundzwanzig** Million**en**

♣ ... zwei **Drittel** ...

분수 2/3 : 분모 ⇒ 기수 **zwei** ; 분자 ⇒ 「서수 + **-el**」 : **Drittel** ☞ 201

542 **2009** ist das Jahr des Komponisten Joseph Haydn. Der Österreicher starb vor **200** Jahren, am 31. Mai **1809**. Haydn gehörte neben Mozart und Beethoven zu den wichtigsten Musikern der Wiener Klassik. [...]

2009년은 작곡가인 Joseph Haydn의 해이다. 오스트리아 사람인 그는 200 년 전에, 즉 1809년 5월 31일에 사망했다. 하이든은 모차르트 및 베토벤과 함께 비인 고전주의 음악의 가장 중요한 음악가들에 속하였다.

▸ 2009 ist ...

연도 2009년 ⇒ zwei**tausend**neun

▸ ... vor [1]200 Jahren, am 31. Mai [2]1809

1. 기수 200 ⇒ zwei**hundert** ; 2. 연도 1809년 ⇒ achtzehn**hundert**neun

♣ ... , am 31. Mai 1809

날짜 ⇒ 서수 : am ein*und*dreißig**sten** ... ☞ 200

♣ ... zu **den** wichtig**sten** Musiker**n** ...

형용사 wichtig의 **최상급** wichtig**st** ⇒ 바로 뒤 명사 Musiker를 수식하는 **부가어** ☞ 193

복수 3격 「**den** + 형용사 **-en**」 : zu **den** wichtig**sten** ... ☞ 41

543 Das menschliche Gehirn besteht aus schätzungsweise **100 Milliarden** Nervenzellen. Diese sind über **100 Billionen** Synapsen miteinander verbunden. Jede Nervenzelle steht also mit **1000** weiteren in Verbindung.

인간의 두뇌는 약 1,000 억 개의 신경세포들로 구성된다. 이들은 1 조 개의 시냅스들을 거쳐 서로 연결되어 있다. 그러므로 각 신경세포는 1,000 개의 다른 신경세포들과 연결되어 있다.

▸ ... aus ... 100 **Milliarden** Nervenzelle**n**

기수 100.000.000.000 ⇒ (ein)**hundert** Milliarde**n** 〈참고〉 **여성**명사 eine **Milliarde** 10억

▸ ... über 100 **Billion**en Synapsen ...

기수 100.000.000.000.000 ⇒ (ein)**hundert** Billione**n** 〈참고〉 **여성**명사 eine **Billion** 1조

▸ ... mit 1000 weiteren ...

기수 1.000 ⇒ (ein)**tausend**

544 [...] Eine kaum vorstellbare Summe, aber es gibt eine Hand voll Menschen in Deutschland, die so reich sind. Einer ist Stefan Quandt. Ihm gehören **104.747.120** BMW*-Aktien. [...]

거의 상상할 수 없는 액수이지만, 독일에는 그렇게 부유한 사람들이 한 줌 안 되는 적은 숫자로서 약간 있다. 그 중 한 사람이 Stefan Quandt이다. BMW 주식 104,742,120 주가 그의 소유이다.

* BMW (= "**B**ayerische **M**otoren **W**erke") : 독일의 자동차 생산 회사

▸ ... 104.747.120 BMW-Aktie**n**

(ein)**hundert**vier Millione**n** sieben**hundert**sieben*und*vierzig**tausend**(ein)**hundert**zwanzig

200. 수사 (2) : 서수

Ich wohne **im dritten** Stock. '나는 4층에 거주한다.'

↓

서수 3. ⇒ **dritt**

Heute ist **der** zehn**te** April. '오늘은 4월 10일이다.'

↓

서수 10. ⇒ 「기수 + **-t**」 : zehn**t**

An sein**em** zwanzig**sten** Geburtstag war er in Europa.

↓

서수 20. ⇒ 「기수 + **-st**」 : zwanzig**st**

'그는 자신의 20번째 생일에 유럽에 있었다.'

Wir haben **den** hundert**sten** Jahrestag gefeiert.

↓

서수 100. ⇒ 「기수 + **-st**」 : hundert**st**

'우리는 백 번째 기념일을 축하했다.'

---

545 In der Formel 1* feiert Sebastian Vettel beim Großen Preis von Bahrain seinen **zweiten** Saisonsieg. Vettel verwies den britischen Mercedes-Piloten Lewis Hamilton auf den **zweiten** Platz. **Dritter** wurde Hamiltons Teamkollege Valtteri Bottas. [...]

포뮬러 1에서는 Sebastian Vettel 선수가 바레인 그랑프리 대회에서 자신의 두 번째 시즌 우승을 자축하고 있다. Vettel은 영국의 메르세데스 조종사인 Lewis Hamilton을 제 2 위 자리로 물리쳤다. 3 위는 Hamilton의 팀 동료인 Valtteri Bottas가 되었다.

* Formel 1 : 국제자동차연맹이 주관하는 세계 최고의 자동차 경주 대회

▸ ... feiert ... sein**en** zwei**ten** Saisonsieg

서수 **2.** ⇒ 「기수 + **-t**」 : sein**en** zwei**ten** ...

※ **남성**명사 "...sieg"이 타동사 feier*t*의 **4격** 목적어
남성 4격 「ein**en** + 형용사 **-en**」 : sein**en** zwei**ten** ... ☞ 30, 40

▸ ... verwies ... auf **den** zwei**ten** Platz

서수 2. ⇒ 「기수 + **-t**」 : auf **den** zwei**ten** ...

※ **남성**명사 Platz가 3 · 4격 전치사 auf의 **4격** 목적어
남성 4격 「**den** + 형용사 **-en**」 : **den** zwei**ten** ... ☞ 40

546 [...] Das Fest dauert bis zum **28.** Mai - die Veranstalter erwarten insgesamt etwa eine halbe Million Besucher in Berlin.

이 축제는 5월 28일까지 지속된다. - 행사 주최자들은 모두 합쳐 대략 50 만 명의 베를린 방문객들을 예상하고 있다.

▸ ... dauert ... bis zum **28.** Mai

서수 28. ⇒ 「기수 + **-st**」 : bis **zum** achtundzwanzig**sten** ...

※ 서수가 **3격** 전치사 축약형 **zum**과 함께 옴.
3격 전치사 축약어 「**zum** + 형용사 **-en**」 : bis **zum** achtundzwanzig**sten** ☞ 42

547 Cristiano Ronaldo ist am Sonntag zum „Weltfußballer des Jahres 2008“ gewählt worden. Abgestimmt hatten die Trainer und Kapitäne aller Nationalmannschaften. Als besten deutschen Spieler wählten sie Michael Ballack auf den **12.** Platz. [...]

Cristiano Ronaldo는 일요일에 “2008년 올해의 축구인”으로 선출되었다. 투표를 했었던 이들은 모든 국가대표 팀의 감독들과 주장들이었다. 이들은 최고의 독일 선수로서 Michael Ballack을 12 등으로 선출했다.

▸ ... wählten ... auf den **12.** Platz

서수 12. ⇒ 「기수 + **-t**」 : auf **den** zwölf**ten** ...

※ 남성명사 Platz가 3 · 4격 전치사 auf의 **4격** 목적어
남성 **4격** 「**den** + 형용사 **-en**」 : **den** zwei**ten** ... ☞ 40

548 Die Idee faszinierte Abenteurer, Ingenieure und Politiker schon im **19.** Jahrhundert: Nun will Nicaragua tatsächlich einen Kanal bauen, der Atlantik und Pazifik verbindet. [...]

이 아이디어는 이미 19 세기에 모험가들, 엔지니어들, 그리고 정치인들을 매혹시켰다 : 이제 니카라과는 대서양과 태평양을 연결하는 운하 하나를 실제로 건설하려고 한다.

▸ ... im **19.** Jahrhundert: ...

서수 19. ⇒ 「기수 + **-t**」 : **im** neunzehn**ten** ...

※ 서수가 **3격** 전치사 축약형 im과 함께 옴.
3격 전치사 축약어 「**im** + 형용사 **-en**」 : **im** neunzehn**ten** ... ☞ 42

201. 수사 (3) : 분수, 소수

Vier Fünftel der Studenten waren da. / Das sind **null Komma fünf** Prozent.

↓ 분수 4/5 ↓ 소수 0,5

'대학생들의 4/5가 출석했다.' '그것은 0.5%이다.'

---

549 의학적 통증에 시달리는 독일 어린이와 청소년에 관한 설문조사 보도 내용에서 :

[...] Dabei zeigte sich, dass **zwei Drittel** der Drei- bis Zehnjährigen und **drei Viertel** der Elf- bis Siebzehnjährigen in den drei Monaten vor der Befragung unter Schmerzen gelitten hatten. Bei **einem Drittel** der jüngeren und **der Hälfte** der älteren Kinder wiederholten sich die Schmerzen. [...]

여기서 나타났던 점은, 3세에서 10세까지 이르는 아이들의 2/3, 그리고 11세에서 17세까지 이르는 청소년들의 3/4이 설문조사가 시행되기 전 3개월 기간에 통증들을 겪었었다는 점이다. 비교적 낮은 연령대 아이들의 1/3과 비교적 높은 연령대 아이들의 절반의 경우는 이러한 통증들이 반복되었다.

▸ ... , dass [1]**zwei Drittel** ... und [2]**drei Viertel** ... gelitten hatten

1. 분수 2/3 : 분자 ⇒ 기수 **zwei** ; 분모 ⇒ 「서수 + **-el**」 : **Drittel**
2. 분수 3/4 : 분자 ⇒ 기수 **drei** ; 분모 ⇒ 「서수 + **-el**」 : Viertel

▸ Bei [1]**einem Drittel** ... und [2]**der Hälfte** ...

1. 분수 1/3 : 분자 ⇒ 중성 부정관사 **ein-** ; 분모 ⇒ 「서수 + **-el**」 : **Drittel**
2. 분수 1/2 : 독립적인 여성명사 Hälfte

550 Der Audi*-Vorstand bekam im vergangenen Jahr einen dicken Zuschlag. Die Bezüge der Spitzenmanager wuchsen von knapp **14,3** auf gut **22,7** Millionen Euro. [...]

Audi의 이사회는 작년에 두툼한 추가 수당을 받았다. 최고 경영자들의 봉급이 1,430 만 유로가 채 안 되던 액수에서 2,270 만 유로를 조금 넘는 액수로 올라갔다.

* Audi : 독일의 자동차 회사 "아우디"

▸ ... von knapp [1]14,3 auf gut [2]22,7 Millionen Euro

1. 소수 14,3 ⇒ "vierzehn **Komma** drei" ; 2. 소수 22,7 ⇒ zwei**und**zwanzig **Komma** sieben

202. 비인칭대명사 es (1) : 형식적 주어 es 및 형식적 목적어 es

Es ist wahr, dass er jetzt in Deutschland lebt.
↓
비인칭대명사 (= 형식적 주어) ⇒ 뒤에 오는 dass-부문장(= 실질적 주어)을 가리킴.

'그가 지금 독일에서 살고 있는 것은 사실이다.'

Ich finde es schwer, das alles zu glauben.
↓
비인칭대명사 (= 형식적 목적어) ⇒ 뒤에 오는 zu-부정사(= 실질적 목적어)를 가리킴.

'나는 그 모든 것을 믿는 것이 어렵다고 생각한다.'

---

551 [...] **Es** ist klar, dass Menschen dazu neigen, an etwas Größeres, beispielsweise einen Gott, zu glauben, wenn sie überfordert sind. Überfordert etwa durch Krisen, Kriege oder auch durch zu große Verwirrung. [...]

자신에게 지나친 부담이 지워질 경우 사람들은 보다 큰 뭔가에게, 예를 들면 신에게 믿음을 갖게 되는 그런 경향이 있음이 분명하다. 지나친 부담이 지워지는 것은 이를테면 위기나 전쟁으로 인해, 혹은 너무나 큰 혼란에 의해서도 가능하다.

▸ Es ist ... , dass ... neigen, ...
비인칭대명사 es (= 형식적 주어) ⇒ 뒤에 오는 dass-부문장(= 실질적 주어)을 가리킴.

♣ ... , dass ... [1]dazu neigen, an [2]etwas Größeres, ... , zu glauben, wenn ...

1. 「da(r)- + 전치사」 형태 dazu ⇒ 뒤에 오는 zu-부정사 "... zu glauben"을 지시함. ☞ 168
2. 형용사 groß의 비교급 größer가 부정대명사 etwas를 수식함.
   ⇒ 비교급 형용사 größer는 뒤에 위치하며, 어미 -es (대문자 표기) : etwas Größeres ☞ 176

552 [...] Deshalb ist **es** dringend erforderlich, die lange vernachlässigten methodischen und theoretischen Fragestellungen der Chemie wieder in den Vordergrund zu stellen. [...]

그러므로 오랫동안 방치되었던 화학의 방법적, 그리고 이론적 문제제기들을 다시 전면에 부각시키는 것이 시급하게 요구된다.

▸ ... ist es ... , ... zu stellen
비인칭대명사 es (=형식적 주어) ⇒ 뒤에 오는 zu-부정사(= 실질적 주어)를 가리킴.

♣ ... , die ... vernachlässigten methodischen und theoretischen Fragestellungen ... zu stellen

복수명사 "...stellungen"이 zu-부정사의 동사 stellen의 4격 목적어 ⇒ 복수 4격 정관사 die가 앞에 옴.
복수 4격 「die + 형용사 -en」 : die ... vernachlässigten methoidischen und theoretischen ... ☞ 41

553 독일 은행 "Deutsche Bank"의 광고에서 :

Die Deutsche Bank betrachtet **es** als ihren unternehmerischen Auftrag, für Aktionäre, Kunden, Mitarbeiter und die Gesellschaft nachhaltigen Mehrwert zu schaffen. [...]

독일 은행은 주주들, 고객들, 동료 직원들, 그리고 사회를 위해 지속적인 부가가치를 창조해내는 것을 자신의 기업적 사명으로 간주하고 있습니다.

▸ ... betrachtet es ... , ... zu schaffen

비인칭대명사 **es** (= 형식적 목적어) ⇒ 뒤에 오는 **zu**-부정사(= 실질적 목적어)를 가리킴.

♣ ... betrachtet es als ihren unternehmerischen Auftrag, ...

접속사 **als**('...로서') 뒤에 오는 명사 ⇒ 앞의 비인칭대명사 **es**에 상응하므로 4격이어야 함.
따라서 남성명사 Auftrag이 접속사 als 뒤에 와서 4격 ⇒ 남성 4격!

(1) 소유대명사 **ihr-** : 남성 4격 부정관사 ein**en** 변화하여 ihr**en** ☞ 30

(2) 남성 4격 「einen + 형용사 -en」 : ihr**en** unternehmerisch**en** ... ☞ 40

554 [...] Aus diesem Grund fanden **es** die Leute früher nicht schlecht, wenn ihre Kinder kugelrund waren, während sich die Ärzte heute vor allem Sorgen darüber machen, dass viele Kinder zu dick sind. [...]

이러한 이유 때문에 예전에는 사람들이 만약 자신의 아이들이 살이 쪄서 둥글둥글할 경우 이를 나쁘지 않게 여겼는데, 이와는 대조적으로 오늘날 의사들은 많은 아이들이 너무 뚱뚱하다는 것에 대해 무엇보다 많이 염려하고 있다.

▸ ... fanden es ... , wenn ... waren, ...

비인칭대명사 **es** (= 형식적 목적어) ⇒ 뒤에 오는 **wenn**-부문장(= 실질적 목적어)을 가리킴.

♣ ... fanden [1]es die Leute ... , während [2]sich die Ärzte ... [3]da*r*über machen , dass ... sind

1. 어순 : 비인칭대명사 4격 es ⇒ 명사 주어 "die Leute"보다 앞에 옴. ☞ 36
2. 어순 : 4격 재귀대명사 sich ⇒ 명사 주어 "die Ärzte"보다 앞에 옴. ☞ 68
3. 「da(*r*)- + 전치사」 형태 da*r*über ⇒ 뒤에 오는 dass-부문장을 지시함. ☞ 169

203. 비인칭대명사 es (2) : '시간', '날씨', '명암' ...의 비인칭주어 es

Wie spät ist **es** jetzt? - **Es** ist 10 Uhr. '지금 시간이 몇 시니? - 10 시야.'

(es ↓ '시간'의 비인칭주어 / Es ↓ '시간'의 비인칭주어)

Wie ist das Wetter? - **Es** ist schön und warm. '날씨가 어때? - 맑고 따뜻해.'

(Es ↓ '날씨'의 비인칭주어)

Wir müssen jetzt gehen. **Es** ist schon dunkel draußen.

(Es ↓ '명암'의 비인칭주어)

'우리는 지금 가야만 해. 바깥은 이미 어두워졌어.'

---

555 [...] **Es** war 2 Uhr morgens oder so. Als ich gerade auf dem Weg nach Hause war, merkte ich auf einmal, dass die Straßen komplett dunkel waren. Nirgendwo Leute oder Lichter oder irgendwelche Geräusche. **Es** war zu ruhig. [...]

시간은 새벽 두 시 내지 그 즈음이었다. 막 집으로 향하는 길에 들어섰던 그 때 나는 거리가 완전히 깜깜하다는 것을 갑자기 깨달았다. 그 어디에도 사람들이나 불빛들, 혹은 그 어떤 소음들마저 없었다. 너무나도 조용했다.

- **Es** war 2 Uhr morgens ...
  비인칭대명사 es ⇒ '시간'을 뜻하는 비인칭주어

- **Es** war zu Ruhig ...
  비인칭대명사 es ⇒ '분위기', '상태'를 뜻하는 비인칭주어

556 Am Donnerstag wird **es** etwas wärmer, aber nicht schöner. Meist ist **es** bewölkt oder neblig. Ab Mittag kann **es** auch etwas regnen. [...]

목요일에는 약간 더 따뜻해지지만, 날씨가 더 화창해지는 것은 아니다. 주로 구름에 덮이거나 안개가 끼게 된다. 수요일부터는 비마저 약간 내릴 수도 있다.

- ... wird **es** ... wärmer, aber ... schöner
  비인칭대명사 es ⇒ '날씨'를 뜻하는 비인칭주어

▸ ... ist es bewölkt oder neblig

비인칭대명사 es ⇒ '날씨'를 뜻하는 비인칭주어

▸ ... kann es ... regnen

비인칭대명사 es ⇒ '날씨'를 뜻하는 비인칭주어

♣ ... wird .. [1]wärmer, aber ... [2]schöner

1. 형용사 warm의 비교급 wärmer ⇒ 동사 wird의 형용사 보어 ☞ 187
2. 형용사 schön의 비교급 schöner ⇒ 동사 wird의 형용사 보어 ☞ 187

557 […] „Am Fuß der Lampe ist es am dunkelsten", zitiert ein Besucher aus Seoul ein koreanisches Sprichwort. […]

"등잔 밑이 가장 어둡다." 라고 서울에서 온 한 방문객이 한국의 속담을 인용한다.

▸ ... ist es am dunkelsten ...

비인칭대명사 es ⇒ '명암'을 뜻하는 비인칭주어

♣ ... ist ... am dunkelsten

형용사 dunkel의 최상급 dunkelst

「am + 최상급 -en」 : am dunkelsten ⇒ 앞에 온 동사 ist의 형용사 보어 ☞ 194

558 […] Für die einen riecht es nach frischer Zitrone, für die anderen stinkt es einfach nur nach Kloreiniger: In Hamburg ist Streit über einen Duft entbrannt, der in der Filiale der angesagten Modemarke „Abercrombie&Fitch" versprüht wird. […]

일부 사람들에게는 신선한 레몬의 향기가 나고, 다른 일부 사람들에게는 단순히 화장실 세척제의 불쾌한 악취가 날 따름이다 : 함부르크에서는 이름 있는 유행의류 상표인 "Abercrombie&Fitch"의 지점에서 뿌려지는 한 냄새에 대한 논쟁이 불붙었다.

▸ ... stinkt es ...

비인칭대명사 es ⇒ '상태', 특히 '냄새'를 뜻하는 비인칭주어

♣ Für die einen ... , für die anderen stinkt ...

연계 형식 「die einen ... , die anderen ...」 ☞ 220

♣ ... Streit ... , [1]der ... [2]versprüht wird

1. 남성 1격 관계대명사 der : 남성명사 Streit가 선행사, 부문장 안의 주어로서 1격 ☞ 138
2. 타동사 versprühen의 수동태 현재 "wird ... versprüht" ⇒ 후치됨 : "... versprüht wird" ☞ 154

204. 비인칭대명사 es (3) : 관용적으로 사용되는 비인칭주어 es

Wie geht **es** Ihnen? - Danke, **es** geht mir gut.

↓ 「**es** geht j-m ...」 ↓ 「**es** geht j-m ...」 '누구는 ...하게 지내다'

'당신은 어떻게 지내십니까? - 고마워요, 저는 잘 지내요.'

Ich möchte das machen, aber **es** fehlt mir an Geld dafür.

↓ 「**es** fehlt j-m an etw.[3]」 '누구에게는 무엇이 없다'

'나는 그것을 하고 싶지만 나에게는 그것을 위한 돈이 없어.'

---

559 [...] Immer wenn **es** um gesunde Ernährung geht, kommt man heute an Omega-3-Fettsäuren nicht mehr vorbei. Tatsächlich gibt **es** immer mehr Beweise, dass diese Gruppe mehrfach ungesättigter Fettsäuren viele positive Wirkungen auf die Gesundheit hat. [...]

건강에 좋은 영양 섭취가 문제될 경우마다 이제 더 이상은 오메가 3 지방산을 그냥 지나쳐 넘어가지 못한다. 이러한 다중 불포화 지방산 그룹이 건강에 여러 가지 긍정적인 작용들을 행한다는 사실에 대한 증명들이 실제로 점점 더 많이 나오고 있다.

▸ Immer wenn **es um** ... geht, ...

비인칭대명사 형식 「**es** geht um ...」 '...에 관한 문제이다'

▸ ... gibt **es** ...

비인칭대명사 형식 「**es** gibt ...」 '...이 있다'

※ 「**es** gibt ...」의 "gibt" ⇒ 동사 geben의 현재 시제 :
주어가 비인칭대명사 **es** ⇒ 어간 모음 e → **i** 변화하여 gib*t* ☞ 89

♣ ... [1]immer **mehr** Beweise, dass ... Gruppe [2]ungesättigt**er** Fettsäure**n** ... hat

1. 부정수사&부사 viel의 비교급 **mehr** ⇒ 「**immer** 비교급」 : "**immer** mehr ..." ☞ 192
2. 복수명사 "...säure**n**"이 바로 앞 명사 Gruppe를 수식하는 **2격** ⇒ **복수 2격**!
   형용사 ungesättigt 앞에 (부)정관사 없음. ⇒ **복수 2격** 정관사 d**er** 변화하여 ungesättigt**er** ☞ 46

560 [...] Viele Bürger glauben, dass weitere Sparmaßnahmen zu keinem Ergebnis führen und dass **es** einen anderen Weg aus der Krise geben muss. [...]

많은 국민들의 생각은, 더 이상의 긴축 조치들은 전혀 성과를 내지 못하며, 위기로부터 빠져나올 다른 방도가 있어야만 한다는 것이다.

▸ ... und dass es ... geben muss

비인칭대명사 형식 「**es** gibt ...」 '...이 있다'

※ 「**es** gibt ...」가 화법조동사 **müssen**과 결합 ⇒ 동사 gibt가 원형으로 뒤에 옴 : "**muss** ... geben"
⇒ 종속접속사 **dass**-부문장 안에서 후치됨 : "... geben **muss**" ☞ 79

561 [...] Die britischen Behörden hatten gestern Details zum mutmaßlichen Täter veröffentlicht. Danach handelt **es** sich um einen 52-jährigen Briten, der offenbar mehrere Identitäten benutzt hat. [...]

영국의 정부 당국은 어제 범죄 용의자에 관한 세세한 정보를 공개했다. 이에 따르면 해당 인물은 52 세의 영국 남자인데, 그는 아마도 몇몇 개 상이한 신분들을 이용했던 것으로 보인다.

▸ ... handelt es sich um ...

비인칭대명사 형식 「**es** handelt sich um ...」 '...이 핵심이다'

♣ ... **hatten** ... veröffentlich**t**

타동사 veröffentlichen의 과거완료 「**hatte** ... p.p」 : "**hatten** ... veröffentlich**t**" ☞ 112

♣ ... [1]um ein**en** 52-jährig**en** Briten, [2]**der** ... benutzt hat

1. 남성명사 Brite가 4격 전치사 um의 목적어 ⇒ 남성 4격 부정관사 ein**en**이 앞에 옴.
   (1) 남성 4격 「einen + 형용사 **-en**」 : ein**en** 52-jährig**en** ... ☞ 40
   (2) 명사 Brite는 약변화 명사 ⇒ 단수이지만 복수형과 동일하게 **-n**이 붙어 Brite**n** ☞ 16
2. 남성 1격 관계대명사 d**er** : 약변화 남성명사 Brite**n**(복수 아님!)이 선행사, 부문장 안의 주어 ☞ 138
   (타동사 benutzen의 현재완료 "**hat** ... benutz**t**" ⇒ 후치됨 : "... benutz**t** **hat**" ☞ 103, 136)

562 Knapp ein Jahr nach einer Welle des Protests gegen soziale Ungleichheit in Israel kam **es** bei neuen Demonstrationen zu gewalttätigen Auseinandersetzungen zwischen Polizei und Demonstranten. [...]

이스라엘에서 사회적 불평등에 대한 저항의 물결이 지나간 뒤 1 년이 채 안 된 시기에 새로 발생한 시위들에서 경찰과 시위자들 사이의 폭력적인 충돌이 벌어졌다.

▸ ... kam es ... zu ...

비인칭대명사 형식 「**es** kommt zu ...」 '(부정적 의미의) ...이 발생하다, 나타나다'

※ 동사 kommen의 과거 시제 : 주어가 비인칭대명사 **es** ⇒ 과거형 **kam**은 추가 어미 없이 **kam_** ☞ 95

205. 비인칭대명사 es (4) : 자리매김 비인칭주어 es

Kommen auch Kinder? - Ja, <u>**es**</u> kommen sehr viele Kinder.

↓

자리매김 비인칭주어 **es** ⇒ 형식적 주어!

(실질적 주어는 뒤에 오는 복수명사 "... Kinde**r**" ⇒ 동사 형태 komm**en**)

'아이들도 오니? - 응, 아주 많은 아이들이 와.'

---

563 [...] In Kanada hat eine Schlammlawine Teile einer Ortschaft unter sich begraben. **Es** werden vier Menschen vermisst, darunter offenbar auch ein deutscher Tourist. [...]

캐나다에서는 한 진흙 산사태가 한 마을의 여러 지역들을 뒤덮어 삼켜 버렸다. 4명의 사람들이 실종되었는데, 이 중에는 한 독일 관광객도 있는 것으로 보인다.

▸ <u>**Es**</u> werd**en** vier Mensch**en** ...

자리매김 비인칭주어 **es** ⇒ 형식적 주어!

(실질적 주어는 뒤에 오는 복수명사 "... Mensch**en**" ⇒ 동사 형태 werd**en**)

♣ ... vier Mensch**en** ... , <u>da*r*unter</u> ...

「da(*r*)- + 전치사」 형태 da*r***unter** ⇒ 앞에 온 복수명사 "... Mensch**en**"을 지시함. ☞ 166

564 Die Urwälder sind sehr wichtig! Sie versorgen nämlich die Erde mit Sauerstoff. **Es** muss also dringend etwas gegen die Abholzung der Regenwälder getan werden. Doch noch gehen jedes Jahr immer noch rund 50 Fußballfelder Wald verloren. [...]

원시림들은 매우 중요하다! 왜냐 하면 이것들은 지구에게 산소를 공급하기 때문이다. 그러므로 원시림들의 벌목에 맞서서 시급하게 뭔가 행해져야만 한다. 하지만 여전히 대략 축구장 50 개를 합친 크기의 숲이 매년 사라진다.

▸ <u>**Es**</u> muss ... etwas ... getan werden

자리매김 비인칭주어 **es** ⇒ 형식적 주어!

(실질적 주어는 뒤에 오는 부정대명사 **etwas** ⇒ 화법조동사 형태 **muss**)

♣ ... <u>*gehen*</u> ... <u>*verloren*</u>

동사 *verloren* gehen의 현재 시제 "geh*en* ... *verloren*" ⇒ 분리동사처럼 *verloren*이 분리됨. ☞ 59

206. 명령문 : Sie-명령문 / du-명령문 / ihr-명령문

Rufen Sie mich bitte morgen *an*! ‘내일 저에게 전화해 주세요.’
↓
분리동사 *an*rufen의 **Sie-명령문** ⇒「동사 **원형 Sie** ...!」: Ruf**en Sie** ... *an*!

Setz dich doch auf den Stuhl! ‘(그러지 말고) 의자에 앉아라.’
↓
4격 재귀동사 sich setzen의 **du-명령문** ⇒「동사 어간 ...!」: Setz dich ...!

Kommt nicht so spät nach Hause! ‘그렇게 늦게 귀가하지들 말아라.’
↓
동사 kommen의 **ihr-명령문** ⇒「동사 어간 + **-t** ...!」: Komm**t** ...!

---

565 **Genießen Sie** einen unverwechselbaren, feinherben Geschmack und ein würziges Aroma! [...]

독특하면서, 또한 섬세하게 쌉쌀한 맛과 강렬한 향기를 즐겨보세요.

▸ Genieß**en Sie** ...!

동사 genießen의 **Sie-명령문** ⇒「동사 **원형** Sie ...!」: Genieß**en Sie** ...!

566 **Lassen Sie** sich von der Vielfalt des Kulturlands Hessen faszinieren! Drei Staatstheater, Landesmuseen, Bibliotheken und Archive tragen ebenso dazu bei wie Burgen, Schlösser, Parks und Gärten oder seine Reputation als Filmland. [...]

문화의 주 헤센의 다양성에 매혹되어 보세요. 세 개의 국립 극장들과 주립 박물관, 도서관들, 그리고 기록 보관소들이 마찬가지로 이를 뒷받침합니다. 옛 성곽들, 대저택들, 공원들과 정원들, 혹은 영화의 주로서의 그 명성이 그렇듯이.

▸ Lass**en Sie** sich ... faszinieren!

동사 lassen의 **Sie-명령문** ⇒「동사 **원형** Sie ...!」: Lass**en Sie** ...!

※「lassen + 4격 ... **타동사** 원형」‘*4격*이 ...되도록 하다’
⇒「lassen sich⁴ ... **타동사** 원형」(‘자신이 ...되도록 하다’, 즉) ‘...되어 보다’ ☞ 130
(여기서 “**von** der Vielfalt ...” ⇒ 수동태 ‘**행위자**’의 역할)

♣ ... [1]tragen [2]ebenso [3]dazu *bei*, **wie** ...

1. **분리**동사 *bei*tragen의 **현재** 시제 ⇒ 분리전철 *bei*-는 **분리**되어 뒤에 옴 : “tragen ... *bei*” ☞ 55
2. **원급** 비교 형식「**ebenso** 원급 **wie** ...」 ☞ 195

3. 「da(*r*)- + 전치사」 형태 da**zu** ⇒ 앞에 온 문장 “Lassen Sie sich ...”의 내용을 지시함. ☞ 167

567 Vier konkrete ethische Regeln wurden im buddhistischen Kanon von Patanjali, dem Begründer des Yoga, in der chinesischen Tradition und natürlich auch in den drei prophetischen Religionen festgelegt: „**Töte** nicht“, „**stiehl** nicht“, „**lege** kein falsches Zeugnis **ab**“ und „**missbrauche** die Sexualität nicht.“ [...]

4 가지의 구체적인 윤리적 규율들이 Patanjali, 즉 요가 창시자의 불교적 규범에, 중국의 전통 속에, 그리고 당연히 3 개의 예언적 종교들 안에도 확고하게 규정되었다 : “살인하지 말라”, “도둑질 하지 말라”, “거짓 증언을 하지 말라”, 그리고 “성을 오용하지 말라”.

▸ „[1]Töte ...“, „[2]stiehl ...“, „[3]lege ... *ab*“ und „[4]missbrauche ...“

1. 동사 töten의 du-명령문 : Töte ...

   ※ 동사 töt*en*은 어간 끝이 -t임. ⇒ du-명령문은 「동사 어간 + -e ...!」 : Töte ...

2. 동사 stehlen의 du-명령문 : stiehl ...

   ※ 동사 stehlen은 현재 시제에서 어간 모음 e → ie 변화함. ⇒ du-명령문은 「(변화된) 동사 어간 ...!」

3. 분리동사 *ab*legen의 du-명령문 : leg(e) ... ab

4. 동사 missbrauchen의 du-명령문 : missbrauch(e) ...

   ※ 동사 접두어 miss-는 분리되지 않음. ☞ 60

♣ ... von Patanjali, dem Begründer der Yoga, ...

밑줄 친 “dem Begründer ...” ⇒ 앞에 온 고유명사 Patanjali와 동격으로서 3격 ☞ 219

568 **Rettet** das Plattdeutsche! Mit Niederdeutsch in der Schule und in Kitas wollen norddeutsche Länder ihren Dialekt retten und das Sprachtalent von Kindern fördern. [...]

저지 독일어를 보호해라. 학교와 어린이집에서 저지 독일어를 사용함으로써 북부 독일의 주들은 자신들의 방언을 보호하고, 아이들의 언어 재능을 육성하려고 한다.

▸ Rettet ... !

동사 retten의 ihr-명령문 ⇒ 「-t ...!」 : Rettet ...!

※ 동사 ret*ten*은 어간 끝이 -t임. ⇒ ihr-명령문에서 어간 모음 -e-를 추가함 : Rettet ...!

207. 간접화법 (1) : 접속법 I 형식이 사용되는 경우

Er sagte mir, er habe keine Zeit und könne nicht nach Berlin mitfahren.

주어가 er ⇒ haben의 접속법 I : habe

주어가 er ⇒ können의 접속법 I : könne

'그는 나에게 말했는데, 자기는 시간이 없으며, 베를린으로 함께 갈 수 없다고 했다.'

---

569 [...] Als die Taxi-Fahrerin den Hund schließlich entdeckte, dachte sie, er **gehöre** ihrem Fahrgast. Doch der erklärte, er **habe** gar keinen Hund. Das Tier **habe** schon im Auto **gehockt**, als er **eingestiegen sei**. [...]

마침내 그 여자 택시 기사가 그 개를 발견했을 때, 그녀는 그 개가 자신의 승객 소유일 것이라고 생각했다. 하지만 그 승객은 설명하기를 자신은 개를 소유하고 있지 않다고 했다. 그가 차에 올라탔을 때 이미 그 개는 자동차 안에 웅크리고 앉아 있었다는 것이다.

▸ ... , er gehöre ...

(간접화법) 주어가 er ⇒ 동사 gehören의 접속법 I : gehöre

▸ ... , er habe ...

(간접화법) 주어가 er ⇒ 동사 haben의 접속법 I : habe

▸ Das Tier [1]habe ... gehockt, als er ... [2]*ein*gestiegen sei

1. (간접화법) 주어가 "... Tier" ⇒ 현재완료 "**hat** ... gehockt"의 접속법 I : habe ... gehockt"
2. (간접화법) 주어가 "... Tier" ⇒ 현재완료 "**ist** ... *ein*gestiegen"의 접속법 I : "... *ein*gestiegen sei" (als-부문장 안에서 후치됨!)

570 Die Berliner CDU-Vorsitzende Grütters hat den regierenden Bürgermeister Müller scharf kritisiert. Müller **sei** im Amt **überfordert**. Er **reagiere** zu zögerlich oder **stehle** sich aus der Verantwortung, wenn es schwierig **werde**. Das **schade** dem Ansehen Berlins, sagte er. [...]

베를린의 CDU 당위원장인 Grütters는 현직 시장인 Müller를 날카롭게 비판했다. Müller는 (능력에 비해) 직무상 과부담 된 상태라고 했다. 이른바 그는 너무 우유부단하게 다스리든지, 아니면 일이 어려워지게 될 경우 슬며시 책임으로부터 빠져나간다는 것이다. 이는 베를린의 명예에 해를 끼치는 것이라고 그는 말했다.

▸ Müller sei ... überfordert

(간접화법) 주어가 Müller ⇒ 상태 수동 "**ist** ... überfordert"의 접속법 **I** : "**sei** ... überfordert"

▸ Er [1]reagiere ... oder [2]stehle ... , wenn es ... [3]werde

1. (간접화법) 주어가 er ⇒ 동사 reagieren의 접속법 **I** : reagier**e**
2. (간접화법) 주어가 er ⇒ 동사 stehlen의 접속법 **I** : stehl**e**
3. (간접화법) 주어가 es ⇒ 동사 werden의 접속법 **I** : werd**e**

▸ Das schade ...

(간접화법) 주어가 das ⇒ 동사 schaden의 접속법 **I** : schad**e**

571 독일 경제장관의 연설 내용을 보도한 기사에서 :

[...] Er sagte, für das Programm **solle** rund eine Milliarde Euro zur Verfügung **gestellt werden**. Wenn Deutschland auch bei den Produkten von morgen Exportmeister **sein wolle**, **müsse** die Wirtschaft mehr **forschen** und **entwickeln**, so der Wirtschaftsminister. [...]

그는 이 프로그램을 위해서는 대략 10 억 유로가 마련되어야 할 것이라고 말했다. 만약 독일이 미래의 생산품들의 경우에서도 역시 수출 챔피언이기를 원한다면, 경제가 더 많이 연구하고 발전해야만 한다는 것이 경제장관의 말이다.

▸ ... solle ... eine Milliarde Euro ... gestellt werden

(간접화법) 주어가 "eine Milliarde" ⇒ 화법조동사 구문 "**soll** ... gestellt werden"의 접속법 **I** :
"soll**e** ... gestellt werden"

▸ Wenn Deutschland ... [1]sein wolle, [2]müsse die Wirtschaft ... forschen und entwickeln

1. (간접화법) 주어가 Deutschland ⇒ "**will** ... sein"의 접속법 **I** : "... sein woll**e**" (후치!)
2. (간접화법) 주어가 "die Wirtschaft" ⇒ 화법조동사 구문 "**muss** ... forschen und entwickeln"의
접속법 **I** : "müss**e** ... forschen und entwickeln"

572 [...] Die Beobachter haben erklärt, dass bei dem Referendum internationale Standards nicht **erfüllt worden seien**. [...]

(선거) 감시인들이 설명했던 바로는 이 국민투표의 경우 국제적 기준들이 충족되지 못하였다고 한다.

▸ ... , dass ... internationale Standards ... erfüllt worden seien

(간접화법) 주어가 복수 "... Standards" ⇒ 수동태 현재완료 "**sind** ... erfüllt worden"의
접속법 **I** : " ... erfüllt worden **seien**" (후치!)

208. 간접화법 (2) : 접속법 II 형식이 사용되는 경우

Man sagt, dass wir viel Geld **hätte** ① und ein großes Haus kaufen **könnten** ②.

① 주어가 **wir** ⇒ 동사 haben의 **접속법 II** : **hätte**
② 주어가 **wir** ⇒ 화법조동사 können의 **접속법 II** : **könnten**

'사람들은 우리가 돈이 많으며, 큰 집을 살 수 있다고 말한다.'

---

573 [...] An den Schulen gebe es immer noch zu viel Unterrichtsausfall, weil Lehrer **fehlten**, kritisierte der CDU-Fraktionschef. [...]

학교들에서는 여전히 수업 결강이 너무나 많이 있는데, 교사들이 부족하기 때문이라고 CDU 원내 대표는 비판했다.

▸ ... gebe es ... , weil Lehrer **fehlten**, ...

(간접화법) 주어가 **복수**명사 Lehrer ⇒ 동사 fehlen의 **접속법 II** : fehl**ten**

※ ... gebe es ... : (간접화법) 주어가 **es** ⇒ 동사 geben의 **접속법 I** : gebe ☞ 207

574 [...] „Die Wahrscheinlichkeit, dass sich ein Kind altersgemäß entwickelt und damit schulfähig ist, ist größer, wenn es singt", sagte er. Unter anderem **hätten** diese Kinder Vorteile in der Sprachentwicklung und im emotionalen Verhalten. Es sei aber nicht auszuschließen, dass andere Faktoren eine Rolle **spielten**. [...]

"한 아이가 나이에 맞게 성장하고, 그럼으로써 학교를 다닐 수 있을 만큼 성숙해질 확률은 그 아이가 노래를 부를 경우 더 크지요." 라고 그는 말했다. 무엇보다 이런 아이들은 언어 발달 및 정서적 태도에서 유리하다는 것이었다. 하지만 다른 요인들이 역할을 행하게 되는 것이 배제될 수 없다고도 말했다.

▸ ... **hätten** diese Kinder ...

(간접화법) 주어가 **복수**명사 "... Kinder" ⇒ 동사 haben의 **접속법 II** : **hätten**

▸ Es sei ... , dass andere Faktoren ... **spielten**

(간접화법) 주어가 **복수**명사 "... Faktoren" ⇒ 동사 spielen의 **접속법 II** : spiel**ten**

※ Es **sei** ... : (간접화법) 주어가 **es** ⇒ 동사 sein의 **접속법 I** : **sei** ☞ 207

209. 비현실화법 (1) : 현재 및 미래 시제 형식의 접속법 II

Wenn ich Geld hätte, würde ich um die Welt reisen.
①   ②

① 주어가 ich ⇒ 현재 시제 형식 "... *habe*"의 접속법 II : "... hätte"
② 주어가 ich ⇒ 미래 시제 형식 "werde ... reisen"의 접속법 II : "würde ... reisen"

'만약 내가 돈이 있다면 나는 세계 여행을 하게 될 거야.'

〈참고〉 현재 및 미래 시제 형식의 접속법 II ⇒ 현재 혹은 미래와 관련된 비현실적 내용을 표현!

---

575 대중교통 수단으로서 케이블카 설치를 제안하고 있는 지역 정치가와의 인터뷰 기사에서 :
Wie würde die genaue Strecke aussehen? -
Es müsste eine Station an der U-Bahn-Endhaltestelle Hohemark geben, und eine Mittelstation auf dem Großen Feldberg* wäre sinnvoll. [...]

그 정확한 노선은 어떤 모습이 될까요? -
지하철 종착역인 Hohemark에 정류소 하나가 있어야만 할 것이고, Großer Feldberg 산 위의 중간 정류소 하나가 중요할 것입니다.

▸ ... würde die genaue Strecke *aus*sehen?

주어가 "... Strecke" ⇒ 미래 시제 형식 "wird ... *aus*sehen"의 접속법 II : "würde ... *aus*sehen"

▸ Es [1]müsste ... geben, und eine Mittelstation ... [2]wäre , ...

1. 주어가 es ⇒ 현재 시제 형식 "muss ... geben"의 접속법 II : "müsste ... geben"
2. 주어가 "... Mittelstation" ⇒ 현재 시제 형식 "ist ..."의 접속법 II : "wäre ..."

576 Wenn du Gott jetzt eine Frage stellen könntest und er sie sofort beantworten würde, was würdest du fragen?

네가 만약 지금 신에게 질문 하나를 할 수 있고, 그가 곧바로 그것에 대해 대답하게 될 거라면, 너는 무엇을 질문할 것인가?

▸ Wenn du ... [1]stellen könntest und er ... [2]beantworten würde, ... [3]würdest du fragen?

1. 주어가 du ⇒ 현재 시제 형식 "kann*st* ... stellen"의 접속법 II : "... stellen könntest" (후치!)
2. 주어가 er ⇒ 미래 시제 형식 "wird ... beantworten"의 접속법 II : "... beantworten würde" (후치!)
3. 주어가 du ⇒ 미래 시제 형식 "wirst ... fragen"의 접속법 II : "würdest ... fragen"

210. 비현실화법 (2) : 완료 시제 형식의 접속법 II

Wenn ich Geld gehabt **hätte**, **wäre** ich um die Welt gereist.
①　②

① 주어가 ich ⇒ 완료 형식 "... gehabt **habe**"의 접속법 II : "... gehabt **hätte**"
② 주어가 ich ⇒ 완료 형식 "**bin** ... gereist"의 접속법 II : "**wäre** ... gereist"

'만약 내가 돈이 있었다면 나는 세계 여행을 했을 거야.'

〈참고〉 완료 시제 형식의 접속법 II ⇒ 과거와 관련된 비현실적 내용을 표현!

---

577 교통사고를 보도하는 기사에서 :

[...] Der Fahrer ist Rentner. „**Hätte** ich etwas anders **machen können**, **hätte** ich es sicher **getan**", sagte er vor Gericht. [...]

그 운전자는 은퇴한 사람이다. "만약 내가 다른 뭔가를 행할 수 있었다면, 틀림없이 나는 그것을 행했을 겁니다." 라고 그는 법정에서 말했다.

▸ [1]**Hätte** ich ... machen können, [2]**hätte** ich ... getan

1. 주어가 ich ⇒ 화법조동사 können의 완료 형식 "**habe** ... machen können"의 접속법 II :
"**hätte** ... machen können"

※ 도치 어순에 의한 조건문 : **Hätte** ich ... machen können = **Wenn** ich ... **hätte** machen können

2. 주어가 ich ⇒ 타동사 tun의 완료 형식 "**habe** ... getan"의 접속법 II : "**hätte** ... getan"

578 [...] Der Antrag der USA wurde mit 42 zu 38 Stimmen abgelehnt, bei 46 Enthaltungen, darunter die 27 EU-Staaten. Für die Annahme des Antrags **wäre** eine Zweidrittelmehrheit nötig **gewesen**. [...]

미국의 제안은 42 대 38로 부결되었는데, 기권이 46이며, 이 중에는 27개 유럽공동체 국가들이 있다. 이 제안의 승인을 위해서는 2/3의 다수가 필요했었다.

▸ ... **wäre** eine Zweidrittelmehrheit ... gewesen

주어가 "...mehrheit" ⇒ 동사 sein의 완료 형식 "**ist** ... gewsesen"의 접속법 II :
"**wäre** ... gewesen"

211. 비현실화법 (3) : 접속법 II 형식이 '현실 모순'을 뜻할 경우

Wenn ich ein Vogel **wäre**, **flöge** ich zu dir.
①　②

① 주어가 ich ⇒ 동사 sein의 접속법 II : **wäre**
② 주어가 ich ⇒ 동사 fliegen의 접속법 II : **flöge**

'만약 내가 새라면, 나는 너에게 날아갈 거야.'

Ohne seine Hilfe **wäre** ich damals gestorben.
③

③ 주어가 ich ⇒ 동사 sterben의 완료 형식 "**bin** ... gestorben의 접속법 II : "**wäre** ... gestorben"

'그의 도움이 없었다면 그 때 나는 죽었을 거야.'

---

579 Die Nachricht von seinem Tod schockierte die Welt: Im Juni 2009 starb Michael Jackson im Alter von 50 Jahren. In diesem Jahr **wäre** der „King of Pop" 60 Jahre alt **geworden**. Das wollen seine Fans feiern. [...]

그의 죽음에 대한 소식은 세계를 충격에 빠뜨렸다 : 2009년 6월 마이클 잭슨은 50 세 나이로 사망했다. 금년에 이 "팝의 왕"은 60 세가 된다. 그의 팬들은 이를 기념하려고 한다.

▸ ... **wäre** der „King of Pop" ... geworden

주어가 "der 'King of Pop'" ⇒ 동사 werden의 완료 형식 "**ist** ... geworden의 접속법 II :
"**wäre** ... geworden"

♣ In diesem Jahr ... **Das** wollen ... feiern

지시대명사 **das** ⇒ 동사 feiern의 **4격** 목적어이며, 앞 문장 전체 "In diesem Jahr ..."를 지시함. ☞ 159

580 [...] Ich habe den schlimmsten Fehler meines Lebens begangen. Wenn ich nur die Zeit **zurückdrehen könnte**! [...]

나는 내 인생에서 가장 나쁜 실수를 저질렀다. 그저 시간을 거꾸로 돌릴 수만 있다면!

▸ Wenn ich ... *zurück*drehen **könnte!**

주어가 ich ⇒ 화법조동사 형식 "**kann** ... *zurück*drehen"의 접속법 II :
"... *zurück*drehen **könnte**" (wenn-부문장 안에서 후치됨.)

♣ ... habe <u>**den** schlimm**sten** Fehler</u> ... begangen

형용사 schlimm의 최상급 schlimm**st** ⇒ 뒤에 오는 명사 Fehler를 수식하는 부가어 ☞ 193
남성 4격 「**den** + 형용사 **-en**」 : **den** schlimm**sten** ... ☞ 40

581 축구 분데스리가 Bayern München 팀에게 패배한 상대 팀을 평가하는 기사에서 :

[...] Der junge Torhüter **hätte** der Held dieses Spiels **werden können**. In der ersten Halbzeit brachte er die Münchner zur Verzweiflung, hielt sogar einen Elfmeter. Doch am Ende war er bei der 0:2-Niederlage eher der tragische Held. [...]

그 젊은 골키퍼는 이 경기의 영웅이 될 수 있었을 지도 모른다. 전반전에 그는 뮌헨 팀 선수들을 좌절로 이끌었으며, 심지어 페널티킥도 한 차례 막아냈다. 하지만 결국은 0 : 2 패배를 당하는 가운데 그는 오히려 비극적인 영웅이었다.

▸ Der junge Torhüter <u>**hätte**</u> ... <u>werden können</u>

주어가 "Der ... Torhüter" ⇒ 화법조동사 können의 완료 형식 "**hat** ... werden können"의 접속법 II :
"**hätte** ... werden können"

582 [...] Wenn Gedanken um berufliche Probleme kreisen, reagiert der Körper, als **wäre** er noch immer am Arbeitsplatz. Er schüttet weiter Stresshormone aus, und die machen uns genau dann zu schaffen, wenn wir eigentlich zur Ruhe kommen sollten. Der Blutdruck steigt, die Immunabwehr ist geschwächt, die Verdauung gestört.

만약 생각들이 직업상의 문제들 주위에 맴돌고 있게 되면, 육체는 마치 자신이 여전히 작업장에 있기나 한 듯이 반응하게 된다. 육체는 계속 스트레스 호르몬들을 분비하게 되고, 이 호르몬들은 정확히 다음과 같은 경우, 즉 원래는 우리가 편안한 휴식 상태에 들어갔어야 했을 경우 우리를 매우 기진맥진하게 만들게 된다. 혈압은 올라가고, 면역 저항력은 약화되며, 소화는 장애를 받는다.

▸ ... , als <u>**wäre**</u> er ...

주어가 er ⇒ 동사 sein의 접속법 II : **wäre**

※ ... , <u>als</u> **wäre** er ... = ... , <u>als ob</u> er ... **wäre**

♣ ... Stresshormone ... , und [1]<u>**die**</u> machen ... , wenn wir ... [2]<u>kommen **sollten**</u>

1. 복수 1격 지시대명사 **die** : 앞에 온 복수명사 "...hormone"를 지시하며, 동사 machen의 주어 ☞ 158
2. (비현실화법) 주어가 wir ⇒ 화법조동사 형식 "**soll*en*** ... kommen"의 접속법 II : "... kommen **sollten**"
(여기서 접속법 II 형식은 '잠재성'을 뜻함. ☞ 212)

212. 비현실화법 (4) : 접속법 II 형식이 '잠재성'을 뜻할 경우

Ich denke, er **würde** nicht kommen. '나는 그가 오지 않을 거라고 생각해.'

↓

주어가 er ⇒ 미래 시제 형식 "**wird** ... kommen"의 접속법 II : "**würde** ... kommen"

---

583 [...] US-Präsident Trump droht Handelspartnern wie Deutschland mit hohen Zöllen, kritisiert regionale Handelsabkommen wie NAFTA* mit scharfen Worten und stellt WTO**-Beschlüsse wie die Aufnahme Chinas im Jahr 2001 infrage. **Sollten** solchen Worten entsprechende Taten folgen, **wäre** dies ein schwerer Schlag für das Welthandelssystem. [...]

미국 대통령 트럼프는 독일과 같은 교역 상대국들에게 높은 관세로써 위협을 가하고 있으며, NAFTA와 같은 지역적인 무역협정들을 날카로운 말로 비판하고, 2001년에 중국을 받아들인 것과 같은 WTO의 결정들을 문제 삼고 있다. 만약 이와 같은 말에 그에 상응하는 행동이 뒤따를 경우, 이는 세계 무역 체계에 큰 타격일지 모른다.

* NAFTA : 북미자유무역협정 / ** WTO : 세계무역기구

▸ [1]**Sollten** ... Taten folgen, [2]**wäre** dies ...

1. 주어가 복수 Taten ⇒ 화법조동사 형식 "**soll***en* ... folgen"의 접속법 II : "**sollten** ... folgen"

   ※ 도치 어순에 의한 조건문 : **Sollten** ... folgen = **Wenn** ... folgen **sollten**

2. 주어가 dies ⇒ 동사 sein의 접속법 II : **wäre**

584 [...] Tatsächlich gibt es eine Reihe von Studien, die darauf hindeuten, dass gemäßigter regelmäßiger Rotweinkonsum - also ein bis zwei Gläser Rotwein am Tag – Arterienverkalkung vorbeugen **könnte**. Damit **würde** der Wein vor Herz-Kreislauf-Krankheiten und Herzinfarkt schützen.

적당한 양의 규칙적인 포도주 소비가 - 이를테면 하루에 한두 잔의 적포도주 - 동맥경화를 예방할 수 있을지도 모른다는 점을 시사하는 일련의 연구들이 실제로 있다. 이로써 포도주가 심장 순환 질환과 심장마비를 막아줄 지도 모른다.

▸ ... , dass ... Rotweinkonsum ... *vor*beugen **könnte**

주어가 "...konsum" ⇒ 화법조동사 "**kann** ... *vor*beugen"의 접속법 II : "**könnte** ... *vor*beugen"

▸ ... **würde** der Wein ... schützen

주어가 "... Wein" ⇒ 미래 시제 형식 "**wird** ... schützen"의 접속법 II : "**würde** ... schützen"

213. 공손화법 : 접속법 II 형식에 의한 공손한 표현

Ich **hätte** gern Ihre Telefonnummer. '저는 당신의 전화번호를 알고 싶습니다.'

↓

(공손화법) 주어가 **ich** ⇒ 동사 haben의 **접속법 II** : "Ich **hätte** ..."

Könnten Sie mir bitte mal helfen? '저를 한 번 도와주실 수 있나요?'

↓

(공손화법) 주어가 **Sie** '당신' ⇒ 화법조동사 können의 **접속법 II** : "**Könnten** Sie ... helfen?"

---

585 [...] „Auf welcher Bank **würden** Sie gerne **sitzen**?" Über diese Frage kann noch bis zum 18. Mai jeder Besucher des Oldenburger Schlossgartens mit abstimmen. Im Teepavillon stehen drei verschiedene Banktypen zur Auswahl.

"당신은 어떤 벤치에 앉고 싶으신가요?" 올덴부르크 성의 정원을 방문하는 모든 사람들은 이 질문에 대하여 5월 18일까지 함께 투표에 참여할 수 있다. 선택 대상으로서 세 개의 상이한 벤치 유형들이 Teepavillon 식당 안에 있다.

▸ ... **würden** Sie ... sitzen?

(공손화법) 주어가 **Sie** ⇒ **미래** 시제 형식 「**werden** ... 동사 원형」의 **접속법 II** :

"... **würden** Sie ... sitzen?"

♣ Auf **welcher** Bank ... sitzen?

여성 3격 의문대명사 **welcher** : **여성**명사 Bank와 함께 오며, 3 · 4격 전치사 auf의 **3격** 목적어

⇒ **여성 3격** 정관사 **der** 변화하여 welch**er** ☞ 184

586 독일의 아동문학가 Cornelia Funke가 언급한 말 중에서 :

„Ich **hätte** mit 16 gern **gewusst**, dass das Einzige, was zwischen uns und dem Leben steht, die eigene Angst ist. Und dass man sie nicht füttern darf, indem man ihr nachgibt. [...]"

우리와 인생 사이에 서 있는 유일한 것은 자기 자신의 두려움이라는 점을 16 살 때 내가 알았더라면 좋았을 것입니다. 그리고 우리가 이 두려움에게 굴복함으로써 그것을 키워서도 안 된다는 점도 역시.

▸ Ich **hätte** ... gewusst

(공손화법) 주어가 **ich** ⇒ **현재완료** 형식 「**haben** ... p.p」의 **접속법 II** : "Ich **hätte** ... gewusst"

214. 구문 구조 (1) : 전방 지시

Peter kommt heute nicht. **Er** ist krank. '페터는 오늘 오지 않아. 그는 아파.'
↓
인칭대명사 ⇒ 앞에 온 Peter를 지시함.

Der Mann ist reich, **trotzdem** ist er nicht glücklich.
↓
부사어 ⇒ 앞에 온 문장 "Der Mann ist ..."의 내용을 지시함.

'그 남자는 부자이지만, 그럼에도 불구하고 그는 행복하지 않다.'

Er besucht mich bald. Ich freue mich schon **darauf**.
↓
「da(*r*)- + 전치사」
⇒ 앞에 온 문장 "Er besucht ..."의 내용을 지시함.

'그가 곧 나를 방문한다. 나는 그것에 대해 기뻐한다.'

---

587 Das beliebteste Haustier in Deutschland ist die Katze. **Danach** kommen Kaninchen und Hunde. In Deutschland leben insgesamt 23,2 Millionen Haustiere. **Damit** hat ungefähr jede dritte Familie ein Tier zu Hause. [...]

독일에서 가장 사랑받는 애완동물은 고양이다. 그 다음으로 토끼와 개가 뒤따른다. 독일에는 총 2,320 만 마리의 애완동물들이 살고 있다. 이로써 대략 3 가정 중의 한 가정이 집에 동물을 가지고 있는 셈이다.

▸ ... die Katze. **Danach** kommen ...

「da(*r*)- + 전치사」 형태 da**nach** ⇒ 앞에 온 명사 "die Katze"를 지시함.

▸ In Deutschland leben ... **Damit** hat ...

「da(*r*)- + 전치사」 형태 da**mit** ⇒ 앞에 온 문장 "In Deutschland leben ..."의 내용을 지시함.

♣ ... hat jede dritte Familie ...

부정수사 **jed-** : 여성 1격 정관사 di**e** 어미변화 하여 jed**e**

여성 1격 「di**e** + 형용사 **-e**」 : Di**e** dritt**e** ... ☞ 172, 200

588 [...] Jahrelang hat China den Yuan künstlich billig gehalten, um **so** seine Exporte zu stützen. Auf Druck vor allem der USA hat man sich **daher** auf die allmähliche Aufwertung eingelassen. [...]

여러 해 동안 중국은 위안화를 인위적으로 값싸게 유지했는데, 그렇게 함으로써 자신들의 수출을 지원하기 위해서였다. 그러므로 무엇보다 미국의 압력에 따라 점차적인 환율 가치 상승을 받아들였다.

▸ Jahrelang hat ... gehalten, um **so** ... zu stützen

부사어 **so** ⇒ 앞에 온 부분 문장 "Jahrelang hat ... gehalten"의 내용을 지시함.

▸ Jahrelang hat ... zu stützen. ... hat ... **daher** ... eingelassen

부사어 **daher** ⇒ 앞에 온 문장 전체 "Jahrelang hat ... zu stützen"의 내용을 지시함.

589 Die UN-Vollversammlung hat erstmals einen internationalen Vertrag zur Kontrolle des Waffenhandels angenommen. Eine deutliche Mehrheit von 154 Staaten stimmte am Dienstag in New York für **die Konvention**. **Das Abkommen** soll durch verbindliche Regeln den Schwarzmarkt bekämpfen.

유엔 총회는 무기 거래의 통제를 위한 국제적 협약을 최초로 받아들였다. 화요일 뉴욕에서 154 개 국가들 중의 뚜렷한 다수가 이 협정에 찬성하는 표를 던졌다. 이 합의는 구속력 있는 규정들을 통해 암시장을 억제하도록 되어 있다.

▸ ... hat ... einen internationalen Vertrag ... *an*genommen. Eine deutliche Mehrheit ... stimmte ... für **die** Konvention. **Das** Abkommen soll ... bekämpfen

「정관사 **d-** + 명사」 형태인 "**die** Konvention" 및 "**Das** Abkommen"

⇒ 앞에 온 "einen internationalen Vertrag"을 지시함.

※ 비슷한 의미를 지니는 유사어에 의한 전방 지시 : Vertrag ≈ Konvention ≈ Abkommen

590 Tarzan, der Held unzähliger Filme, Comics und Bücher wird am Montag 100 Jahre alt. Am 27. August 1912 erschien die Geschichte über **den König des Dschungels** zum ersten Mal in einer US-Zeitschrift. [...]

타잔, 즉 수많은 영화들과 만화들, 그리고 서적들 속의 그 영웅이 월요일에 100 살이 된다. 1912년 8월 27일에 이 정글의 왕에 대한 이야기가 한 미국의 잡지에 처음으로 등장했다.

▸ Tarzan ... wird ... alt. Am 27. August ... über **den** König des Dschungels ...

「정관사 **d-** + 명사」 형태 "**den** König des Dschungels" ⇒ 앞에 온 "Tarzan"을 지시함.

※ 대상이 지니는 일정 특성을 통한 전방 지시 : Tarzan ⇒ der König des Dschungels

215. 구문 구조 (2) : 후방 지시

Obwohl **seine** Eltern dagegen sind, will Peter Musik studieren.

↓

소유대명사 ⇒ 뒤에 오는 Peter를 지시함.

'비록 그의 부모님이 반대하고 있지만 페터는 음악을 전공하려고 한다.'

Er möchte **dorthin** gehen, **wo** seine Freunde sind.

↓

부사어 ⇒ 뒤에 오는 관계부사 부문장 "**wo** ..."의 내용을 지시함.

'그는 그곳으로, 즉 자신의 친구들이 있는 곳으로 가고 싶어 한다.'

Ich freue mich schon **darauf**, **dass** er mich bald besucht.

↓

「da(*r*)- + 전치사」 ⇒ 뒤에 오는 **dass**-부문장의 내용을 지시함.

'나는 그것에 대해, 즉 그가 곧 나를 방문하는 것에 대해 기뻐한다.'

---

591 Mit **ihrer** Musik eroberten **die Beatles** die Welt. Mit bisher über 1,3 Milliarden verkauften Platten gehören sie auch heute noch zu den erfolgreichsten Bands unserer Zeit. [...]

자신들의 음악을 가지고 비틀즈는 세계를 정복했다. 지금까지 13 억이 넘게 판매된 음반들과 더불어 이들은 오늘날에도 여전히 우리 시대의 가장 성공적인 음악 밴드에 속한다.

▸ Mit ihr**er** Musik ... die Beatles ...

소유대명사 ihr- '그들의 ...' ⇒ 뒤에 오는 복수명사 "die Beatles"를 지시함.

※ 소유대명사 **ihr-** : 여성명사 Musik이 **3격** 전치사 mit의 목적어

⇒ 여성 **3격** 부정관사 ein**er** 어미변화 하여 ihr**er** ☞ 30

592 [...] Die Finanzwelt ist auch **deshalb** aus den Fugen geraten, **weil** durch falsch konstruierte Vergütungssysteme ein weiteres Prinzip der Marktwirtschaft, die persönliche Haftung, missachtet wurde. [...]

재정 세계는 또한 다음과 같은 이유로도 혼란에 빠졌는데, 이를테면 잘못 구성된 배상 체계로 인해서 시장 경제의 또 하나의 원칙이, 즉 개인적인 손해 보상 책임이 무시되었기 때문이다.

▸ ... ist ... **deshalb** ... geraten, **weil** ... missachtet wurde

부사어 deshalb ⇒ 뒤에 오는 **weil**-부문장의 내용을 지시함.

♣ ... , weil ... Prinzip der Marktwirtschaft, [1]die persönliche Haftung, [2]missachtet **wurde**

1. 앞에 온 "Prinzip der ..."와 동격임. ☞ 219
2. 타동사 missachten의 수동태 과거 "**wurde** ... missacht*e*t"이 후치됨 : "... missacht*e*t **wurde**" ☞ 150
   (동사 **miss**achten은 접두어 **miss-**를 지님. ⇒ p.p형은 -ge- 없이 **miss**acht*e*t ☞ 101)

593 2014년 베를린에서 개최된 국제건축박람회에 관한 기사에서 :

Die Internationale Bauausstellung hat sich sehr **dafür** eingesetzt - zusammen mit den Kommunen, Kreisen oder auch mit dem Land Brandenburg -, **dass** die wichtigsten Zeugnisse der Industriekultur nicht verschwinden. [...]

이 국제건축박람회는 - 마을들이나 (이보다 큰) 단위 지역들과 함께, 혹은 브란덴부르크 주와도 함께 협력하는 가운데 - 다음을 위해, 즉 산업 문화의 가장 중요한 증거들이 사라지지 않도록 하기 위해서 전력을 기울였다.

▸ ... hat ... da**für** *ein*gesetzt - ... - **dass** ... verschwinden

「da(*r*)- + 전치사」 형태 da**für** ⇒ 뒤에 오는 **dass**-부문장의 내용을 지시함.

594 [...] Auf Feldern und Äckern ist **es** für die Vögel gefährlich, ein Nest **zu bauen**. Denn viele Landwirte düngen, um die Pflanzen schneller wachsen zu lassen und das Feld früher abernten zu können. Dabei werden dann die Vogelnester zerstört, bevor die Küken flügge geworden sind. [...]

들판과 경작지 위는 새들에게 그것이, 즉 둥지를 짓는 것이 위험하다. 왜냐 하면 많은 농부들이 비료 주는 작업을 하기 때문인데, 이는 식물들로 하여금 더 빨리 성장하도록 하기 위해서, 그리고 보다 일찍 논밭에서 추수할 수 있도록 하기 위해서이다. 그런 가운데 이제 어린 새들이 날 수 있을 만큼 성장도 하기 전에 새의 둥지들이 파괴된다.

▸ ... ist **es** ... gefährlich, ... **zu** bauen

비인칭대명사 es ⇒ 뒤에 오는 **zu-부정사**의 내용을 지시함.

♣ ... , **um** die Pflanzen ... [1]wachsen **zu** lassen und ... [2]*ab*ernten **zu** können

동사 **lassen** 및 화법조동사 **können**의 **zu-부정사** 형식 「**um** ... **zu** 동사 원형」임. ☞ 122 :

1. 「lassen + 4격 ... 동사 원형」 '*4격*이 ...하도록 (허락)하다' ☞ 130
2. 화법조동사 구문 "**können** ... *ab*ernten"의 **zu-부정사** : "**um** ... *ab*ernten **zu können**" ☞ 125

216. 구문 구조 (3) : 어순

Gestern hat **mich** mein Freund angerufen. '어제 나의 친구가 내게 전화했다.'
↓
(어순 원칙) 대명사 ⇒ 명사, 부사어보다 앞에 온다!
인칭대명사 4격 목적어 mich ⇒ 명사 주어 "mein Freund"보다 앞에 옴.

Hat deinen Vater heute Morgen nicht **ein** Mann besucht?
↓
(어순 원칙) 「**ein-** + 명사」 ⇒ 「**d-** + 명사」 및 부사어보다 뒤에 온다!
주어 **ein** Mann ⇒ 목적어 "deinen Vater" 및 부사어 "heute Morgen"보다 뒤에 옴.

'오늘 아침 너의 아버지를 한 남자가 방문하지 않았니?'

Schwimmen **kann** ich überhaupt nicht. '수영은 나는 아예 할 줄 몰라.'
↓
(어순 원칙) 주어가 아닌 다른 요소가 문장 앞에 올 경우 뒤의 어순은 도치된다!
화법조동사 kann과 함께 오는 동사 원형 schwimmen이 문장 앞에 옴. ⇒ 도치 : "Schwimmen **kann** ich ..."

---

595 In Frankfurt stürmen **nachts um drei Uhr Polizisten** die Wohnung eines unbescholtenen Bürgers: Kriminelle haben seine Adresse zur Tarnung von illegalen Geschäften als Wohnsitz angegeben. [...]

프랑크푸르트에서는 경찰관들이 새벽 3 시에 흠 잡을 데 없이 착실한 한 시민의 집을 급습한다 : 범죄자들이 불법적인 사업들을 숨기기 위해서 그의 주소를 거주지로 신고했었다.

▸ ... stürmen nachts um drei Uhr **Polizisten** ...
'시간' 부사어 "nachts um drei Uhr" ⇒ 주어 Polizisten보다 앞에 옴.
※ (어순 원칙) 정보의 가치가 상대적으로 적은 부사어 ⇒ 다른 요소들보다 앞에 온다!

♣ ... : Kriminelle haben ... *an*gegeben
형용사 Kriminell의 명사화 ⇒ 복수 **1격** 정관사 die 변화하여 Kriminelle (대문자 표기) ☞ 46, 47

596 In der Deutschen Eishockey Liga fehlt **den Titelverteidigern aus München** nur noch **ein Sieg** zur erneuten Meisterschaft. Das Team gewann das vierte Play-Off-Finalspiel in Wolfsburg mit 7:2.

독일 아이스하키 리그의 경우 챔피언 타이틀을 방어하는 뮌헨 팀 선수들에게는 다시 우승하기 위해서 단 한 번의 승리가 더 필요하다. 이 팀은 볼프스부르크에서 열린 네 번째 플레이오프 결승전을 7 : 2로 승리했다.

▸ ... fehlt **den** Titelverteidigern aus München ... **ein** Sieg ...

3격 목적어 "**den** Titelverteidiger ..." ⇒ 주어 "ein Sieg"보다 앞에 옴.

※ (어순 원칙) 「**ein-** + 명사」 ⇒ 「**d-** + 명사」 및 부사어보다 뒤에 온다!

597 [...] Mit einer spektakulären Show feiert die britische Hauptstadt ihren über eine halbe Milliarde Euro teuren Luxus-Wolkenkratzer. **Finanziert wurde das höchste Gebäude Europas** von einem Öl-Konzern. [...]

현란한 쇼와 함께 영국의 수도 런던은 가격이 5 억 유로가 넘는 자신의 호화 고층빌딩을 기념한다. 유럽에서 가장 높은 이 건물을 위해 자금이 제공된 것은 한 재벌 석유회사에 의해서이다.

▸ Finanziert **wurde** das höchste Gebäude ...

타동사 finanzieren의 수동태 과거 "**wurde** ... finanziert"의 **p.p형** "finanziert"가 앞에 옴.

⇒ 도치 : Finanziert **wurde** das höchste Gebäude ...

※ (어순 원칙) 주어가 아닌 다른 요소가 문장 앞에 올 경우 뒤의 어순은 도치된다!

♣ ... wurde **das** h**ö**ch**st**e Gebäude Europas ...

형용사 hoch/hoh-의 최상급 h**ö**ch**st** ⇒ 바로 뒤 명사 Gebäude를 수식하는 부가어적 용법 ☞ 193

중성명사 Gebäude가 문장의 주어 ⇒ 중성 1격 「**das** + 형용사 **-e**」 : d**as** h**ö**chst**e** ... ☞ 38

598 베를린의 각 행정구역별 세입 현황에 대한 보도에서 :

[...] Den größten Überschuss erzielte Tempelhof-Schöneberg mit 8,8 Millionen Euro, gefolgt von Mitte mit 6,7 Millionen. **Schulden gemacht haben** hingegen **Lichtenberg** mit minus 2,8 Millionen, Neukölln minus eine Million und Reinickendorf minus 272 000 Euro. [...]

가장 큰 흑자는 880만 유로의 Tempelhof-Schöneberg가 달성했고, 그 뒤를 670만 유로의 Mitte가 뒤따르고 있다. 이에 반해 채무를 지게 된 곳은 280만 유로 적자의 Lichtenberg, 100만 유로 적자의 Neukölln, 그리고 27만 2천 유로 적자의 Reinickendorf이다.

▸ Schulden gemacht **haben** ... Lichtenberg ...

동사 machen의 현재완료 "**haben** ... gemacht"의 **p.p형**과 4격 목적어가 함께 앞에 옴.

⇒ 도치 : "Schulden gemacht **haben** ... Lichtenberg ...

※ (어순 원칙) 주어가 아닌 다른 요소가 문장 앞에 올 경우 뒤의 어순은 도치된다!

217. 구문 구조 (4) : 문장 연결

ⓐEr ist stark erkältet. ⓑ**Daher** kann er heute nicht kommen.

↓

부사어 **daher**에 의한 문장 연결 :
문장 ⓑ ⇒ 문장 ⓐ의 '결과, 귀결'을 기술함.

'그는 심하게 감기 들었어. 그러므로 그는 오늘 올 수 없어.'

ⓐEr ist stark erkältet. ⓑEr kann heute nicht kommen.

↓

부사어 등의 명시적 어휘 없이 문장 연결 :
문장 ⓑ ⇒ 문장 ⓐ의 '결과, 귀결'을 기술함.

'그는 심하게 감기 들었어. 그는 오늘 올 수 없어.'

---

599 [...] Fast alle Berufspendler fahren allein zur Arbeit. **Darum** zeigt VW* nun ein Fahrzeug für nur einen Passagier.

거의 모든 통근자들이 혼자서 출근한다. 그래서 폭스바겐 회사는 이제 오로지 한 명의 승객을 위한 자동차를 선보인다.

* VW (= "Volkswagen") : 독일의 자동차 회사 "폭스바겐"

▸ ⓐFast alle Berufspendler ... zur Arbeit. ⓑ**Darum** zeigt VW ... einen Passagier.
부사어 **darum**에 의한 문장 연결 : 문장 ⓑ ⇒ 문장 ⓐ의 '결과, 귀결'을 기술함.

600 Ich will einer schwangeren Kollegin Babysachen schenken, aber sie verrät mir nicht: rosa oder blau? Sie will es **nämlich** spannend machen. Dabei ist mir die Frage „Junge oder Mädchen" völlig egal. [...]

나는 임신한 여자 동료 한 명에게 아기용 물품들을 선물하려고 한다. 하지만 그녀는 나에게 비밀을 발설하지 않고 있다 : 분홍색이어야 할지, 아니면 청색이어야 할지? 왜냐 하면 그녀는 이를 흥미진진하게 만들려고 하기 때문이다. 비록 나에게는 "아들이냐, 아니면 딸이냐"의 문제는 전혀 중요한 일이 아님에도 불구하고.

▸ ⓐIch will ... , aber sie ... oder Blau? ⓑSie will ... **nämlich** ... machen.
부사어 **nämlich**에 의한 문장 연결 : 문장 ⓑ ⇒ 문장 ⓐ의 '이유, 원인'을 설명함.

♣ ... aber sie verrät ...

동사 verraten의 현재 시제 : 주어가 sie('그녀') ⇒ 어간 모음 a → ä 변화하여 verrät ☞ 90

601 [...] Die größte Chance auf die Goldmedaille haben die Kroaten. Die spielen zu Hause und haben **deshalb** die meisten Fans auf ihrer Seite. Aber auch die Franzosen sind sehr stark. Im Sommer des vergangenen Jahres sind sie Olympiasieger geworden. [...]

금메달에 대한 가장 큰 가능성은 크로아티아 선수들이 가지고 있다. 이들은 홈에서 경기하고, 그러므로 가장 많은 팬들을 자신들의 곁에 두고 있다. 그러나 프랑스 선수들 역시 매우 강하다. 이들은 작년 여름에 올림픽 우승자가 되었다.

▸ ⓐDie größte Chance ... die Kroaten. ⓑDie spielen ... und haben ... ihrer Seite.

부사어 등의 명시적 어휘 없이 문장 연결 : 문장 ⓑ ⇒ 문장 ⓐ의 '이유, 원인'을 기술함.

▸ ⓐDie spielen zu Hause und ⓑhaben **deshalb** ... auf ihrer Seite.

부사어 **deshalb**에 의한 문장 연결 : 문장 부분 ⓑ ⇒ 문장 부분 ⓐ의 '결과, 귀결'을 기술함.

▸ ⓐAber auch ... sehr stark. ⓑIm Sommer ... geworden.

부사어 등의 명시적 어휘 없이 문장 연결 : 문장 ⓑ ⇒ 문장 ⓐ의 '근거, 이유'를 제시함.

♣ ... **sind** ... geworden

'상태 변화' 자동사 werden의 현재완료 「**sein** ... p.p」 : "**sind** ... geworden" ☞ 108
(수동태 「**werden** ... p.p」의 조동사 werden의 p.p형은 **worden**임. ☞ 111, 151)

602 [...] Bis zu 20 Zentimeter Schnee sind in Nordrhein-Westfalen gefallen. Der Schnee hat Chaos auf den Straßen verursacht. Es gab viele Unfälle und lange Staus auf den Autobahnen. [...]

20 cm까지 이르는 눈이 노르트라인베스트팔렌 주에 내렸다. 이 눈은 거리들 위에 혼란을 초래했다. 고속도로들 위에는 많은 사고들과 긴 정체들이 있었다.

▸ ⓐBis zu 20 Zentimeter Schnee ... gefallen. ⓑDer Schnee ... verursacht.

부사어 등의 명시적 어휘 없이 문장 연결 : 문장 ⓑ ⇒ 문장 ⓐ의 '결과, 귀결'을 기술함.

▸ ⓐDer Schnee ... verursacht. ⓑEs gab ... auf den Autobahnen.

부사어 등의 명시적 어휘 없이 문장 연결 : 문장 ⓑ ⇒ 문장 ⓐ의 '구체적 내용'을 설명함.

♣ ... **sind** ... gefallen

'장소 이동' 자동사 fallen의 현재완료 「**sein** ... p.p」 : "**sind** ... gefallen" ☞ 107

218. 구문 구조 (5) : 병렬 및 생략

Er spricht fließend Englisch, Deutsch **und** Französisch **sowie** Spanisch.

↓

콤마(,) 및 접속사 **und**, **sowie**에 의한 병렬

'그는 영어와 독일어, 그리고 프랑스어 및 스페인어를 유창하게 말한다'

Ich wohne unten im ersten Stock, **aber** mein Freund oben im achten.

↓

접속사 **aber**에 근거하여 반복되는 표현의 생략 :

"... , **aber** mein Freund (wohn*t*) oben im achten (Stock)"

'나는 아래쪽 2층에 거주하지만, 나의 친구는 위쪽 9층에 거주한다.'

Das Buch ist schön eingepackt **und** an ein Kind geschickt worden.

↓

접속사 **und**에 근거하여 반복되는 표현의 생략 :

"... ist ... eingepackt (worden) **und** (ist) ... geschickt worden"

'그 책은 예쁘게 포장되어 한 아이에게 발송되었다.'

---

603 [...] Trotz des erbitterten Widerstands der FDP, aber **auch** aus Teilen der eigenen Partei **sowie** von vielen Fachleuten ist sie fest entschlossen, die von ihr konzipierten Pläne durchzusetzen. [...]

자유민주당으로부터, 그러나 또한 자신이 속한 정당의 일부로부터도, 그리고 많은 전문가들로부터 극렬한 반대가 있음에도 불구하고 그녀는 자신에 의해 기획된 계획들을 관철하기로 굳게 결심한 상태이다.

▸ ... Widerstands ⓐder FDP, ... **auch** ⓑaus Teilen ... **sowie** ⓒvon vielen Fachleuten ...

3 개의 표현 요소 ⓐ, ⓑ, ⓒ가 부사어 **auch** 및 접속사 **sowie**에 의해 병렬됨.

♣ ... ist ... (dazu) entschlossen, ... *durchzu*setzen

분리동사 *durch*setzen의 **zu-부정사** ⇒ **명사적** 용법 : 잠재적으로 올 수 있는 da**zu**에 의해 지시됨. ☞ 118

604 [...] Das Gremium kritisiert den TV-Moderator als konfliktscheu und einseitig, wirft ihm Verletzung der journalistischen Sorgfaltspflicht vor **und** bemängelt sogar seine Gesprächsführung.

이 위원회는 그 TV 방송 사회자를 논쟁을 꺼려하며 한 쪽으로 편든다고 비판하며, 그가 저널리즘의 조심성 의무를 위반한다면서 비난하고, 심지어 그의 대화 방식을 꾸짖는다.

▸ Das Gremium ⓐkritisiert ... , ⓑwirft ... *vor* **und** ⓒbemängelt ...

3개의 표현 요소 ⓐ, ⓑ, ⓒ가 **콤마** 및 접속사 **und**에 의해 **병렬**됨.

♣ ... wirf*t* ... *vor*

분리동사 *vor*werfen의 **현재** 시제 : 주어가 **es**에 해당 ⇒ 어간 모음 e → **i** 변화하여 "wirf*t* ... *vor*" ☞ 89

605 [...] Er soll einen 74-jährigen in New York erschossen, die Tat gefilmt **und** das Video auf Facebook veröffentlicht haben.

그는 뉴욕에서 74세의 한 남자를 총으로 살해했으며, 이 범행을 촬영했고, 그 비디오를 페이스북에 공개적으로 발표했다고 한다.

▸ ... soll ... erschossen, ... gefilmt **und** ... veröffentlicht haben

접속사 **und**에 근거하여 반복되는 표현의 **생략** :

"... soll ... erschossen (haben), ... gefilmt (haben) **und** veröffentlicht haben"

♣ ... **soll** ... veröffentlicht **haben**

동사 veröffentlichen의 **완료**형 **"haben** ... veröffentlicht"가 화법조동사 **sollen**과 함께 옴 :

"**soll** ... veröffentlicht **haben**" ☞ 75

606 [...] Seit der Verhängung des Ausnahmezustands **wurden** mehr als 47.000 Menschen festgenommen, zehntausende Beschäftigte des öffentlichen Dienstes suspendiert oder entlassen.

비상사태의 선포 이후 47,000 명이 넘는 사람들이 체포되었고, 수 만 명의 공공 업무 종사자들이 직무 정지되거나 혹은 해고되었다.

▸ ... wurden ... *fest*genommen**,** ... suspendiert oder entlassen

콤마에 근거하여 반복되는 표현의 **생략** :

"... wurden ... festgenommen, ... (wurden) ... suspendiert oder entlassen"

♣ ... wurden ... [1]*fest*genommen, ... [2]suspendiert oder [3]entlassen

1. 분리동사 *fest*nehmen의 **p.p형**
   ⇒ 분리전철 *fest*- 뒤에 기본 동사의 p.p형 **genommen**이 붙음 : *fest***genommen** ☞ 56
2. 동사 suspend**ieren**의 p.p형 ⇒ 형태가 **-ieren**이므로 p.p형은 -ge- 없이 suspendier**t** ☞ 102
3. 동사 **ent**lassen의 p.p형 ⇒ 접두어 **ent-**가 있으므로 p.p형은 -ge- 없이 ent**lassen** ☞ 103

219. 구문 구조 (6) : 동격

Hast du Thomas, meinen deutschen Freund, gesehen?

↓

앞에 온 고유명사 "Thomas"와 동격 (= 4격)

'너는 Thomas, 즉 나의 독일 친구를 보았니?'

---

607 Ralph Simon, **der Biologe von der Universität Ulm**, und seine Kollegen aus Deutschland und Großbritannien beschäftigen sich mit den unglaublichen Sinnesfähigkeiten von Fledermäusen. [...]

Ralph Simon, 즉 울름 대학교의 생물학자, 그리고 그의 독일 및 영국 출신 동료들은 박쥐들의 믿을 수 없는 감각 능력에 몰두하고 있다.

▸ Ralph Simon, der Biologe ... , und seine Kollegen ... beschäftigen ...

밑줄 친 "der Biologe ..." ⇒ 앞에 온 고유명사 "Ralph Simon"과 동격 (= 1격)

608 Emma Darwin, **die Ehefrau des Naturforschers Charles Darwin**, hat ein Kochbuch geschrieben. Darin befindet sich auch ein Rezept für die Zubereitung von Reis, das offenbar ihr Gatte, **der Begründer der Evolutionstheorie**, aufgezeichnet hat. [...]

Emma Darwin, 즉 자연과학자인 Charles Darwin의 부인은 요리책을 한 권 썼다. 그 안에는 쌀을 요리하기 위한 조리법도 있는데, 이 쌀을 아마도 그녀의 남편, 즉 진화론의 창시자가 기록했었던 것으로 보인다.

▸ Emma Darwin, die Ehefrau ... , hat ... geschrieben

밑줄 친 "die Ehefrau ..." ⇒ 앞에 온 고유명사 "Emma Darwin"과 동격 (= 1격)

▸ ... , das ... ihr Gatte, der Begründer ... , *auf*gezeichnet hat

밑줄 친 "der Begründer ..." ⇒ 앞에 온 명사 "ihr Gatte"와 동격 (= 1격)

♣ ... ein Kochbuch ... [1]Da*r*in ... ein Rezept ... , [2]das ... ihr Gatte ... [3]*auf*gezeichnet hat

1. 「da(*r*)- + 전치사」 형태 da*r*in ⇒ 앞에 온 낱말 "ein Kochbuch"를 지시함. ☞ 166
2. 중성 4격 관계대명사 das : 중성명사 Rezept가 선행사이며, p.p형 *auf*gezeichnet의 4격 목적어 ☞ 138
3. 분리동사&타동사 *auf*zeichnen의 현재완료 「haben ... p.p」 : "hat ... *auf*gezeichnet"
   ⇒ 관계대명사 부문장 안에서 후치됨 : "... *auf*gezeichnet hat" ☞ 103, 136

220. 구문 구조 (7) : 연계 형식

연계 형식 :

「**erst** ... , **dann** ...」 '우선은 ... , 그 다음은 ...'

「**entweder** ... **oder** ...」 '... 혹은 ... (둘 중의 하나)'

「**weder** ... **noch** ...」 '...도 아니고 ...도 아니다'

「**zwar** ... , **aber/doch** ...」 '비록 ...이지만, ...이다'

「... **und zwar** ...」 '... , 즉 (말하자면) ...'

「**so** ... , **dass** ...」 '매우 ...이라서 ...이다'

「**sei es** ... , **sei es** ...」 혹은 「**sei es** ... **oder** ...」 '...이든 ...이든'

「**nicht/kein** ... , **sondern** ...」 '...이 아니라 ...이다'

「**nicht nur** ... , **sondern auch** ...」 혹은 「**sowohl** ... , **als auch** ...」 '...뿐만 아니라 ... 역시'

「**die einen** ... , **die anderen** ...」 혹은 「**manche** ... , **andere** ...」 '일부는 ... , 일부는 ...'

---

609 [...] **Zwar** gibt es noch keinen entsprechenden Antrag aus der Schweiz, **doch** sollte er kommen, ist eine Zustimmung der Bundesregierung politisch nicht vorstellbar. [...]

비록 아직까지는 그에 상응한 신청이 스위스 측로부터 온 것은 아니지만, 만약 그것이 온다고 할 경우, 연방정부가 동의하는 것은 정치적으로 상상할 수 없는 일이다.

▸ **Zwar** gibt es ... , **doch** ...
연계 형식 「**zwar** ... , **doch** ...」 '비록 ...이지만, ...이다'

♣ ... gibt es ... keinen entsprechenden Antrag ...
비인칭대명사 관용적 형식 「**es** gibt ...」 '...이 있다' ☞ 204

♣ ... , doch **sollte** er kommen, ist ...
도치에 의한 조건문임 : "**sollte** er kommen" = "**wenn** er kommen **sollte**"
(주어가 **er** ⇒ 화법조동사 sollen의 접속법 **II** : sollte ☞ 212)

610 Hertha BSC hat die dritte Auswärtsniederlage in Folge kassiert. Beim abstiegsgefährdeten Verein Mainz 05 verloren die Berliner mit 0:1. Hertha bleibt aber auf dem fünften Tabellenplatz, weil Freiburg in Leipzig ebenfalls verlor, **und zwar** mit 0:4.

Hertha BSC 팀은 연속해서 세 번째 원정 경기 패배를 안았다. 이 베를린 팀 선수들은 리그 강등 위험에 처해 있는 클럽인 Mainz 05 팀에게 0 : 1로 패했다. 하지만 Hertha는 팀 순위 5 위 자리에 계속 머물게 되는데, 왜냐 하면 프라이부르크 팀도 라이프치히에서 패배했기 때문으로서, 정확히 말해 0 : 4였다.

▸ ... , weil ... verlor, **und zwar** mit 0:4

연계 형식 「... **und zwar** ...」 '... , 즉 (말하자면) ...'

611 [...] Er misstraut den Selbstheilungskräften der Märkte. Der Kapitalismus sorge **weder** für einen „sozialen Ausgleich in der Gesellschaft" **noch** für den „Schutz der Umwelt" oder einen „sorgfältigen Umgang mit den Ressourcen". [...]

그는 시장의 자기 치유 능력을 불신한다. 자본주의는 "공동체 안에서의 사회보장적 균형"도 보살피지 못하고, "환경의 보호", 또는 "자원의 세심한 관리"도 보살피지 못한다고 말한다.

▸ ... sorge **weder** für ... **noch** für ...

연계 형식 「**weder** ... **noch** ...」 '...도 아니고 ...도 아니다'

♣ Der Kapitalismus sorge ...

(간접화법) 주어 "... Kapitalismus"는 **er**에 해당함. ⇒ 동사 sorgen의 접속법 I : sorge ☞ 207

612 [...] Unsere Personalpolitik fördert Motivation und Innovation und führt zu einer Effizienzsteigerung und zur Sicherung der Wettbewerbsfähigkeit. Dies kann **sowohl** durch eine Steigerung der Leistung der Mitarbeiter **als auch** durch eine Senkung der Kosten erreicht werden. [...]

우리의 인사 관리 정책은 동기부여와 혁신을 지원하며, 효율성 향상으로, 그리고 경쟁력의 보장으로 이끌어진다. 이것은 동료 직원들의 업적 향상을 통해서 뿐만 아니라 비용의 감소를 통해서도 성취될 수 있다.

▸ ... **sowohl** durch eine Steigerung ... **als auch** durch eine Senkung ...

연계 형식 「**sowohl** ... , **als auch** ...」 '...뿐만 아니라 ... 역시'

♣ [1]**Dies** [2]**kann** ... erreicht **werden**

1. 지시대명사 **dies** ⇒ 앞에 온 문장 "Unsere Personalpolitik ..." 내용을 지시함. ☞ 159
2. 화법조동사 **können**이 타동사 erreichen의 수동태 "**werden** ... erreicht"와 함께 옴 : "**kann** ... erreicht **werden**" ☞ 74, 149

김백기

한국외국어대학교 독일어과 졸업
한국외국어대학교 대학원 독어독문학과(독어학 석사)
독일 뮌스터대학교 일반언어학과(언어학 박사)
한국외국어대학교 통번역대학 독일어통번역학과 교수

독일어 끝내기 220 문법 612 텍스트 예문

초판1쇄 인쇄 2019년 8월 25일
초판1쇄 발행 2019년 8월 30일

지은이 김백기
발행인 김인철
총괄 · 기획 가정준 Director, University Knowledge Press
편집장 신선호 Executive Knowledge Contents Creator
기획 · 물류 이현진 Planning Expert
사전 · 도서편집 정준희 Contents Creator
전자책 · 도서편집 장혜린 Contents Creator
도서편집 이병철 Contents Creator
이근영 Contents Creator
재무관리 강현주 Managing Creator
발행처 한국외국어대학교 지식출판콘텐츠원
02450 서울특별시 동대문구 이문로 107
전화 02)2173-2493~7
FAX 02)2173-3363
홈페이지 http://press.hufs.ac.kr
전자우편 press@hufs.ac.kr
출판등록 제6-6호(1969. 4. 30)
디자인 · 편집 디자인퍼브 02)2254-4308
인쇄 · 제본 네오프린텍 02)718-3111

ISBN 979-11-5901-601-1 13750 정가 25,000원

• 잘못된 책은 교환하여 드립니다.

HU:NE 은 한국외국어대학교 지식출판콘텐츠원의 어학도서, 사회과학도서, 지역학 도서 Sub Brand이다. 한국외대의 영문명인 HUFS, 현명한 국제전문가 양성(International+Intelligent)의 의미를 담고 있으며, 휴인(携引)의 뜻인 '이끌다, 끌고 나가다'라는 의미처럼 출판계를 이끄는 리더로서, 혁신의 이미지를 담고 있다.

독일어 끝내기

1. 명사 1격 (1): 문장의 주어
2. 명사 1격 (2): 동사 sein, werden 등의 주격 보어

3. 명사 4격 (1): 타동사의 목적어
4. 명사 4격 (2): 4격 전치사의 목적어
5. 명사 4격 (3): 3·4격 전치사의 4격 목적어

6. 명사 3격 (1): 동사의 간접목적어 '...에게'
7. 명사 3격 (2): 3격 목적어를 요구하는 동사 및 형용사의 목적어
8. 명사 3격 (3): 3격 전치사의 목적어
9. 명사 3격 (4): 3·4격 전치사의 3격 목적어

10. 명사 2격 (1): 바로 앞 명사 수식
11. 명사 2격 (2): 고유명사의 2격
12. 명사 2격 (3): 2격 전치사의 목적어
13. 명사 2격 (4): 2격 목적어를 요구하는 동사의 목적어

14. 복수명사 (1): 명사 복수의 형태
15. 복수명사 (2): 복수 3격의 형태 -n
16. 약변화 명사: 복수형이 -n 혹은 -en인 남성명사의 특성

17. 4격 전치사 (1): 동사, 형용사 등과 필수적 결합인 경우
18. 4격 전치사 (2): 동사, 형용사 등과 필수적 결합이 아닌 경우
19. 4격 전치사 (3): 「bis + 전치사」

20. 3격 전치사 (1): 동사, 형용사 등과 필수적 결합인 경우
21. 3격 전치사 (2): 동사, 형용사 등과 필수적 결합이 아닌 경우

22. 3·4격 전치사 (1): '위치' ⇒ 3격
23. 3·4격 전치사 (2): 바로 앞 명사 수식 ⇒ 3격
24. 3·4격 전치사 (3): 시간적 의미 ⇒ 3격
25. 3·4격 전치사 (4): '방향' ⇒ 4격
26. 3·4격 전치사 (5): 관용적 3격 및 4격
27. 3·4격 전치사 (6): 특정 자동사 및 타동사 ⇒ 3격 및 4격

28. 전치사 축약형

29. 2격 전치사

30. 소유대명사 (1): 단수 ⇒ 부정관사 ein- 어미변화
31. 소유대명사 (2): 복수 ⇒ 정관사 d- 어미변화
32. 소유대명사 (3): 부정대명사 kein-

33. 인칭대명사 (1): 인칭대명사 1격의 용법
34. 인칭대명사 (2): 인칭대명사 4격의 용법
35. 인칭대명사 (3): 인칭대명사 3격의 용법
36. 인칭대명사 (4): 인칭대명사의 위치

37. 형용사의 세 가지 용법: 서술적, 부사적, 부가어적

38. 형용사 어미변화 (1): **단수** 「der, das, die, eine + 형용사 -e
39. 형용사 어미변화 (2): **남성 1격** 「ein + 형용사 -er」; **중성 1, 4격** 「ein + 형용사 -es」
40. 형용사 어미변화 (3): **남성 4격** 「den, einen + 형용사 -en」
41. 형용사 어미변화 (4): 복수 「die, den + 형용사 -en」
42. 형용사 어미변화 (5): 「**3격** (부)정관사 + 형용사 -en」
43. 형용사 어미변화 (6): 「**2격** (부)정관사 + 형용사 -en」
44. 형용사 어미변화 (7): 「소유대명사 + 형용사」
45. 형용사 어미변화 (8): 「지시대명사, 부정수사 + 형용사」
46. 형용사 어미변화 (9): (부)정관사 없이 형용사 홀로 오는 경우
47. 형용사 어미변화 (10): 형용사의 명사화

48. 「zu + 형용사 (부사)」

49. 현재분사 (1): 현재분사의 부가어적 용법
50. 현재분사 (2): 현재분사의 부사적 용법
51. 현재분사 (3): 현재분사의 명사화